Kölner Umwandlungsrechtstage:

Verschmelzung · Spaltung Formwechsel

nach neuem Umwandlungsrecht
und Umwandlungsteuerrecht

herausgegeben von

Prof. Dr. Dr. h.c. Marcus Lutter

mit Beiträgen von

Prof. Dr. Reinhard Bork

RA Dr. Christian E. Decher

Prof. Dr. Barbara Grunewald

RA Dr. Wilhelm Happ

Prof. Dr. Peter Hommelhoff

Prof. Dr. Detlev Joost

Prof. Dr. Martin Karollus

RA Dr. Gerd Krieger

MinRat Dr. Hans-Werner Neye

Notar Prof. Dr. Hans-Joachim Priester

RA Prof. Dr. Harald Schaumburg

RA Dr. Harry Schmidt

Prof. Dr. Arndt Teichmann

RA Dr. Martin Winter

Verlag
Dr. Otto Schmidt
Köln

Die Deutsche Bibliothek – CIP-Einheitsaufnahme

Verschmelzung – Spaltung – Formwechsel nach neuem Umwandlungsrecht und Umwandlungsteuerrecht / Kölner Umwandlungsrechtstage. Hrsg. von Marcus Lutter. Mit Beitr. von Reinhard Bork ... – Köln: O. Schmidt, 1995

ISBN 3-504-64633-0

NE: Lutter, Marcus [Hrsg.]; Bork, Reinhard; Kölner Umwandlungsrechtstage <1995>; GT

Verlag Dr. Otto Schmidt KG
Unter den Ulmen 96–98, 50968 Köln
Tel.: 02 21/9 37 38-01, Fax: 02 21/9 37 38-9 21

Das verwendete Papier ist aus chlorfrei gebleichten Rohstoffen hergestellt, holz- und säurefrei, alterungsbeständig und umweltfreundlich.

Gesamtherstellung: Bercker Graphischer Betrieb GmbH, Kevelaer

Printed in Germany

Vorwort

Umwandlungen im Sinne des neuen Umwandlungsgesetzes (UmwG) vom 28. Oktober 1994 reichen von der Fusion über die Spaltung und Ausgliederung bis hin zum Formwechsel. Sie alle sind große Ereignisse im Leben eines Unternehmens und führen zu wesentlichen Änderungen für alle Beteiligten: Die Vermögensbindung in der Aktiengesellschaft ist wesentlich strenger als in der GmbH und der Kommanditgesellschaft; davon sind die Gläubiger betroffen. Der Einfluß der Gesellschaft auf das unternehmerische Geschehen ist in der Kommanditgesellschaft und der GmbH wesentlich stärker als in der Aktiengesellschaft, aus der diese andererseits unschwer weglaufen können; das alles betrifft die Gesellschafter. Die Stellung des Managements ist in der Aktiengesellschaft stärker und unabhängiger als in der GmbH und der Kommanditgesellschaft; das betrifft die heute so wichtige Frage der Gewinnung von Personen für die Leitung von Unternehmen. Und schließlich können auch die Arbeitnehmer betroffen sein dann, wenn eine Fusion nicht nur durch Synergien, sondern auch durch Rationalisierungen wirtschaftlich erfolgreich sein oder eine Abspaltung oder Ausgliederung den Verkauf eines Unternehmensteils vorbereiten soll. Auf- und Abspaltung liegen auf der Ebene schlankerer Unternehmensstrukturen und sind gesuchte Instrumente der Unternehmensberatung: Für die Gläubiger, Arbeitnehmer und Gesellschafter der Teile handelt es sich um schwerwiegende Eingriffe.

All diesen vielfältigen Aspekten will das neue Gesetz neben der reichlich erforderlichen Rechtstechnik Rechnung tragen. Das kann nicht einfach sein: Wissenschaft und Praxis des Unternehmensrechts müssen also wieder einmal energisch dazulernen. Das war der Sinn der Kölner Umwandlungsrechtstage am 12. und 13. Januar 1995, deren Referate hier abgedruckt sind. Da während der Tagung reichlich Zeit für Fragen und Diskussionen zur Verfügung stand, hat der Verlag davon eine Mitschrift gefertigt und den Referenten zur Verfügung gestellt. Sie ist im Text der Referate berücksichtigt.

Obwohl sich die Tagung über zwei Tage hin erstreckte, konnten doch nicht alle Aspekte des neuen Gesetzes erörtert werden. Obwohl es natürlich reizvoll gewesen wäre, die besonderen Neuigkeiten des Gesetzes, insbesondere die Einbindung praktisch aller Rechtsformen in die Möglichkeiten der Umwandlung in die Erörterung einzubeziehen, mußte gerade darauf verzichtet werden: Verein, Versicherungsverein auf Gegenseitigkeit, Genossenschaft und Stiftung konnten nicht zu Worte kommen. Dafür war es aber möglich, das so ungemein wichtige Umwandlungssteuerrecht mit seinem neuen Umwandlungssteuergesetz (UmwStG), ebenfalls vom 28. Oktober 1994, darzustellen und zu diskutieren.

Autoren, Verlag und Herausgeber betrachten dieses Buch als ersten Versuch einer systematischen Darstellung und kritischen Betrachtung des neuen Umwandlungsrechts, als erste Handreichung für Wissenschaft und Praxis.

Bonn, im März 1995   Marcus Lutter

Inhaltsverzeichnis

Dr. Harry Schmidt

Verschmelzung von Personengesellschaften   59

Prof. Dr. Peter Hommelhoff, Prof. Dr. Hans-Joachim Priester und
Prof. Dr. Arndt Teichmann

Prof. Dr. Detlev Joost

Formwechsel von Personenhandelsgesellschaften 245

Literaturverzeichnis

Baumbach/Hueck	Kommentar zum AktG, 13. Aufl., 1968 nebst Ergänzungsband 1970
dies.	Kommentar zum GmbH-Gesetz, 15. Aufl., 1988
Dehmer	Umwandlungsrecht und Umwandlungssteuerrecht, 1994
Ganske	Umwandlungsrecht, 1994
Gadow/Heinichen	Großkommentar zum AktG, 4. Aufl., 1992 ff.; zitiert: Großkomm./Bearbeiter
Geßler/Hefermehl/ Eckardt/Kropff	AktG (Kommentar), 1974 ff.; zitiert: Bearbeiter in G/H/E/K
Großkommentar zum AktG	s. Gadow/Heinichen
Hachenburg	Großkommentar zum GmbH-Gesetz, 8. Aufl., 1992 ff.; zitiert: Bearbeiter in Hachenburg[8]; 7. Aufl., 1985 ff.; zitiert: Bearbeiter in Hachenburg[7]
Hüffer	AktG (Kommentar), 1993
Kölner Kommentar zum AktG	hrsg. von W. Zöllner, 2. Aufl. 1988/1994; zitiert: Bearbeiter in KK
Lutter/Hommelhoff	Kommentar zum GmbH-Gesetz, 14. Aufl., 1994, zitiert: Lutter/Hommelhoff[14]; 12. Aufl., 1987, zitiert: Lutter/Hommelhoff[12]
Neye	Umwandlungsbereinigungsgesetz und Umwandlungssteuergesetz (RWS-Dokumentation 17), 2. Aufl., 1995
Rowedder	Kommentar zum GmbH-Gesetz, 2. Aufl., 1990
Schaumburg/Rödder	Umwandlungsgesetz und Umwandlungssteuergesetz, 1995
Scholz	GmbH-Gesetz, 8. Aufl., 1993/1994; 7. Aufl., 1986/1988, zitiert: Bearbeiter in Scholz[7]
Widmann/Mayer	Umwandlungsrecht, 3. Aufl., Stand 1993

Überblick über die Gesetzesänderungen

Ministerialrat Dr. Hans-Werner Neye, Bonn

I. Der bisherige Rechtszustand

Wie war der bis zum 31. Dezember 1994 geltende Rechtszustand? Jeder von Ihnen, der sich in der Vergangenheit mit dem Umwandlungsrecht befaßt hat, weiß, das er bisher immer in fünf verschiedenen Gesetzen die passenden Vorschriften suchen mußte. Erinnern Sie sich bitte: Die Verschmelzung von Aktiengesellschaften und Kommandit-AG war in den §§ 339 ff. des Aktiengesetzes geregelt. Für die Verschmelzung von Gesellschaften mit beschränkter Haftung bestanden entsprechende Regelungen in den §§ 19 ff. des Kapitalerhöhungsgesetzes. Die Verschmelzung von Genossenschaften und genossenschaftlichen Prüfungsverbänden war im Genossenschaftsgesetz erfaßt. Hinsichtlich der Verschmelzung von Versicherungsvereinen auf Gegenseitigkeit wurde im Versicherungsaufsichtsgesetz weitgehend auf die aktienrechtlichen Regeln verwiesen. Nach dem Umwandlungsgesetz 1969 war ferner die errichtende Umwandlung von Kapitalgesellschaften, von Personenhandelsgesellschaften, von Unternehmen der öffentlichen Hand sowie die Umwandlung eines einzelkaufmännischen Unternehmens in eine Kapitalgesellschaft möglich. Fälle der Vermögensübertragung waren sowohl im Aktiengesetz als auch

1

durch Verweisung im Versicherungsaufsichtsgesetz geregelt. Für die rechtsformwechselnde Umwandlung enthielten die §§ 362 ff. des Aktiengesetzes zahlreiche Vorschriften. Insgesamt also eine verwirrende Vielfalt von Regelungen. Zum Teil waren die Vorschriften für vergleichbare Sachverhalte ohne ersichtlichen Grund unterschiedlich ausgestaltet.

Gleichwohl waren zahlreiche Fallkonstellationen bisher nicht erfaßt. So konnten Personenhandelsgesellschaften weder miteinander noch mit Kapitalgesellschaften verschmolzen werden. Auch für Genossenschaften bestand lediglich die Möglichkeit der Verschmelzung untereinander, die Umwandlung von Vereinen und Stiftungen war überhaupt nicht möglich. Ebensowenig gab es generelle Regelungen der Spaltung. Soweit eine Beschreibung des Zustands der Unübersichtlichkeit und Lückenhaftigkeit, den der Gesetzgeber des neuen Umwandlungsrechts vorfand.

II. Die Reformimpulse

Nun war die Erkenntnis, daß in diesem Bereich Reformbedarf bestand, nicht völlig neu. Schon bei den Beratungen über die GmbH-Novelle 1980 sprach sich der Rechtsausschuß des Deutschen Bundestages für eine umfassende Überprüfung und Neufassung des Umwandlungsrechts aus.[1] Es ist das Verdienst meines geschätzten Amtsvorgängers Dr. *Ganske,* diese Aufgabe entschlossen angepackt zu haben.

Impulse für Aktivitäten des Gesetzgebers beim Umwandlungsrecht kamen dann auch aus dem europäischen Raum. So verpflichtete zunächst die Dritte gesellschaftsrechtliche Richtlinie von 1978[2] die Mitgliedstaaten, die Verschmelzung von Aktiengesellschaften nach einheitlichen Grundsätzen zu regeln. Der deutsche Gesetzgeber kam dieser Pflicht mit dem Verschmelzungsrichtlinie-Gesetz von Oktober 1982[3] nach. Kurz darauf fanden die Verhandlungen über die Sechste

---

1 Vgl. Beschlußempfehlung und Bericht des Rechtsausschusses zum Entwurf eines Gesetzes zur Änderung des Gesetzes betreffend die Gesellschaften mit beschränkter Haftung und anderer handelsrechtlicher Vorschriften, BT-Drs. 8/3908, S. 77 zu Artikel 1 Nr. 27.
2 Richtlinie 78/855/EWG vom 9. 10. 1978, Amtsblatt der EG Nr. L 295 vom 20. 10. 1978, S. 36.
3 Gesetz zur Durchführung der Dritten Richtlinie des Rates der Europäischen Gemeinschaften zur Koordinierung des Gesellschaftsrechts vom 25. 10. 1982, BGBl. I S. 1425.

Richtlinie betreffend die Spaltung von Aktiengesellschaften[4] in Brüssel ihren Abschluß. Anders als ihre Vorgängerin, die Dritte Richtlinie, erlegte die Spaltungsrichtlinie den Mitgliedstaaten nicht die Verpflichtung auf, diese Rechtsfigur einzuführen. Lediglich die Rechte der Staaten, die Spaltungsregelungen kannten oder neu einführen wollten, waren an die Vorgaben des Gemeinschaftsrechts gebunden.[5] In Deutschland hatte die Richtlinie daher zunächst keine Konsequenzen.

Konkreter Bedarf, auch im deutschen Recht erstmals Spaltungsregeln einzuführen, ergab sich schließlich durch die innerdeutsche Entwicklung. So zeigte sich, daß die noch vom DDR-Gesetzgeber verfügte Umwandlung der früheren Kombinate und Kombinatsbetriebe der sozialistischen Planwirtschaft[6] für den Übergang zu marktwirtschaftlichen Grundsätzen nicht ausreichte. Die zunächst entstandenen Kapitalgesellschaften im Bestand der Treuhandanstalt waren in vielen Fällen zu groß, um in vernünftiger Weise am Wirtschaftsverkehr teilnehmen zu können. Hier sollte das Gesetz zur Spaltung der von der Treuhandanstalt verwalteten Unternehmen vom April 1991[7] rasche Abhilfe schaffen.

Sonderregelungen für die Strukturanpassung der früheren DDR-Wirtschaft enthielt auch das Landwirtschaftsanpassungsgesetz[8] mit seinen Vorschriften über den Formwechsel und die Teilung ehemaliger landwirtschaftlicher Produktionsgenossenschaften.

Beim Erlaß dieser Vorschriften konnte der Gesetzgeber glücklicherweise schon auf die Regelungen zurückgreifen, die in einen von *Ganske* verfaßten ersten Diskussionsentwurf[9] eines Gesetzes zur Bereinigung des Umwandlungsrechts 1988 Eingang gefunden hatten.

Dieser Entwurf stieß auf lebhaftes Interesse bei Wissenschaft und Praxis.[10] Bei der intensiven Diskussion ergaben sich viele Anregun-

---

4 Richtlinie 82/891/EWG vom 17. 12. 1982, Amtsblatt der EG Nr. L 378 vom 31. 12. 1982, S. 47.
5 Dies ergibt sich aus Artikel 26 Abs. 1 der Richtlinie.
6 Rechtsgrundlage waren die §§ 11 ff. des Treuhandgesetzes.
7 BGBl. I S. 854.
8 Neufassung vom 3. 7. 1991, BGBl. I S. 1418.
9 Veröffentlicht als Beilage Nr. 214a zum Bundesanzeiger vom 15. 11. 1988.
10 Vgl. insbesondere das 7. Symposion der ZGR am 19./20. 1. 1990 in Glashütten/Oberems. Die Beiträge von *Hanau, Hoffmann-Becking, Hommelhoff, Krieger, Lutter, Priester, K. Schmidt, Widmann* und *Wiesen* sowie die Diskussionsberichte sind dokumentiert in ZGR 1990, 392 ff. Weitere Literaturbeiträge sind in der von *Neye* herausgegebenen RWS-Dokumentation 17, Umwandlungsgesetz-Umwandlungssteuergesetz, 2. Aufl. 1995, S. 9 f. zusammengestellt.

gen, die Aufnahme in den Referentenentwurf von 1992[11] fanden. Dessen Erstellung verzögerte sich unvermeidlich durch die Gesetzgebungsaufgaben im Umfeld der deutschen Vereinigung. Auch dieser Entwurf war wieder Gegenstand von Symposien[12] und Anhörungen.[13] Bundesländer, Verbände und Unternehmenspraktiker hatten ausführlich Gelegenheit, ihre Auffassungen darzulegen. Die dabei gewonnenen Erkenntnisse führten zu weiteren Änderungen.

III. Die wesentlichen Stationen des Gesetzgebungsverfahrens

In der ersten Jahreshälfte 1993 war schließlich im Bundesjustizministerium der Regierungsentwurf im wesentlichen fertiggestellt. Wenn es auch gelungen war, den ganz überwiegenden Teil der vorgesehenen Regelungen konsensfähig auszugestalten, so entstand nun aber heftiger politischer Streit über die Forderung, in den Entwurf mitbestimmungssichernde Vorschriften aufzunehmen. Diesem Petitum lag die These zugrunde, die Erleichterung von Umwandlungsvorgängen und vor allem die Einführung der Spaltung könnten als bewußte Folge den Abbau von Mitbestimmungsrechten nach sich ziehen. Besonders die Gewerkschaften hatten in dieser Richtung große Sorge. Die Auseinandersetzung spielte sich zunächst in der Bundesregierung und der sie tragenden Koalition ab. Sie führte dazu, daß der Entwurf nach langer Diskussion erst Ende Januar 1994 in die gesetzgebenden Körperschaften eingebracht werden konnte.[14] Auf Mitbestimmungsregeln wurde dabei verzichtet. Mehrheitlich bestand die Auffassung, daß schon bis-

---

11 Veröffentlicht als Beilage Nr. 112a zum Bundesanzeiger vom 20. 6. 1992 mit einer ausführlichen Einleitung von *Ganske.*

12 Vgl. das Symposion des Instituts der Wirtschaftsprüfer „Reform des Umwandlungsrechts" am 8./9. 10. 1992 in Boppard. Beiträge und Diskussionsberichte sind dokumentiert in einem im IDW-Verlag 1993 erschienenen Tagungsband. Vgl. ferner die Beiträge des von *Lutter* initiierten Arbeitskreises Umwandlungsrecht mit Einzelbeiträgen von *Bork, Hommelhoff, K. Schmidt, Schulze-Osterloh, Teichmann* und *Zöllner,* veröffentlicht in ZGR 1993, 321 ff. Weitere Literaturhinweise bei *Neye,* a.a.O. (Fn 10), S. 11 ff.

13 So fand im Januar 1993 im Bundesministerium der Justiz eine mehrtägige Anhörung aller interessierten Verbände und der Bundesländer statt.

14 Regierungsentwurf eines Gesetzes zur Bereinigung des Umwandlungsrechts, BR-Drs. 75/94 vom 4. 2. 1994. Zur Beschleunigung des Gesetzgebungsverfahrens wurde von den Fraktionen der CDU/CSU und der F.D.P. parallel ein gleichlautender Entwurf unmittelbar in den Bundestag eingebracht, vgl. BT-Drs. 12/6699 vom 1. 2. 1994.

her Umwandlungen im Einzelfall Änderungen der Mitbestimmung bei den beteiligten Unternehmen zur Folge haben konnten, und zwar sowohl als Zuwachs als auch als Einbuße. Dies sei hingenommen worden. Auch Spaltungen seien, wenn auch auf anderen rechtlichen Wegen, im Ergebnis schon möglich gewesen.

Bereits beim ersten Durchgang im Bundesrat wurde die Forderung nach Mitbestimmungssicherung im Umwandlungsgesetz auf Betreiben der SPD-Länder aber wieder aufgegriffen.[15] Auch bei den Beratungen in den Bundestagsausschüssen spielte dieser Punkt eine zentrale Rolle.[16] Die Hoffnung, mit der SPD-Opposition eine Paketlösung bestehend aus Mitbestimmungs-Beibehaltungsgesetz, dem Gesetz für die Kleine AG und dem Umwandlungsrecht zu vereinbaren, erfüllte sich nicht. Zwar konnte mit der Koalitionsmehrheit am 16. 6. 1994 das Umwandlungsrecht in zweiter und dritter Lesung verabschiedet werden.[17] Doch schon wenige Wochen später kam im Bundesrat keine Mehrheit für die erforderliche Zustimmung zustande.[18] Erst im Vermittlungsverfahren gelang es buchstäblich in letzter Minute, in der Mitbestimmungsfrage eine Kompromißlösung zu finden.[19] Für bestimmte Spaltungsfälle sieht das Gesetz jetzt eine zeitlich befristete Beibehaltung der Mitbestimmung vor, wenn das betreffende Unternehmen bereits vorher mitbestimmt war (vgl. § 325 UmwG). Die Einzelheiten wird Professor *Joost* später darlegen.[20]

Parallel zum Umwandlungsbereinigungsgesetz hatte die Bundesregierung auch einen Gesetzentwurf zur Anpassung des Umwandlungs-

---

15 Vgl. Stellungnahme des Bundesrates zum Regierungsentwurf, BR-Drs. 75/94 (Beschluß) vom 18. 3. 1994 = Anlage 2 zur BT-Drs. 12/7265 vom 14. 4. 1994. In der Gegenäußerung der Bundesregierung wurde die Forderung der Länder ausdrücklich zurückgewiesen, vgl. Anlage 3 zur BT-Drs. 12/7265, S. 11.

16 Vgl. Beschlußempfehlung und Bericht des Rechtsausschusses, BT-Drs. 12/7850 vom 13. 6. 1994, S. 141 f.

17 Vgl. BR-Drs. 599/94 vom 17. 6. 1994. Die unterschiedlichen Positionen in der Mitbestimmungsfrage ergeben sich aus dem Plenarprotokoll 12/233 vom 16. 6. 1994, S. 20323 ff.

18 Vgl. Empfehlungen der Ausschüsse, BR-Drs. 599/1/94 vom 28. 6. 1994 und Plenarprotokoll der 672. Sitzung vom 8. 7. 1994, S. 380 f.

19 Vgl. Beschlußempfehlung des Vermittlungsausschusses, BT-Drs. 12/8415 vom 2. 9. 1994. Dieser Empfehlung wurde vom Deutschen Bundestag in seiner Sitzung am 6. 9. 1994 zugestimmt, vgl. Plenarprotokoll 12/241, S. 21288. Der Bundesrat stimmte dem Gesetz am 23. 9. 1994 zu, vgl. BR-Drs. 843/94 (Beschluß).

20 S. 297 ff.

steuerrechts[21] vorgelegt. Ziel war es, damit eine Gesamtreform zu erreichen. Schon bei der ersten Beratung im Bundesrat machten die Länder aber deutlich, daß sie auch dem Steuerrecht nur bei einer Lösung der Mitbestimmungsproblematik zustimmen würden.[22] Diese Blockade setzte sich im zweiten Durchgang zunächst fort.[23]

Erst aufgrund der Einigung im Vermittlungsausschuß[24] wurde dann auch der Weg frei für die endgültige Verabschiedung des neuen Umwandlungssteuerrechts.[25]

Soweit die gedrängte Rückschau auf die wesentlichen Stationen des Gesetzgebungsverfahrens. Nun möchte ich Ihren Blick auf den Inhalt des neuen Umwandlungsgesetzes lenken.

IV. Der Inhalt des neuen Umwandlungsgesetzes

1. Aufbau und Grundsätze

Formal besteht das Gesetz aus acht Teilen, Bücher genannt. Das rein aus systematischen Gründen ebenfalls so bezeichnete Erste Buch enthält nur eine Vorschrift. Sie führt zunächst die verschiedenen Umwandlungsarten auf: Verschmelzung, Spaltung, Vermögensübertragung und Formwechsel (dazu nachher näher). Andere Umwandlungen, die diesen Kategorien entsprechen, sind nur aufgrund ausdrücklicher gesetzlicher Regelung, sei es in einem Bundesgesetz oder aufgrund Landesrechts, zulässig. Das Gesetz enthält hier also ein ausdrückliches Analogieverbot. Mit dieser Vorschrift soll einer vom Gesetzgeber unerwünschten Ausweitung der Regelungen entgegengewirkt werden. Gerade die Erfahrungen in der Endphase der früheren DDR und zunächst auch in den neuen Bundesländern, wo häufig Umstrukturierungen in analoger Anwendung dafür nicht bestimmter Regelungen durchgeführt wurden, mahnten hier zur Vorsicht. Die Möglichkeit, landesrechtliche Regelungen zu treffen, ist vor allem dann von Bedeu-

---

21 Vgl. BR-Drs. 132/94 vom 10. 2. 1994 = BT-Drs. 12/6885 vom 24. 2. 1994.

22 Vgl. Stellungnahme des Bundesrates zum Regierungsentwurf, BR-Drs. 132/94 (Beschluß) vom 18. 3. 1994 = Anlage 2 zur BT-Drs. 12/7263 vom 14. 4. 1994.

23 Vgl. Empfehlungen der Ausschüsse, BR-Drs. 587/1/94 vom 27. 6. 1994 und BR-Drs. 587/94 (Beschluß) vom 8. 7. 1994.

24 Vgl. Einigungsvorschlag des Vermittlungsausschusses, BR-Drs. 814/94 vom 2. 9. 1994.

25 Vgl. BR-Drs. 814/94 (Beschluß) vom 23. 9. 1994.

6

tung, soweit es um spezielle Fälle geht, zu deren Regelung im Bundesrecht kein allgemeines Bedürfnis besteht.[26]

An dieser Stelle erscheint ferner noch ein allgemeiner Hinweis angebracht: Das neue Umwandlungsrecht ist ein Angebot des Gesetzgebers. Es wäre ein Mißverständnis zu glauben, daß künftig Umstrukturierungen von Unternehmen nicht mehr nach allgemeinen Regeln möglich seien. Selbstverständlich können solche Maßnahmen auch weiterhin durch Auflösung und Neugründung, durch Einzelrechtsübertragung usw. erfolgen.[27]

Für die Umwandlungsobjekte verwendet das Gesetz durchgängig als Oberbegriff „Rechtsträger" und spricht nicht von Unternehmensträgern. In fast allen Fällen der Umwandlung kommt es gerade nicht darauf an, ob ein Unternehmen im betriebswirtschaftlichen und rechtlichen Sinne betrieben wird. Entscheidend ist vielmehr, ob eine im Rechtsverkehr auftretende juristische Einheit an dem Vorgang beteiligt ist. Soweit in bestimmten Fällen Voraussetzung ist, daß tatsächlich ein Unternehmen betrieben wird, wie z. B. bei Einzelkaufleuten, Stiftungen oder Gebietskörperschaften, wird dies im Gesetz ausdrücklich klargestellt.[28]

Gelegentliche Kritik erfahren hat die ausdrückliche Beschränkung auf Umwandlungen von Rechtsträgern mit Sitz im Inland.[29] Dafür gab es rechtliche, aber auch politische Erwägungen. Grund für die Ausklammerung grenzüberschreitender Umstrukturierungsvorgänge war in erster Linie die Erkenntnis, daß der deutsche Gesetzgeber keine Kompetenz hat, Regelungen zu erlassen, die sich auf Gesellschaften in anderen Staaten auswirken. Bei Umwandlungen über die Grenze hinweg müssen immer mindestens zwei Rechtsordnungen „zusammenspielen". Es bedarf also besonderer, aufeinander abgestimmter Vorschriften. Insbesondere im Bereich der Europäischen Union fehlt es dafür

---

26 In der Gesetzesbegründung wird beispielhaft der Fall der Verschmelzung von Sparkassen erwähnt, vgl. BT-Drs. 12/6699, S. 80. Auch die vom Rechtsausschuß des Deutschen Bundestages auf Veranlassung des Bundesrates vorgenommene Ausdehnung des § 301 Abs. 1 UmwG soll landesrechtliche Sonderregelungen ermöglichen. Vgl. dazu die Hinweise im Bericht des Rechtsausschusses, BT-Drs. 12/7850, S. 144 (zu § 301 UmwG).

27 Vgl. den deutlichen Hinweis in der Gesetzesbegründung, BT-Drs. 12/6699, S. 80.

28 Vgl. §§ 152, 161, 168 UmwG.

29 Vgl. *Kronke,* ZGR 1994, 27 ff. und *Lutter,* ebenda, S. 88, 91; ferner *Kallmeyer,* ZIP 1994, 1746, 1752.

bisher an den notwendigen gemeinschaftsrechtlichen Vorgaben.[30] Im übrigen hätte der Versuch, grenzüberschreitende Vorgänge einzubeziehen, sicherlich die auf Gewerkschaftsseite ohnehin bestehenden Vorbehalte gegen die Reform noch verstärkt und die politische Durchsetzbarkeit weiter erschwert (Stichwort: Flucht aus der deutschen Mitbestimmung).

In den folgenden vier Büchern, die vom Umfang her diese Bezeichnung besser verdienen als das Erste Buch, werden die einzelnen Umwandlungsmöglichkeiten näher geregelt. Der Aufbau des Gesetzes folgt dabei einer gewissen Baukastentechnik. Für jede Umwandlungsart werden zunächst die allen Rechtsformen gemeinsamen Vorschriften in einem Allgemeinen Teil zusammengefaßt. Dies soll die Regelungen übersichtlicher und leichter anwendbar machen. Ein Besonderer Teil enthält dann jeweils abweichende und ergänzende Bestimmungen, die nur für einzelne Rechtsformen Relevanz haben.[31] Ähnlich wie seinerzeit schon im Bilanzrichtlinien-Gesetz folgen die Besonderen Teile dem Aufbauprinzip, daß zunächst die einfacher strukturierten Rechtsformen der Personenhandelsgesellschaften behandelt sind. Im Anschluß daran folgen die Kapitalgesellschaften, für die zahlreiche Sonderregelungen nötig sind. Dann kommen die Vorschriften für Genossenschaften, Vereine und Versicherungsvereine auf Gegenseitigkeit. Im Spaltungsteil gibt es darüber hinaus besondere Vorschriften für Einzelkaufleute, Stiftungen und Gebietskörperschaften.

Diese Systematik hat bei einem Vorgang, an dem Rechtsträger verschiedener Rechtsformen beteiligt sind, zur Folge, daß jeweils die Vorschriften des Allgemeinen Teils und die für jede Rechtsform geltenden Bestimmungen des Besonderen Teils nebeneinander zur Anwendung gelangen.

2. Die einzelnen Umwandlungsarten

Der im Zweiten Buch geregelte Vorgang der Verschmelzung ist schon aus dem bisherigen Recht bekannt. Ein oder mehrere Rechtsträger

---

30 Das Vorhaben einer Zehnten gesellschaftsrechtlichen Richtlinie über die grenzüberschreitende Verschmelzung ist bisher nicht über das Stadium des Kommissionsentwurfes von 1985 hinausgekommen. Für grenzüberschreitende Spaltungen gibt es nicht einmal einen Entwurf.

31 Eine Ausnahme gilt lediglich für das Vierte Buch. Für die Regelungen über die Vermögensübertragung erschien angesichts der wenigen einbezogenen Rechtsformen eine Aufteilung in einen Allgemeinen und einen Besonderen Teil entbehrlich.

übertragen unter Auflösung ohne Abwicklung ihr Vermögen als ganzes auf einen anderen Rechtsträger, der schon besteht oder dadurch neu gegründet wird (vgl. § 2 UmwG). Als Gegenleistung werden Anteile oder Mitgliedschaften dieses Rechtsträgers an die Anteilsinhaber der übertragenden Rechtsträger gewährt. Mit dem Oberbegriff Anteilsinhaber werden durchgängig Gesellschafter, Aktionäre, Genossen oder Mitglieder gekennzeichnet (vgl. § 2 UmwG a.E.).

An Verschmelzungen können grundsätzlich umfassend, d.h. in der Rolle als übertragende, übernehmende oder neue Rechtsträger die folgenden Formen beteiligt sein (vgl. § 3 UmwG):

– Personenhandelsgesellschaften;
– Kapitalgesellschaften;
– eingetragene Genossenschaften und Vereine, einschließlich genossenschaftlicher Prüfungsverbände sowie
– Versicherungsvereine auf Gegenseitigkeit.

Dabei sind für Personenhandelsgesellschaften und Kapitalgesellschaften, aber auch Genossenschaften Mischvorgänge in weitem Umfang möglich. Für die übrigen Rechtsformen werden im wesentlichen die Varianten zugelassen, für die ein praktisches Bedürfnis erkennbar geworden ist.

Gegenstand des Dritten Buches ist die neue Möglichkeit der Umwandlung durch Spaltung. Sie wird in drei Formen ermöglicht (vgl. § 123 UmwG):

Bei der Aufspaltung teilt ein übertragender Rechtsträger unter Auflösung ohne Abwicklung sein gesamtes Vermögen auf und überträgt im Wege der Sonderrechtsnachfolge die Teile auf mindestens zwei andere schon bestehende oder neu gegründete Rechtsträger. Als Gegenleistung werden Anteile der übernehmenden oder neuen Rechtsträger an die Anteilsinhaber des übertragenden Rechtsträgers gewährt.

Bei der Abspaltung bleibt der übertragende Rechtsträger bestehen und überträgt nur einen Teil seines Vermögens auf einen anderen oder mehrere andere, bereits bestehende oder neue Rechtsträger. Auch hier erfolgt die Gegenleistung durch Gewährung von Anteilen an die Anteilsinhaber des übertragenden Rechtsträgers.

Auch bei der Ausgliederung geht nur ein Teil des Vermögens eines Rechtsträgers auf andere Rechtsträger über. Im Unterschied zur Abspaltung gelangen die als Gegenwert gewährten Anteile aber in das Vermögen des übertragenden Rechtsträgers selbst und nicht an seine Anteilsinhaber.

Über eine Generalverweisungsvorschrift (vgl. § 125 UmwG) finden auf die Spaltung viele Vorschriften aus dem Verschmelzungsteil entsprechende Anwendung, soweit nicht die Besonderheiten dieses Rechtsinstituts abweichende Regelungen erfordern. Diese Verweisungstechnik ist zunächst etwas gewöhnungsbedürftig. Sie stellt aber einen notwendigen Kompromiß zwischen hinreichender Klarheit der Regelungen und vertretbarem Umfang des Gesetzes insgesamt dar. Wenn auch alle Spaltungsvorschriften ausformuliert worden wären, hätte dies den Umfang des ohnehin schon gewichtigen Gesetzes noch erheblich vermehrt.

An Spaltungen beteiligt sein können umfassend die vorhin bei der Verschmelzung erwähnten Rechtsformen (vgl. § 124 UmwG). Die Ausgliederung wird darüber hinaus auch Einzelkaufleuten, Stiftungen und Gebietskörperschaften ermöglicht. Damit soll die Fortführung unternehmerischer Betätigung in einer Form, die dafür besser geeignet erscheint, ermöglicht werden.

Das Vierte Buch enthält Regelungen über die Vermögensübertragung. Sie ist in zwei Unterarten möglich (vgl. § 174 UmwG). Die Vollübertragung folgt weitgehend den Regeln über die Verschmelzung, während die Teilübertragung im wesentlichen als Spaltungsvorgang ausgestaltet ist. Der entscheidende sachliche Unterschied liegt darin, daß die Gegenleistung für die Vermögensübertragung nicht in Anteilen an den übernehmenden Rechtsträgern, sondern in anderer Form, insbesondere durch Geldleistung, erfolgt. Der Grund dafür ist die besondere Struktur der beteiligten Rechtsträger: Die öffentliche Hand, öffentlich-rechtliche Versicherungsunternehmen und Versicherungsvereine auf Gegenseitigkeit verfügen nicht über ein in Anteile zerlegtes Kapital. Ein Anteilstausch kommt daher nicht in Betracht. Auch hier sind die Möglichkeiten gegenüber dem früheren Recht erheblich erweitert worden.

Der im Fünften Buch geregelte Formwechsel unterscheidet sich von den übrigen Umwandlungsarten grundsätzlich dadurch, daß keine Vermögensübertragung stattfindet. Die rechtliche und wirtschaftliche Identität des Rechtsträgers besteht fort.[32] Änderungen erfahren lediglich seine Rechtsform und damit seine rechtliche Struktur. Gänzlich neu ist die Möglichkeit, aus einer anderen Rechtsform in die Form der

---

32 Nach § 202 Abs. 1 Nr. 1 UmwG bewirkt die Eintragung der neuen Rechtsform, daß der formwechselnde Rechtsträger in der in dem Umwandlungsbeschluß bestimmten Rechtsform *weiterbesteht.*

Genossenschaft zu wechseln. Ebenso kann jetzt ein rechtsfähiger Verein die Form der Kapitalgesellschaft oder Genossenschaft annehmen. Ein ganz grundsätzlicher Unterschied zum geltenden Recht liegt ferner darin, daß auch die Umwandlung einer Personenhandelsgesellschaft in eine Kapitalgesellschaft (vgl. § 214 UmwG) und der umgekehrte Fall (vgl. § 226 UmwG) als bloßer Formwechsel behandelt werden. Der Hilfskonstruktion einer errichtenden Umwandlung wie im früheren Recht bedarf es daher nicht mehr. Die Lösung im neuen Umwandlungsrecht wird auf die Diskussion über die Rechtsfigur der Gesamthandsgemeinschaft sicherlich nicht ohne Auswirkung bleiben.[33]

Gestatten Sie mir hier – ohne Vorgriff auf das Referat von *Schaumburg* – einen Hinweis auf die Folge der zivilrechtlichen Konstruktion für die Frage der Grunderwerbsteuerpflicht: Da anders als bisher gerade kein Übertragungsvorgang stattfindet, fehlt es an einem steuerbaren Tatbestand.[34] Die gegenteilige Auffassung der Finanzverwaltung, wie sie in einem vielleicht etwas vorschnellen Erlaß[35] zum Ausdruck kommt, erscheint mir rechtlich nicht haltbar.

3. Der Ablauf des Umwandlungsverfahrens

Der verfahrensmäßige Ablauf ist bei allen Umwandlungsvorgängen weitgehend ähnlich. Zunächst haben die Vertretungsorgane der beteiligten Rechtsträger als rechtsgeschäftliche Grundlage der Vermögensübertragung einen Vertrag abzuschließen.[36] Fehlt ein Vertragspartner wie bei der Entstehung neuer Rechtsträger anläßlich einer Spaltung, so ist ein entsprechender Plan aufzustellen (vgl. § 136 UmwG). Beim Formwechsel hat eine vergleichbare Funktion der Entwurf des Umwandlungsbeschlusses (vgl. § 192 Abs. 1 UmwG), wenn hier auch die andere rechtliche Qualität des Vorgangs von Bedeutung ist. Für diese Akte schreibt das Gesetz jeweils einen bestimmten Mindestinhalt[37] und die notarielle Beurkundung[38] vor. Zusätzliche rechtsformspezifi-

---

33 Dies deutet sich bei *Zöllner,* FS für Gernhuber, 1993, S. 564 ff., und stärker noch bei *Raiser,* AcP 1994, 495 ff. bereits an.
34 § 1 Abs. 1 Nr. 3 GrEStG knüpft die Steuerpflicht an den Übergang des Eigentums an.
35 Vgl. FinMin. Baden-Württemberg, DB 1994, 2592.
36 Vgl. §§ 4, 125, 176 ff. UmwG.
37 Vgl. im einzelnen §§ 5 Abs. 1, 126 Abs. 1, 194 Abs. 1 UmwG.
38 Vgl. §§ 6, 125, 135, 176 ff., 193 UmwG.

sche Ergänzungen ergeben sich dann noch aus den besonderen Vorschriften.[39]

Die Anteilsinhaber der beteiligten Rechtsträger sind grundsätzlich durch einen besonderen Bericht[40] über die Einzelheiten der geplanten Umwandlung zu unterrichten. Er ist von dem jeweiligen Vertretungsorgan zu erstellen und soll den Anteilsinhabern hinreichende Informationen als Grundlage für die von ihnen zu treffende Entscheidung über die Umwandlung liefern. Der Schwerpunkt des Berichts liegt bei den Übertragungsvorgängen in der Erläuterung der Angemessenheit des Umtauschverhältnisses oder der Gegenleistung. Beim Formwechsel steht die Ausgestaltung der künftigen Beteiligung im Vordergrund. Wegen des Charakters als Schutzvorschrift entfällt die Berichtspflicht nur dann, wenn alle Anteilsinhaber sämtlicher beteiligter Rechtsträger darauf verzichten und bei 100%igen Beteiligungen.

Auch die generell oder unter bestimmten Voraussetzungen vorgeschriebene Prüfung der Umwandlung durch unabhängige Sachverständige[41] dient dem Schutz der Interessen der Anteilsinhaber.

Für den Beschluß der Anteilsinhaber über die Umwandlung schreibt das Gesetz in der Regel die für Satzungsänderungen vorgesehene Mehrheit vor.[42] Der Beschluß ist notariell zu beurkunden.[43] Soweit besondere Rechte einzelner Anteilsinhaber durch die Umwandlung tangiert werden, ist deren Zustimmung erforderlich.[44]

4. Die Folgen der Beschlußanfechtung

Wie schon im bisher geltenden Recht sind die Klagemöglichkeiten gegen den Beschluß eingeschränkt. Eine solche Klage kann nicht darauf gestützt werden, daß das Umtauschverhältnis der Anteile, der Gegenwert oder eine Barabfindung, die angeboten werden muß, zu niedrig ist oder daß ein solches Angebot überhaupt nicht erfolgt ist.[45]

---

39 Vgl. §§ 40, 46, 56, 80, 96, 110, 114, 125, 176 ff., 218, 234, 243, 253, 263, 276, 285, 294 UmwG.

40 Vgl. §§ 8, 127, 162, 192 UmwG.

41 Vgl. §§ 44, 48, 60, 78, 81, 100, 176 ff., 225, 259 UmwG. Wie die Prüfung durchzuführen ist, ergibt sich aus den Allgemeinen Vorschriften, vgl. §§ 9 bis 12, 125, 176 ff. UmwG.

42 Vgl. §§ 13, 62, 125, 176 ff., 193 UmwG.

43 Vgl. §§ 13, 125, 193 UmwG.

44 Vgl. §§ 13, 50, 51, 56, 78, 125, 128, 193, 217, 233, 240, 241, 242, 252, 262, 275, 284, 303 UmwG.

45 Vgl. §§ 14, 125, 176 ff., 195 UmwG.

Die Erhebung einer Klage gegen den Umwandlungsbeschluß führt grundsätzlich zu einer Registersperre.[46] Das leidige Problem der mißbräuchlichen Anfechtungsklagen soll durch eine besondere Regelung eingedämmt werden. Schon bisher hatte die Rechtsprechung bekanntlich die Möglichkeit bejaht, daß das Registergericht die Verschmelzung trotz einer anhängigen Klage eintragen kann, wenn diese offensichtlich keine Aussicht auf Erfolg hat.[47] Dieser Grundsatz wird vom Gesetz aufgegriffen und nachhaltig erweitert. Dazu ist ein eigenständiges neues Rechtsbehelfsverfahren vorgesehen (vgl. § 16 Abs. 3 UmwG). In diesem Verfahren sind die Rollen der Beteiligten vertauscht. Antragsteller ist der Rechtsträger, gegen dessen Umwandlungsbeschluß eine Klage anhängig ist. Antragsgegner ist der Anteilsinhaber, der diese Klage erhoben hat. Sachlich zuständig ist ausschließlich das Prozeßgericht, bei dem die Klage anhängig ist. Dadurch sollen künftig die verfahrensrechtlichen Nachteile der bisherigen Rechtslage, insbesondere voneinander abweichende Entscheidungen des Registergerichts und des Prozeßgerichts, vermieden werden. Deshalb bindet die rechtskräftige Entscheidung des Prozeßgerichts in dem neuen Rechtsbehelfsverfahren das Registergericht. Dieses darf die beantragte Eintragung nicht unter Hinweis auf die erhobene Klage oder das Fehlen der Negativerklärung ablehnen. Seine Zuständigkeit zur Prüfung der sonstigen Eintragungsvoraussetzungen bleibt dagegen unberührt.

Sachlich hat der Beschluß des Prozeßgerichts die Voraussetzung, daß die Klage unzulässig oder offensichtlich unbegründet ist. Dies entspricht den Grundsätzen, welche die Rechtsprechung schon bisher aufgestellt hatte.[48] In der Praxis hat sich aber gezeigt, daß die Fälle eher selten sind, in denen das Prozeßgericht ohne nähere Beweiserhebung die Frage der Unzulässigkeit oder offensichtlichen Unbegründetheit klären kann. Künftig soll es dem Prozeßgericht daher möglich sein, eine Interessenabwägung vorzunehmen. Das Interesse des Klägers, die Eintragung einer vorgeblich rechtsfehlerhaften Umwandlung zu verhindern, soll dem Interesse der an der Verschmelzung beteiligten Rechtsträger und ihrer übrigen Anteilsinhaber gegenübergestellt werden, die mit der Verschmelzung erstrebten wirtschaftlichen Vorteile möglichst bald herbeizuführen. Zu den weiteren Einzelheiten

---

46 Vgl. §§ 16 Abs. 2, 125, 176 ff., 198 Abs. 3 UmwG.
47 Vgl. BGHZ 112, 9.
48 Vgl. BGHZ 107, 296; BGH NJW-RR 1990, 350; BGH ZIP 1990, 1560.

insbesondere verfahrensrechtlicher Art darf ich auch hier auf ein späteres Referat verweisen.[49]

5. Der Schutz der Anteilsinhaber, der Inhaber von Sonderrechten und der Gläubiger

Die Wirksamkeit der Umwandlung, insbesondere der Vermögensübergang und beim Formwechsel das Fortbestehen in der neuen Rechtsform, wird durch die Eintragung im zuständigen Register herbeigeführt.[50] Dabei bleiben Übertragbarkeitshindernisse, die sich aus dem allgemeinen Zivilrecht ergeben, grundsätzlich beachtlich. Hier mußte der Gesetzgeber vor allem bei der Spaltung eine schwierige Gratwanderung vollziehen. Einerseits sollte der Vorgang durch die partielle Gesamtrechtsnachfolge erleichtert werden, andererseits bestanden Bedenken, sämtliche Schranken des allgemeinen Rechts als unbeachtlich anzusehen (vgl. die Regelung in § 132 UmwG).

Dem Schutz der Anteilsinhaber dienen Ansprüche auf Nachbesserung[51] des Umtausch- oder Beteiligungsverhältnisses sowie auf Barabfindung[52] beim Ausscheiden. Ferner stehen ihnen Schadensersatzansprüche gegen die Vertretungs- und Aufsichtsorgane[53] der beteiligten Rechtsträger sowie gegebenenfalls gegen die Umwandlungsprüfer zu.

Die Inhaber von Sonderrechten, die über kein Stimmrecht verfügen, können auf die Entscheidung über die Umwandlung keinen Einfluß nehmen. Ihre Interessen werden durch einen sogenannten Verwässerungsschutz in der Form gewahrt, daß sie in den übernehmenden oder neuen Rechtsträgern wirtschaftlich mindestens gleichwertige Rechte erhalten müssen.[54] Das Gesetz dehnt hier die Regelung des bisherigen § 347a AktG auf alle Umwandlungsfälle aus.

Die Gläubiger haben unter bestimmten Voraussetzungen Anspruch auf Sicherheitsleistung.[55] Hier sind jetzt generell – wie schon bisher bei der aktienrechtlichen Verschmelzung – die Gläubiger des übernehmenden Rechtsträgers in den Schutz einbezogen. Dies erscheint sinnvoll, weil es sich für die Gläubiger häufig als Zufall darstellt, welcher

---

49 S. *Bork*, S. 261.
50 Vgl. §§ 20, 36, 131, 135, 176 ff., 202 UmwG.
51 Vgl. §§ 15, 125, 176 ff., 196 UmwG.
52 Vgl. §§ 29 ff., 34, 36, 125, 135, 176 ff., 207 UmwG.
53 Vgl. §§ 25 ff., 36, 125, 135, 176 ff., 205, 206 UmwG.
54 Vgl. §§ 23, 125, 133, 204 UmwG.
55 Vgl. §§ 22, 125, 176 ff., 204 UmwG.

Rechtsträger welche Rolle bei einer Umwandlung übernimmt. Neu ist ferner das Erfordernis, die Ansprüche nach Grund und Höhe schriftlich anzumelden. Dies wurde in der Regel aber wohl schon bisher so gehandhabt. Ferner wird nicht mehr der Nachweis, sondern nur noch die Glaubhaftmachung der Gefährdung des Anspruchs verlangt. Dies wird allerdings jetzt auch von den Gläubigern des übertragenden Rechtsträgers verlangt.

Aus dem geltenden Recht übernommen wurde die Regelung, daß ein Anspruch auf Sicherheitsleistung dann nicht besteht, wenn ein Gläubiger bereits in anderer Weise ausreichend gesichert ist. In der Begründung wird darauf hingewiesen, daß als eine solche Sicherung auch der besondere Insolvenzschutz durch den Pensionssicherungsverein nach dem Gesetz zur Verbesserung der betrieblichen Altersversorgung anzusehen ist. Dies entspricht der ganz herrschenden Auffassung zum bisherigen Recht. Der Hinweis in der Gesetzesbegründung hat aber einen kleinen und bis dato weitgehend unbekannten Verband von Betriebsrentnern geradezu zu einem Kreuzzug gegen das neue Umwandlungsrecht veranlaßt. Dieses Rechtsgebiet fand dabei sogar erstmals den Weg in die Bildzeitung. Auch dort behauptete der Verband, das Gesetz verschlechtere bewußt und böswillig die Situation der Betriebsrentner. Diese Kampagne hat natürlich zu Unsicherheit bei Betroffenen geführt. Inzwischen sind die Dinge aber – nicht zuletzt durch Artikel in der seriösen Wirtschaftspresse – richtiggestellt worden.[56]

Dem Gläubigerschutz dienen weiterhin Vorschriften über die Fortdauer der persönlichen Haftung einzelner Gesellschafter auch nach einer Umwandlung.[57] Nach dem Vorbild des Nachhaftungsbegrenzungsgesetzes[58] ist diese Haftung aber in der Regel auf einen Zeitraum von fünf Jahren nach Wirksamwerden des Umwandlungsvorgangs begrenzt. Ferner haben die Gläubiger wie nach bisherigem Recht Schadensersatzansprüche[59] gegen Mitglieder der Vertretungs- und Aufsichtsorgane der beteiligten Rechtsträger, wenn diese ihre Sorgfaltspflichten verletzt haben.

---

56 Vgl. Handelsblatt vom 14. 9. 1994, S. 27; Wirtschaftswoche vom 30. 9. 1994, S. 153; ZIP Heft 18/94, A 116; FAZ – Blick durch die Wirtschaft – vom 14. 10. 1994, S. 1.

57 Vgl. §§ 45, 95, 96, 125, 156 ff., 166, 167, 172, 173, 224, 237, 249, 257, 271 UmwG.

58 Gesetz zur zeitlichen Begrenzung der Nachhaftung von Gesellschaftern vom 18. 3. 1994, BGBl. I S. 560.

59 Vgl. §§ 25 ff., 70, 125, 176 ff., 205, 206 UmwG.

6. Das Spruchverfahren

Das Sechste Buch betrifft das sogenannte Spruchverfahren (vgl. §§ 305 ff. UmwG). Dieses dient der Entschädigung von Anteilsinhabern, deren Klagemöglichkeiten gegen einen Umwandlungsbeschluß wie bereits erwähnt sachlich beschränkt sind. Bisher waren entsprechende Regelungen im Aktiengesetz, im Kapitalerhöhungsgesetz und im Umwandlungsgesetz 1969 enthalten. Entsprechend der Grundkonzeption des neuen Rechts, vergleichbare Fälle einheitlich und systematisch nur an einer Stelle zu behandeln, ist das Spruchverfahren jetzt für alle Umwandlungsfälle zusammenhängend geregelt.

Als herausragende neue Regelung soll hier nur die Erweiterung der Rechte des gemeinsamen Vertreters erwähnt werden (vgl. § 308 Abs. 3 UmwG). Im Interesse aller betroffenen Anteilsinhaber kann dieser das Verfahren auch dann weiterführen, wenn die Antragsteller ihren Antrag zurückgenommen haben. Diese Möglichkeit hatte er als gesetzlicher Vertreter jedenfalls nach einhelliger Meinung in der Rechtsprechung bisher nicht. Aufgrund der Neuregelung rückt der gemeinsame Vertreter vollständig in die verfahrensrechtliche Stellung eines Antragstellers ein. Damit ist es ihm jetzt auch möglich, das Verfahren durch eine entsprechende Rechtshandlung zu beenden. Dies hat vor allem dann Bedeutung, wenn die Antragsrücknahme durch den Antragsteller auf einem Vergleich zwischen ihm und dem betroffenen Rechtsträger beruht und eine Erstreckung der vereinbarten Regelung, z.B. auf der Grundlage der sog. Deutsche Bank-Klausel, auf die übrigen Anteilsinhaber vorgesehen ist. In Betracht kommt auch, daß sich der Rechtsträger in dem Vergleich erst zu einer solchen Ausdehnung verpflichtet oder sie mit dem gemeinsamen Vertreter vereinbart. In all diesen Fällen soll eine Beendigung des Spruchverfahrens möglich sein, weil die Fortführung bloßer Formalismus wäre.

7. Die Übergangs- und Schlußvorschriften einschließlich der arbeitsrechtlichen Regelungen

Das Siebente Buch enthält Sanktionsnormen in Gestalt von Strafvorschriften und eine Regelung über die Verhängung von Zwangsgeldern. Sie sind im wesentlichen aus dem früheren Recht übernommen (vgl. §§ 313 ff. UmwG).

Im Achten Buch sind schließlich die erforderlichen Übergangs- und Schlußvorschriften zusammengefaßt (vgl. §§ 317 ff. UmwG). Für bereits vor dem 1. 1. 1995 eingeleitete Umwandlungen ordnet das Gesetz in § 318 die Fortgeltung der bis zu diesem Tage geltenden Vorschriften an. Voraussetzung ist, daß bereits die rechtsgeschäftliche Grundlage einer Umwandlung beurkundet worden ist.

Es genügt auch die Einberufung der Versammlung der Anteilsinhaber, die über die Umwandlung Beschluß fassen soll. Teilweise wurde die Auffassung vertreten, wegen der etwas anders gefaßten Anwendungsvorschrift im neuen Umwandlungssteuerrecht komme die Anwendung dieser Bestimmungen auch auf Umwandlungsvorgänge in Betracht, für die noch die bisherigen gesellschaftsrechtlichen Regelungen gelten.[60] Dieser Ansicht ist die Finanzverwaltung inzwischen in einer Verlautbarung entgegengetreten.[61] Es war von vornherein beabsichtigt, sowohl das neue Steuerrecht als auch das neue Umwandlungsgesetz einheitlich nur auf Umwandlungsvorgänge nach dem Inkrafttreten beider Gesetze Anwendung finden zu lassen. Dies ergibt sich auch eindeutig aus den Regelungen in § 1 UmwStG, die auf konkrete Vorschriften des neuen Umwandlungsgesetzes Bezug nehmen. Anderenfalls wäre diese Verweisung zunächst ins Leere gegangen.

Streng genommen weder um Übergangs- noch um Schlußvorschriften im herkömmlichen Sinn handelt es sich bei den arbeitsrechtlichen Regelungen in den §§ 321 bis 325 des Umwandlungsgesetzes. Schon während des Gesetzgebungsverfahrens wurde kritisiert, daß solche Vorschriften in einem gesellschaftsrechtlichen Gesetz eigentlich fehl am Platze seien.[62] Dies ist streng systematisch gesehen sicher richtig. Die Entscheidung des Gesetzgebers hat aber eher politische Gründe. Mit der Aufnahme dieser Regelungen gerade in das Umwandlungsgesetz selbst sollte den vielfältigen Sorgen und Bedenken der Gewerkschaften und der Sozialpolitiker Rechnung getragen werden, daß bei Umwandlungen Arbeitnehmerschutzinteressen zu kurz kommen könnten. Ebenfalls vor diesem Hintergrund erklärt sich die plakative Klarstellung in § 324 UmwG, daß § 613a BGB auch in Umwandlungsfällen Anwendung findet. Damit ist die im arbeitsrechtlichen Schrift-

---

60 Vgl. etwa den Beitrag von *Orth* im Handelsblatt vom 19. 9. 1994, S. 21.
61 Vgl. BMF-Schreiben vom 19. 12. 1994, BStBl. I 1995, 42.
62 Vgl. insbesondere die Ausführungen *Lutters* und der Vertreter der wirtschaftlichen Spitzenverbände bei der Anhörung im Rechtsausschuß des Deutschen Bundestages am 20. 4. 1994, Protokoll Nr. 123, S. 2 ff. Ähnlich jetzt auch *Wlotzke,* DB 1995, 40, 48.

tum[63] immer wieder vertretene These nun wirklich nicht länger haltbar, bei Betriebsübergängen im Wege der Gesamtrechtsnachfolge sei
§ 613a nicht anwendbar. *K. Schmidt* hat schon vor Jahren überzeugend begründet, daß allein das Gegenteil richtig ist.[64]
In den Kontext des Arbeitnehmerschutzes gehört ferner der jetzt erforderliche Hinweis im Verschmelzungsvertrag[65] und den diesen entsprechenden rechtsgeschäftlichen Erklärungen bei den anderen Umwandlungsvorgängen,[66] welche Folgen eine Umwandlung für die Arbeitnehmer und ihre Vertretungen voraussichtlich hat. Zu erwähnen ist
schließlich die besondere Haftungsregelung für Sozialplan- und Be-
triebsrentenansprüche in § 134 UmwG. Ich denke, diese Regelungen
werden morgen im einzelnen noch zur Sprache kommen.

V. Fazit

Das neue Umwandlungsrecht verändert die gesellschaftsrechtliche
Landschaft wohl ähnlich tiefgreifend, wie dies zuvor durch das Aktiengesetz 1965 und 20 Jahre später nochmals durch das Bilanzrichtlinien-Gesetz geschehen ist. Trotz der langfristigen und sorgfältigen
Vorbereitung und der zahlreichen Kontakte mit der Wissenschaft und
den Verbänden konnten im Gesetz nicht alle Detailpunkte geregelt
werden. Aus den Anfragen, die mich in diesen Wochen von seiten der
Praxis erreichen, ersehe ich, daß manche Probleme auch Praktikern
erst dann deutlich werden – und das ist nicht überraschend –, wenn es
um eine ganz konkrete Fallkonstellation geht. Ziel dieser Veranstal-
tung ist es, durch die weiteren Referate und die daran anknüpfende
Diskussion Hilfen zur Anwendung des neuen Rechts und erste Ant-
worten auch auf Zweifelsfragen zu geben.

---

63 Der bisherige Streitstand ist zusammenfassend dargestellt bei *Boecken,*
   ZIP 1994, 1087. Vgl. auch *Bauer/Lingemann,* NZA 1994, 1057, 1061 und
   Wlotzke, a.a.O. (Fn 62), S. 42 f.
64 Vgl. AcP 1991, 495.
65 Vgl. § 5 Abs. 1 Nr. 9 UmwG.
66 Vgl. §§ 126 Abs. 1 Nr. 11, 194 Abs. 1 Nr. 7 UmwG.

Die Verschmelzung von Kapitalgesellschaften

Prof. Dr. Barbara Grunewald, Mannheim, und
Rechtsanwalt Dr. Martin Winter, Mannheim

I. Einleitung *(Grunewald)*

Das Umwandlungsgesetz ist am 1. 1. 1995 in Kraft getreten. Die Chance, nach dem alten wohl besser bekannten Recht vorzugehen, ist also jetzt vertan. Nur sogenannte bereits *eingeleitete Umwandlungen* können und müssen nach § 318 UmwG nach altem Recht durchgeführt werden. Eingeleitet ist eine Umwandlung, wenn zu ihrer Vorbereitung bereits vor dem 1. 1. 1995 ein Vertrag oder eine Erklärung beurkundet oder eine Versammlung der Anteilseigner einberufen worden ist. Wenn dieser Tatbestand erfüllt ist und man später erkennt, daß eine Umwandlung nach dem neuen Umwandlungsgesetz doch günstiger ist, so müssen der Vertrag bzw. die genannten Erklärungen aufgehoben und mit der geplanten Umwandlungsmaßnahme von vorne – jetzt nach neuem Recht – begonnen werden.

II. Der Verschmelzungsvertrag *(Grunewald)*

1. Form, Abschluß

Der Verschmelzungsvertrag wird – wie bislang auch – von den Vertretungsorganen der beteiligten Gesellschaften geschlossen. Er kann, wie § 4 Abs. 2 UmwG zeigt, auch nach der Beschlußfassung der Anteilseigner geschlossen (also insbesondere notariell beurkundet) werden. Grundlage der Beschlußfassung der Anteilseigner ist dann ein schriftlicher Entwurf. Der Vertrag wird aber erst wirksam, wenn er notariell beurkundet wird.

2. Änderung der Rechtslage im Bereich des Inhalts des Verschmelzungsvertrages

a) Besondere Vorteile für Abschlußprüfer

§ 5 UmwG legt den Inhalt des Verschmelzungsvertrages fest. Dabei ergeben sich gegenüber § 340 Abs. 2 AktG a.f. einige Besonderheiten. Zum einen sind nun auch besondere Vorteile, die dem Abschlußprüfer gewährt werden, aufzuführen. Die üblichen Honorare für die Abschlußprüfung sind keine besonderen Vorteile, wohl aber überhöhte Vergütungen[1]. Meist wird es um Zahlungen gehen, die Prüfer, die schon längere Zeit für eine Gesellschaft tätig waren, erhalten, weil sie aus ihren Verträgen aufgrund der Verschmelzung entlassen werden[2]. Diese Offenlegung ist schon deshalb wünschenswert, weil solche „Abfindungszahlungen" wegen des Rechts zur freien Wahl der Abschlußprüfer und der zumindest anzustrebenden Unabhängigkeit der Prüfer prinzipiell äußerst bedenklich sind.

b) Folgen der Verschmelzung für die Arbeitnehmer

Noch brisanter dürfte die in § 5 Abs. 1 Nr. 9 UmwG enthaltene Regelung sein, nach der die Folgen der Verschmelzung für die Arbeitnehmer und ihre Vertretungen sowie die insoweit vorgesehenen Maßnahmen zu nennen sind. Was genau zu diesem Punkt im Verschmelzungsvertrag aufzuführen ist, läßt sich nur schwer sagen. In der Begründung[3] heißt es: „Nach Nr. 9 sind auch die durch die Verschmelzung eintretenden individual- und kollektivarbeitsrechtlichen Änderungen im Verschmelzungsvertrag aufzuzeigen, da die Verschmelzung auch die Interessen der Arbeitnehmer und ihrer Vertretungen in den an der Verschmelzung beteiligten Rechtsträgern berührt. Hierdurch soll insbesondere den Arbeitnehmervertretungen . . . eine frühzeitige Information über die Verschmelzung und die durch sie bewirkten Folgen für die Arbeitnehmer zur Verfügung gestellt werden, um be-

---

1 Für die Vergütung der Verschmelzungsprüfer ebenso *Dehmer*, § 340 AktG Anm. 14; *Grunewald* in G/H/E/K, § 340 Rz. 27.
2 Siehe die Begründung zum Gesetzentwurf der Fraktionen der CDU/CSU und FDP, Bundestags-Drucksache 12/6699 v. 1. 2. 1994, S. 82.
3 Fn 2, S. 82 f.

21

reits im Vorfeld des Verschmelzungsvorgangs seine möglichst sozial-verträgliche Durchführung zu erleichtern."
Da ausdrücklich auch die *individualarbeitsrechtlichen Änderungen* angesprochen werden, wird m.e. nicht daran vorbeizukommen sein, auch die im Zuge der Verschmelzung geplanten Rationalisierungs-maßnahmen aufzuführen, soweit sie Arbeitsplätze kosten werden[4]. Dem läßt sich auch nicht entgegenhalten, daß die Folgen bei der Abfassung des Verschmelzungsvertrages noch nicht endgültig abseh-bar sind. Verlangt wird nicht die Schilderung dessen, was dann tat-sächlich eintritt, sondern nur die Darlegung dessen, was nach dem momentanen Stand der Dinge eintreten soll und voraussichtlich auch eintreten wird.

Wenn dieser Punkt nicht oder nicht vollständig im Verschmelzungs-vertrag angesprochen ist, gelten die ganz allgemein für den Fall un-vollständiger Angaben im Verschmelzungsvertrag entwickelten Rechtsfolgen: Ein *Beschluß der Anteilseigner,* der einem Verschmel-zungsvertrag zustimmt, der nicht rechtmäßig ist, ist seinerseits nicht rechtmäßig und deshalb *anfechtbar*[5]. Man könnte allerdings meinen, daß die Anfechtungs- wie auch die Nichtigkeitsklage hier nicht grei-fen, weil es bei der verletzten Norm um den Schutz der Arbeitnehmer und nicht der Anteilseigner geht, und Anfechtungs- und Nichtigkeits-klage nur den Interessen der Anteilseigner dienen sollen. Dies trifft aber schon deshalb nicht zu, weil es nach h.M. bei Anfechtungs- und Nichtigkeitsklage um ein allgemeines Kontrollrecht des Anteilseig-ners geht, das jedenfalls bislang nicht auf die Überprüfung bestimmter Beschlußmängel beschränkt wurde[6]. Hinzu kommt, daß es aus mehre-ren Gründen auch für die Anteilseigner nicht unwichtig ist, die Folgen der Verschmelzung für die Arbeitnehmer zu kennen und zu bedenken. Denn Schwierigkeiten bei der Durchführung der Verschmelzung kön-nen gerade auf solchen Rationalisierungsmaßnahmen, die die Arbeit-nehmer betreffen, beruhen. Auch ist es durchaus denkbar, daß es aufgrund der genannten Maßnahmen zu erheblichen Kosten für die Verschmelzungspartner kommt – etwa wenn es um die Finanzierung sogenannter sozialverträglicher Lösungen für die Arbeitnehmerseite geht. Zudem läßt sich kaum sagen, daß die Anteilseigner an den

---

4 So auch *Wlotzke*, DB 1995, 40, 45.
5 Siehe BGHZ 82, 188 für einen Zustimmungsvorbehalt nach § 361 AktG
   a.F.; auch *Dehmer*, § 340 Anm. 16; *Grunewald* (Fn 1) § 340 Rz. 34.
6 *Hüffer* in G/H/E/K, § 243 Rz. 5; *Karsten Schmidt*, Gesellschaftsrecht,
   2. Aufl., § 21 V 2.

Folgen der Verschmelzung für die Arbeitnehmer nicht auch unabhängig von Kostenfaktoren interessiert sind. Dies alles zeigt, daß ein Verstoß gegen § 5 Abs. 1 Nr. 9 UmwG kaum anders behandelt werden kann als jeder andere den Verschmelzungsvertrag betreffende Fehler. Dies hat, wie gesagt, die Anfechtbarkeit des dem Verschmelzungsvertrag zustimmenden Beschlusses der Anteilseigner zur Folge.

Nichtig ist ein solcher Beschluß aber nicht. Allenfalls könnte ein Verstoß gegen § 241 Nr. 3 AktG (gläubigerschützende Norm) gegeben sein. Aber das ist nicht die Intention von § 5 Abs. 1 Nr. 9 UmwG. Allerdings ist die Annahme, es liege lediglich Anfechtbarkeit vor, insofern nicht recht stimmig, als die Betroffenen – eben die Arbeitnehmer – ein Anfechtungsrecht nicht ausüben können. Doch würde dies, auch wenn man von der Nichtigkeit des Beschlusses ausgeht, kaum anders sein. Auch eine Nichtigkeitsfeststellungsklage kann von den Arbeitnehmer nicht erhoben werden, während eine allgemeine Feststellungsklage unter den üblichen Voraussetzungen in beiden Fällen zulässig ist. Immerhin müßte die Nichtigkeit eines Beschlusses auch ohne eine besondere Klage von jedermann beachtet werden. Insbesondere dürfte der Registerrichter die Verschmelzung nicht eintragen. Aber auch wenn man davon ausgeht, daß der Beschluß lediglich anfechtbar ist, wird es zu einer *Eintragung nicht kommen.* Denn ihr würde ein Verschmelzungsvertrag zugrunde liegen, der seinerseits nicht in Ordnung ist. Dann aber trägt der Registerrichter die Verschmelzung sowieso nicht ein[7]. Kommt es aber doch zur Eintragung der Verschmelzung, so spielt der Unterschied zwischen Anfechtbarkeit und Nichtigkeit keine Rolle mehr.

Sofern man aus den genannten Gründen von der Anfechtbarkeit des Beschlusses ausgeht, ist zu bedenken, daß nach Ansicht des BGH bei einer unzureichenden Information der Anteilseigner, die auf einen unzureichenden Verschmelzungsbericht zurückzuführen ist, die Anfechtungsklage nur Erfolg haben kann, wenn der Verschmelzungsbericht den gesetzlichen Anforderungen offensichtlich nicht entspricht, da dann *ein objektiv urteilender Aktionär der Verschmelzung nicht zustimmen würde*[8]. Da § 5 Abs. 1 Nr. 9 UmwG ebenfalls der Informa-

---

7 *Dehmer*, § 340 Anm. 16; *Grunewald* (Fn 1) § 340 Rz. 33; einschränkend *Kraft* in KK, § 352a Rz. 6: Es komme darauf an, welche Bestimmung des Verschmelzungsvertrages nicht rechtmäßig sei.

8 BGH WM 1989, 1128, 1132; BGH WM 1990 140, 143; kritisch dazu *Grunewald* (Fn 1) § 340a Rz. 21; nach *Dehmer*, § 340a Anm. 9 führt jeder Gesetzesverstoß zur Anfechtbarkeit.

tion der Anteilseigner dient, ist es möglich, daß diese Judikatur insoweit auch auf den Verschmelzungsvertrag übertragen wird. Wäre dem so, so würden nur offensichtliche Verstöße zur Anfechtbarkeit führen.

Schadensersatzansprüche von Arbeitnehmern sind denkbar, wenn man den Verschmelzungsvertrag insoweit als Vertrag zugunsten Dritter ansieht oder § 5 Abs. 1 Nr. 9 UmwG als Schutzgesetz i.S.v. § 823 Abs. 2 BGB versteht.

c) Barabfindung bei Mischverschmelzungen und bei Vinkulierung der Anteile des aufnehmenden Rechtsträgers

Noch an einer anderen Stelle des Gesetzes wird auf den Inhalt des Verschmelzungsvertrages eingegangen, nämlich in § 29 UmwG[9]: Bei sogenannten Mischverschmelzungen, also bei Verschmelzungen unter Beteiligung von Rechtsträgern unterschiedlicher Rechtsform, sowie dann, wenn vinkulierte Anteile an die Gesellschafter der übertragenden Gesellschaft ausgegeben werden, muß der Verschmelzungsvertrag jedem Anteilsinhaber, der gegen den Verschmelzungsbeschluß des übertragenden Rechtsträgers Widerspruch erklärt hat, den Erwerb der Anteile gegen Barabfindung anbieten. Dies gilt nach dem wohl eindeutigen Wortlaut der Bestimmung auch, wenn die hinzugebenden Anteile ebenfalls vinkuliert waren. Vinkulierung ist eben nicht gleich Vinkulierung. Für andere Belastungen[10], die mit der Beteiligung an der aufnehmenden Gesellschaft verbunden sind (z.B. Wettbewerbsverbote), gilt die Bestimmung nicht. Eine analoge Anwendung kommt m.E. nicht in Frage: Zum einen hat das Gesetz nur diese einschränkende Formulierung gewählt und zum anderen ist eine solche Analogie auch nicht notwendig. Im Extremfall hilft das allgemeine Austrittsrecht, also die in der Aktiengesellschaft allerdings noch umstrittene Befugnis, bei Vorliegen eines wichtigen Grundes die Gesellschaft zu verlassen[11]. In manchen Fällen könnte wohl auch im Wege der Vertragsauslegung geholfen werden. So wäre es vorstellbar, daß ein Wettbewerbs-

---

9 Der Diskussionsentwurf zum Gesetz zur Bereinigung des Umwandlungsrechts, 1988, der die Bestimmung für Vinkulierungen nicht vorsah, wurde von *Hommelhoff*, ZGR 1993, 452, 471 f. als zu weitgehend kritisiert; zustimmend dagegen *Hoffmann-Becking*, ZGR 1990, 482, 487 und *Priester*, ZGR 1990, 420, 444.

10 Dazu auch die Beiträge von *Winter* S. 84 und *Harry Schmidt* S. 45.

11 Vgl. zur GmbH *Röhricht*, FS Kellermann, 1991, S. 361 ff.; *Winter* in Scholz[8], § 19 Rz. 114 ff.; zur AG *Raiser*, Recht der Kapitalgesellschaften, 2. Aufl. 1992, § 12 Rz. 48.

verbot u.U. so verstanden werden kann, daß es nur für die Anteilseigner gilt, die schon vor der Verschmelzung in dem aufnehmenden Rechtsträger Gesellschafter waren. Für Kapitalgesellschaften steht einer solchen Interpretation aber der Grundsatz entgegen, daß bei der Auslegung von Satzungen subjektive Faktoren, zu denen auch die Vorgeschichte der Bestimmung und ihr besonderes Umfeld zählen, nicht berücksichtigt werden dürfen[12].

d) Konzernverschmelzung

In Anbetracht dieses langen Katalogs von Vorschriften, die bei der Abfassung des Verschmelzungsvertrages zu beachten sind, beinhaltet § 5 Abs. 2 UmwG einen kleinen, aber wirklich nur kleinen Trost: Wenn sich alle Anteile des übertragenden Rechtsträgers in der Hand des übernehmenden befinden, entfallen die Angaben über den Anteilsumtausch im Verschmelzungsvertrag, soweit sie die Aufnahme dieses Rechtsträgers betreffen. Aber alles andere – insbesondere auch die Folgen der Verschmelzung für die Arbeitnehmer – muß genannt werden.

III. Verschmelzungsbericht und Verschmelzungsprüfung *(Winter)*

1. Der Verschmelzungsbericht

a) Berichtserfordernis und Ausnahmen

Das bisher geltende Recht sah einen Verschmelzungsbericht nur vor, wenn zumindest eine Aktiengesellschaft an dem Verschmelzungsvorgang beteiligt war.[13] Demgegenüber verlangt § 8 UmwG die Erstellung eines schriftlichen Verschmelzungsberichts nunmehr im Grundsatz für alle fusionswilligen Rechtsträger ohne Rücksicht auf ihre Rechtsform, insbesondere auch für eine reine GmbH/GmbH-Fusion, d.h. die Verschmelzung einer oder mehrerer GmbH auf eine andere GmbH.

---

12 Kritisch zu diesem Grundsatz *Grunewald*, ZGR 1995, 68 ff.; *Noack*, Gesellschaftervereinbarungen bei Kapitalgesellschaften, 1994, S. 84 ff.
13 Vgl. § 340a AktG a.F. für die reine AG-Verschmelzung, §§ 355 Abs. 2 i.V.m. 340a AktG a.F. für die Verschmelzung einer GmbH auf eine AG; dagegen war ein Verschmelzungsbericht für die Verschmelzung einer AG (oder KGaA) auf eine GmbH nach Maßgabe von § 33 KapErhG auch dann nicht vorgesehen, wenn die Verschmelzung mit einer Mehrheit von 9/10 des Grundkapitals beschlossen werden konnte, weil die AG weniger als 50 Aktionäre hatte (vgl. § 33 Abs. 3 KapErhG i.V.m. § 369 Abs. 3 AktG a.F.).

Die Neuregelung überzeugt, insbesondere macht das (umfassende) Auskunftsrecht des GmbH-Gesellschafters nach § 51a GmbHG den Verschmelzungsbericht nicht etwa entbehrlich. Auch der Gesellschafter einer personalistisch strukturierten GmbH, der an der Entwicklung seiner GmbH überdurchschnittlichen Anteil nimmt, vermag eine sachgerechte Entscheidung nur zu treffen, wenn ihm die Gründe, die aus Sicht der Verwaltung für die Durchführung der Verschmelzung sprechen, in geschlossener und in sich folgerichtiger Darstellung präsentiert und den Auswirkungen auf seine Mitgliedschaftsrechte gegenübergestellt werden.

Eine Ausnahme vom Erfordernis des Verschmelzungsberichts sieht § 8 Abs. 3 UmwG – unabhängig von der Rechtsform der an der Fusion beteiligten Rechtsträger – in zwei Fällen vor:

Wenn *alle* Gesellschafter *aller* beteiligten Gesellschaften hierauf (in notarieller Urkunde!) verzichten – ein Fall, der wohl nur bei personalistischen Gesellschaften mit kleinem, in sich homogenem Gesellschafterkreis in Betracht kommen wird – oder (praktisch weitaus wichtiger), wenn alle Anteile des übertragenden Rechtsträgers in der Hand des übernehmenden Rechtsträgers sind. Die zuletzt genannte Ausnahme beruht auf einer Initiative des Rechtsausschusses, die Beifall verdient. Unbeschadet der sachlichen Erweiterung der Berichtspflicht durch das neue Verschmelzungsrecht – vgl. sogleich unter c) – steht im Mittelpunkt jedes Verschmelzungsberichts die Erläuterung des Umtauschverhältnisses. Wo sie entfällt – wie im Fall der Verschmelzung einer 100%-igen Tochtergesellschaft auf die Mutter – erscheint ein ausführlicher Verschmelzungsbericht nicht zwingend erforderlich. Daß die übernehmende Gesellschaft nach Durchführung der Verschmelzung unmittelbar für Verbindlichkeiten der übertragenden Gesellschaft haftet, ändert hieran nichts: Über die in diesem Zusammenhang interessierenden wirtschaftlichen Verhältnisse der Tochter können sich die Gesellschafter der übernehmenden Gesellschaft anhand der in den Geschäftsräumen ausliegenden Jahresabschlüsse (einschließlich Lageberichte) der Tochtergesellschaft informieren;[14] daneben besteht voll inhaltlich das allgemeine Auskunftsrecht.

---

14 Vgl. für die AG § 63 Abs. 1 Nr. 2 UmwG, für die GmbH § 49 Abs. 2 UmwG; eine Ausnahme für die Verschmelzung einer 100%igen Tochtergesellschaft sieht das Umwandlungsgesetz insoweit (mit Recht) nicht vor. Die Auslegung ist nur entbehrlich, wenn *alle* Gesellschafter der übernehmenden Gesellschaft hierauf verzichten.

b) Schuldner der Berichtspflicht, gemeinsamer Verschmelzungsbericht

Verpflichtet zur Erstattung des Verschmelzungsberichts sind die Geschäftsführungsorgane der an der Verschmelzung beteiligten Gesellschaften. § 8 Abs. 1 S. 1, 2. Halbs. UmwG entscheidet eine Streitfrage, vor deren Beantwortung nach altem Recht sich die höchstrichterliche Rechtsprechung bisher „gedrückt" hatte[15]: Die Erstattung eines gemeinsamen Verschmelzungsberichts ist zulässig. Der Berater fusionswilliger Gesellschaften ist somit zukünftig nicht mehr darauf angewiesen, aus Gründen höchster anwaltlicher Vorsicht den Vertretungsorganen die Erstattung von textgleichen Berichte in verschiedenen Urkunden zu empfehlen.

c) Notwendiger Inhalt des Verschmelzungsberichts

aa) Rechtliche und wirtschaftliche Erläuterung der Verschmelzung als solcher

In der Sache wichtiger als diese eher formale Klarstellung ist die vom Gesetzgeber intendierte sachliche Erweiterung der Berichtspflicht: Nach dem Gesetzeswortlaut ist künftig nicht nur der Verschmelzungsvertrag, sondern auch die Verschmelzung (als solche) rechtlich und wirtschaftlich zu erläutern. Darzulegen ist – in den Worten der Regierungsbegründung, der bei der Auslegung des neuen Rechts die gebührende Beachtung geschenkt werden sollte – „welche rechtlichen und wirtschaftlichen Gründe die Verschmelzung als das geeignete Mittel zur Verfolgung des Unternehmenszwecks erscheinen lassen"[16]. Ausweislich der Materialien knüpft das Gesetz damit an die Regelung des § 186 Abs. 4 S. 2 AktG an, der für den Fall einer Kapitalerhöhung mit Bezugsrechtsausschluß ebenfalls einen Bericht über die konkreten *Gründe* für den Bezugsrechtsausschluß verlangt[17].

Indessen ist die daraus resultierende Änderung der Rechtslage durch die Novellierung nicht so einschneidend, wie dies bei einer Gegenüberstellung des alten und des neuen Gesetzestextes erscheinen mag. Schon für das alte Recht entsprach es nämlich der ganz herrschenden, wenn nicht einhelligen Meinung, daß im Verschmelzungsbericht die

---

15 Vgl. nur BGH ZIP 1990, 1560, 1565 – SEN und die kritischen Anmerkungen von *Mertens,* ZGR 1994, 426, 430.
16 Vgl. Begr. RegE zu § 8; *Ganske,* S. 43 f.
17 Begr. RegE bei *Ganske,* S. 43; zum Inhalt des Berichts nach § 186 Abs. 4 S. 2 AktG, vgl. BGHZ 83, 319, 327 – Philipp Holzmann.

wirtschaftlichen Überlegungen darzustellen waren, die nach Ansicht des Vertretungsorgans für die Verschmelzung sprechen. Begründet wurde dies zutreffend damit, daß sich die wirtschaftliche Bedeutung des Verschmelzungsvertrages nur mit Blick auf seine Auswirkungen, eben die Verschmelzung, erläutern lasse[18]. Trotz der Ergänzung des Gesetzestextes kann also bei der Auslegung des neuen Rechts weitgehend auf die bewährten Kommentierungen zurückgegriffen werden: Zu erläutern sind im Verschmelzungsbericht – nach neuem wie nach altem Recht – die bei der aufnehmenden Gesellschaft erhofften Verbesserungen für das Unternehmen sowie bei beiden Unternehmen die Vorteile für die Anteilsinhaber, gegebenenfalls auch für die Arbeitnehmer und die Allgemeinheit. Daneben wird man die Vertretungsorgane nach wie vor auch für verpflichtet halten müssen, die gegen die Verschmelzung sprechenden Gründe (etwa Betriebsstillegungen) zu nennen, weil nur so ein vollständiges und damit zutreffendes Bild für die Aktionäre gezeichnet werden kann[19].

Das Gesetz verlangt nunmehr ausdrücklich, daß der Verschmelzungsvertrag *im einzelnen* erläutert wird. Ob diesem Tatbestandsmerkmal eigenständige Bedeutung zukommt, ist im Hinblick auf das schon nach altem Recht bestehende Erfordernis eines „ausführlichen" Berichts zweifelhaft[20]. Man wird das Gesetz weiterhin dahingehend zu verstehen haben, daß eine bloße Paraphrase des Verschmelzungsvertrages im Verschmelzungsbericht auch insoweit nicht genügt, vielmehr die Tragweite der einzelnen Bestimmungen erläutert werden muß.

bb) Folgen für die Beteiligung der Anteilsinhaber

Eine unverkennbare Erweiterung im Vergleich zum früheren Recht erfährt die Berichtspflicht insoweit, als nunmehr ausdrücklich auch die Folgen der Verschmelzung für die Beteiligung der Anteilsinhaber dargelegt werden müssen. Der Gesetzgeber präzisiert dies in den Materialien dahingehend, diese Erläuterungen seien im Hinblick auf die mit einer Verschmelzung regelmäßig verbundene Änderung der Beteiligungsquote insbesondere für Minderheiten von besonderer Bedeutung[21]. Man wird dies nicht dahingehend verstehen dürfen, daß der

---

18 Vgl. nur *Grunewald* in G/H/E/K, § 340a Rz. 6; *Bork*, ZGR 1993, 343, 349.
19 Zutreffend *Grunewald* in G/H/E/K, § 340a Rz. 7, 8 a.E.
20 So auch *Bork*, ZGR 1993, 350; Stellungnahme des Handelsrechtsausschusses des DAV vom Juni 1990, Rz. 30 und vom 17. 12. 1992, Rz. 31.
21 Begr. RegE bei *Ganske* S. 44.

Verschmelzungsbericht für jeden einzelnen Gesellschafter angeben muß, welche Folgen die Durchführung der Verschmelzung auf seine konkrete Beteiligung haben wird. Eine derartige Angabe wäre ohnedies nur bei GmbH, bei denen die Anteilsinhaber bekannt sind, denkbar und allenfalls bei personalistischen Gesellschaften mit sehr kleinem Gesellschafterkreis praktikabel. § 8 Abs. 1 UmwG gilt aber für alle Rechtsträger unabhängig von der konkreten Rechtsform. Man wird die Bestimmung deshalb so auslegen müssen, daß für Gesellschafter der übertragenden Gesellschaft im Verschmelzungsbericht – in Ergänzung zu den Angaben über das Umtauschverhältnis – dargestellt wird, welche prozentuale Beteiligung am gesamten Stammkapital der übernehmenden Gesellschaft ein im Zuge der Verschmelzung zu gewährender Gesellschaftsanteil im Nennbetrag von – beispielsweise – DM 1.000,– zukünftig repräsentiert, und zwar unter Berücksichtigung der zur Durchführung der Verschmelzung regelmäßig erforderlichen Kapitalerhöhung. Aus Sicht der Gesellschafter der übernehmenden Gesellschaft, die ja typischerweise infolge der notwendigen Kapitalerhöhung eine Verminderung ihrer Beteiligungsquote hinzunehmen haben, wird darzustellen sein, welche quotale Beteiligung am Gesellschaftskapital ein Anteil an der übernehmenden Gesellschaft im Nennbetrag von – beispielsweise – DM 1.000,– vor und nach der Verschmelzung repräsentiert. Die Umrechnung dieser abstrakten Angaben auf die konkreten Verhältnisse des einzelnen Gesellschafters kann dagegen diesem überlassen bleiben. Auch ginge es sicherlich zu weit, zu verlangen, daß bei Mischverschmelzungen sämtliche Strukturunterschiede zwischen dem Innenrecht des übertragenden und des übernehmenden Rechtsträgers dargelegt werden. Andernfalls würde der Verschmelzungsbericht unversehens zu einem Kurzkompendium des Kapitalgesellschaftsrechts, was dem Willen des Gesetzgebers sicherlich nicht entspräche.

Noch keine abschließende Meinung habe ich zu der Frage, ob die Geschäftsorgane der betreffenden Gesellschaften darüber berichten müssen, wenn sich die Beteiligungsverhältnisse infolge der Verschmelzung grundlegend ändern werden, z.B. wenn ein Gesellschafter nach Durchführung der Verschmelzung über eine (qualifizierte) Mehrheit an der übernehmenden Gesellschaft verfügt.

cc) Begründung des Umtauschverhältnisses und der Barabfindung

Im Zentrum eines jeden Verschmelzungsberichts wird auch nach neuem Recht die Begründung und Erläuterung des vorgeschlagenen Umtauschverhältnisses sowie der Angemessenheit einer nach § 29 UmwG etwa ergänzend anzubietenden Barabfindung stehen. Die in diesem Zusammenhang nach alten Recht diskutierten Streitfragen, insbesondere die Frage, ob und gegebenenfalls welche konkreten Zahlenangaben im Bericht enthalten sein müssen[22], hat auch das neue Recht nicht gelöst. Anregungen aus der Praxis, den zwingend notwendigen Mindestinhalt des Verschmelzungsberichts zu konkretisieren[23], ist der Gesetzgeber nicht nachgekommen. Dagegen gaben ihm in der Praxis aufgekommene Zweifelsfragen, inwieweit auch unternehmensschädliche Tatsachen in den Verschmelzungsbericht aufgenommen werden müssen[24], Anlaß, in Anlehnung an die Regelungen des aktienrechtlichen Auskunftsverweigerungsrechts klarzustellen, daß Tatsachen, deren Bekanntwerden geeignet ist, einem der beteiligten Rechtsträger einen nicht unerheblichen Nachteil zuzufügen, nicht offengelegt werden müssen. Daraus wird man schließen müssen, daß in den Fällen, in denen die Voraussetzungen des § 8 Abs. 3 UmwG nicht vorliegen, konkrete Tatsachen mitgeteilt und grundsätzlich auch Zahlenmaterial offengelegt werden muß. Die Verfasser von Verschmelzungsberichten werden auch zukünftig gut daran tun, grundsätzlich so viele Detailangaben aufzunehmen, daß der Aktionär zwar nicht eine eigene Unternehmensbewertung durchführen, wohl aber die Plausibilität der von den Vertretungsorganen durchgeführten Unternehmensbewertung beurteilen kann. Mitgeteilt werden müssen neben den ermittelten absoluten Unternehmenswerten grundsätzlich auch die für die Ermittlung maßgeblichen wesentlichen Einzelfaktoren; sofern – wie regelmäßig – der Unternehmenswert unter Zugrundelegung der Ertragswertmethode ermittelt wurde, müssen mithin neben dem angenommenen Kapitalisierungszinsfuß auch die wesentlichen Planzahlen offengelegt werden[25], soweit nicht ein Geheimhaltungsinteresse gemäß § 8 Abs. 3 S. 1 UmwG konkret dargelegt werden kann (vgl. näher unten, S. 31 f.).

---

22 Vgl. aus der Rechtsprechung BGHZ 107, 296 (Kochs Adler); BGH ZIP 1990, 168 (DAT/ALTANA II), ZIP 1990, 1560 (SEN) sowie aus der Literatur *Bayer,* AG 1988, 323, 325 ff.; *Keil,* Der Verschmelzungsbericht nach § 340a AktG, S. 65 ff.; *Mertens,* AG 1990, 20 ff.; *Priester,* ZGR 1990, 421, 422 ff.

23 Vgl. statt aller *Gäbelein,* BB 1989, 1420, 1425 f.

24 Vgl. hierzu Stellungnahme des Handelsrechtsausschusses vom Juli 1990 (Fn 20) Rz. 33; *Heckschen,* ZIP 1989, 1168, 1171; *Bayer,* AG 1988, 323, 329 f.; im Ergebnis wie der Entwurf, aber gegen die Notwendigkeit einer gesetzlichen Klarstellung *Mertens,* AG 1990, 20, 27.

25 Vgl. nur *Grunewald* in G/H/E/K, § 340a Rz. 13 ff.

dd) Angaben über verbundene Unternehmen

§ 8 Abs. 1 S. 3 UmwG erstreckt die Berichtspflicht schließlich auf die für die Verschmelzung wesentlichen Angelegenheiten der verbundenen Unternehmen eines an der Fusion beteiligten Rechtsträgers. Diese Erweiterung der Berichtspflicht wurde in der Vergangenheit ob ihrer Unschärfe kritisiert[26], doch sehe ich auch insoweit in der Formulierung des neuen Umwandlungsgesetzes eher eine Klarstellung. Auch nach früherem Recht waren die Verhältnisse verbundener Unternehmen, soweit ihnen nicht völlig untergeordnete Bedeutung zukam, wegen ihrer Auswirkungen auf den Unternehmenswert und damit auf das Umtauschverhältnis regelmäßig Gegenstand des Verschmelzungsberichts.

d) Grenzen der Berichtspflicht

In der Praxis waren unmittelbar nach Inkrafttreten des durch die Verschmelzungsrichtlinie novellierten Aktiengesetzes Zweifel daran aufgekommen, ob im Verschmelzungsbericht auch unternehmensschädliche Tatsachen offengelegt werden müssen. Die ganz herrschende Meinung in Rechtsprechung und Literatur hatte dies unter Hinweis auf den Rechtsgedanken des § 131 Abs. 3 AktG und die dort normierte Grenze des allgemeinen Auskunftsrechts verneint[27]. § 8 Abs. 2 S. 1 UmwG bestätigt jetzt – ich hatte dies bereits angedeutet – die herrschende Auffassung. Einer in der Literatur vertretenen Auffassung[28], die Gründe für die Nichtoffenlegung von Tatsachen bräuchten im Bericht selbst nicht angegeben werden, hat der Gesetzgeber eine Absage erteilt. Das Gesetz verlangt vielmehr ausdrücklich eine Präzisierung der Nichtaufnahmegründe im Bericht selbst und folgt auch insoweit der Linie des BGH, wonach die Gründe, warum die weitergehende Offenlegung schädliche Auswirkungen hätte, im Bericht so detailliert dargelegt werden müsse, wie es ohne Offenlegung der geheimhaltungsbedürftigen Tatsachen überhaupt möglich ist. Anders gewendet: Die Angabe der Gründe für das Geheimhaltungsinteresse im Bericht selbst muß so detailliert sein, daß sie jedenfalls einer Plausibilitätskontrolle standhält. Ein Verschmelzungsbericht, der die

---

26 *Grunewald* in G/H/E/K, § 340a Rz. 17.
27 Vgl. nur BGHZ 107, 296, 305 f.; BGH ZIP 1990, 168, 169; BGH ZIP 1990, 1560, 1561; aus der Literatur grundlegend *Mertens*, AG 1990, 20, 27; vgl. weiter *Dehmer*, § 340a AktG Anm. 8.
28 *Grunewald* in G/H/E/K, § 340a Rz. 12.

Nichtoffenlegung von Planzahlen allein unter Hinweis auf ihre generelle Geheimhaltungsbedürftigkeit begründet, dürfte auch nach neuem Recht keine Chance haben, vor den Augen der Gerichte Gnade zu finden. Hieran sollten Unternehmen und ihre Berater bei der Abfassung von Berichten schon im Hinblick auf die drakonischen Rechtsfolgen (Anfechtbarkeit des Zustimmungsbeschlusses!) denken.

e) Offenlegung des Verschmelzungsberichts

Hinsichtlich der Offenlegung des Verschmelzungsberichts differenziert das Gesetz nach der Rechtsform der an der Verschmelzung beteiligten Rechtsträger: Soweit an der Fusion GmbH beteiligt sind, verlangt § 47 UmwG die Übersendung des Verschmelzungsberichts an sämtliche Gesellschafter spätestens mit der Einberufung der Gesellschafterversammlung, die über den Zustimmungsbeschluß entscheiden soll. Soweit AG an der Verschmelzung beteiligt sind, sind sämtliche nach § 8 UmwG erstatteten Verschmelzungsberichte von der Einberufung der Hauptversammlung an in den Geschäftsräumen der AG zur Einsicht der Aktionäre auszulegen (§ 63 Abs. 1 UmwG). Auf Verlangen erhält jeder Aktionär unverzüglich und kostenlos eine Abschrift auch des Verschmelzungsberichts (§ 63 Abs. 3 UmwG). Die Vorschriften für AG entsprechen somit weitgehend dem bisherigen Recht.

2. Verschmelzungsprüfung

a) Erweiterung der Prüfungspflicht

Eine Verschmelzungsprüfung war nach dem bisher geltenden Recht nur für die Verschmelzung zweier oder mehrerer AG zwingend vorgeschrieben. Bei der Verschmelzung einer GmbH auf eine AG mußte eine Verschmelzungsprüfung nur durchgeführt werden, wenn ein Gesellschafter sie verlangte[29]. Das Recht der reinen GmbH-Verschmelzung kannte eine Verschmelzungsprüfung bislang nicht.

Das neue Recht regelt im allgemeinen Teil (§§ 9 ff. UmwG) die Einzelheiten der Verschmelzungsprüfung, insbesondere die Bestellung der Prüfer und den Inhalt des Verschmelzungsprüfungsberichts. Unabhängig von der Rechtsform der beteiligten Rechtsträger erklärt das Gesetz eine Verschmelzungsprüfung für entbehrlich, wenn alle Anteilsinhaber sämtlicher an der Fusion beteiligten Rechtsträger hierauf

---

29 Vgl. § 355 Abs. 2 S. 2, 2. Halbs. AktG a.F.

(in notarieller Form) verzichten oder wenn sich alle Anteile des übertragenden Rechtsträgers in der Hand des übernehmenden Rechtsträgers befinden (§ 9 Abs. 2, § 9 Abs. 3 i.V.m. § 8 Abs. 3 UmwG). Das ist zweifellos richtig: Mehr noch als beim Verschmelzungsbericht liegt das Schwergewicht des Verschmelzungsprüfungsberichts auf der Prüfung des Umtauschverhältnisses. Findet ein Anteilstausch nicht statt, macht die Verschmelzungsprüfung keinen Sinn.

Im übrigen differenziert das neue Recht hinsichtlich des Erfordernisses der Verschmelzungsprüfung rechtsformspezifisch:

Während § 60 Abs. 1 UmwG eine Prüfung bei der Verschmelzung zwischen zwei AG zwingend, insbesondere also ohne Rücksicht darauf vorschreibt, ob ein Aktionär sie beantragt, findet für eine an der Fusion beteiligte GmbH die Prüfung nur statt, wenn einer der Gesellschafter sie verlangt. Es gilt also nunmehr für reine GmbH-Verschmelzungen eine Regelung, die derjenigen für die Verschmelzung einer GmbH auf eine AG gemäß § 355 Abs. 2 AktG nach dem bisher geltenden Recht entspricht. Schon das Verlangen eines gering beteiligten Gesellschafters erfordert somit die Durchführung der Prüfung. Die Kosten der Prüfung trägt in jedem Fall die Gesellschaft.

Ein aus der Praxis für „Mischverschmelzungen" nach § 355 AktG a.F. bekanntes, in der Literatur bisher weitgehend vernachlässigtes Problem wird auch zukünftig daraus resultieren, daß das Gesetz eine Frist, innerhalb der der Gesellschafter die Durchführung der Verschmelzungsprüfung verlangen muß, nicht normiert. Jedenfalls nach dem Gesetzeswortlaut kann der Antrag auch noch in der Gesellschafterversammlung, in der über die Zustimmung zum Verschmelzungsvertrag Beschluß gefaßt werden soll, gestellt werden. Ob dies zur Folge hat, daß die Beschlußfassung über die Verschmelzung bis zur Vorlage des Verschmelzungsprüfungsberichts vertagt werden muß und ob ein gleichwohl gefaßter Beschluß anfechtbar ist, ist eine gänzlich offene, im Hinblick auf den Zweck des Verschmelzungsprüfungsberichts – Vorabinformation der Gesellschafter – aber wohl zu bejahende Frage. Wer den sichersten Weg gehen muß, wird dringend empfehlen, die Beschlußfassung aufzuschieben. Daß dies zu einer erheblichen Verzögerung des Vorhabens führen kann, liegt auf der Hand. In der Praxis wird manchmal so verfahren, daß die Gesellschafter auf ihr Recht, eine Verschmelzungsprüfung zu verlangen, ausdrücklich hingewiesen werden mit dem Zusatz, daß dieser Antrag innerhalb einer bestimmten Frist gestellt werden müsse, andernfalls die Prüfung unterbleibe. Ob dieses Verfahren die Billigung der Gerichte finden würde, ist allerdings offen. Jedenfalls bei Mischverschmelzungen unter Beteiligung einer AG, für die eine Verschmelzungsprüfung in jedem Fall erforderlich ist, ist deshalb die Bestellung eines gemeinsamen Verschmelzungsprüfers – auch für die GmbH – ohne Rücksicht auf das Vorliegen eines Antrags dringend zu empfehlen.

Der Vollständigkeit halber erwähne ich, daß es auch für an Fusionen beteiligte GmbH stets, d.h. ohne Rücksicht auf das Vorliegen eines Antrages, der Bestellung eines Verschmelzungsprüfers bedarf, wenn der Verschmelzungsvertrag ein Abfindungsangebot nach Maßgabe von § 29 UmwG enthalten muß (§ 30 Abs. 2 S. 1 UmwG). Diese Erweiterung der Prüfungspflicht begründet der Gesetzgeber damit, daß der Austritt aus einem Unternehmen – zwangsläufige Folge der Annahme des Barabfindungsangebots – ein „für den Anteilsinhaber besonders schwerwiegender Vorgang" sei[30]. Eine Verschmelzungsprüfung ist im Anwendungsbereich des § 29 UmwG nur entbehrlich wenn „die Berechtigten" hierauf in notarieller Urkunde verzichten (§ 30 Abs. 2 S. 3 UmwG). „Berechtigte" im Sinne dieser Bestimmung sind nach den Materialien all diejenigen, die aus dem Unternehmen ausscheiden wollen[31]. Da jeder Anteilsinhaber des übertragenden Rechtsträgers dadurch, daß er in der Versammlung Widerspruch zu Protokoll erklärt, zum „Berechtigten" werden kann (§ 29 Abs. 1 S. 1 UmwG), wird die Praxis im Anwendungsbereich des § 29 UmwG in jedem Fall eine vorsorgliche Verschmelzungsprüfung veranlassen, soweit nicht sämtliche Gesellschafter hierauf vorab verzichten.

b) Bestellung der Verschmelzungsprüfer

Verschmelzungsprüfer werden von den Vertretungsorganen der beteiligten Gesellschaften und auf deren Antrag vom Gericht bestellt. Zulässig ist auch die Bestellung eines Verschmelzungsprüfers für mehrere oder alle beteiligte Rechtsträger gemeinsam (§ 10 Abs. 1 S. 2 UmwG). Sind allerdings mehrere AG an der Fusion beteiligt, reicht die Prüfung durch einen oder mehrere Verschmelzungsprüfer für alle beteiligten AG nur aus, wenn diese Prüfer auf gemeinsamen Antrag der Vorstände durch das Gericht bestellt werden (§ 60 Abs. 3 S. 1 UmwG). Ist dagegen nur eine AG an der Fusion beteiligt oder handelt es sich um eine reine GmbH/GmbH-Verschmelzung, kann ein ge-

---

30 Begr. RegE, bei *Ganske*, S. 70.
31 A.a.O. (Fn 30).

meinsamer Verschmelzungsprüfer auch vom jeweiligen Vertretungsorgan bestellt werden.

c) Inhalt des Verschmelzungsprüfungsberichts

Während der notwendige Inhalt des Verschmelzungsberichts durch die Novelle – wie vorstehend ausgeführt – erweitert wurde, entspricht § 12 UmwG über den Inhalt des Verschmelzungsprüfungsberichts nahezu wörtlich dem geltenden Recht. Gegenstand der Verschmelzungsprüfung ist also allein der Verschmelzungsvertrag (oder sein Entwurf), nicht – unbeschadet der Erweiterung des sachlichen Inhalts des Verschmelzungsberichts – die Verschmelzung als solche. Damit ist m.E. Bestrebungen in der Literatur, die Verschmelzungsprüfung auch auf den von den Vertretungsorganen zu erstellenden Verschmelzungsbericht und damit letztlich auch auf die rechtlichen und wirtschaftlichen Gründe die Verschmelzung zu erstrecken[32], eine Absage erteilt.

Hinsichtlich des Verschmelzungsprüfungsberichts kann sich die Praxis mithin weiterhin an den vom IDW veröffentlichen Empfehlungen für die Erstellung von Verschmelzungsprüfungsberichten orientieren[33].

Danach soll der Prüfungsbericht Ausführungen darüber enthalten, ob der Verschmelzungsvertrag den gesetzlichen Anforderungen entspricht. Dies kann – sofern keine Beanstandungen festzustellen sind – in der gebotenen Kürze erfolgen. Kernstück des Verschmelzungsprüfungsberichts bleibt die Nachprüfung des Umtauschverhältnisses sowie – wie hinzuzufügen ist – bei Mischverschmelzungen der nach § 29 UmwG zwingend anzubietenden Barabfindung. Dies bedeutet auch nach neuem Recht nicht, daß der Verschmelzungsprüfer das Umtauschverhältnis selbst nochmals errechnen und den so ermittelten Wert mit dem im Verschmelzungsvertrag angegebenen Umtauschverhältnis vergleichen müßte; der Verschmelzungsprüfer bestimmt nicht das Umtauschverhältnis, sondern überprüft lediglich das ihm vorgegebene Ergebnis nach den allgemein anerkannten Grundsätzen der Unternehmensbewertung auf Plausibilität[34].

---

32 *Kraft* in KK, § 340b Rz. 7; *Ganske,* DB 1981, 1553; *Becker,* AG 1988, 223, 225; wie der Entwurf schon zum früheren Recht *Grunewald* in G/H/E/K, § 340b Rz. 10, *Dehmer,* § 340b AktG Anm. 6.
33 Vgl. IDW (HFA) 6/88, WPg 1989, 44.
34 Vgl. nur *Dehmer,* § 340b AktG Anm. 8.

IV. Zustimmungsbeschlüsse zum Verschmelzungsvertrag (unter besonderer Berücksichtigung der Sondervorschriften für GmbH) *(Winter)*

1. Beschlußvorbereitung

Das allgemeine GmbH-Recht enthält bekanntlich nur fragmentarische Vorschriften darüber, welchen Anforderungen die „Ankündigung" eines Beschlußgegenstandes bzw. die „Tagesordnung" erfüllen müssen. Man behilft sich deshalb mit der allgemeinen Leitlinie, daß die Ankündigung so gefaßt sein muß, daß jeder Gesellschafter ersehen kann, „um was es sich handelt"[35]. Auch soweit grundlegende Strukturentscheidungen, insbesondere Satzungsänderungen, in Frage stehen, soll es nicht erforderlich sein, den Verwaltungsvorschlag im Wortlaut mitzuteilen[36]; schon gar nicht kennt das GmbH-Recht eine zwingende formalisierte Vorabinformation des Gesellschafters zu den Gründen für den Beschlußvorschlag. Diese Anforderungen verschärft das Umwandlungsgesetz, soweit Fusionen zur Abstimmung stehen, erheblich. Nach § 47 UmwG sind der Verschmelzungsvertrag (oder sein Entwurf) und der Verschmelzungsbericht den Gesellschaftern spätestens zusammen mit der Einberufung der Gesellschafterversammlung zu übersenden. Abweichend vom allgemeinen GmbH-Recht haben die Geschäftsführer nach § 49 Abs. 1 UmwG bereits in der Einberufung der Gesellschafterversammlung ausdrücklich die Verschmelzung als Gegenstand der Beschlußfassung anzukündigen; § 51 Abs. 4 GmbHG, der es genügen läßt, daß Beschlußgegenstände mit einer Frist von drei Tagen vor der Versammlung „nachgereicht" werden, gilt mithin für den Zustimmungsbeschluß zum Verschmelzungsvertrag nicht.

M.E. ist nicht auszuschließen, daß diese deutlich strengeren formalen Anforderungen an die Beschlußvorbereitung auch auf das allgemeine GmbH-Recht zurückwirken, jedenfalls, soweit Grundlagenentscheidungen anstehen. Dem kann hier nicht weiter nachgegangen werden.

---

35 So plastisch *Zöllner* in Baumbach/Hueck, GmbHG, § 51 Rz. 21.
36 *Zöllner* (Fn 35) § 51 Rz. 21, der freilich für Satzungsänderungen (insbesondere Kapitalerhöhungen) und Grundlagenbeschlüsse (insbesondere Unternehmensverträge) für eine Annäherung an die aktienrechtlichen Standards (§ 124 Abs. 2 S. 2 AktG) plädiert (a.a.O. Rz. 22); zustimmend *Hüffer* in Hachenburg[8], § 51 Rz. 24 f.

2. Beschlußfassung

a) Notarielle Beurkundung

Der Zustimmungsbeschluß der Gesellschafterversammlung jeder beteiligten Gesellschaft bedarf der notariellen Beurkundung (§ 13 Abs. 3 UmwG). Dies gilt unabhängig von der Rechtsform des beteiligten Rechtsträgers zwingend und ausnahmslos. Der notariellen Niederschrift ist in jedem Fall der Verschmelzungsvertrag oder dessen Entwurf beizufügen; hierdurch soll dem Registergericht die Kontrolle darüber ermöglicht werden, daß sich Verschmelzungsvertrag und Zustimmungsbeschluß fugenlos decken[37].

b) Mehrheitserfordernis

Nach § 50 Abs. 1 UmwG bedarf der Zustimmungsbeschluß zum Verschmelzungsvertrag durch die Gesellschafterversammlung einer GmbH – gleichgültig, ob sie als übertragende oder als übernehmende Gesellschaft fungiert – einer Mehrheit von mindestens 3/4 der abgegebenen Stimmen. Das Erfordernis der 3/4-Mehrheit ist einseitig zwingend: Der Gesellschaftsvertrag kann eine größere Mehrheit und weitere Erfordernisse, nicht aber eine geringere Mehrheit bestimmen.

Wiederum nicht geregelt hat der Gesetzgeber die Streitfrage, ob für den Fall, daß die Satzung der betroffenen GmbH zwar nicht speziell für Verschmelzungen, aber allgemein für Satzungsänderungen eine höhere Mehrheit vorschreibt, diese auch für Verschmelzungen gilt. Mit der ganz herrschenden Meinung zum alten Recht[38] ist die Frage zu bejahen. Dabei verkenne ich nicht, daß die Verschmelzung keine Satzungsänderung darstellt, und zwar weder bei der übertragenden noch bei der übernehmenden Gesellschaft. Doch bringen die Gesellschafter durch eine Klausel, wonach allgemein für Satzungsänderungen höhere als die im Gesetz zwingend vorgeschriebenen Mehrheiten notwendig sind, regelmäßig zum Ausdruck, daß diese Mehrheiten auch für grundlegende Strukturentscheidungen gelten sollen, die rein formal keine Satzungsänderung darstellen, diesen aber in ihrer Auswirkung zumindest gleichkommen. Setzt die Durchführung der Ver-

---

37 Vgl. – zum alten Recht – *Priester* in Scholz[7], Anh. Umw. § 20 KapErhG Rz. 10.

38 *Schilling/Zutt* in Hachenburg[7], § 77 Anh. II, § 20 KapErhG Rz. 8; *Priester* (Fn 37) § 20 KapErhG Rz. 5; *Lutter/Hommelhoff*[12], Anh. Verschmelzung § 20 KapErhG Rz. 6; *Dehmer*, § 20 KapErhG Anm. 4c; *Heckschen*, Die Verschmelzung von Kapitalgesellschaften, S. 29.

schmelzung – wie in aller Regel – eine Kapitalerhöhung bei der übernehmenden Gesellschaft voraus, wird die Streitfrage im übrigen nur für die übertragende Gesellschaft praktisch. Die dissentierenden Gesellschafter der übernehmenden Gesellschaft können die Verschmelzung nämlich jedenfalls dadurch zu Fall bringen, daß sie gegen die Kapitalerhöhung stimmen[39].

c) Kein Stimmrechtsausschluß

In der Literatur zum alten Recht vertreten namhafte Autoren – genannt seien *Zöllner*[40], *Immenga*[41] und neuerdings *Hüffer*[42] – die Auffassung, auf den Zustimmungsbeschluß der Gesellschafterversammlung einer übertragenden GmbH zum Verschmelzungsvertrag sei § 47 Abs. 4 GmbHG anwendbar. Diese Auffassung hätte zur Folge, daß die übernehmende Gesellschaft, die in der Praxis regelmäßig eine (nicht selten qualifizierte) Mehrheit an der übertragenden Gesellschaft hält, bei der Abstimmung über den Verschmelzungsvertrag vom Stimmrecht ausgeschlossen wäre. Wohin diese Auffassung in Extremfällen führen kann, zeigt der vom Landgericht Arnsberg entschiedene Fall Zuckerfabrik Soest ./. Südzucker[43]: Dort hielt die Südzucker als übernehmende Gesellschaft 99,9 % der Anteile der übertragenen Zuckerfabrik Soest GmbH. Wäre die vorstehend zitierte Literaturauffassung richtig, hätten mithin Gesellschafter, die nicht einmal 0,1 % des Stammkapitals repräsentieren, die Verschmelzung verhindern können.

Diesen Vorstellungen erteilt die Regierungsbegründung eine klare Absage, heißt es in den Materialien[44] doch lapidar:

„§ 47 Abs. 4 GmbHG gilt für den Verschmelzungsbeschluß nicht".

---

39 Die Kapitalerhöhung ist gesetzliche Bedingung für das Wirksamwerden des Verschmelzungsvertrages und der Verschmelzung selbst, vgl. *Schilling/Zutt* (Fn 38) § 22 KapErhG Rz. 3.
40 *Zöllner*, Die Schranken mitgliedschaftlicher Stimmrechtsmacht bei den privatrechtlichen Personenverbänden, 1963, S. 253; *ders.* in Baumbach/Hueck, GmbHG, § 47 Rz. 58.
41 *Immenga*, Die personalistische Kapitalgesellschaft, 1970, S. 244 f.; *ders.*, BB 1970, 629, 631.
42 *Hüffer* (Fn 36) § 47 Rz. 174 f.
43 LG Arnsberg, ZIP 1994, 536; das Urteil ist rechtskräftig.
44 Begr. RegE bei *Ganske*, S. 84.

Damit sollte die jahrzehntealte Diskussion beendet sein. Der jüngst wieder von *Hüffer*[45] (zum alten Recht) vertretenen Auffassung, der Wille des Gesetzgebers, § 47 Abs. 4 GmbHG nicht anzuwenden, müsse im Gesetz selbst seinen Niederschlag finden, vermag ich nicht zu folgen. Zum einen ist auch in anderen Fällen anerkannt – genannt sei etwa der Abschluß eines Geschäftsführeranstellungsvertrages mit einem Gesellschafter[46] –, daß eine teleologische Reduktion des § 47 Abs. 4 GmbHG (und nichts anderes ist ja das Anliegen der berühmten „Sozialakttheorie") auch dann möglich ist, wenn die für die teleologische Reduktion maßgeblichen Wertungsgrundlagen im Gesetz keinen ausdrücklichen Niederschlag gefunden haben. Soweit die in der Literatur vertretene Auffassung eine überzeugende Begründung dafür vermißt, warum § 47 Abs. 4 GmbHG – unstreitig – auf Kaufverträge über das Unternehmen als ganzes anwendbar ist, nicht aber auf Verschmelzungsverträge[47], so liegt der Unterschied spätestens seit der Novellierung des Umwandlungsrechts auf der Hand: Der Gesetzgeber schützt die Minderheit bei der Verschmelzung durch ein ausdifferenziertes Schutzsystem, nicht zuletzt durch die Möglichkeit, die Angemessenheit des Umtauschverhältnisses im Spruchverfahren überprüfen zu lassen. Bei einem Unternehmenskaufvertrag existiert eine derartige Angemessenheitskontrolle hinsichtlich des Kaufpreises nicht. Dies mag es rechtfertigen, den Käufer vom Stimmrecht auszuschließen. Im Verschmelzungsrecht allerdings will der Gesetzgeber den Minderheitenschutz keinesfalls durch einen Stimmrechtsausschluß, sondern durch verschmelzungsspezifische Schutzkautelen verwirklicht sehen.

d) Sachliche Rechtfertigung?

Ausdrücklich nicht entschieden hat der Gesetzgeber die Frage, ob der Verschmelzungsbeschluß der sachlichen Rechtfertigung nach den Grundsätzen bedarf, wie sie der BGH im berühmten Kali- und Salz-Urteil[48] für die Kapitalerhöhung mit Bezugsrechtsausschluß entwickelt hat. Ausweislich der Materialien hat der Gesetzgeber bewußt darauf verzichtet, diese Frage zu regeln[49]. Hierfür werden zwei Gründe genannt: Zum einen sei zweifelhaft, ob sich diese für die Kapitalerhö-

---

45 Vgl. namentlich *Hüffer* (Fn 36) § 47 Rz. 175 (Text bei Fn 458).
46 Vgl. hierzu statt aller *Zöllner* (Fn 35) § 47 Rz. 54.
47 Vgl. insbesondere *Immenga* (Fn 41) S. 244 f.
48 BGHZ 71, 40 ff.; dazu (grundlegend) *Lutter*, ZGR 1979, 401 ff.; *Martens*, FS Robert Fischer, 1979, S. 437 ff.
49 Begr. RegE bei *Ganske*, S. 49.

hung unter Bezugsrechtsausschluß entwickelten Grundsätze „ohne weiteres" auf den Verschmelzungsbeschluß übertragen lassen. Zum anderen sei eine isolierte Regelung der Problematik für die Verschmelzung – unter Aussparung anderer wichtiger Grundlagenbeschlüsse – nicht zu rechtfertigen.

Diese Begründung für den Verzicht auf eine gesetzliche Regelung überzeugt. Verfehlt wäre es allerdings, hieraus den Schluß zu ziehen, der Gesetzgeber habe die Frage nach der Notwendigkeit einer sachlichen Rechtfertigung der Verschmelzung im verneinenden Sinne entschieden[50]. Dies ist ausweislich der Materialien nicht der Fall; auch der Auffassung von *Decher*[51], der Gesetzgeber habe sich vom Grundsatz der sachlichen Rechtfertigung zumindest „vorsichtig distanziert", kann ich nicht folgen[52]. Die Frage wird vielmehr einer weiteren Klärung in Rechtsprechung und Lehre überlassen. Es sei deshalb dringend davor gewarnt, in diesem Punkt vorzeitig den Schluß der Debatte zu verkünden. Vielmehr geht die Aufforderung des Gesetzgebers gerade dahin, diese Frage erneut intensiv zu diskutieren und einer Klärung näherzubringen.

Eine vertiefte Problemdiskussion kann an dieser Stelle nicht geleistet werden; ich muß mich vielmehr auf wenige Anmerkungen beschränken und will lediglich die These in den Raum stellen, daß bei der Lösung des Problems möglicherweise zwischen der übertragenden und der übernehmenden Gesellschaft zu differenzieren ist.

Aus Sicht der übertragenden Gesellschaft und ihrer Gesellschafter ähnelt die Verschmelzung der Liquidation. Für den Auflösungsbeschluß hat aber der BGH unter weitgehender Zustimmung der Literatur entschieden, daß er keiner besonderen sachlichen Rechtfertigung bedarf[53].

---

50 So aber *Heckschen* (Fn 38) S. 78.
51 *Decher* in diesem Band S. 220; wie der Text aber *Priester,* ZGR 1990, 427; *Hommelhoff,* ZGR 1990, 461; *Bork,* ZGR 1993, 350.
52 Dies gilt um so mehr, als der etwa zeitgleich mit der Umwandlungsrechtsnovelle verabschiedete § 186 Abs. 3 S. 4 AktG – wie *Lutter* (AG 1994, 429, 440 ff.) nachgewiesen hat – nicht etwa als Ausnahme vom Grundsatz sachlicher Rechtfertigung zu verstehen ist; vielmehr hat der Gesetzgeber für den gesetzlich geregelten Sonderfall die Abwägung anhand der allgemein anerkannten Kriterien (Geeignetheit, Erforderlichkeit, Verhältnismäßigkeit) vorweggenommen.
53 BGHZ 76, 352 ff.; BGHZ 103, 184 ff. = NJW 1988, 1579 mit Anmerkung *Timm;* aus der Literatur vgl. *Lutter,* ZGR 1981, 171 ff.; *ders.,* ZHR 153 (1989), 446 ff.; *Timm,* JZ 1980, 665 ff.

Anders ist die Situation der Gesellschafter der übernehmenden Gesellschaft. Jedenfalls dann, wenn – wie in der Regel – zur Schaffung der den Gesellschaftern der übertragenden Gesellschaft anzubietenden Anteile eine Kapitalerhöhung bei der übernehmenden Gesellschaft notwendig wird, wirkt sich diese auf ihre mitgliedschaftliche Rechtsstellung nicht anders aus als eine reguläre Kapitalerhöhung mit Bezugsrechtsausschluß. Eine solche aber bedarf nach gefestigter Rechtsprechung und zwischenzeitlich fast einhelliger Auffassung im Schrifttum der sachlichen Rechtfertigung. Ich neige deshalb zu der insbesondere von *Gerd Krieger*[54] vertretenen Auffassung, daß es – jedenfalls für die Beschlußfassung bei der übernehmenden Gesellschaft – im Verschmelzungsfall nicht anders sein kann. Ob sich die X-AG die A-GmbH durch Verschmelzung oder dadurch einverleibt, daß diese ihr Unternehmen im Wege der Sachkapitalerhöhung mit Bezugsrechtsausschluß einbringt, hat erhebliche Auswirkungen auf die rechtstechnische Ausgestaltung der hierfür erforderlichen Verträge; die Folgen für die vom Bezugsrecht ausgeschlossenen (Minderheits-) Gesellschafter der X-AG sind dagegen in beiden Fällen völlig gleich. Die Wahl eines der beiden Wege durch die Verwaltung der beteiligten Unternehmen kann aber schwerlich Auswirkungen haben auf die Intensität der materiellen Beschlußkontrolle im Interesse der vom Bezugsrecht ausgeschlossenen Gesellschafter der X-AG.

3. Zustimmung einzelner oder aller Gesellschafter

In einigen spezialgesetzlich geregelten Fällen verlangt das Umwandlungsrecht zusätzlich zu der im Gesetz vorgesehenen Mehrheit (bzw. einer etwa höheren statutarischen Mehrheit) die Zustimmung einzelner oder aller Gesellschafter. Es handelt sich um Gesellschafter, deren Zustimmung zur Abtretung vinkulierter Anteile erforderlich ist (§ 13 Abs. 2 UmwG) sowie um Inhaber von statutarischen Minderheitsrechten und Geschäftsführungssonderrechten (§ 50 Abs. 2 UmwG). Schließlich wird ein Zustimmungserfordernis bei nicht voll eingezahlten Geschäftsanteilen in § 51 UmwG statuiert. Diese Regelungen sind vorab kurz darzustellen. Anschließend ist zu klären, ob – praeter legem – ein Zustimmungserfordernis auch dann gilt, wenn die Satzung des übernehmenden Rechtsträgers statutarische Nebenleistungs-

---

54 *Krieger* in Münchener Handbuch des Gesellschaftsrechts, Band 4, Aktiengesellschaft, 1988, § 56 Rz. 66; ausführlich *Hirte*, Bezugsrechtsausschluß und Konzernbildung, S. 70 ff.

pflichten enthält. Abschließend ist der Frage nach einem Vetorecht für Inhaber von „Kleinstbeteiligungen" nachzugehen.

a) Gesellschafter, deren Zustimmung zur Abtretung vinkulierter Anteile erforderlich ist (§ 13 Abs. 2 UmwG)

Nach der – im allgemeinen Teil des Verschmelzungsrechts angesiedelten – Vorschrift des § 13 Abs. 2 UmwG bedarf der Verschmelzungsbeschluß einer übertragenden Gesellschaft der Zustimmung derjenigen – wie das Gesetz formuliert – „bestimmten einzelnen" Gesellschafter, von deren Genehmigung die Abtretung der Anteile dieses übertragenden Rechtsträgers abhängig ist. Trotz ihrer systematischen Stellung im allgemeinen Teil des Verschmelzungsrechts, kann ihr – wenn ich es recht sehe – praktische Bedeutung nur bei der Verschmelzung von GmbH und Personengesellschaften zukommen, weil das Aktienrecht die Möglichkeit der Anteilsvinkulierung in § 68 Abs. 2 AktG in einer Weise beschränkt, die eine Subsumtion der insoweit zulässigen Satzungsklauseln unter § 13 Abs. 2 UmwG allenfalls in praktisch nicht vorkommenden Sonderfällen zuließe[55].

Der Anwendungsbereich des § 13 Abs. 2 UmwG ist nicht ganz einfach zu bestimmen. Klar ist, daß die Zustimmung solcher Gesellschafter erforderlich ist, denen im Gesellschaftsvertrag ein statutarisches, personengebundenes Sonderrecht zugewiesen ist. Darüberhinaus wird man die Bestimmung erst recht anwenden müssen, wenn der Gesellschaftsvertrag – was zulässig ist und in der Praxis bei GmbH auch durchaus vorkommt – ausdrücklich die Zustimmung *aller* Gesellschafter als Wirksamkeitserfordernis einer statutarischen Vinkulierung vorsieht. Gleiches wird man – wegen der funktionalen Äquivalenz der Satzungsklauseln – anzunehmen haben, wenn die Satzung einen Beschluß mit einer Mehrheit von 100% aller *vorhandenen* Stimmen voraussetzt, während die Anwendung des § 13 Abs. 2 UmwG schon sehr zweifelhaft ist, wenn eine Mehrheit von 100% aller *abgegebenen* Stimmen ausreichend ist. Noch schwieriger zu

---

55 Den Hinweis darauf, daß solche Fälle immerhin theoretisch denkbar sind – so etwa, wenn die Satzung der übertragenden Aktiengesellschaft für die Aufhebung der Vinkulierung einen Hauptversammlungsbeschluß mit einer Mehrheit von 100% aller vorhandenen Stimmen vorsieht – verdanke ich meinem Sozius *Jochem Reichert;* ausführlich zu den Auswirkungen von statutarischen Vinkulierungsklauseln, Vorerwerbs- und Vorkaufsrechten auf die für den Verschmelzungsbeschluß erforderlichen Mehrheiten neuestens *J. Reichert,* GmbHR 1995, 176 ff. (zur GmbH), 190 f. (zur AG).

beurteilen ist der Fall, daß ein Gesellschafter aufgrund der in der GmbH bestehenden Mehrheitsverhältnisse im Zeitpunkt des Verschmelzungsbeschlusses die Aufhebung einer statutarischen Vinkulierung verhindern könnte.

Ein Beispiel mag dies verdeutlichen: Die Satzung der A-GmbH verlangt für die Aufhebung einer statutarischen Vinkulierung eine Mehrheit von 80%. Über die Mehrheitserfordernisse für einen Verschmelzungsbeschluß schweigt die Satzung. X, der mit 20,1% am Stammkapital der GmbH beteiligt ist, fragt, ob er die beabsichtigte Verschmelzung der mit der Y-GmbH durch Verweigerung seiner Zustimmung verhindern kann.

Ich möchte die Frage verneinen. Trotz einer faktischen Möglichkeit, Anteilsübertragungen derzeit zu verhindern, ist X nicht „bestimmter einzelner" Anteilsinhaber im Sinne des Gesetzes.

Das Beispiel mag aber zeigen, daß die juristischen Berater bei der Gestaltung von GmbH-Satzungen zukünftig daran denken sollten, daß bestimmte Vinkulierungsklauseln im Falle einer geplanten Verschmelzung Vetorechte, jedenfalls aber ein erhebliches Störpotential für Minderheitsgesellschafter zur Folge haben können.

b) Inhaber von statutarischen Minderheitsrechten und Geschäftsführungssonderrechten (§ 50 Abs. 2 UmwG)

Nach der – nur für die GmbH als übertragende Gesellschaft geltenden – Bestimmung des § 50 Abs. 2 UmwG bedarf der Verschmelzungsbeschluß der übertragenden GmbH der Zustimmung derjenigen Gesellschafter, deren statutarische Minderheitsrechte beeinträchtigt werden; gleiches gilt für Gesellschafter, die ein Sonderrecht auf Geschäftsführung, ein Sonderrecht auf Bestellung von Geschäftsführern oder ein Vorschlagsrecht zur Besetzung der Geschäftsführung haben und denen durch die Verschmelzung der Verlust oder die Schmälerung dieses Rechts droht. Klar ist – und dies ergibt sich auch aus den Gesetzesmaterialien – daß § 50 Abs. 2 UmwG lediglich auf *statutarische* Individualrechte, nicht aber auf gesetzliche Rechte, die aus einer bestimmten Beteiligungsquote resultieren, anwendbar ist. Allein mit dem Hinweis darauf, er verliere infolge der prozentualen Reduzierung seiner Beteiligung Minderheitsrechte aus § 50 GmbHG, kann mithin kein Gesellschafter die Verschmelzung verhindern[56].

---

56 Anders noch die Konzeption in § 50 Abs. 2 des Diskussionsentwurfs (Bundesanzeiger Nr. 214a, 1988), dazu mit Recht kritisch *Priester,* ZGR 1990, 441.

An einer das Zustimmungserfordernis rechtfertigenden Beeinträchtigung von Sonderrechten i.S.d. § 50 Abs. 2 UmwG fehlt es, wenn dem Gesellschafter in der übernehmenden Gesellschaft gleichwertige Rechte eingeräumt werden, wobei die statutarische Verankerung von funktional äquivalenten Geschäftsführungs-, Entsendungs- und Präsentationsrechten nur in Betracht kommt, wenn auch die übernehmende Gesellschaft GmbH (oder aber Personengesellschaft) ist. Ist die übernehmende Gesellschaft dagegen AG, scheidet die statutarische Etablierung derartiger Rechte wegen der zwingenden Personalkompetenz des Aufsichtsrats von vornherein aus.

Auf in der Praxis zwar durchaus übliche, rechtlich aber nicht stringent durchsetzbare konsortialvertragliche Verpflichtungen der Mehrheit oder aller Aktionäre, auf die Aufsichtsratsmitglieder in einem bestimmten Sinne einzuwirken[57], braucht sich der Gesellschafter nicht verweisen zu lassen.

Zu beachten ist in diesem Zusammenhang, daß die Etablierung derartiger Sonderrechte bei der übernehmenden Gesellschaft einer Satzungsänderung bedarf, deren Rechtmäßigkeit wegen der darin liegenden Abweichung vom Gleichbehandlungsgrundsatz die Zustimmung sämtlicher nicht selbst begünstigter Gesellschafter[58], in der Regel also aller „Altgesellschafter" der übernehmenden GmbH voraussetzt. Die den Gesellschaftern der übertragenden Gesellschaft einzuräumenden Sonderrechte bedürfen im übrigen der ausdrücklichen Vereinbarung und Offenlegung im Verschmelzungsvertrag (§ 46 Abs. 2 UmwG).

c) Zustimmungserfordernis bei nicht voll eingezahlten Geschäftsanteilen (§ 51 UmwG)

§ 51 Abs. 1 UmwG verlangt schließlich die Zustimmung aller erschienenen (Satz 1) bzw. aller vorhandenen (Satz 2) Gesellschafter eines *übertragenden* Rechtsträgers, wenn die übernehmende Gesellschaft eine GmbH ist, auf deren Geschäftsanteile nicht alle zu leistenden Einlagen in voller Höhe bewirkt sind.

Grund für diese Regelung ist die Ausfallhaftung aller GmbH-Gesellschafter für noch nicht geleistete Stammeinlagen nach § 24 GmbHG, die nach Vollzug der Verschmelzung auch die sämtlichen Gesellschaf-

---

57 Vgl. hierzu zuletzt die weiterführende Darstellung von *Noack*, Gesellschaftervereinbarungen bei Kapitalgesellschaften, 1994, S. 271 ff. (insbesondere S. 279 f.).
58 Vgl. nur *Ulmer* in Hachenburg[8], § 53 Rz. 120.

ter des übertragenden Rechtsträgers trifft, die mit Eintragung der Verschmelzung Gesellschafter der übernehmenden GmbH werden. Im Regelfall (§ 51 Abs. 1 S. 1 UmwG) bedarf der Beschluß beim übertragenden Rechtsträger der Zustimmung aller erschienenen Anteilsinhaber; ist die übertragende Gesellschaft Personengesellschaft oder GmbH, ist nach § 51 Abs. 1 S. 2 UmwG darüber hinaus die Zustimmung aller (auch der nicht erschienenen) Gesellschafter erforderlich. Gemäß § 52 Abs. 1 UmwG haben die Geschäftsführer bei der Anmeldung der Verschmelzung des Vorliegen dieser Zustimmung zu versichern.

Nicht leicht verständlich ist § 51 Abs. 1 S. 3 UmwG: Danach gelten S. 1 und S. 2 „entsprechend", wenn eine GmbH, auf deren Geschäftsanteile nicht alle zu leistenden Einlagen in voller Höhe bewirkt sind, von einer anderen GmbH durch Verschmelzung aufgenommen wird. In der Sache bedeutet eine „entsprechende" Anwendung, daß die Zustimmung aller Gesellschafter der *übernehmenden* GmbH erforderlich ist, wenn bei der übertragenden Gesellschaft die Einlageleistungen noch nicht voll bewirkt sind. Damit entscheidet das Gesetz eine zum früheren Recht lebhaft umstrittene Frage. Grund für das Zustimmungserfordernis ist wiederum die drohende Haftung der Gesellschafter der übernehmenden Gesellschaft für die ausstehenden Einlageverpflichtungen der Gesellschafter der übertragenden Gesellschaft[59]. Der Gesetzgeber geht also davon aus, daß nach Untergang der übertragenden Gesellschaft *alle* Gesellschafter (auch die Altgesellschafter der übernehmenden Gesellschaft) für die auf diese übergegangenen Einlageforderungen subsidiär haften. Die Literatur sah dies in der Vergangenheit bekanntlich teilweise anders[60].

d) Zustimmungserfordernis infolge statutarischer Nebenleistungspflichten (Nachschußpflicht, Wettbewerbsverbot) beim aufnehmenden Rechtsträger?

So gut es der Gesetzgeber mit Gesellschaftern gemeint hat, die infolge der Verschmelzung das Risiko einer Ausfallhaftung nach § 24 GmbHG laufen, so stiefmütterlich hat er die Gesellschafter einer übertragenden Gesellschaft behandelt, die auf eine Gesellschaft (wegen § 23 Abs. 5 AktG kommt praktisch nur eine GmbH in Betracht)

---

59 Vgl. Begr. RegE., bei *Ganske,* S. 85; ebenso zum früheren Recht *Priester* (Fn 37) § 20 KapErhG Rz. 7; *Lutter/Hommelhoff* (Fn 38) § 20 KapErhG Rz. 9.
60 Vgl. *Schilling/Zutt* (Fn 38) § 20 KapErhG Rz. 13; *Dehmer,* § 20 KapErhG Rz. 4 f.

verschmolzen werden soll, deren Statut Nebenpflichten, etwa ein Wettbewerbsverbot für die Gesellschafter oder eine Nachschußpflicht vorsieht. Nach der zum alten Recht ganz herrschenden Auffassung bedurfte es in diesen Fällen gleichfalls einer Zustimmung aller Gesellschafter der übertragenden Gesellschaft[61]. Dies wurde aus dem Gedanken des § 53 Abs. 3 GmbHG gefolgert. Die Regierungsbegründung verwirft diesen Ansatz ausdrücklich. Eine Übernahme dieses Rechtsgedankens in das Gesetz sei „nicht zweckmäßig", weil dadurch Verschmelzungen häufig verhindert würden. Den aus dem Bestehen von Nebenleistungspflichten resultierenden Besonderheiten könne bei der Bestimmung des Umtauschverhältnisses und dessen gerichtlicher Nachprüfung Rechnung getragen werden[62].

Ich halte diese Problemsicht – mit Verlaub – für verfehlt. Die Nichtanwendung des Rechtsgedankens des § 53 Abs. 3 GmbHG würde zu so unerträglichen Wertungswidersprüchen führen, daß der Rechtsanwender zur Korrektur der Auffassung des historischen Gesetzgebers aufgerufen ist, zumal diese im Gesetzestext keinen Niederschlag gefunden hat.

Ein Beispiel mag dies verdeutlichen: A hält am Stammkapital der X-GmbH 20%, sein Mitgesellschafter B 80%. Die Satzung enthält keine Regelung über die bei Verschmelzung erforderlichen Mehrheiten. A fragt nach seinen Rechten, wenn

- die X-GmbH auf die Y-GmbH verschmolzen werden soll, bei der ein Gesellschafter seine Einlage im Gesamtnennbetrag von DM 10.000,– erst zur Hälfte geleistet hat,
- die X-GmbH auf die Y-AG verschmolzen wird und
- die X-GmbH auf die Y-GmbH verschmolzen wird, bei der zwar alle Anteile voll eingezahlt sind, in deren Satzung jedoch für alle Gesellschafter ein Wettbewerbsverbot vorgesehen ist und die darüberhinaus alle Gesellschafter für den Fall, daß das Reinvermögen der Gesellschaft nicht mehr die Hälfte des Stammkapitals deckt, einer beteiligungsproportionalen Nachschußpflicht unterwirft.

Wendet man unvoreingenommen das Gesetz an und berücksichtigt man lediglich den Willen des historischen Gesetzgebers, nicht aber allgemeine Wertungen des Gesellschaftsrechts, kommt man zu folgenden Ergebnissen:

---

61 *Schilling/Zutt* (Fn 38) § 20 KapErhG Rz. 18; *Priester* (Fn 37) § 20 KapErhG Rz. 8; *Lutter/Hommelhoff* (Fn 38) § 20 KapErhG Rz. 8; *Dehmer*, § 20 KapErhG Anm. 4d.
62 Vgl. Begr. RegE. bei *Ganske*, S. 49.

- Im Fall 1 kann A die Verschmelzung verhindern (§ 51 Abs. 1 S. 1 und 2 GmbHG). Allein die theoretische Gefahr einer Ausfallhaftung für den Fall, daß ein Gesellschafter der übernehmenden Gesellschaft seiner Einlageverpflichtung nicht nachkommt, gibt ihm also ein Vetorecht.
- Im Fall 2 hat A zwar kein Vetorecht; jedoch muß der Verschmelzungsvertrag nach § 29 UmwG zwingend eine Barabfindung für A vorsehen[63]. A kann also allein wegen des bevorstehenden Wechsels der Rechtsform – ohne Rücksicht auf eine weitergehende Rechtsbeeinträchtigung – seine Beteiligung versilbern.
- Lediglich im Fall 3 kann A – legt man allein den Willen des historischen Gesetzgebers zugrunde – weder die Verschmelzung verhindern noch ohne weiteres aus der Gesellschaft ausscheiden. Ihm bleibt allenfalls ein Austrittsrecht aus wichtigem Grund[64] sowie der Versuch, das Umtauschverhältnis im Spruchverfahren unter Hinweis auf die ihn treffenden Nebenleistungspflichten nachbessern zu lassen. Der erste Weg ist dornenreich (im schlimmsten Fall muß sich A mit der übernehmenden Gesellschaft nicht nur darüber streiten, ob ein wichtiger Grund vorliegt, sondern auch darüber, ob diese in der Lage ist, die ihm zustehende Abfindung ohne Verletzung der Kapitalerhaltungsvorschriften zu zahlen[65] und ob die Abfindung eine angemessene Kompensation für den Verlust der Mitgliedschaft darstellt), der zweite vorgeschlagene Lösungsansatz führt m.E. gänzlich in die Irre. Das „richtige" oder „angemessene" Umtauschverhältnis ist in aller Regel das Ergebnis einer Bewertung der Unternehmen der übertragenden und der übernehmenden Gesellschaft nach der Ertragswertmethode. Für „Zuschläge" zugunsten mit Nebenleistungsverpflichtungen belasteter Gesellschafter der übertragenden Gesellschaft ist hier schon im Hinblick auf die Interessen der Gesellschafter der übernehmenden Gesellschaft wenig Raum. Auch ist für mich nicht ersichtlich, in welchem Sinne beispielsweise ein Wettbewerbsverbot bei der Ermittlung des Umtauschverhältnisses berücksichtigt werden soll.

Geht man nach dem Vorstehenden davon aus, daß das Gesetz – wegen fehlender Problemerkenntnis seitens des Gesetzgebers – insoweit lückenhaft ist, stellt sich nur noch die Frage, wie die Lücke zu schließen

---

63 Vgl. ausführlich *Grunewald*, in diesem Band S. 24.
64 Hierauf will freilich *Grunewald*, in diesem Band S. 24 den dissentierenden Gesellschafter verweisen.
65 Hierzu vgl. nur *Ulmer* (Fn 58) Anh. § 34 Rz. 42, 56.

ist. In Betracht kommt die – von *Harry Schmidt* befürwortete[66] – Analogie zu § 29 UmwG oder die Anwendung des allgemeinen Rechtsgedankens der §§ 707 BGB, 53 Abs. 3 GmbHG. Ich neige aus zwei voneinander unabhängigen Gründen der zuletzt skizzierten Ansicht zu: Zum einen bereitet – wie *Grunewald*[67] zutreffend ausgeführt hat – eine analoge Anwendung des § 29 UmwG im Hinblick auf die bewußt enge Gesetzesformulierung wohl unüberwindliche methodische Schwierigkeiten. Zum anderen paßt die aus der entsprechenden Anwendung des Rechtsgedankens des § 53 Abs. 3 GmbHG abzuleitende Rechtsfolge – Notwendigkeit der Zustimmung aller betroffenen Gesellschafter zur Verschmelzung – besser zu den gesetzlichen Regelungen, die den einzelnen Gesellschafter vor einer Ausfallhaftung nach § 24 GmbHG schützen sollen und vor allem zum im Grundsatz für alle Rechtsformen geltenden Leistungsvermehrungsverbot. Daß der Gesetzgeber im Zuge der Novellierung des Umwandlungsrechts von einer ausdrücklichen Verankerung dieses allgemeinen gesellschaftsrechtlichen Prinzips auch in diesem Spezialgesetz abgesehen hat, vermag seine Anwendung m.E. nicht zu hindern.

e) Vetorecht für Inhaber von Kleinstbeteiligungen?

Ein faktisches Vetorecht zugunsten der Inhaber von „Kleinstanteilen"am übertragenden Rechtsträger resultiert nach der zum alten Recht fast einhellig vertretenen Auffassung daraus, daß eine Verschmelzung gegen den Willen eines Gesellschafters dann nicht soll durchgeführt werden können, wenn dieser am Kapital der übertragenden Gesellschaft so minimal beteiligt ist, daß die Anwendung des im Verschmelzungsvertrag vereinbarten Umtauschverhältnisses dazu führt, daß er den für Anteile am übernehmenden Rechtsträger festgesetzten Mindestnennbetrag nicht erreicht und mit seiner gesamten Beteiligung ausfällt. Begründet wird dies mit dem „Wesen" der Verschmelzung, das es verbiete, daß auch nur ein Anteilsinhaber des übertragenden Rechtsträgers gegen Barabfindung ausscheide; jeder Gesellschafter – so wird gelehrt – müsse einen wenn auch noch so kleinen Anteil an der übernehmenden Gesellschaft erhalten[68].

---

66 Vgl. *Harry Schmidt*, in diesem Band S. 84.
67 *Grunewald*, in diesem Band S. 24.
68 Vgl. nur *Schilling/Zutt* (Fn 38) § 23 KapErhG Rz. 14; *Priester* (Fn 37) § 23 Rz. 12; *Lutter/Hommelhoff* (Fn 38) § 23 KapErhG Rz. 5; *Zimmermann* in Rowedder, Anh. § 77 Rz. 414; *Dehmer*, § 23 KapErhG Rz. 12; wie der Text schon zum alten Recht aber *Grunewald* in G/H/E/K, § 344 Rz. 16.

Dieser Auffassung ist – jedenfalls für das neue Recht – mit Entschiedenheit zu widersprechen, und zwar umso mehr, als infolge der Änderung des § 8 Abs. 1 S. 1, Abs. 2 AktG durch das 2. Finanzmarktförderungsgesetz vom 26. 7. 1994 neuerdings die Ausgabe von Aktien mit einem Nennbetrag von DM 5,– möglich ist. Die Annahme eines Vetorechts für Inhaber derartiger Kleinstbeteiligungen würde das Ziel des Gesetzgebers, Verschmelzungen nicht unnötig zu erschweren, offensichtlich konterkarieren und zu unerträglichen Wertungswidersprüchen führen: Was der mit 24,9% an einer übertragenden GmbH beteiligte Gesellschafter regelmäßig hinnehmen muß, nämlich eine Verschmelzung gegen seinen erklärten Willen, könnte der mit einer Aktie im Nennbetrag von DM 5,– beteiligte Aktionär verhindern. Das kann nicht sein. Um eine möglichst umfassende Beteiligung aller Gesellschafter des übertragenden Rechtsträgers zu ermöglichen, modifiziert das Umwandlungsrecht den Mindestnennbetrag von zur Durchführung der Verschmelzung auszugebenden Anteilen des übernehmenden Rechtsträgers erheblich; er beträgt z.B. für GmbH lediglich DM 50,–[69]. Erreicht der Anteilsinhaber des übertragenden Rechtsträgers noch nicht einmal den zwingend vorgesehenen Mindestnennbetrag, so spricht nach meiner Überzeugung nichts dagegen, ihn auf eine Barabfindung zu verweisen. Sollte es jemals vorkommen, daß eine Verschmelzung ausschließlich zu dem Zweck erfolgt, lästige Minderheitsgesellschafter loszuwerden, kann immer noch mit der Annahme der Anfechtbarkeit des Zustimmungsbeschlusses geholfen werden[70]. Die bisher ganz herrschende Gegenauffassung führt dagegen dazu, daß die überwältigende Mehrheit darauf verwiesen ist, dem Kleinstgesellschafter – gleichheitswidrig – eine höhere Beteiligung am übernehmenden Rechtsträger zuzugestehen, als sie ihm unter Anwendung des Umtauschverhältnisses zuständе oder – ein ebenfalls häufig zu lesender Vorschlag[71] – durch Gewinnausschüttung bei der übernehmenden Gesellschaft die Werte der beteiligten Unternehmen und damit das Umtauschverhältnis so zu verändern, daß der Kleinstgesellschafter doch noch einen Zwerganteil am übernehmenden Rechtsträger erhalten kann oder aber den Kleinstgesellschafter „auszukaufen". All diese „Lösungsalternativen" erscheinen mir nicht ernsthaft gangbar. Vielmehr ist der Gesellschafter auf eine Barabfindung zu verweisen.

---

69 Vgl. § 54 Abs. 3 S. 1, 2. Halbs. (bei Gewährung bereits vorhandener Anteile), § 55 Abs. 2, 2. Halbs. UmwG (bei Schaffung neuer Anteile im Wege einer Kapitalerhöhung).

70 Zutreffend *Grunewald* in G/H/E/K, § 344 Rz. 16.

71 Vgl. nur *Dehmer*, § 23 KapErhG Anm. 12 a.E.

All dies gilt freilich nur, wenn der betroffene Gesellschafter noch nicht einmal den *gesetzlich vorgeschriebenen Mindestnennbetrag* für Anteile am übernehmenden Rechtsträger erreicht. Dagegen braucht selbstverständlich kein Gesellschafter hinzunehmen, daß er sich an der übernehmenden Gesellschaft deshalb nicht beteiligen kann, weil der Verschmelzungsvertrag von den Erleichterungen des Umwandlungsgesetzes keinen Gebrauch macht und höhere Mindestnennbeträge festsetzt, als diese gesetzlich zwingend vorgeschrieben sind.

Die vorstehend entwickelte Lösung paßt auch zu § 51 Abs. 2 UmwG[72]. Nach dieser Vorschrift bedarf die Verschmelzung einer AG (oder KGaA) auf eine GmbH der Zustimmung aller Aktionäre, wenn diese sich nicht entsprechend dem Gesamtnennbetrag ihrer Aktien an der übernehmenden GmbH beteiligen können, weil sie entweder bei Anwendung des vereinbarten Umtauschverhältnisses den im Verschmelzungsvertrag festgelegten Mindestnennbetrag der Anteile an der übernehmenden GmbH nicht erreichen oder nicht verteilungsfähige Spitzen entstehen. Die Zustimmung ist freilich entbehrlich, wenn die Unmöglichkeit der beteiligungsproportionalen Zuordnung von Anteilen an der übernehmenden GmbH daraus resultiert, daß Geschäftsanteile gebildet werden müßten, die nicht den zwingenden Anforderungen der §§ 46 Abs. 1 S. 3 UmwG entsprechen würden, also entweder nicht den Mindestnennbetrag von DM 50, – erreichen würden oder nicht durch 10 teilbar wären. In diesem Fall gibt der Gesetzgeber den Interessen der (qualifizierten) Mehrheit an der Durchführung der Verschmelzung den Vorzug vor den Interessen von Klein- und Kleinstaktionären an der absolut beteiligungsproportionalen Fortsetzung ihrer Mitgliedschaft beim übernehmenden Rechtsträger. Diese Wertentscheidung hat Modellcharakter auch für die hier zu entscheidende Frage.

Wer der vorstehend entwickelten Lösung nicht folgen will, muß zumindest zulassen, daß – gegebenenfalls auch gegen den Willen der betroffenen Anteilsinhaber – gemeinsame Anteile i.S.d. §§ 18 GmbHG, 69 AktG geschaffen werden, was die h.M. zum Verschmelzungsrecht unter Berufung auf die Materialien zur GmbH-Novelle

---

[72] § 51 Abs. 2 übernimmt für Mischverschmelzungen (AG/KGaA auf GmbH) ohne sachliche Änderung eine Regelung des früheren Rechts (§ 33 Abs. 3 KapErhG i.V.m. § 369 Abs. 6 S. 3–6 AktG), von der die Gesetzbegründung zu § 65 (bei *Ganske*, S. 95) allerdings meint, sie sei im Verschmelzungsrecht gänzlich fehl am Platze und deshalb zu streichen.

1980[73] bislang ebenfalls durchweg ablehnte[74], die h.M. zum Recht der formwechselnden Umwandlung dagegen durchweg zuließ[75].

V. Beschlußfassung über die Verschmelzung in der Aktiengesellschaft *(Grunewald)*

1. Einberufung der Hauptversammlung, Verfahren in der Hauptversammlung

Für die Beschlußfassung in der Aktiengesellschaft gelten im Prinzip die von *Winter* geschilderten allgemeinen Regeln, doch finden sich in §§ 61 ff. UmwG sehr detaillierte weitere Bestimmungen. Dies beruht im wesentlichen auf den Vorgaben der Dritten gesellschaftsrechtlichen EG-Richtlinie, die nur für AG gilt. Daher entsprechen die Sonderregeln auch durchweg dem geltenden Recht. Sie gelten nun allerdings auch für Mischverschmelzungen.

Der Verschmelzungsvertrag oder der Entwurf ist *vor der Einberufung der Hauptversammlung,* die über die Zustimmung zu beschließen hat, zum Handelsregister einzureichen. Dies hat das Registergericht bekanntzumachen. Da im Gesetz keine genauere Aussage darüber getroffen wird, was genau vor der Einberufung der Hauptversammlung bedeutet, dürfte die Einreichung auch ganz kurz zuvor (nicht notwendig ein ganzer Tag) ausreichen. Die Bestimmung dient dem Schutz interessierter Dritter sowie auch der Aktionäre[76]. Dem trägt auch eine ganz kurze Zeitspanne zwischen Einreichen der Unterlagen und Einberufung der Hauptversammlung Rechnung, da die Einberufungsfrist für die Hauptversammlung einen Monat beträgt (§ 123 Abs. 1 AktG) und demgemäß für diese Personen genügend Vorbereitungszeit verbleibt.

Die bei der Einberufung der Hauptversammlung bekanntzumachende *Tagesordnung* muß den wesentlichen Inhalt des Verschmelzungsvertrags enthalten (§ 124 Abs. 2 S. 2 AktG). Was der wesentliche Inhalt

---

73 Vgl. Regierungsbegründung zur GmbH-Novelle 1980, BT-Drucksache 8/1347, S. 50.

74 Vgl. nur *Schilling/Zutt* (Fn 38) § 22 KapErhG Rz. 6; *Dehmer,* § 22 KapErhG Anm. 9 m. weit. Nachw.

75 Vgl. nur *Zöllner* in KK, § 369 Rz. 88 und 91, § 373 Rz. 20 ff.; Groß-Komm./*Meyer-Landrut,* § 369 Anm. 17, § 373 Anm. 2.

76 *Grunewald* (Fn 1) § 340d Rz. 2: Die Aktionäre können die Unterlagen allerdings auch in den Räumen der AG einsehen, § 63 UmwG.

ist, ist schwer zu sagen[77]. Die neu hinzugekommenen Mindestangaben (Sondervorteile für Abschlußprüfer, Folgen der Verschmelzung für die Arbeitnehmer) werden – da die Bedeutung dieser Punkte für die Aktionäre meist nicht sonderlich groß ist – regelmäßig nicht dazu gehören. Die in den Geschäftsräumen der AG von der Einberufung der Hauptversammlung an auszulegenden Unterlagen sind gleich geblieben[78].

Die für die Beschlußfassung erforderlichen *Mehrheiten* sind in § 65 UmwG einheitlich festgelegt. Erforderlich ist eine Dreiviertelmehrheit des bei der Beschlußfassung vertretenen Grundkapitals. Da die Norm wie im Grundsatz alle anderen die AG betreffenden Bestimmungen auch für Mischverschmelzungen unter Beteiligung einer AG gilt, kann also mit dieser Mehrheit jetzt auch die Verschmelzung einer AG auf eine GmbH beschlossen werden[79]. Die Begründung rechtfertigt dies damit, daß die für die früher geltenden strengen Voraussetzungen gegebene Begründung (geringerer Gläubigerschutz durch geringere Publizitätserfordernisse und geringerer Minderheitenschutz in der GmbH) nicht mehr zutreffe[80]. Ob dies richtig ist, mag hier offen bleiben. Weiter erforderlich ist ein Sonderbeschluß der betreffenden Aktionäre, wenn mehrere Gattungen von Aktien vorhanden sind (§ 65 Abs. 2 UmwG). Dies entspricht dem bisherigen Recht (§ 340c Abs. 2 AktG). Klar gestellt ist nunmehr, daß Vorzugsaktien ohne Stimmrecht keine solche Gattung bilden.

2. Konzernverschmelzungen

Von großer praktischer Bedeutung ist § 62 UmwG, der die sogenannte Konzernverschmelzung betrifft. Die Erhaltung des alten § 352b AktG war während des Gesetzgebungsverfahrens sehr umstritten. Aber gewissermaßen in letzter Minute ist dann doch im wesentlichen alles beim alten geblieben[81]: Sofern sich 9/10 des Kapitals der übertragenden Kapitalgesellschaft (also AG oder GmbH) in der Hand einer übernehmenden AG (nur AG, nicht GmbH, eine nicht sehr einleuchtende Unterscheidung) befindet, ist ein Verschmelzungsbeschluß der übernehmenden AG nicht erforderlich. Etwas anderes gilt aber, wenn 5%

---

77 Siehe dazu *Grunewald* (Fn 1) § 340d Rz. 12.
78 § 63 UmwG, § 340d AktG.
79 Bislang galt § 33 Abs. 3 KapErhG, § 369 Abs. 2 AktG.
80 Begründung (Fn 2) S. 103.
81 Siehe die Beschlußempfehlung und den Bericht des Rechtsausschusses, BT-Drs. 12/7850 vom 13. 6. 1994.

der Aktionäre der übernehmenden Gesellschaft die Einberufung einer Hauptversammlung verlangen, in der über die Zustimmung beschlossen werden soll. Auch dies war bislang nicht anders.

Problematisch war aber stets, wie die Aktionäre der übernehmenden Gesellschaft von der Verschmelzung erfahren sollten, damit sie gegebenenfalls ihr Minderheitsverlangen geltend machen können[82]. Der Gesetzgeber hat diese Problematik gelöst: Einen Monat vor dem Tag der Anteilseignerversammlung der übertragenden Gesellschaft werden in den Räumen der übernehmenden Gesellschaft die entsprechenden Unterlagen ausgelegt. Der Vorstand hat einen Hinweis auf die bevorstehende Verschmelzung in den Gesellschaftsblättern bekanntzumachen und den Verschmelzungsvertrag zum Register der übernehmenden Gesellschaft einzureichen. Die Aktionäre werden in der Bekanntmachung auf die Möglichkeit, ein entsprechendes Minderheitsverlangen zu stellen, hingewiesen (§ 62 Abs. 3 UmwG). Dies erscheint praktikabel. Auf jeden Fall besteht nun eine hinreichende Rechtssicherheit in bezug auf die Frage, wie zu verfahren ist. Daher erscheint es auch sachgerecht, davon auszugehen, daß die Verschmelzung nicht eingetragen werden darf, wenn nicht so wie vorgeschrieben verfahren wurde[83].

VI. Kapitalerhöhung *(Grunewald)*

Die Regeln über eine im Zuge der Verschmelzung erforderliche Kapitalerhöhung bei der übernehmenden Gesellschaft entsprechen dem bisherigen Recht. In der Begründung wird allerdings gesagt, daß eine Kapitalerhöhung auch bei der Verschmelzung von Schwestergesellschaften – meist beides 100%ige Töchter desselben Gesellschafters – unverzichtbar sei, da nur so dem Gläubigerschutz hinreichend Rechnung getragen werden könnte[84]. Das überzeugt nicht, da dem Gläubigerschutz auf andere Weise, nämlich durch § 22 UmwG, Rechnung getragen wird[85]. Doch wird man es im Augenblick nicht wagen können, Schwestergesellschaften ohne Kapitalerhöhung zu verschmelzen.

---

82 Vorschläge bei *Dehmer*, § 352 AktG b Anm. 4; *Grunewald* (Fn 1) § 352b Rz. 16; *Henze*, AG 1993, 341, 345; *Kraft* (Fn 7) § 352b Rz. 7.

83 So schon zum alten Recht *Grunewald* (Fn 1) § 352b Rz. 10; siehe auch *Henze*, AG 1993, 341, 345.

84 Fn 2, S. 104.

85 Siehe dazu mit weiteren Nachweisen *Dehmer*, § 344 Anm. 9; *Grunewald* (Fn 1) § 344 Rz. 13.

Daher bleibt nur der allseits bekannte Umweg: Übertragung der Anteile der einen Schwester auf die andere und dann Verschmelzung nach den allgemein für Konzernverschmelzungen geltenden Regeln – ohne Kapitalerhöhung selbstverständlich. Diese wäre nach dem Gesetz sogar verboten (§ 68 Abs. 1 Nr. 1 UmwG).

VII. Gläubigerschutz *(Grunewald)*

Die Regeln zum Gläubigerschutz betreffen einen Normbereich, der nicht nur für Verschmelzungen unter Beteiligung von AG gilt, sondern bei jeder Verschmelzung zur Anwendung kommt. Nach dem Vorbild von § 377 AktG gilt nun allgemein, daß Gläubigern der beteiligten Gesellschaften Sicherheit zu leisten ist, wenn sie – jetzt nicht mehr wie nach früherem Recht sich lediglich melden –, sondern ihre Ansprüche nach Grund und Höhe schriftlich präzisieren. So wurde in der Praxis auch bislang schon verfahren[86], so daß erhebliche Änderungen nicht zu erwarten sind. Allerdings müssen die Gläubiger glaubhaft machen, daß die Erfüllung ihrer Ansprüche durch die Verschmelzung gefährdet ist, bislang wurde nur von den Gläubigern der übernehmenden Gesellschaft etwas derartiges verlangt, dafür aber der Nachweis einer entsprechenden Gefährdung. Jetzt reicht die schlichte Glaubhaftmachung der Gefährdung aus, doch muß diese von den Gläubigern aller betroffenen Gesellschaften geführt werden[87]. Gläubiger, die im Falle der Insolvenz ein Recht auf vorzugsweise Befriedigung aus einer staatlich überwachten Deckungsmasse haben, wozu auch der Pensionssicherungsverein zählt[88], können keine Sicherheiten verlangen. Das überzeugt. Diese Personen sind in der Tat bereits hinreichend abgesichert.

VIII. Schutz der Inhaber von Sonderrechten *(Grunewald)*

Im engen Zusammenhang mit dem allgemeinen Gläubigerschutz steht § 23 UmwG, der dem Schutz der Inhaber von Sonderrechten dient. Der Gesetzestext spricht von Inhabern von Rechten in einem übertragenden Rechtsträger, die kein Stimmrecht gewähren, und

---

86 Begründung (Fn 2) S. 92.
87 Dies geht zurück auf einen Vorschlag von *Lutter*, ZGR 1990, 392, 411; zustimmend *Karsten Schmidt*, ZGR 1993, 366, 382.
88 Begründung (Fn 2) S. 92.

nennt beispielhaft Inhaber von Anteilen ohne Stimmrecht, von Wandelschuldverschreibungen, Gewinnschuldverschreibungen und von Genußrechten. Ob das, wie es die Begründung nahelegt[89], lediglich eine Vereinfachung des Wortlauts von § 347a AktG ist, ist nicht klar. Jedenfalls auf stimmrechtslose Beteiligungen wurde die Norm bislang nicht direkt angewandt. Unklar ist auch, was unter dem Inhaber eines Rechts in einem übertragenden Rechtsträger, das kein Stimmrecht gewährt, zu verstehen ist. Vom Wortlaut her würden etwa auch Rechte zur Entsendung von Aufsichtsratsmitgliedern oder sonstige Vorschlagsrechte bzw. generell formuliert jeder rechtlich gesicherte Einfluß auf das innerverbandliche Geschehen unter die Norm passen. Da aber in der Begründung von Verwässerungsschutz die Rede ist[90], und da § 50 UmwG eine Sonderregelung für die GmbH enthält, die Rechte zur Geschäftsführung betrifft, wird man wohl davon auszugehen haben, daß nur Vermögensrechte gemeint sein können. Es wird daher wohl nur wenige weitere Anwendungsfälle als die im Gesetz genannten geben.

IX. Wirkung der Eintragung *(Grunewald)*

1. Keine eigenen Anteile

Die Wirkungen der Eintragung sind in § 20 UmwG geregelt. Entscheidend ist wie schon bisher nach Aktienrecht die Eintragung der Verschmelzung in das Register des Gerichts des übernehmenden Rechtsträgers. In diesem Zeitpunkt tritt die Gesamtrechtsnachfolge ein, die Gesellschafter der übertragenden Gesellschaft werden Gesellschafter der übernehmenden Gesellschaft. Eine Ausnahme von diesem Grundsatz gilt – wie bislang schon bei der Verschmelzung von AG – in dem Fall, daß Gesellschafterin der übertragenden Gesellschaft die übernehmende Gesellschaft war. Die Gesamtrechtsnachfolge würde hier zur Entstehung von Beteiligungen der übernehmenden Gesellschaft an sich selbst führen, was aus Gründen der Kapitalaufbringung und -erhaltung unerwünscht ist. Aus demselben Grund findet eine Beteiligung an dem übernehmenden Rechtsträger auch nicht statt, wenn der übertragende Rechtsträger eigene Anteile besaß.

---

89 Fn 2, S. 93.
90 Fn 2, S. 92.

2. Heilungswirkung

Mängel der notariellen Beurkundung des Verschmelzungsvertrags sowie gegebenenfalls erforderlicher Zustimmungen oder Verzichtserklärungen der Anteilsinhaber werden mit der Eintragung geheilt (§ 20 Abs. 1 Nr. 4 UmwG). § 20 Abs. 2 UmwG bestimmt, daß Mängel der Verschmelzung die Wirkungen der Eintragung unberührt lassen. Damit wird die Regelung des § 352a AktG für alle Verschmelzungen übernommen. In der Begründung[91] heißt es, diese Bestimmung beruhe auf der allgemeinen Tendenz, gesellschaftsrechtliche Akte möglichst zu erhalten. Auch sei eine Entschmelzung im Sinne einer Rückübertragung jedes einzelnen Vermögensgegenstandes praktisch nicht möglich. Nicht geklärt ist, ob die Heilung umfassend zu verstehen ist, also auch in dem Sinne, daß eine Entschmelzung mit Wirkung ex nunc trotz aller möglichen Mängel der Verschmelzung nicht verlangt werden kann[92]. Immerhin steht jetzt aber die Spaltung als Weg für die Entschmelzung offen. Die Begründung nennt sie als Weg für die wirtschaftliche Rückabwicklung einer Fusion[93]. Doch ist sie nur für die einverständliche „Entschmelzung", nicht für die streitige geschaffen[94].

X. Unbeachtlichkeit von Verfügungsbeschränkungen *(Grunewald)*

Das nach § 29 UmwG geschuldete Angebot auf Barabfindung bei Mischverschmelzungen und bei der Ausgabe vinkulierter Anteile kann innerhalb von 2 Monaten nach dem Tag angenommen werden, in dem die Eintragung der Verschmelzung im Register des übernehmenden Rechtsträgers als bekanntgemacht gilt. Das ist sachgerecht.

Nicht verständlich ist, wieso nach § 33 UmwG innerhalb derselben Zeitspanne dem Anteilsinhaber eine Veräußerung seiner Anteile ohne Beachtung der Verfügungsbeschränkung im Gesellschaftsvertrag des übertragenden Rechtsträgers möglich sein soll. Der Sinn der Norm leuchtet im Grundsatz ein: Es geht – gemäß dem alten § 365 AktG, der lediglich die Umwandlung einer Aktiengesellschaft in eine GmbH betraf – darum, daß Anteilsinhaber, die ein Austrittsrecht haben, also

---

91 Fn 2, S. 91.
92 Zum Streitstand *Dehmer*, § 352a Anm. 2 ff.; *Grunewald* (Fn 1) § 352a Rz. 19; *Karsten Schmidt*, ZGR 1993, 373 ff.
93 Fn 2, S. 92.
94 Siehe den Hinweis bei *Karsten Schmidt*, ZGR 1993, 373, 393.

jetzt die Fälle des § 29 UmwG, ihre Anteile auch selber sollen veräußern können, ohne daß sie Verfügungsbeschränkungen aufgrund der Satzung oder des Gesellschaftsvertrages zu beachten hätten. Nur kann es nicht sein, daß diese Möglichkeit zur Verfügung ab dem Zeitpunkt der Eintragung der Verschmelzung im Register des übernehmenden Rechtsträgers bestehen soll: Denn dann existiert der übertragende Rechtsträger, dessen Anteile veräußert werden sollen, nicht mehr, und die Anteile an ihm können daher mit oder ohne Verfügungsbeschränkung sowieso nicht mehr übertragen werden. Man wird die Norm berichtigend auszulegen haben: Ab Fassung der Verschmelzungsbeschlüsse[95], also ab Verbindlichwerden des Verschmelzungsvertrages kann ohne Beachtung der genannten Beschränkungen veräußert werden.

XI. Schluß *(Grunewald)*

Das Umwandlungsgesetz beeindruckt durch seine Geschlossenheit und durch seinen konsequenten Aufbau. Daß Probleme bei seiner Bewährung in der Praxis auftauchen werden, ist klar. Einige sind hier genannt worden. Lösungen werden sich finden lassen.

---

95 Bei § 375 AktG war allgemeine Meinung, daß ab Fassung des Hauptversammlungsbeschlusses, der über die Umwandlung in eine GmbH entschied, frei veräußert werden konnte: *Dehmer*, § 375 Anm. 11; *Semler-Grunewald* in G/H/E/K, § 375 Rz. 34.

Verschmelzung von Personengesellschaften

Rechtsanwalt Dr. Harry Schmidt, Düsseldorf

I. Einführung

1. Themenabgrenzung

Die vorangegangenen Beiträge haben uns die Grundzüge des neuen Umwandlungsrechts[1] vorgestellt sowie uns mit den Besonderheiten der Verschmelzung unter Beteiligung der Kapitalgesellschaft[2] vertraut gemacht. Dabei sind bereits eine Reihe allgemeiner, rechtsformübergreifender Fragen des Verschmelzungsrechts behandelt worden. Ich kann mich deshalb auf die Besonderheiten der Verschmelzung unter Beteiligung der Personengesellschaft konzentrieren. Soweit es zu deren Erläuterung und Verständlichkeit erforderlich ist, werden die allgemeinen Verschmelzungsvorschriften nur noch kurz anzusprechen sein.

Dieser Einführungsteil meines Referates wird sich mit einigen allgemeinen Fragen befassen, soweit sie für Personengesellschaften von Bedeutung sind, wie z. B. der zwingende Geltungsanspruch des Umwandlungsgesetzes (siehe unter 6.) und Alternativen zur Verschmelzung nach dem Umwandlungsgesetz (dazu unter 7.). Hieran anschliessen werden sich Grundsatzfragen (unter II.), namentlich zu den verschmelzungsfähigen Rechtsträgern. Der Hauptteil des Referates ist den für Personengesellschaften bestehenden Besonderheiten des Verschmelzungsverfahrens gewidmet (unter III.). Sie werden Grundlage für das im Schlußteil – wenn auch nur kurz – zu ziehende Resümee sein (dazu IV.).

Lassen Sie mich, nachdem ich wiederholt von Personengesellschaften gesprochen habe und so auch der Titel meines Vortrages gefaßt ist, eine Klarstellung vorwegnehmen: Einer Verschmelzung nach den Regelungen des Umwandlungsgesetzes sind nur Personenhandelsgesellschaften, also die offene Handelsgesellschaft sowie die Kommanditge-

---

1 *Neye* oben S. 6 ff.
2 *Grunewald/Winter* oben S. 19 ff.

60

sellschaft, zugänglich. Verschmelzungen unter Beteiligung einer Gesellschaft bürgerlichen Rechts sind nach dem Umwandlungsgesetz nicht möglich[3].

2. Wesen der Verschmelzung

Die Verschmelzung führt zur Vereinigung des Vermögens des übertragenden Unternehmens oder – so die Terminologie des Gesetzes – Rechtsträgers mit dem Vermögen des übernehmenden Rechtsträgers im Wege der Gesamtrechtsnachfolge. Der übertragende Rechtsträger erlischt, ohne daß eine Abwicklung durchzuführen wäre. Die Gesellschafter des oder der übertragenden Rechtsträger erwerben aufgrund der Verschmelzung eine Beteiligung am übernehmenden Rechtsträger.

Sie finden dieses Wesen der Verschmelzung mit etwas anderen Worten in § 2 UmwG[4] beschrieben. Das Rechtsinstitut der Verschmelzung war uns freilich schon bisher nicht fremd; wir kennen es namentlich aus dem Aktiengesetz und dem Kapitalerhöhungsgesetz sowie – als verschmelzende Umwandlung – aus dem Umwandlungsgesetz 1969. Es überrascht daher auch nicht, wenn sich dieses Recht in weiten Teilen des Umwandlungsgesetzes wiederfindet. Dies eröffnet zugleich die Möglichkeit, bei der Auslegung und Anwendung des im Umwandlungsgesetz geregelten Verschmelzungsrechts auf die Kommentierungen seiner Vorläuferregelungen im bisherigen Recht zurückzugreifen und die in der Praxis des bisherigen Verschmelzungsrechts gewonnenen Erfahrungen auch für das neue Recht fruchtbar zu machen.

3. Aufbau des Verschmelzungsrechts

Die Untergliederung des Verschmelzungsrechts in einen allgemeinen, rechtsformunabhängigen Teil und in einen weiteren, die Besonderheiten für einzelne Rechtsformen der an der Verschmelzung beteiligten Rechtsträger behandelnden besonderen Teil ist im Laufe dieser Tagung bereits dargelegt worden[5].

Die besonderen Vorschriften für die Verschmelzung unter Beteiligung von Personenhandelsgesellschaften finden sich im wesentlichen in

---

3 Eine analoge Anwendung des Gesetzes ist ausgeschlossen, vgl. unten S. 64.
4 Paragraphen ohne Gesetzesangabe beziehen sich im folgenden auf das Umwandlungsgesetz.
5 *Neye* oben S. 8.

den §§ 39–45. Ganz konsequent ist diese Systematik allerdings nicht durchgehalten: So befassen sich aus den Vorschriften des allgemeinen Teils der Verschmelzung auch § 18 (Firmenbildung beim übernehmenden Rechtsträger) und § 29 (Abfindungsangebot gegenüber der Verschmelzung widersprechenden Gesellschaftern) mit Sonderfragen der Personenhandelsgesellschaften. Darauf komme ich zurück[6].

Der aus nur wenigen Vorschriften bestehende besondere Teil für Personenhandelsgesellschaften regelt folgende Fragen: Verschmelzung unter Beteiligung aufgelöster Personenhandelsgesellschaften (§ 39)[7], zusätzliche Regelungen im Verschmelzungsvertrag (§ 40)[8], Entbehrlichkeit des Verschmelzungsberichtes (§ 41)[9], eingeschränkte Unterrichtungspflicht über Vertrag und Bericht gegenüber den Gesellschaftern (§ 42)[10], Beschlußfassung über die Verschmelzung (§ 43)[11], eingeschränkte Prüfungspflicht betreffend den Verschmelzungsvertrag (§ 44)[12] sowie schließlich zeitliche Begrenzung der Forthaftung der Gesellschafter des übertragenden Rechtsträgers (§ 45)[13].

4. Bisheriges Verschmelzungsrecht für Personengesellschaften

Von einem bisherigen Verschmelzungsrecht für Personengesellschaften kann man kaum sprechen. Das frühere Recht ließ die Verschmelzung von Personengesellschaften untereinander nicht zu. Kapitalgesellschaften konnten nach den Regelungen des Umwandlungsgesetzes 1969 zwar auf bestehende oder neu errichtete Personengesellschaften verschmelzend umgewandelt werden; eine verschmelzende Umwandlung in die Kapitalgesellschaft & Co., namentlich GmbH & Co. KG, war jedoch nach § 1 Abs. 2 UmwG 1969 ausgeschlossen. Ebensowenig war es früher möglich, Personengesellschaften auf bestehenden Kapitalgesellschaften zu verschmelzen; die §§ 41 Abs. 1 und 47 Abs. 1 UmwG 1969 eröffneten nur den Weg der errichtenden Umwandlung unter Neugründung der übernehmenden Kapitalgesellschaft. Die Rechtspraxis entwickelte zur Schließung der damit verbundenen Verschmelzungslücken Alternativmodelle, die ich später noch kurz auf-

---

6 Siehe S. 82 und 83 f.
7 Dazu S. 68 ff.
8 Vgl. S. 72 f.
9 Vgl. S. 74.
10 S. 73.
11 S. 77 ff.
12 S. 75 ff.
13 S. 85 f.

zeigen werde. Das neue Recht beseitigt die bisherigen Schranken und eröffnet für Personenhandelsgesellschaften die Verschmelzung in vollem Umfang.

5. Europarechtliche Vorgaben

Im Gesetzestext selbst findet sich als Fußnote zum Titel des Gesetzes der Hinweis, daß das Umwandlungsgesetz, soweit es Regelungen über Umwandlungen unter Beteiligung von Aktiengesellschaften enthält, der Umsetzung im einzelnen genannter Richtlinien der Europäischen Gemeinschaft dient, darunter auch der Verschmelzungsrichtlinie für Aktiengesellschaften[14].

Das Gebot der richtlinienkonformen Auslegung der die Verschmelzung von Aktiengesellschaften betreffenden Regelungen des allgemeinen und besonderen Teils des Umwandlungsgesetzes steht damit außer Frage. Auch für die Verschmelzung unter Beteiligung von Personenhandelsgesellschaften wird man der richtlinienkonformen Auslegung freilich eine Bedeutung nicht von vornherein absprechen können. Sie ergibt sich bereits daraus, daß das allgemeine, auch für Personenhandelsgesellschaften geltende Verschmelzungsrecht rechtsformunabhängig ausgestaltet ist und eine je nach Rechtsform unterschiedliche Auslegung ausscheidet[15]. Aber auch im Bereich des besonderen Teils wird man kaum zu einer Auslegung kommen können – soweit sie nicht rechtsformbedingt ist –, die mit den anderen Verschmelzungsregelungen in Widerspruch steht. Eine etwa erforderliche richtlinienkonforme Auslegung des Verschmelzungsrechts wird demnach auch auf die Verschmelzung von Personenhandelsgesellschaften ausstrahlen. Ob dem nennenswerte praktische Bedeutung zukommt, kann hier nicht untersucht werden; dies wird die weitere Rechtsentwicklung zeigen müssen.

6. Abschließende und zwingende Geltung des Verschmelzungsrechts

a) Das Analogieverbot in § 1 Abs. 2 UmwG

Nach § 1 Abs. 2 ist die Verschmelzung nach den Regelungen des Umwandlungsgesetzes nur für die von diesem oder in sonst gesetzlich zugelassenen Fällen möglich. Eine analoge Anwendung des Gesetzes

---

14 Dritte Richtlinie (78/855/EWG) des Rates vom 9. 10. 1978, Abl. EG Nr. L 295 S. 36 v. 20. 10. 1978.
15 So zutr. *Schwarz*, DStR 1994, 1697.

scheidet damit aus. Die praktische Bedeutung des Analogieverbotes wird sich – mit den folgenden Ausnahmen – angesichts der Vielzahl zugelassener Verschmelzungsmöglichkeiten unter Einbeziehung der GmbH & Co. KG in Grenzen halten.

Hinzuweisen ist immerhin darauf, daß die Gesellschaft bürgerlichen Rechts bewußt nicht in den Katalog des § 3 über die verschmelzungsfähigen Rechtsträger aufgenommen worden ist[16]. Ausgeschlossen ist weiterhin die Beteiligung ausländischer Rechtsträger an der Verschmelzung; § 1 Abs. 1 erfaßt nur die Umwandlung von Rechtsträgern mit Sitz im Inland. § 1 Abs. 2 steht einer Einbeziehung dieser Fallgruppen im Wege der Gesetzesanalogie entgegen[17]. Das Analogieverbot versperrt aber nicht Möglichkeiten der Umstrukturierung von Unternehmen im Wege von Transaktionen, die im wirtschaftlichen Ergebnis einer Verschmelzung gleichstehen oder ihr doch nahekommen[18]. Die Gesetzesbegründung zu § 1 stellt dies ausdrücklich klar[19].

b) Zwingende Geltung des Verschmelzungsrechts

Von den Vorschriften des Umwandlungsgesetzes kann nach § 1 Abs. 3 nur dann abgewichen werden, wenn dies im Gesetz ausdrücklich zugelassen ist. Umwandlungsrecht ist also zwingendes Recht. Die praktische Bedeutung dieser Regelung schätzt die Begründung selbst als gering ein. Sie nennt aber als ein Beispiel das qualifizierte Mehrheitserfordernis für den Zustimmungsbeschluß zur Verschmelzung bei Personenhandelsgesellschaften[20], für den nach allgemeinem Gesellschaftsrecht auch die einfache Mehrheit im Gesellschaftsvertrag vorgesehen werden könnte. § 1 Abs. 3 steht nunmehr Bestimmungen in Gesellschaftsverträgen entgegen, die für Zustimmungsbeschlüsse zu Verschmelzungen unterhalb von 75% liegende Mehrheiten genügen lassen[21].

---

16 Amtl. Begründung zum Ersten Abschnitt des Umwandlungsgesetzes, abgedruckt bei *Neye,* S. 171.
17 *Kallmeyer,* ZIP 1994, 1747 f.; zu außerhalb des Umwandlungsgesetzes liegenden Möglichkeiten der grenzüberschreitenden Verschmelzung vgl. *Herzig/Förster,* DB 1994, 1 ff.
18 Dazu näher S. 65 f.
19 Fn. 16, S. 111.
20 Amtl. Begründung (Fn 16) S. 112.
21 Siehe dazu im einzelnen unten S. 79 f.

7. Verschmelzungsähnliche Transaktionen außerhalb des Umwandlungsgesetzes

a) Vorbemerkung

Ich hatte soeben darauf hingewiesen, daß das Umwandlungsgesetz keine Sperre für Umstrukturierungsmaßnahmen enthält, die ohne Anwendung des Umwandlungsgesetzes durchgeführt werden. Praktische Bedeutung kann dies angesichts der teilweise weitgehenden Förmlichkeiten und Beurkundungspflichten des Umwandlungsgesetzes erlangen, wenn sich die Alternativen unter wirtschaftlichen, namentlich steuerlichen Gesichtspunkten als gleichwertig oder nicht wesentlich nachteiliger erweisen. Deshalb sollen im folgenden die Fallgruppen der – in der Literatur so bezeichneten[22] – wirtschaftlichen Verschmelzung in ihrer Grundstruktur zumindest aufgezeigt werden.

b) Vermögensübertragung durch Einzelrechtsnachfolge

Hier wird im Wege der Sachgründung oder Sachkapitalerhöhung das Vermögen des übertragenden Rechtsträgers in den übernehmenden eingebracht, gegen Gewährung von Gesellschaftsanteilen an dem übertragenden Rechtsträger. Dieser bleibt also, abweichend von der Verschmelzung, bestehen und muß, sollen seine Gesellschafter die Anteile übernehmen und damit – wie im Falle der Verschmelzung – unmittelbar am übernehmenden Rechtsträger beteiligt werden, noch liquidiert werden.

c) Anteilseinbringung

Bei dieser Alternative werden die Anteile an dem übertragenden Rechtsträger im Wege der Sachgründung oder -kapitalerhöhung in den übernehmenden Rechtsträger eingebracht. Damit erfolgt zwar eine unmittelbare Beteiligung der Gesellschafter am übernehmenden Rechtsträger, allerdings kommt es auch bei diesem Weg zum Fortbestand des übertragenden Rechtsträgers als Tochtergesellschaft des übernehmenden Rechtsträgers, soweit nicht eine Liquidation der Tochtergesellschaft erfolgt.

---

22 *Kallmeyer*, ZIP 1994, 1747 f.

d) Anwachsungsmodelle

Scheiden mit Ausnahme des zur Übernahme vorgesehenen Rechtsträgers alle übrigen Gesellschafter aus einer Personenhandelsgesellschaft aus, so erlischt diese unter Anwachsung des Gesellschaftsvermögens bei dem übernehmenden Gesellschafter. Dieser Weg kommt namentlich in Betracht, wenn die ausscheidenden Gesellschafter im gleichen Umfang an dem übernehmenden Gesellschafter beteiligt sind. Fehlt es daran, so kann das gewollte wirtschaftliche Ergebnis erreicht werden, wenn die ausscheidenden Gesellschafter ihre Beteiligung im Rahmen einer Kapitalerhöhung in den übernehmenden Gesellschafter einbringen.

Auf weitere Einzelheiten kann hier nicht eingegangen werden, jedoch sollten Planungen über Verschmelzungen nicht ausschließlich das Umwandlungsgesetz im Auge haben, sondern die Alternativen einer wirtschaftlichen Verschmelzung in Betracht ziehen.

II. Grundsatzfragen

1. Arten der Verschmelzung

§ 2 eröffnet für Personenhandelsgesellschaften uneingeschränkt die Möglichkeiten der Verschmelzung durch Aufnahme (§ 2 Nr. 1), bei der ein oder mehrere Rechtsträger ihr Vermögen auf einen bereits bestehenden Rechtsträger übertragen, und der Verschmelzung durch Neugründung (§ 2 Nr. 2), bei der mindestens zwei Rechtsträger ihr Vermögen auf einen neu errichteten Rechtsträger übertragen. Spezifische Sonderregelungen für die jeweilige Verschmelzungsart bestehen für Personenhandelsgesellschaften nicht.

Erwähnung verdient freilich der Umstand, daß nach § 37 bei der Verschmelzung durch Neugründung der Gesellschaftsvertrag der neuen übernehmenden Gesellschaft im Verschmelzungsvertrag enthalten oder – als dessen Anlage – festgestellt werden muß. Das Erfordernis der notariellen Beurkundung des Verschmelzungsvertrages nach § 6 führt also bei der Verschmelzung durch Neugründung einer übernehmenden Personenhandelsgesellschaft, abweichend vom allgemeinen Gesellschaftsrecht, zum Beurkundungszwang für den Gesellschaftsvertrag der übernehmenden Personenhandelsgesellschaft. Es empfiehlt sich daher eine Regelung im Gesellschaftsvertrag, die für künftige Vertragsänderungen oder -ergänzungen die einfache Schriftform genügen läßt.

2. Anwendungsbereich des Verschmelzungsrechts (verschmelzungsfähige Rechtsträger)

a) Vorbemerkung

Der Katalog des § 3 legt den Bereich der möglichen beteiligten Rechtsträger einer Verschmelzung abschließend fest[23]. Nicht einbezogen in den Anwendungsbereich des Umwandlungsgesetzes sind danach ausländische Rechtsträger sowie die Gesellschaft bürgerlichen Rechts. Erfaßt werden hingegen neben den Personenhandelsgesellschaften namentlich die Kapitalgesellschaften sowie weitere, hier nicht zu nennende Rechtsformen.

b) Personenhandelsgesellschaften

Personenhandelsgesellschaften sind – dies in § 3 Abs. 1 Nr. 1 ausdrücklich zu erwähnen, wäre nicht erforderlich gewesen – die offene Handelsgesellschaft und die Kommanditgesellschaft. Zu ihnen gehören auch die verschiedenen Arten der Kapitalgesellschaft & Co., darunter insbesondere die GmbH & Co. KG. Für sie die Verschmelzungsfähigkeit zu eröffnen, ist eine für die Praxis wesentliche Neuerung des Gesetzes. Dabei verzichtet das Umwandlungsgesetz ausweislich der Begründung bewußt darauf, Publikumsgesellschaften besonderen Regelungen zu unterstellen[24].

Dies hat freilich eine Konsequenz, die an dieser Stelle hervorgehoben werden soll. Nach der Rechtsprechung des Bundesgerichtshofs[25] konnte bisher bei einer Publikums-KG aufgrund einer qualifizierten Mehrheitsklausel auch die Umwandlung der Gesellschaft beschlossen werden, ohne daß dieser Beschlußgegenstand ausdrücklich im Gesellschaftsvertrag genannt sein mußte. Der Bestimmtheitsgrundsatz, wie er nach allgemeinem Personengesellschaftsrecht gilt, findet keine Anwendung[26]. Nach dem Umwandlungsgesetz hat sich eine Änderung ergeben: Eine Umwandlung, auch die Verschmelzung, kann nur dann mit qualifizierter Mehrheit beschlossen werden, wenn dies für diesen Fall ausdrücklich im Gesellschaftsvertrag vorgesehen ist[27]. Dies gilt, abweichend von der früheren Rechtslage, auch für die Publikums-KG.

---

23 Amtl. Begründung (Fn 16) S. 116.
24 Amtl. Begründung (Fn 16) S. 171 f.
25 BGHZ 85, 350 – Freudenberg.
26 BGHZ 85, 350, 358 f.
27 Dazu näher unten S. 80.

Bei Gesellschaftsverträgen, die dem nicht Rechnung tragen, besteht also Änderungsbedarf.

Zu den umwandlungs- und damit auch verschmelzungsfähigen Rechtsträgern wird man weiterhin die Europäische Wirtschaftliche Interessenvereinigung (EWIV) zählen müssen[28]. Nach § 1 des EWIV-Ausführungsgesetzes[29] gilt die EWIV als Handelsgesellschaft, auf die die für eine offene Handelsgesellschaft geltenden Vorschriften entsprechend anzuwenden sind[30]. Ob der Anwendbarkeit des Umwandlungsgesetzes auf die EWIV nennenswerte praktische Bedeutung zukommt, wird man abwarten müssen. Dagegen scheidet eine Anwendung des § 3 auf die Partnerschaftsgesellschaft – auch im Wege der Gesetzesanalogie – aus[31]: Die Partnerschaftsgesellschaft übt nach § 1 Abs. 1 S. 2 Partnerschaftsgesellschaftsgesetz[32] kein Handelsgewerbe aus[33] und unterliegt nach dessen § 1 Abs. 4 den Regelungen für die Gesellschaft bürgerlichen Rechts.

c) Aufgelöste Gesellschaften

aa) Regelungen über die Verschmelzungsfähigkeit aufgelöster Rechtsträger finden sich zum einen in der für alle Rechtsformen geltenden Vorschrift des § 3 Abs. 3, zum anderen in der Sondervorschrift des § 39 für Personenhandelsgesellschaften. Beide Bestimmungen betreffen jeweils nur übertragende Rechtsträger. Schranken für die Verschmelzungsfähigkeit aufgelöster übernehmender Rechtsträger bestehen nach dem Umwandlungsgesetz nicht. Allerdings ist nach allgemeinem Gesellschaftsrecht zu prüfen, ob die Aufnahme neuen Ver-

---

28 So auch *K. Mertens,* Umwandlung und Universalsukzession, 1993, S. 20 Fn 40. Für Einbeziehung der EWIV in den Kreis der umwandlungsfähigen Rechtsträger auch *Zöllner,* ZGR 1993, 334, 340.

29 Gesetz zur Ausführung der EWG-Verordnung über die Europäische Wirtschaftliche Interessenvereinigung v. 14. 4. 1988, BGBl. I 1988, 514.

30 Die Einbeziehung der EWIV in den Kreis der nach § 3 Abs. 1 Nr. 1 umwandlungsfähigen Rechtsträger fand in der Diskussion des Referates überwiegend Zustimmung.

31 Dem zustimmend die Diskussionsbeiträge, teilweise aber mit dem durch ein praktisches Bedürfnis begründeten Wunsch nach einer künftigen Einbeziehung in das Umwandlungsgesetz durch eine entsprechende gesetzliche Regelung.

32 Gesetz über Partnerschaftsgesellschaften Angehöriger Freier Berufe, Art. 1 des Gesetzes zur Schaffung von Partnerschaftsgesellschaften und zur Änderung anderer Gesetzes v. 25. 7. 1994, BGBl. I 1994, 1744.

33 Krit. zu dieser Gesetzesformulierung *K. Schmidt,* NJW 1995, 3.

mögens mit dem auf die Abwicklung der Gesellschaft gerichteten Zweck des aufgelösten übernehmenden Rechtsträgers in Einklang zu bringen ist. Ist dies nicht der Fall, wird man in dem Verschmelzungsbeschluß zugleich einen zur Beendigung der Liquidation führenden Fortsetzungsbeschluß sehen müssen. Der übernehmende Rechtsträger wird dann wieder zur werbenden Gesellschaft.

bb) Die erste Vorschrift des besonderen Teils für die Verschmelzung unter Beteiligung von Personenhandelsgesellschaften, § 39, schließt die aufgelöste Personenhandelsgesellschaft von einer Beteiligung als übertragender Rechtsträger aus, wenn die Gesellschafter nach § 145 HGB eine andere Art der Auseinandersetzung als die Abwicklung oder die Verschmelzung vereinbart haben.

Hieraus ergibt sich zunächst einmal, daß auch aufgelöste Gesellschaften verschmolzen werden können, etwa im Rahmen einer Sanierungsfusion. Hinsichtlich der Auflösungsgründe ist auf den Katalog des § 131 HGB zu verweisen. Für die insolvenzbedingte Auflösung (Konkurs der Gesellschaft) kann § 39 freilich keine Anwendung finden. Der Regelungsgehalt der Vorschrift zeigt, daß nur Fälle der Auflösung erfaßt werden sollen, in denen überhaupt die Vereinbarung einer von der Abwicklung abweichenden Art der Auseinandersetzung in Betracht kommt. Das ist im Konkurs der Gesellschaft nicht der Fall, jedoch gilt für ihn § 3 Abs. 3; dazu sogleich S. 70.

Voraussetzung für die Verschmelzungsfähigkeit einer aufgelösten Personenhandelsgesellschaft ist es, daß entweder eine Liquidation oder Verschmelzung als Auseinandersetzungsart vorgesehen ist. Die nach § 145 HGB mögliche Vereinbarung der Übernahme des Handelsgeschäftes durch einen Gesellschafter oder z. B. der Realteilung des Gesellschaftsvermögens steht also einer Verschmelzung entgegen. Ziel dieser Schranken ist es, sicherzustellen, daß das Vermögen der aufgelösten Personenhandelsgesellschaft im Zeitpunkt des Verschmelzungsbeschlusses noch vorhanden und nicht aufgrund einer anderen Auseinandersetzungsart verteilt worden ist. Nicht verlangt wird demgegenüber – abweichend vom früheren § 40 Abs. 2 UmwG 1969 –, daß vor der Verschmelzung die Abwicklung auch durchgeführt worden ist und nur noch die Verteilung des nach Befriedigung der Gesellschaftsgläubiger verbliebenen Vermögens aussteht.

Die Neuerungen des § 39 gegenüber dem früheren Recht halten sich also in Grenzen. Zwar verlangt § 39, abweichend von § 40 Abs. 2, nicht mehr zwingend, daß eine Liquidation stattfindet, sondern läßt als Abwicklungsart auch die Verschmelzung zu. Dies ist jedoch sachlich vertretbar, da die Gläubiger des aufgelösten, übertragenden Rechtsträgers durch die noch zu erörternde Nachhaftung gemäß § 45 sowie die Haftung des übernehmenden Rechtsträgers angemessen geschützt sind.

cc) Für die aufgrund des Gesellschaftskonkurses aufgelöste Personenhandelsgesellschaft kommt § 3 Abs. 3 zur Anwendung. Diese Bestimmung begründet die Verschmelzungsfähigkeit nur dann, wenn die Fortsetzung der Gesellschaft beschlossen werden könnte. Damit wird für die Personenhandelsgesellschaft auf § 144 Abs. 1 HGB verwiesen, der einen Fortsetzungsbeschluß zuläßt, wenn der Konkurs nach Abschluß eines Zwangsvergleichs aufgehoben oder auf Antrag des Gemeinschuldners eingestellt wird. In diesen Fällen setzt die Verschmelzung nicht voraus, daß zuvor die Fortsetzung beschlossen worden ist.

d) Änderung oder Wegfall des Gewerbes

§ 3 eröffnet die Verschmelzung nur für Personenhandelsgesellschaften. Diese Rechtsform setzt nach den §§ 105, 161 HGB das Betreiben eines Handelsgewerbes oder – soweit die Handelsregistereintragung nach § 2 HGB gegeben ist – zumindest eines kaufmännischen Gewerbes voraus. Sinkt das Gewerbe zu einem nicht- oder minderkaufmännischen Gewerbe herab, so greift im Grundsatz zwar § 5 HGB über die Fiktion der Vollkaufmannseigenschaft ein. Sie gilt allerdings nicht gegenüber dem Registergericht[34]; es kann – auf Antrag oder von Amts wegen – die Eintragung der Gesellschaft als Personenhandelsgesellschaft löschen und damit die Verschmelzung blockieren. Denkbar ist dies auch bei einem Wegfall des Gewerbes, das von § 5 HGB vorausgesetzt wird.

Soweit jedoch das Verschmelzungsverfahren bis zum Abschluß durchgeführt wird und die Eintragung im Handelsregister des übernehmenden Rechtsträgers nach § 19 erfolgt ist, wird man davon ausgehen müssen, daß die fehlende Verschmelzungsfähigkeit des übertragenden Rechtsträgers die Wirksamkeit der Verschmelzung gemäß § 20 Abs. 2 nicht mehr in Frage stellt. Anders können die Dinge liegen, wenn auch nach der Verschmelzung beim übernehmenden Rechtsträger die Voraussetzungen für die Handelsregistereintragung fehlen. Auch hier wird man zwar nach § 20 Abs. 2 von der Wirksamkeit der Verschmelzung ausgehen müssen, eine Amtslöschung der Gesellschaft jedoch nicht ausschließen können.

---

34 *Baumbach/Hopt*, HGB, 29. Aufl. 1995, § 5 Rz. 1.

III. Ablauf des Verschmelzungsverfahrens mit Besonderheiten für Personenhandelsgesellschaften

1. Verschmelzungsvertrag

Das Erfordernis des Abschlusses eines Verschmelzungsvertrages wirft für die Personenhandelsgesellschaft keine besonderen Fragen auf. Anderes gilt für den Vertragsinhalt, wie noch zu zeigen sein wird. Die Abschlußkompetenz liegt bei dem Vertretungsorgan, also dem oder den persönlich haftenden Gesellschaftern. Ein Handeln in vertretungsberechtigter Zahl genügt. Für den Bereich der Personenhandelsgesellschaften eher ungewöhnlich ist allerdings der Zwang zur notariellen Form mit entsprechenden Notarkosten. Mit Blick auf sie mag im Einzelfall durchaus Anlaß bestehen, die vorhin[35] genannten alternativen Transaktionsmodelle in Erwägung zu ziehen.

2. Vertragsinhalt

a) Vorbemerkung

aa) Der für alle Rechtsformen geltende Mindestinhalt des Verschmelzungsvertrages wird von § 5 vorgeschrieben; auf Einzelheiten ist hier nicht einzugehen[36]. § 5 Abs. 1 wirft, mit Ausnahme des folgenden Punktes, auch keine besonderen Fragen für die Personenhandelsgesellschaft auf: Nach § 5 Abs. 1 Nr. 8 ist jeder Vorteil anzugeben, der einem Mitglied eines Aufsichtsorgans der an der Verschmelzung beteiligten Rechtsträger gewährt wird. Diese Regelung geht auf die Dritte gesellschaftsrechtliche Richtlinie zurück[37], die die Verschmelzung von Aktiengesellschaften regelte. Bei ihnen existiert ein gesetzliches Aufsichtsorgan in der Form des Aufsichtsrates. Ein solches ist der Personenhandelsgesellschaft fremd. Man wird gleichwohl der Nr. 8 eine Bedeutung für diese Rechtsform nicht generell absprechen können, sondern je nach Lage des Einzelfalles Beiräte, Gesellschafterausschüsse oder sonstige, neben die Geschäftsführung und Gesellschafterversammlung tretende Organe in den Anwendungsbereich der Vorschrift einbeziehen müssen. Voraussetzung hierfür ist es aber, daß derartigen Organen im Gesellschaftsvertrag oder auf der Grundlage einer gesellschaftsvertraglichen Ermächtigung durch Beschluß der Ge-

---

35 S. 65 f.
36 Vgl. aber *Neye* oben S. 8 f. und *Grunewald* oben S. 20 f.
37 Fn 14, Art. 5 Abs. 2 Buchstabe g) sowie Art. 1 Nr. 4 – Neufassung von § 340 AktG (dort Nr. 8).

sellschafterversammlung Überwachungsbefugnisse gegenüber der Geschäftsführung übertragen worden sind und der Beirat oder vergleichbare Organe nicht nur beratende Funktionen haben.

bb) Die Vorschrift des § 5 Abs. 2 wird für die übertragende Personenhandelsgesellschaft keine Bedeutung erlangen. Nach ihr sind Angaben zum Umtausch der Anteile am übertragenden Rechtsträger in solche am übernehmenden Rechtsträger entbehrlich, wenn sich alle Anteile des übertragenden Rechtsträgers in der Hand des übernehmenden befinden. Dieser Fall der Alleingesellschafterstellung kann bei der Personenhandelsgesellschaft nicht vorkommen. Dabei wird man den Fall der GmbH & Co. KG mit identischen GmbH-Gesellschaftern und Kommanditisten nicht unter § 5 Abs. 2 einordnen können.

cc) § 5 Abs. 3 verlangt eine vorherige Information des Betriebsrates der beteiligten Rechtsträger über den Inhalt des Verschmelzungsvertrages durch dessen Überlassung an den Betriebsrat. Da im Falle der Verschmelzung durch Neugründung der Gesellschaftsvertrag der übernehmenden Gesellschaft Inhalt des Verschmelzungsvertrages werden muß (§ 37), erlangen Dritte von den Regelungen des Gesellschaftsvertrages Kenntnis. Man muß sich diesen für Personenhandelsgesellschaften bisher ungewöhnlichen Vorgang vor Augen führen, in Fällen, in denen eine Verschmelzung in eine neue Personenhandelsgesellschaft erfolgen soll.

b) Sonderregelungen für Personenhandelsgesellschaften

Zusätzlich zu den Angaben nach § 5 Abs. 1 hat der Verschmelzungsvertrag nach § 40 Abs. 1 für jeden Anteilsinhaber des übertragenden Rechtsträgers dessen Gesellschafterstellung in der übernehmenden oder neuen Personenhandelsgesellschaft zu bestimmen sowie den Betrag der Einlage festzusetzen.

Bedeutung hat die Vorschrift vor allem für diejenigen Anteilsinhaber, die im übertragenden Rechtsträger – sei es als Mitglied einer Kapitalgesellschaft, sei es als Kommanditist – keiner persönlichen unbeschränkten Haftung unterliegen. Für sie ist festzulegen, ob sie in der übernehmenden Personenhandelsgesellschaft die Stellung des persönlich haftenden Gesellschafters oder des Kommanditisten innehaben. Dabei sieht § 40 Abs. 2 S. 1 vor, daß bisher nicht persönlich unbeschränkt haftenden Gesellschaftern die Stellung eines Kommanditisten zu gewähren ist. Hiervon kann nur abgewichen werden, wenn der betroffene Anteilsinhaber dem Verschmelzungsbeschluß zustimmt.

Mit dieser Vorschrift korrespondiert § 43 Abs. 2 S. 3: Danach ist einem der Verschmelzung widersprechenden, bisher persönlich unbeschränkt haftenden Gesellschafter des übertragenden Rechtsträgers die Stellung eines Kommanditisten zu gewähren. Entsprechendes gilt für den widersprechenden vollhaftenden Gesellschafter des übernehmenden Rechtsträgers. Der Schutzzweck dieser Regelungen zugunsten der betroffenen Anteilsinhaber ist angesichts ihrer bisherigen vollen Haftung und der sich aufgrund der Vereinigung mit einer anderen Vermögensmasse möglicherweise veränderten Risikosituation aus sich heraus verständlich und bedarf wohl keiner weiteren Erläuterung.

3. Informationspflichten

a) Vorbemerkung

Auf die Verpflichtung, den Verschmelzungsvertrag dem Betriebsrat der beteiligten Rechtsträger vorzulegen, habe ich bereits hingewiesen. Regelungen über die Information der Anteilseigner sind in den jeweiligen rechtsformspezifischen Teilen des Verschmelzungsrechts enthalten, z.B. in § 47 für die GmbH und in § 63 für die AG. Sie sehen generell die Vorlage des Verschmelzungsvertrages und des Verschmelzungsberichtes vor der Beschlußfassung über die Verschmelzung vor.

b) Sonderregelungen für Personenhandelsgesellschaften

Eine generelle Informationspflicht gegenüber den Anteilseignern besteht bei Personenhandelsgesellschaften nicht. Nach § 42 sind Vertrag und Bericht nur solchen Gesellschaftern – spätestens zusammen mit der Einberufung der über die Verschmelzung beschließenden Gesellschafterversammlung – vorzulegen, die von der Geschäftsführung ausgeschlossen sind[38]. Für den OHG-Gesellschafter ließe sich dieser Informationsanspruch auch schon aus § 118 HGB ableiten. Eine Erweiterung liegt demgegenüber für Kommanditisten vor, denen § 166 Abs. 2 HGB die Rechte aus § 118 HGB versagt. Diese Informationspflichten sind gemäß § 1 Abs. 3 S. 1 zwingend, also einer Einschränkung durch Gesellschaftsvertrag nicht zugänglich.

---

38 Für eine Pflicht des Vertretungsorgans zur Erläuterung des Verschmelzungsvertrages in der Gesellschafterversammlung auch ohne deren ausdrückliche Erwähnung im Gesetz zutr. *Hommelhoff*, ZGR 1993, 462 Fn 23; so auch schon *Priester*, ZGR 1990, 433.

Nach dem Sinn und Zweck der Vorlagepflicht kann es nur auf die tatsächliche Ausgestaltung der Gesellschafterstellung ankommen: Die Information ist also entbehrlich auch gegenüber dem nach dem Gesellschaftsvertrag geschäftsführungsbefugten Kommandititen; sie ist andererseits erforderlich auch gegenüber dem von der Geschäftsführung ausgeschlossenen OHG-Gesellschafter. Die Stellung als Prokurist ist jeweils unerheblich.

4. Verschmelzungsbericht

a) Vorbemerkung

Im Zusammenhang mit der in § 8 geregelten Pflicht zur Erstellung eines Verschmelzungsberichtes wird zu Recht auf die Anfechtungsrisiken aufgrund der generalklauselartigen Festlegung des Berichtsinhaltes sowie auf den damit korrespondierenden Zwang zu einer tendenziell übermäßigen Berichterstattung hingewiesen[39]. Der Verzicht auf die Berichterstattung bedarf der notariellen Form (§ 8 Abs. 3); der Bericht ist entbehrlich, wenn sich alle Anteile des übertragenden Rechtsträgers in der Hand des übernehmenden befinden. Für die eher in der Rechtsform der Personenhandelsgesellschaft organisierte mittelständische Wirtschaft werden hier doch strenge Regularien aufgestellt, die dem neuen Verschmelzungsrecht wohl einiges von seinem Reiz nehmen werden.

b) Sonderregelungen für Personenhandelsgesellschaften

Der im Bereich des Verschmelzungsberichtes für Personenhandelsgesellschaften geschaffenen Erleichterung wird kaum erhebliche praktische Bedeutung zukommen: Nach § 41 ist zwar für die Personenhandelsgesellschaft ein Verschmelzungsbericht dann nicht erforderlich, wenn alle Gesellschafter zur Geschäftsführung berechtigt sind. Namentlich der typische Fall der GmbH & Co. KG, aber auch derjenige der Familien-OHG mit einem beschränkten Kreis geschäftsführungsbefugter Gesellschafter scheidet damit aus dem Anwendungsbereich von § 41 aus. In diesen Fällen bleibt nur der notarielle Verzicht auf den Verschmelzungsbericht. Erwähnt sei schließlich auch in diesem Zusammenhang, daß es hinsichtlich der Berechtigung zur Geschäfts-

---

39 Vgl. etwa *Kallmeyer*, GmbHR 1993, 464.

führung auf die tatsächliche Ausgestaltung der Gesellschafterstellung und nicht auf deren gesetzlichen Inhalt ankommt[40].

5. Prüfung der Verschmelzung

a) Vorbemerkung

Die Frage der Prüfungspflicht für die Verschmelzung ist im wesentlichen im Rahmen des besonderen Teils für die jeweilige Rechtsform geregelt. Der allgemeine Teil des Verschmelzungsrechts hat den in notarieller Form zu erklärenden Verzicht aller Anteilsinhaber auf die Prüfung oder den Prüfungsbericht sowie namentlich Einzelheiten des Prüfungsverfahrens zum Inhalt (§ 8 Abs. 3, §§ 9–12). Darüber hinaus erklärt er in § 9 Abs. 2 eine Prüfung für entbehrlich, wenn sich alle Anteile eines übertragenden Rechtsträgers in der Hand des übernehmenden Rechtsträgers befinden; die Prüfung entfällt jedoch nur insoweit, wie sie die Aufnahme dieses Rechtsträgers betrifft. Dies ist sachgerecht, da eine Prüfung, die das Umtauschverhältnis bewerten soll, nicht erforderlich ist, wenn es nicht zu einem Umtausch von Anteilen kommt. Praktische Bedeutung kann die Vorschrift nur für den Fall erlangen, daß der übernehmende Rechtsträger eine Personenhandelsgesellschaft ist.

b) Sonderregelungen für Personenhandelsgesellschaften

aa) § 44 macht die Pflicht zur Prüfung des Verschmelzungsvertrages von zwei Voraussetzungen abhängig: Zum einen muß der Gesellschaftsvertrag für den Verschmelzungsbeschluß eine Mehrheitsentscheidung vorsehen und zum anderen muß ein Gesellschafter die Prüfung verlangen. Dies ist konsequent, da im Falle des nur einstimmig möglichen Verschmelzungsbeschlusses eine Pflichtprüfung entbehrlich ist. Bei der zugelassenen Mehrheitsentscheidung hat es der einzelne Gesellschafter in der Hand, die Prüfung zu verlangen, deren Kosten dann die Gesellschaft zu tragen hat.

bb) Das Gesetz enthält keine Regelung zu der – schon nach früherem Recht ungeklärten[41] – Frage, bis zu welchem Zeitpunkt das Prüfungsverlangen gestellt werden kann. Der Zweck der Regelung, die Informationsmöglichkeiten für den Gesellschafter zu verbessern und ihm

---

40 Vgl. schon oben S. 74.
41 Vgl. § 355 a.F. AktG; für die GmbH als verschmelzungsbeteiligter Rechtsträger siehe *Winter* oben S. 33.

eine tragfähigere Entscheidungsgrundlage für die Beschlußfassung über die Verschmelzung zu geben, wird dazu führen müssen, daß das Prüfungsverlangen bis zur Beschlußfassung über die Verschmelzung, also auch noch in der Gesellschafterversammlung, gestellt werden kann[42]; der Gesetzeswortlaut steht dem zumindest nicht entgegen. Geschieht das freilich zu diesem Zeitpunkt, so kann die zeitliche Planung des Verschmelzungsverfahrens unter Umständen nicht mehr eingehalten werden. So ist es schon ungeklärt, ob ein Prüfungsverlangen zur Vertagung der Beschlußfassung führen muß und ein gleichwohl gefaßter Verschmelzungsbeschluß anfechtbar ist. Nach § 17 ist überdies der Anmeldung der Verschmelzung zum Handelsregister der Prüfungsbericht oder die Verzichtserklärung nach § 9 Abs. 3 beizufügen. Soweit eine Prüfung gemäß § 44 nicht verlangt worden war, wird – soll die Registereintragung nicht verzögert werden – eine entsprechende Negativerklärung des Anmeldenden abzugeben sein, auch wenn sie im Gesetz nicht vorgesehen ist.

Im tatsächlichen Verfahrensablauf wird man bei Personenhandelsgesellschaften also kaum anders vorgehen können, als entweder von vornherein eine Prüfung durchführen zu lassen – sie kann nach § 44 von jedem Gesellschafter, also auch den die Verschmelzung vorbereitenden Vertretungsorganen der Personenhandelsgesellschaft eingeleitet werden – oder aber Verzichtserklärungen aller Gesellschafter in notarieller Form einzuholen. Letzteres wird jedenfalls bei Gesellschaften mit größerem Gesellschafterkreis wenig praktikabel sein und der Sache nach im Regelfall auf eine Prüfung der Verschmelzung hinauslaufen.

Für zulässig sollte man den in der Praxis anzutreffenden Weg halten, bei dem die Gesellschafter auf ihr Recht zur Beantragung hingewiesen werden, mit der Maßgabe, daß der Antrag innerhalb einer – angemessenen – bestimmten Frist zu stellen ist[43]. In § 1 Abs. 3 läßt das Umwandlungsgesetz ergänzende Regelungen in Willenserklärungen zu, soweit das Gesetz keine abschließende Regelung erhält. Aus dem Umstand, daß § 44 die Möglichkeit der Setzung einer Antragsfrist nicht erwähnt, wird man nicht den Schluß ziehen können, daß § 44 insoweit einen abschließenden Charakter hat.

cc) Mangels einer Pflichtprüfung erwähnt § 42 nicht die Vorlage des Prüfungsberichtes an die Gesellschafter; es liegt jedoch nahe, daß ein

---

42 So auch für die GmbH als Rechtsträger einer Verschmelzung *Winter* oben S. 33.

43 Eher zurückhaltend *Winter* oben S. 33.

vorhandener Bericht den Gesellschaftern vor der Gesellschafterversammlung zusammen mit dem Vertrag und dem Verschmelzungsbericht auszuhändigen ist[44].

dd) Für die Auswahl der Verschmelzungsprüfer verweist § 11 Abs. 1 S. 1 auf § 319 HGB, der zwischen Wirtschaftsprüfern und vereidigten Buchprüfern unterscheidet. Diese Unterscheidung knüpft wiederum an die in § 267 HGB enthaltene Differenzierung für Gesellschaften verschiedener Größenordnungen an und läßt bei sogenannten mittelgroßen Gesellschaften die Tätigkeit von Buchprüfern zu. Einzelheiten sind hier nicht zu vertiefen.

Für Personenhandelsgesellschaften stellt § 11 Abs. 1 S. 3 jedenfalls klar, daß die – soweit wegen einer nach § 44 durchzuführenden Prüfung – erforderliche Auswahl des Prüfers den für Kapitalgesellschaften geltenden Regeln zu folgen hat.

ee) Hinzuweisen ist schließlich auf die allgemeine Regelung des § 30 Abs. 2, die durch § 44 nicht ausgeschlossen wird: Soweit den Gesellschaftern eine Barabfindung anzubieten ist, ist stets deren Angemessenheit durch Verschmelzungsprüfer zu prüfen. Anders gilt nur dann, wenn die Angebotsempfänger oder – so die Terminologie des Gesetzes – Berechtigten in notarieller Form auf die Prüfung verzichten. Zum Berechtigten wird aber erst derjenige, der in der Gesellschafterversammlung der Verschmelzung widerspricht. Auch hier wird also im Interesse eines zeitlich reibungslosen Ablaufs des Verschmelzungsverfahrens von vornherein die Prüfung gemäß § 30 Abs. 2 zu veranlassen sein, wenn nicht alle Gesellschafter einen notariellen Verzicht erklären oder ein Widerspruch von vornherein ausgeschlossen werden kann.

6. Zustimmungsbeschluß der Anteilseignerversammlung

a) Vorbemerkung

aa) Der Verschmelzungsvertrag bedarf zu seiner Wirksamkeit der Zustimmung durch Beschluß der Gesellschafter. Nach § 13 Abs. 1 S. 2 kann ein solcher Beschluß nur in einer Gesellschafterversammlung gefaßt und muß notariell beurkundet werden (§ 13 Abs. 3). Nicht erforderlich ist es, daß die Mindestmehrheit für den Verschmelzungsbeschluß aufgrund der in der Versammlung abgegebenen Stimmen

---

44 So auch *Hommelhoff*, ZGR 1993, 462 Fn 23, der die unterbliebene Regelung dieser Frage als Redaktionsversehen des Gesetzgebers ansieht.

erreicht wird. Nach § 43 Abs. 1 ist es, bei Geltung des Einstimmig-
keitsprinzips, erforderlich, daß auch die nicht erschienenen Gesellschafter zustimmen. Wenn in diesem Fall die erforderliche Mehrheit
auch unter Berücksichtigung der Stimmen nicht in der Versammlung
anwesender Gesellschafter erreicht werden kann, besteht kein Grund,
anders zu entscheiden, wenn unterhalb der Einstimmigkeit liegende
Mehrheiten genügen.

Allerdings sind außerhalb der Versammlung erklärte Zustimmungen
in notarieller Form abzugeben. Das gleiche gilt für Zustimmungserklärungen einzelner Anteilsinhaber, die vom Gesetz, wie etwa in § 40
Abs. 2, vorgeschrieben sind. Diese können auch außerhalb der Versammlung abgegeben werden, bedürfen aber der notariellen Form
(§ 13 Abs. 3).

bb) Aus dem allgemeinen Teil des Verschmelzungsrechts kann weiterhin § 13 Abs. 2 Bedeutung für Personenhandelsgesellschaften erlangen. Ist die Abtretung der Anteile des übertragenden Rechtsträgers
von der Genehmigung bestimmter einzelner Anteilsinhaber abhängig,
so bedarf der Zustimmungsbeschluß bei diesem Rechtsträger der Zustimmung dieser Anteilsinhaber.

Diese Vorschrift greift einmal ein, wenn einzelnen, im Gesellschaftsvertrag genannten Gesellschaftern bei einer Anteilsübertragung Zu-
stimmungsvorbehalte eingeräumt worden sind. Sie wird darüber hinaus auch anzuwenden sein, wenn der Gesellschaftsvertrag für die
Anteilsübertragung ausdrücklich die Zustimmung aller übrigen Gesellschafter verlangt, mit der Folge, daß eine etwaige Mehrheitsklausel für die Verschmelzung außer Kraft gesetzt wird.

Nicht für richtig hielte ich es hingegen, die Vorschrift auch dann
heranzuziehen, wenn der Gesellschaftsvertrag die Übertragbarkeit der
Beteiligung nicht regelt und deshalb nach allgemeinem Personengesellschaftsrecht die Zustimmung aller Gesellschafter erforderlich ist.
Nach dem Wortlaut von § 13 Abs. 2 ist in diesem Fall die Abtretung
der Anteile nicht von der Zustimmung bestimmter Gesellschafter
abhängig. Das gesetzgeberische, in der Begründung genannte Ziel, die
Inhaber von Sonderrechten zu schützen, verlangt in dieser Fallkonstellation auch nicht die Anwendung von § 13 Abs. 2. Entsprechende
Überlegungen lassen auch bei einer Regelung, die Anteilsübertragungen von einem Mehrheitsbeschluß abhängig macht, für die Anwendung von § 13 Abs. 2 keinen Raum.

b) Sonderregelungen für Personenhandelsgesellschaften

aa) § 43 verlangt in Abs. 1, entsprechend der gesetzlichen Ausgangslage für Personenhandelsgesellschaften (§§ 119, 161 Abs. 2 HGB), einen einstimmigen Zustimmungsbeschluß, läßt aber in Abs. 2 qualifizierte Mehrheitsklauseln, freilich nur in eingeschränktem Umfang,
zu. Man mag darüber streiten können, ob es sachlich gerechtfertigt
war, die Gesellschaftsautonomie im Bereich der Personengesellschaft
derart einzuschränken. Zu bedauern ist aber allemal, daß es dem
Gesetzgeber nicht gelungen ist, für eine klare Regelung zu sorgen.

bb) Nach § 43 Abs. 2 S. 1 kann der Gesellschaftsvertrag eine Mehrheitsentscheidung vorsehen. Die Mehrheit muß, so die Formulierung
in § 43 Abs. 2 S. 2, mindestens drei Viertel der Stimmen der Gesellschafter betragen. Dieser auf die Stimmen der Gesellschafter abstel-
lende Wortlaut wirft die Frage auf, ob es – entsprechend der Rechtslage bei allen anderen Rechtsformen (§ 50 Abs. 1 für die GmbH, § 65
Abs. 1, § 78 für die AG und KGaA, § 84 für die Genossenschaft,
§§ 103, 106 für Vereine und genossenschaftliche Prüfungsverbände
sowie § 112 Abs. 3 für den VVaG) – auf die an der Gesellschafterversammlung oder Beschlußfassung teilnehmenden[45] oder auf alle vorhandenen stimmberechtigten Gesellschafter ankommen soll.

Der Gesetzeswortlaut sowie das systematische Verhältnis zu Abs. 1,
der auch außerhalb der Gesellschafterversammlung abgegebene Stimmen berücksichtigt, sprechen – auch wenn die Formulierung „alle
vorhandenen Gesellschafter" klarer gewesen wäre – eher dafür, die
Regelung in diesem engeren Sinn zu verstehen[46], auch wenn hiermit
eine wesentliche Verschärfung für Personenhandelsgesellschaften verbunden ist, für die ich keine sachliche Rechtfertigung zu erkennen
vermag. Die Begründung scheint demgegenüber davon auszugehen,
daß die 3/4-Mehrheit der abgegebenen Stimmen in der Mehrheitsklausel vorgesehen werden kann[47], denn sie führt aus, daß die Mindest-
grenze in § 43 Abs. 2 derjenigen bei den anderen Rechtsformen ver-
schmelzungsfähiger Rechtsträger entspreche[48]. Mit Rücksicht darauf

---

45 Für Zulässigkeit einer solchen Mehrheitsklausel BGHZ 85, 350 – Freudenberg.
46 So *Dehmer*, § 43 Anm. 9 (zur wortgleichen Regelung für den Beschluß über
den Formwechsel, vgl. § 217 Abs. 1 S. 3).
47 Dafür auch *Bork*, ZGR 1993, 343, 352; *Priester*, ZGR 1990, 420, 438; wohl
auch *Lutter*, ZGR 1990, 392, 405, freilich jeweils ohne Problematisierung
der Frage.
48 Amtl. Begründung (Fn 16) S. 174.

läßt sich eine präzisierende oder auch einschränkende Auslegung von § 43 Abs. 2 S. 2 dahin vertreten, daß es auf die Zahl der abgegebenen Stimmen ankommt. Auch sehe ich angesichts der für Personenhandelsgesellschaften nach § 109 HGB gegebenen weitgehenden Regelungsautonomie keinen sachlichen Grund, die Beschlußerfordernisse schärfer auszugestalten als bei den Kapitalgesellschaften und den anderen genannten Rechtsformen.

So sehr ich dieses Ergebnis für richtig halte, vermag ich doch keine Prognose darüber abzugeben, wie die Rechtsprechung die Vorschrift auslegen wird. Bei der Ausgestaltung von Gesellschaftsverträgen wird man deshalb, will man das Risiko einer unwirksamen Mehrheitsklausel wirklich ausschalten, bis zu einer Klärung des Problems von der engeren Auslegung ausgehen und auf die 3/4-Mehrheit aller vorhandenen Stimmen abstellen müssen. Wer anders verfährt, läuft Gefahr, daß mehrheitlich beschlossene Verschmelzungen scheitern, da es an einer wirksamen Mehrheitsklausel fehlen könnte.

Eine entsprechende Mehrheitsklausel muß weiterhin im Gesellschaftsvertrag vorgesehen sein und, so jedenfalls die Gesetzesbegründung[49], ausdrücklich den Fall der Verschmelzung erfassen. Dies ist im Hinblick auf den in der Rechtsprechung entwickelten, bisher noch nicht aufgegebenen Bestimmtheitsgrundsatz[50] für den Normalfall der Personenhandelsgesellschaft nicht neu, führt aber für die Publikumsgesellschaft zu der bereits erwähnten Änderung der bisherigen Rechtslage (vgl. oben S. 67).

Eher fraglich ist es, ob man die Gesetzesbegründung beim Wort nehmen und die Mehrheitsklausel nur dann als wirksam ansehen kann, wenn sie den Rechtsbegriff der Verschmelzung verwendet. Ich hielte dies für eine übertriebene Anwendung des Bestimmtheitsgrundsatzes. Man sollte Mehrheitsklauseln auch dann akzeptieren, wenn sie auf die umfassendere, nach dem Gesetz aber eindeutig ausgefüllte Umwandlung abstellen. Ich muß aber darauf hinweisen, daß dieser Punkt im Schrifttum zum neuen Verschmelzungsrecht auch anders gesehen wird[51]. Für die Neufassung oder erstmalige Ausarbeitung von Gesellschaftsverträgen empfiehlt sich deshalb in diesem Punkt eine detaillierte, die einzelnen Umwandlungsarten benennende Mehrheitsklausel, um jeden Zweifel über deren Wirksamkeit auszuschließen.

---

49 Amtl. Begründung (Fn 16) S. 175. So auch schon *Priester,* ZGR 1990, 420, 439.
50 Siehe jüngst BGH DB 1995, 90, 91.
51 *Priester* a.a.O (Fn 49).

cc) Schon erwähnt worden ist schließlich, daß der Verschmelzung widersprechenden Gesellschaftern, die bisher persönlich unbeschränkt haften, die Stellung des Kommanditisten zu gewähren ist. Da die Gesellschafterstellung Inhalt des Verschmelzungsvertrages ist, soweit die Gesellschafter der übertragenden Gesellschaft betroffen sind (§ 40), muß die Frage, ob ein Widerspruch zu erwarten ist, möglichst vor der Beschlußfassung geklärt werden. Eine entsprechende Verfahrensweise liegt, wenn insoweit auch keine gesetzlichen Vorgaben bestehen, auch für die persönlich haftenden Gesellschafter des übernehmenden Rechtsträgers nahe.

dd) Besondere Regelungen über die Formalien für die Einberufung und Durchführung der Gesellschafterversammlung, namentlich Einberufungsfristen, enthält das Gesetz – mit Ausnahme der Verpflichtung zur Übersendung des Verschmelzungsvertrages und -berichtes gemäß § 40 – nicht. Es kommen daher die regelmäßig in Gesellschaftsverträgen enthaltenen Regelungen zur Anwendung.

7. Handelsregisteranmeldung

a) Vorbemerkung

Die Einzelheiten des Anmeldungsverfahrens sind in den §§ 16–18 geregelt. Darauf ist zu verweisen. Besonderheiten für Personenhandelsgesellschaften bestehen nur in zwei Punkten.

b) Sonderregelungen für Personenhandelsgesellschaften

aa) Anmeldebefugt sind nach § 16 Abs. 1 S. 1 die Vertretungsorgane der an der Verschmelzung beteiligten Rechtsträger. Auch wenn das im Gesetz nicht näher ausgeführt wird, ist davon auszugehen, daß eine Anmeldung bereits durch Mitglieder des Organs in vertretungsberechtigter Zahl erfolgen kann; ein Handeln aller Mitglieder des Vertretungsorgans ist also nicht erforderlich.

Für Personenhandelsgesellschaften, bei denen wesentliche Vorgänge, wie die Gründung, Auflösung, Veränderungen im Gesellschafterkreis und Anmeldung von Liquidatoren, von allen Gesellschaftern, auch den nicht geschäftsführungsbefugten, zum Handelsregister anzumelden sind[52], enthält das Gesetz keine Sonderregelungen. Daher kann auch bei der Personenhandelsgesellschaft die Verschmelzung durch

---

52 §§ 107, 108 Abs. 1, 143 Abs. 1, 148 Abs. 1 S. 1 HGB.

Mitglieder des Vertretungsorgans in vertretungsberechtigter Zahl erfolgen. Insbesondere eine Mitwirkung der Kommanditisten ist bei der Handelsregisteranmeldung nicht erforderlich. Dies trifft ausweislich der ausdrücklichen Regelung in § 38 auch für den Fall der Verschmelzung durch Neugründung zu.

bb) Lassen Sie mich einen zweiten Punkt ansprechen, der ebenfalls im allgemeinen Teil des Verschmelzungsrechts geregelt ist: § 18 enthält Einzelheiten der Firmenbildung bei dem übernehmenden Rechtsträger, die, soweit sie Personenhandelsgesellschaften betreffen, zumindest erwähnt werden sollen. Der übernehmende Rechtsträger darf die Firma des übertragenden Rechtsträgers fortführen, jedoch ist dies für eine übernehmende Personenhandelsgesellschaft nach § 18 Abs. 1 S. 2 nur zugelassen, wenn die fortgeführte Firma den Namen einer natürlichen Person enthält. Damit soll die Bildung von Sachfirmen bei Personenhandelsgesellschaften ausgeschlossen bleiben. § 18 Abs. 2 ermöglicht es bei Neubildung der Firma des übernehmenden Rechtsträgers, mit Genehmigung des Registergerichts den in der Firma des übertragenden Rechtsträgers enthaltenen Namen einer natürlichen Person zu verwenden. In den genannten beiden Fällen ist die Verwendung von Namen solcher Gesellschafter des übertragenden Rechtsträgers, die an dem übernehmenden Rechtsträger nicht beteiligt werden, nach § 18 Abs. 3 allerdings nur mit deren ausdrücklicher Einwilligung zulässig.

8. Wirksamwerden der Verschmelzung

Die Verschmelzung wird wirksam mit ihrer Eintragung im Register des übernehmenden Rechtsträgers (§ 20). Hiermit treten die verschiedenen Rechtsfolgen, darunter der Vermögensübergang, Erlöschen des übertragenden Rechtsträgers sowie Erwerb der Gesellschafterstellung im übernehmenden Rechtsträger ein. Besonderheiten bestehen für Personenhandelsgesellschaften insoweit nicht.

Hinzuweisen ist aber auf die hinsichtlich Klagefrist und -grund eingeschränkte Klagemöglichkeit gegen den Verschmelzungsbeschluß gemäß § 14, die insoweit ein Novum für Personenhandelsgesellschaften bildet.

9. Rechtsfolgen der Verschmelzung

a) Vorbemerkung

Die wesentlichen Wirkungen der Verschmelzung, darunter vor allem der Vermögensübergang im Wege der Gesamtrechtsnachfolge, sind bereits genannt worden[53]. Ich werde deshalb im folgenden ausschließlich besondere Aspekte der Personenhandelsgesellschaft ansprechen.

b) Gläubigerschutz

Gläubiger der an der Verschmelzung beteiligten Rechtsträger können unter den in § 22 näher bezeichneten Voraussetzungen Sicherheitsleistung für ihre Ansprüche verlangen. Dabei ist jedoch glaubhaft zu machen, daß durch die Verschmelzung die Erfüllung ihrer Forderung gefährdet wird.

Je nach den Vermögensverhältnissen persönlich unbeschränkt haftender Gesellschafter wird deren Wegfall oder Vorhandensein aufgrund der Verschmelzung eher zur Glaubhaftmachung der Forderungsgefährdung führen können oder ihr entgegenstehen und damit die Verpflichtung zur – lästigen – Sicherheitsleistung begründen oder entbehrlich werden lassen.

c) Schutz widersprechender Gesellschafter

aa) Ändert sich für einen Gesellschafter aufgrund der Verschmelzung die Rechtsform des Unternehmens, an dem er beteiligt ist, oder wird bei gleicher Rechtsform seine Beteiligung gesellschaftsvertraglichen Verfügungsbeschränkungen unterworfen, ist diesem Gesellschafter im Verschmelzungsvertrag der Erwerb seiner Beteiligung gegen eine Barabfindung anzubieten (§§ 29 ff.). Bei Personenhandelsgesellschaften wird der Erwerb von Anteilen ersetzt durch ein befristetes Austrittsrecht des betroffenen Gesellschafters. Das Angebot hat sich hier auf eine Barabfindung für den Fall zu richten, daß der Gesellschafter seinen Austritt aus der Gesellschaft erklärt (§ 29 Abs. 1 Satz 3).

Angenommen werden kann das Angebot nach § 31 nur binnen zwei Monaten nach dem Tage der Bekanntmachungsfiktion des § 19 Abs. 3 oder – im Falle der gerichtlichen Entscheidung über die Barabfindung – binnen zwei Monaten nach dem Tage der Bekanntmachung der Gerichtsentscheidung im Bundesanzeiger.

---

53 *Neye* oben S. 8 f.; *Grunewald* oben S. 55.

bb) § 33 räumt Anteilseignern innerhalb der Zweimonatsfrist auch das Recht ein, die Beteiligung an Dritte zu veräußern[54]. Gesellschaftsvertragliche Verfügungsbeschränkungen stehen dabei nicht entgegen. Der Wortlaut der Vorschrift macht jedoch deutlich und die Begründung unterstreicht dies, daß die Vorschrift nur Veräußerungsbeschränkungen ausschaltet, die grundsätzliche Veräußerbarkeit der Beteiligung also voraussetzt. Sie ist allerdings bei der Personenhandelsgesellschaft nach der gesetzlichen Ausgangslage nicht gegeben. Verfügungen über die Beteiligung an einer Personenhandelsgesellschaft setzen ihre Zulassung im Gesellschaftsvertrag oder die Zustimmung aller Gesellschafter voraus. Die im Gesellschaftsvertrag vorgesehenen Regelungen für die Übertragbarkeit der Beteiligung werden daher durch § 33 nicht ausgeschaltet, mögen sie aufgrund der gewählten Formulierung auch auf den ersten Blick den Charakter von Verfügungsbeschränkungen haben.

cc) Nicht geregelt worden ist im Umwandlungsgesetz der Fall, daß dem Gesellschafter des übertragenden Rechtsträgers im übernehmenden Rechtsträger andere Lasten als Verfügungsbeschränkungen hinsichtlich der neuen Anteile auferlegt werden. *Martin Winter* hat das Beispiel des Wettbewerbsverbotes oder der Nachschußpflicht genannt und das mit der ausdrücklichen Verneinung eines Regelungsbedarfs dokumentierte mangelnde Problembewußtsein des Gesetzgebers zu Recht kritisiert[55]. Diesen Befund brauche ich deshalb nicht zu wiederholen oder zu vertiefen. Allerdings vermag ich nicht die Auffassung meines Vorreferenten zu teilen, daß eine analoge Anwendung von § 29 – hier ein Austrittsrecht gegen Barabfindung für den widersprechenden Gesellschafter der Personenhandelsgesellschaft – an unüberwindlichen methodischen Schwierigkeiten scheitern müsse[56]. Es entspricht dem Anliegen des Gesetzgebers, daß eine Auferlegung von Nebenpflichten die Verschmelzung nicht soll blockieren dürfen. Ich kann – bei aller einzuräumenden Eindeutigkeit des Gesetzeswortlautes von § 29 – der Gesetzesbegründung zu den §§ 13, 29 auch nicht entnehmen, daß man sich bewußt gegen die hier vertretene Analogie ausgesprochen hat. Die eindeutige gesetzliche Regelung ist wiederum Voraussetzung für die Annahme einer Lücke. Sie in dem von mir

---

54 Zum Erfordernis der korrigierenden Auslegung der Vorschrift vgl. *Grunewald* oben S. 56 f.

55 Vgl. *Winter* oben S. 46.

56 So aber *Winter* oben S. 48. Vgl. auch schon *Priester,* ZGR 1990, 420, 442: Zustimmung des betroffenen Gesellschafters des übertragenden Rechtsträgers erforderlich.

vorgeschlagenen Sinn zu schließen, halte ich im Interesse der Durchführbarkeit von Verschmelzungen für den vorzugswürdigen Weg.

d) Schadensersatzhaftung von Aufsichtsorganen

§ 25 sieht eine Haftung der Mitglieder des Aufsichtsorgans eines übertragenden Rechtsträgers gegenüber diesem, seine Anteilsinhaber sowie Gläubiger für aufgrund der Verschmelzung entstandene Schäden vor. Ich darf, ohne daß dieser Komplex der Haftung hier vertieft werden kann, nur auf einen Punkt hinweisen: Wie bereits bei der Frage der Gewährung von Sondervorteilen an Mitgliedern des Aufsichtsorgans[57] wird man auch bei der Haftung die Vorschrift dann auf Aufsichtsorgane anwenden müssen, wenn ihnen auf gesellschaftsvertraglicher Grundlage Überwachungsaufgaben gegenüber dem Vertretungsorgan übertragen worden sind. Unter dieser Voraussetzung kann es zu einer Schadensersatzhaftung auch von Mitgliedern eines Beirats oder Gesellschafterausschusses einer Personenhandelsgesellschaft kommen.

e) Nachhaftung

Die Vorschrift des § 45 über die zeitliche Begrenzung der Haftung persönlich haftender Gesellschafter ist aus dem bisherigen Recht bekannt. Es sind daher an dieser Stelle nur wenige Bemerkungen veranlaßt.

aa) § 45 übernimmt im wesentlichen die durch das Nachhaftungsbegrenzungsgesetz vom 18. 3. 1994 eingeführten Fassungen zu § 160 HGB und – für die errichtende Umwandlung – § 45 UmwG 1969. Im Falle der Verschmelzung einer Personenhandelsgesellschaft auf einen Rechtsträger anderer Rechtsform, bei dem persönlich unbeschränkt haftende Gesellschafter fehlen, wird die Dauer der Haftung des Gesellschafters des übertragenden Rechtsträgers auf fünf Jahre begrenzt. Maßgeblich für die Einhaltung der Frist ist es, daß die Verbindlichkeiten vor Ablauf von fünf Jahren nach der Verschmelzung fällig geworden und gegenüber dem Gesellschafter gerichtlich oder – im Falle öffentlich-rechtlicher Verbindlichkeiten – durch Erlaß eines Verwaltungsaktes geltend gemacht worden sind.

bb) Die Frist beginnt mit Eintritt der Bekanntmachungsfiktion des § 19 Abs. 3. § 19 Abs. 4 stellt klar, daß die Enthaftungswirkung nach

---

57 Vgl. oben S. 71.

Ablauf der fünf Jahre auch dann eintritt, wenn der Gesellschafter in dem übernehmenden Rechtsträger geschäftsführend tätig wird.

Ebenso bekannt aus dem bisherigen Recht sind schließlich auch die weiteren Regelungen von § 45 Abs. 2 S. 2, nach der eine Reihe allgemeiner Verjährungsregelungen des BGB Anwendungen finden, und des Abs. 3, nach der eine gerichtliche Geltendmachung des Anspruches für die Nachhaftung entbehrlich ist, wenn der Gesellschafter den Anspruch schriftlich anerkannt hat.

cc) Bedeutung hat die Vorschrift einmal für den persönlich unbeschränkt haftenden Gesellschafter der übertragenden Personenhandelsgesellschaft. Darüber hinaus begrenzt sie aber auch die Nachhaftung des Kommanditisten, dessen Einlage ganz oder teilweise zurückgezahlt worden ist und der deshalb nach dem HGB haftet. Als interessant erweist sich dabei die Frage, ob derjenige Kommanditist, der von einem Abfindungsangebot nach § 29 gemäß § 31 Gebrauch macht, dem Risiko der persönlichen Haftung unterliegt. Diese Frage ist jedenfalls dann zu verneinen, wenn das Ausscheiden nach Wirksamwerden der Verschmelzung erfolgt und der übernehmende Rechtsträger nicht seinerseits eine Kommanditgesellschaft ist. Mit dem Wirksamwerden der Verschmelzung ist die bisherige Kommanditistenstellung des später ausscheidenden Gesellschafters beendet; die Barabfindung kann dann nicht mehr zu einer Einlagenrückgewähr führen. Für eine Haftung ist freilich dann Raum, wenn ein Kommanditist des übertragenden Rechtsträgers gegen eine Abfindung noch während der Vorbereitung der Verschmelzung ausscheidet. Die Nachhaftung richtet sich hier nach der – dem § 45 entsprechenden – allgemeinen Regelung des § 160 HGB.

dd) Zur Vollständigkeit sei darauf hingewiesen, daß § 319 eine Übergangsregelung enthält. Sie kann hier nicht vertieft werden.

IV. Resümee

Es bleibt in meinem Vortrag nicht die Zeit für ein eingehendes Resümee zum neuen Verschmelzungsrecht für Personenhandelsgesellschaften. Lassen Sie mich deshalb nach der grundsätzlichen Feststellung, daß die volle Einbindung der Personenhandelsgesellschaft in das Verschmelzungsrecht ein wichtiger, sehr zu begrüßender Schritt ist, nur zwei Fragen in den Raum stellen: Es ist fraglich, ob die Formenstrenge, aber auch eine Reihe von anderen Regularien des Verschmelzungsrechts – um den Preis der Einheit der Rechtsordnung – für die Personenhandelsgesellschaft als eine Organisationsform der mittelständischen Wirtschaft wirklich so weit gehen mußten. Und es ist deshalb auch fraglich, ob man künftig bei Umstrukturierungen unter Beteiligung von Personenhandelsgesellschaften den Blick nur noch auf das Umwandlungsgesetz richten kann. Mit der Zulassung von außerhalb des Gesetzes liegenden Alternativen wird der Gesetzgeber wohl eher weise Voraussicht bewiesen haben.

Spaltung

Prof. Dr. Peter Hommelhoff, Heidelberg,
Notar Prof. Dr. Hans-Joachim Priester, Hamburg,
und Prof. Dr. Arndt Teichmann, Mainz

D. Die Wirkungen der Spaltung (§§ 131 f. UmwG) *(Teichmann)* S. 140

E. Bilanzierung in Spaltungsfällen *(Priester)* S. 148

A. Die Bedeutung der Spaltungsvorschriften im UmwG (*Teichmann*)

I. Einleitung

1. Entstehungsgeschichte der Bestimmungen

Ohne Übertreibung kann man feststellen, daß die gesetzliche Regelung von Spaltungsvorgängen als Aufgabe ein wesentliches Element gewesen ist, das Umwandlungsgesetz insgesamt neu zu konzipieren. Die Forderung – mit noch unterschiedlicher Terminologie und auch unsystematischer Zuordnung – nach einem „Spaltungsgesetz" ist relativ früh erhoben worden.[1] Die Anregung selbst kam im wesentlichen aus dem französischen Recht,[2] wobei über die Gründe der dortigen Regelungen nur spekuliert werden kann. Anscheinend hat dort die eigentliche Verschmelzung (statt oder neben der Konzernbildung) eine erhebliche Rolle gespielt, so daß auch das umgekehrte Bedürfnis nach einer Aufteilung der Gesellschaften stärker war. Ein entsprechendes Bedürfnis auch für den deutschen Rechtskreis wurde vermutet. Dies ist durch einige praktisch durchgeführte Aufspaltungsfälle[3] bestätigt und verstärkt worden. Schon früh war dabei deutlich, daß Spaltungsvorgänge ähnlich wie grenzüberschreitende Verschmelzungen nicht auf den nationalen Bereich beschränkt bleiben würden. Die EG hat sich durch eine Richtlinie[4] um eine Vereinheitlichung bemüht, den nationalen Rechtsordnungen allerdings freigestellt, ob überhaupt eine Spaltung als rechtliche Möglichkeit vorgesehen werden sollte. Diese Zurückhaltung ist angesichts der großen dogmatischen wie auch praktischen Schwierigkeiten, die hier zu lösen sind, verständlich. Das Gesetz über die Spaltung der von der Treuhand verwalteten Unternehmen[5] ist weniger als Vorbild für die jetzigen Bestimmungen zu verstehen, sondern beruht auf den bis dahin geleisteten Vorarbeiten zum jetzigen Umwandlungsgesetz.

---

1 S. z.B. *Duden/Schilling*, AG 1974, 202 ff.; *Teichmann*, ZGR 1978, 36 ff.; *ders.*, AG 1980, 85; *Bärmann*, Z.f.vergl. RWiss. 1982, 251 ff.; aus der Sicht des Ministeriums *Kropff*, FS f. Geßler, 1971, S. 111 ff.

2 S. die Bestimmungen über die scission im Gesetz vom 24. 7. 1966 (Art. 371 ff.); dazu z.B. *Duden/Schilling*, AG 1974, 202, 204 f.

3 S. den Hinweis in den Motiven z. UmwG S. 73 = *Ganske*, S. 16 f.

4 Vom 17. 12. 1982 (Abl. EG Nr. L 378 v. 31. 12. 1982, S. 47 ff.).

5 G. v. 5. 4. 1991, BGBl. I, S. 854.

2. Mögliche Beweggründe für eine Spaltung

Auf den ersten Blick scheint die sogenannte „Realteilung" im Vordergrund zu stehen, d.h. die Aufteilung eines gemeinsam betriebenen Unternehmens auf verschiedene Gesellschafterstämme (Beispiel: Gesellschafterstamm A erhält den Betrieb K, Gesellschafterstamm B den Betrieb L). Dies mag der Versuch sein, gesellschaftsinterne Konflikte zu bereinigen. Ein größeres Anwendungsgebiet liegt vermutlich bei den Erbauseinandersetzungen. Sie mögen vorweggenommen werden oder auch unmittelbar nach dem Erbfall geschehen, also als Parallele zur traditionellen Aufteilung des landwirtschaftlichen Produktionsvermögens. Die Aufspaltung mag aber auch erst in der zweiten oder dritten Generation vorgenommen werden, nachdem die Beziehungen zwischen den Gesellschaftern unübersichtlich geworden sind und eine Aufgabenteilung zwischen tätigen und nichttätigen Gesellschaftern nicht in Frage kommt.

Die Motive erwähnen ausdrücklich diese Art eines möglichen Bedürfnisses[6]. Das Gesetz trägt dem auch insofern Rechnung, als eine unterschiedliche Verteilung der Anteile bzw. Mitgliedschaften an den übernehmenden Rechtsträgern auf die Gesellschafter des übertragenden Rechtsträgers zulässig ist, § 128 UmwG (Erfordernis der Einstimmigkeit als Schutz). Die Spaltungsbestimmungen können also insoweit für mittelständische Unternehmen (Familienunternehmen) Bedeutung gewinnen.

Im Vordergrund werden aber voraussichtlich andere Maßnahmen stehen, nämlich Umstrukturierungen innerhalb von Unternehmensverbänden.[7] Hier kann sich beispielsweise anbieten, Unternehmensteile zu verselbständigen, um einer kleineren Einheit ein elastischeres Agieren auf dem Markt zu ermöglichen oder um den Unternehmensteil – sofort oder später – in ein Gemeinschaftsunternehmen einzubringen. Dies kann wiederum intern zum Zusammenführen von Sparten geschehen oder auch übergreifend zur Bildung von Gemeinschaftsunternehmen mit Wettbewerbern. Eine bei einem Konzentrationsvorgang erworbene „unerwünschte Mitgift" schließlich läßt sich nach der rechtlichen Verselbständigung eher veräußern.

Die klassische Betriebsaufspaltung in Produktions- und Grundstücksgesellschaft mag künftig auch über die Spaltung vollzogen werden. Erwähnt sei noch die Umstrukturierung der Konzernspitze zu einer

---

6 S. Motive, S. 73 = *Ganske,* S. 16.
7 S. dazu Motive a.a.O.

reinen Holding-Gesellschaft durch die Abgabe oder Verselbständigung des Produktionsvermögens.

Als Erinnerungsposten sei genannt, daß mit dem Umwandlungsgesetz jetzt für den Vollzug von Entflechtungsverfügungen ein adäquates privatrechtliches Instrumentarium zur Verfügung steht.

Im Ergebnis ist die „Spaltung" also nur teilweise – dies vermutlich auch zum deutlich geringeren Teil – eine Maßnahme der Dekonzentration. Im praktischen Vordergrund wird die Umstrukturierung von Unternehmensverbänden stehen, soweit sie sich nicht in der Zuordnung von juristischen Einheiten erschöpft, sondern in diese rechtlichen Einheiten selbst eingreift. Die Spaltung kann deshalb auch konzentrationsfördernden Charakter haben und insoweit den Bestimmungen über die Fusionskontrolle unterliegen.

3. Formen der Spaltung

a) Aufspaltung, Abspaltung und Ausgliederung

§ 123 Abs. 1 und Abs. 2 UmwG unterscheidet zwischen der *Aufspaltung* als einem Vorgang, in dem der übertragende Rechtsträger sein gesamtes Vermögen auf andere Rechtsträger überträgt und untergeht, und der *Abspaltung,* bei der der übertragende Rechtsträger erhalten bleibt, lediglich Teile seines Vermögens abgibt. In Anlehnung an die Verschmelzungsvorschriften der §§ 339 ff. AktG a.F. (s.a. § 2 UmwG) wird dabei zwischen der Spaltung „zur Aufnahme" und „zur Neugründung" differenziert, also danach, ob die übernehmenden Rechtsträger bereits bestehen oder durch den Spaltungsvorgang selbst gegründet werden.[8]

Die (Gegen-)Leistung, die der übernehmende Rechtsträger für das übernommene Vermögen erbringt, besteht in den Anteilen an ihm, die regelmäßig durch Kapitalerhöhung (bei Kapitalgesellschaften) oder durch die Erhöhung des Eigenkapitals (bei Personengesellschaften) geschaffen werden. Diese Anteile erhalten – hierin liegt „das Wesen" von Auf- und Abspaltung – die *Anteilsinhaber* des übertragenden Rechtsträgers.

---

8 Bei der Auf- bzw. Abspaltung zur Neugründung spricht das Gesetz korrekterweise von dem „neuen Rechtsträger". Aus Gründen der Plastizität wird hier auf diesen zusätzlichen Begriff verzichtet und auch insoweit vom „übernehmenden Rechtsträger" gesprochen.

Als weiteren Unterfall der Spaltung versteht das Gesetz (§ 123 Abs. 3 UmwG) die *Ausgliederung.* Sie vollzieht sich in derselben Weise wie die Auf- und Abspaltung zur Aufnahme bzw. zur Neugründung; allerdings gehen die Gesellschaftsanteile und Mitgliedschaftsrechte nicht an die dahinter stehenden Gesellschafter, sondern an den *übertragenden Rechtsträger* selbst.

Die Gleichsetzung von Aufspaltung, Abspaltung und Ausgliederung löst nicht nur systematische Bedenken aus: Führen Auf- und Abspaltung notwendigerweise zu einer Vermögensverringerung bei dem übertragenden Rechtsträger und damit zu entsprechenden Verminderungen auf der Aktiv- und der Passiv-(Eigenkapitals-)Seite, so bringt die Ausgliederung lediglich eine Vermögensumschichtung. Der übertragende Rechtsträger hatte bisher Anlage- und Umlaufvermögen und erhält statt dessen Gesellschaftsanteile oder Mitgliedschaftsrechte. Dies kann zu einer Zweckänderung führen (Beispiel: Veränderung der Muttergesellschaft zu einer reinen Holding-Gesellschaft), ist aber nicht notwendigerweise der Fall (Beispiel: Der Betrieb A mit einigen Prozentpunkten Umsatzvolumen wird auf ein anderes Unternehmen übertragen). Es ist schwer einsehbar, daß diese Akte, will man sich der partiellen Gesamtrechtsnachfolge bedienen, den strengen Regeln des Verschmelzungs- und Spaltungsrechts unterworfen werden, d.h. der Entscheidungskompetenz der Gesellschafterversammlung (Hauptversammlung) mit allen Störungseinflüssen unterliegen sollen.

Das Gemeinsame von Auf- und Abspaltung einerseits, Ausgliederung andererseits liegt phänomenologisch in der Übertragung der Vermögensmassen vom übertragenden Rechtsträger auf den übernehmenden Rechtsträger. So wird es beispielsweise bei der Umstrukturierung von Unternehmensverbänden eine strategische, im Grunde auch austauschbare Entscheidung sein, ob bei der Übertragung eines Betriebs aus der Tochtergesellschaft auf die Enkelgesellschaft die Gesellschaftsanteile an die Tochtergesellschaft zurückfließen oder unmittelbar an die Muttergesellschaft gelangen sollen. Dies allein aber hätte noch nicht dazu genötigt, die Ausgliederung der Auf- und Abspaltung gleichzusetzen. Möglicherweise erschwert dies die Akzeptanz der Ausgliederung.

b) Kombination der Spaltungsvorgänge

Entsprechend dem Ziel, ein möglichst vielfältiges Spektrum an Dispositionsvarianten zur Verfügung zu stellen, erlaubt das Gesetz (§ 123

Abs. 4 UmwG) die gleichzeitige Übertragung auf bestehende und neue Rechtsträger, also die Kombination von Vorgängen, in denen vorhandene Rechtsträger die übergehenden Vermögensteile aufnehmen und in denen andere Rechtsträger durch die Aufnahme von Vermögensmassen gegründet werden. Erfaßt sind damit sowohl Spaltungs- als auch Ausgliederungsvorgänge.[9] Dies ist zu verbinden mit § 3 Abs. 4 (anwendbar über § 125) UmwG, wonach Rechtsträger auch unterschiedlicher Rechtsformen an der Spaltung beteiligt sein können. Schließlich wird man die Beteiligung mehrerer übertragender Rechtsträger für zulässig halten können, so daß die in den Motiven genannte Zahl von 34 möglichen Spaltungsvarianten[10] praktisch überschritten werden kann.

4. Beteiligte Rechtsträger

a) Übertragende Rechtsträger

§ 124 UmwG verweist auf § 3 Abs. 1 UmwG und läßt damit als übertragende Rechtsträger die Personenhandelsgesellschaften – noch nicht die Partnerschaft[11] – Kapitalgesellschaften, eingetragene Genossenschaften und ihre Prüfungsverbände, eingetragene Vereine sowie VVaG zu, weiter eingetragene Wirtschaftsvereine (§ 22 BGB).

Der Einzelkaufmann kann nur an einer *Ausgliederung* beteiligt sein, weil ihm selbst die Anteile etc. an den übernehmenden Rechtsträgern zukommen müssen. Insoweit ist er auch beteiligungsfähig (§ 124 Abs. 1 UmwG). Ähnliches gilt für Stiftungen. Sie tragen sich selbst, so daß Anteile an übernehmenden Rechtsträgern auch nur ihnen zufließen können (s. § 124 Abs. 1 UmwG).

b) Übernehmende Rechtsträger

Für die übernehmenden Rechtsträger gilt wiederum § 3 Abs. 1 i.V.m. § 124 Abs. 1 UmwG. Die eingetragenen Wirtschaftsvereine sind als übernehmende Rechtsträger nicht zugelassen worden, weil das Ent-

---

9 Desgl. im Ergebnis *Kallmeyer*, DB 1995, 81 ff.

10 Motive, S. 75 – *Ganske*, S. 18.

11 Dies ergibt sich wohl aus der zeitgleichen Verabschiedung des UmwG und des PartnerschaftsgesellschaftsG und der damit verbundenen Unsicherheit, ob und in welcher Gestalt die jeweiligen Gesetze verabschiedet würden. Eine Aufnahme de lege ferenda empfiehlt sich. Zur faktischen Möglichkeit, die Partnerschaft einzubeziehen, s. *K. Schmidt*, NJW 1995, 1, 7.

stehen oder ihre Vergrößerung nicht begünstigt werden soll.[12] Dies
überzeugt kaum. Das Umwandlungsgesetz hat sich sonst zutreffend
einem Werturteil über die rechtspolitische Erwünschtheit von Umstrukturierungsmaßnahmen enthalten. Es hätte also auch bei der
Spaltung zur Neugründung in eingetragene Wirtschaftsvereine der
konkreten Genehmigungsbehörde die Entscheidung über das Entstehen überlassen können und auch darüber, ob bei der „Vergrößerung"
im Zuge einer Spaltung zur Aufnahme ein Verstoß nach § 43 Abs. 4
BGB vorliegt, der die Entziehung der Rechtsfähigkeit zur Folge haben
kann. Daß hier die Praxis nicht immer überzeugt, hätte noch kein
Anlaß sein sollen, im Einzelfall auch sinnvolle Gestaltungswege gesetzlich einzuschränken.

Ein Einzelkaufmann konnte von dem Konzept des Umwandlungsgesetzes nicht als übernehmender Rechtsträger vorgesehen werden, da
er nicht notwendigerweise eingetragen sein muß (s. § 1 HGB) und
insbesondere Mitgliedschaftsrechte als Gegenleistung nicht denkbar
sind. Dies hätte aber nicht zur Folge haben müssen, daß der Einzelkaufmann als übernehmender Rechtsträger von einer partiellen Gesamtrechtsnachfolge[13] ausgeschlossen ist. Das Bedürfnis für eine
Übernahme von Vermögensteilen von einer Gesellschaft (z.B. GmbH
oder Personenhandelsgesellschaft) ist sicherlich zu bejahen; konstruk-
tiv wäre die Regelung im Zusammenhang mit der Vermögensübertragung (§§ 174 f. UmwG, Gegenleistung nicht in Anteilen oder Mit-
gliedschaftsrechten) möglich gewesen. Der in der Gestaltung selbstverständlich offen bleibende Umweg über die Gründung einer Ein-Per-
sonen-GmbH mag nicht immer zweckmäßig sein.

Eine Beschränkung auf eingetragene Kaufleute wäre sicherlich notwendig, weil der Übertragungsvorgang an die Eintragung im Handelsregister selbst anknüpft.

II. Das System der Spaltung

1. Partielle Gesamtrechtsnachfolge und Einzelübertragung

Die vielfältigen Bestimmungen zur Spaltung haben nur ein Ziel, nämlich die sogenannte partielle Gesamtrechtsnachfolge zu ermöglichen

---

12 Motive, S. 116 zu § 124 = *Ganske,* S. 132.
13 Eine Verschmelzung ist auf den Alleingesellschafter einer Kapitalgesellschaft möglich, s. §§ 3 Abs. 2 Nr. 2, 120 UmwG, darauf wird aber konsequenterweise in den Spaltungsvorschriften nicht verwiesen.

und abzusichern. Eingefügt wird damit ein im deutschen Recht bisher, von wenigen Einzelausnahmen abgesehen, völlig neuer Vorgang, nämlich die Übertragung des Vermögens eines Rechtsträgers auf andere im Wege der „partiellen", also gegenständlich beschränkten Gesamtrechtsnachfolge, und zwar kraft parteiautonomer Gestaltung. Die Gesamtrechtsnachfolge ist damit nicht die Folge eines Ereignisses – des Erbfalls bei natürlichen Personen oder des Untergangs einer Kapitalgesellschaft infolge einer Verschmelzung, sondern *Mittel* der Vermögensübertragung, die sich – bei Abspaltung und Ausgliederung – auf der Existenz des übertragenden Rechtsträgers nicht auswirken muß (die Veränderungen beziehen sich auf interne Vorgänge wie etwa die Bilanz mit den Verschiebungen auf der Aktivseite und im Eigenkapital, eventuell auf den Gesellschaftszweck). Die Vorteile dieses Übertragungsvorgangs liegen auf der Hand: Es geht nicht nur um Kostenersparnis und Steuerneutralität[14] sondern auch um den Ausschluß von Störfaktoren, die bei der Einzelübertragung auftreten können.[15]

Einzelübertragung und partielle Gesamtrechtsnachfolge stehen so, wie das Gesetz konzipiert worden ist, völlig gleichberechtigt nebeneinander. Eine Regelung, wonach durch die Spaltung „nicht im wesentlichen nur ein einzelner Gegenstand übertragen oder eine einzelne Verbindlichkeit übergeleitet werden kann" (s. § 123 Abs. 5 RefE)[16] ist fallengelassen worden. Theoretisch übertragen werden kann[17] damit auch ein einzelner Gegenstand im Wege der partiellen Gesamtrechtsnachfolge. Dies scheint nach vertrauter Terminologie widersprüchlich.[18] Gesehen werden muß aber, daß „Gesamtrechtsnachfolge" nicht mehr die Gesamtheit eines Vermögensverbandes beim Transfer kennzeichnet, sondern den Übergang von Vermögensgegenständen durch einen richterlichen Akt, nämlich die Eintragung des Spaltungsbeschlusses.

Stehen Einzelübertragung und etwa die Übertragung nach § 145 HGB einerseits, partielle Gesamtrechtsnachfolge nach dem Umwandlungsgesetz andererseits gleichberechtigt nebeneinander und den Parteien

---

14 S. dazu aber § 15 UmwStG: Steuerneutralität nur bei Aufspaltung und im Fall der Abspaltung bzw. Ausgliederung eines Teilbetriebs oder einer Übertragung von Gesellschaftsanteilen dann, wenn der übertragende Rechtsträger alle Anteile hält.

15 Zu den Störfaktoren bei der Einzelrechtsnachfolge s. unten S. 141 f.

16 Dazu krit. *Teichmann*, ZGR 1993, 396, 401 ff.

17 Zur Steuerunschädlichkeit siehe Fn 14.

18 Freilich trat auch bei der Vererbung eines theoretisch einzelnen Gegenstandes eine Gesamtrechtsnachfolge ein.

zur Disposition, so ist im Einzelfall zu prüfen, welcher Weg sich als der einfachere darstellt. Beispielsweise kann für die Einzelübertragung sprechen, daß sie unterhalb der Kriterien der Holzmüller-Entscheidung[19] ein Akt der Geschäftsführung und damit von der Gesellschafterversammlung unabhängig ist.

2. Die gesetzliche Einordnung der Spaltung im UmwG

Die §§ 123 ff. UmwG sind etwas kompliziert und in der Weise gefaßt, daß zunächst (s. § 125 UmwG) auf die Bestimmungen über die Verschmelzung verwiesen wird und dann zusätzliche oder abweichende Regelungen für die Spaltungsvorgänge selbst folgen. Dies nötigt zu einer nicht immer einfachen „Zusammenschau" mehrerer Regelungskomplexe, die insofern ungewohnt ist, als nicht etwa auf einen „Allgemeinen Teil", sondern ebenfalls auf eine Spezialmaterie verwiesen wird.[20] Systematisch wird diese Gesetzgebungstechnik damit begründet, die Spaltung sei das Spiegelbild oder „eine Art Gegenstück zur Verschmelzung".[21] Dies ist eine phänomenologisch zutreffende Umschreibung, mit deren Hilfe sich – allerdings gerade nicht für die Ausgliederung[22] – erklären läßt, weshalb die Anforderungen an die gesellschaftsintern erforderlichen Maßnahmen vom Spaltungsvertrag über die Mitwirkung der Gesellschafter und die Haftung der beteiligten Personen in gleicher Weise geregelt sind und weshalb sich eine Verweisung anbietet.

Zusätzlich muß jedoch gesehen werden, daß der „sachenrechtliche" Übergang der Vermögensteile nicht spiegelbildlich, sondern *parallel zur Verschmelzung* verläuft: Es handelt sich bei der Auf- und Abspaltung um eine partielle Verschmelzung, also um eine Verschmelzung nicht des Vermögens insgesamt, sondern von Vermögensteilen des übertragenden Rechtsträgers im Wege der Aufnahme dieser Teile durch bereits vorhandene oder neue Rechtsträger. Mit diesem Bild läßt sich nachvollziehen, daß auch die Regeln über das Außenverhältnis, also den Vermögensübergang und den Gläubigerschutz, zur Verschmelzung parallel gestaltet sind und sich deshalb ebenfalls ein Verweis auf jene Vorschriften anbietet. Sonderfragen ergeben sich daraus, daß das Vermögen des übertragenden Rechtsträgers nicht zusammenbleibt, sondern eben aufgespalten wird.

---

19 BGHZ 83, 123.
20 S. oben *Neye*, S. 8.
21 Motive, S. 71 = *Ganske*, S. 12.
22 S.o. S. 94.

B. Spaltungsvertrag/Spaltungsplan *(Priester)*

I. Funktion

Der Spaltungsvertrag bzw. der Spaltungsplan bilden das Herzstück der Spaltung. Die begriffliche Unterscheidung zwischen Spaltungs*vertrag* und Spaltungs*plan* resultiert aus der Art des Zustandekommens: Bei einer Spaltung zur Aufnahme wird ein Spaltungsvertrag geschlossen (§ 126 UmwG), bei einer Spaltung zur Neugründung ein Spaltungsplan aufgestellt (§ 136 S. 2 UmwG). Im letzteren Falle ist ein Vertragsschluß nicht möglich, da die aufzunehmende Gesellschaft noch nicht existiert.

Der Spaltungsvertrag – das Gesetz nennt ihn „Spaltungs- und Übernahmevertrag" – entspricht dem Verschmelzungsvertrag. Er regelt die Übertragung eines oder mehrerer Vermögensteile einer Gesellschaft als Gesamtheit auf eine oder mehrere andere bereits bestehende Gesellschaften. Er regelt also bei Licht besehen Teilfusionen[23]. Insofern ist es folgerichtig, daß der Gesetzgeber für die von ihm als Grundfall vorgestellte Spaltung zur Aufnahme auf die Verschmelzungsvorschriften verweist. Bei der doch wohl den praktischen Regelfall darstellenden Spaltung zur Neugründung bereitet diese Globalverweisung freilich zumindest im ersten Anlauf Verständnisschwierigkeiten.

Die Spaltung ist in einem einheitlichen Vertragswerk zu regeln, und zwar auch dann, wenn auf der übernehmenden Seite – wie bei einer Aufspaltung notwendig – mehrere Gesellschaften beteiligt sind. Einzelverträge mit den betreffenden Gesellschaften sind auf der Grundlage des Umwandlungsgesetzes nicht möglich[24]. Will man solche Verträge, muß man den vom Umwandlungsgesetz ja nicht verstellten Weg einer Spaltung durch Einzelrechtsnachfolge wählen[25].

Bei einer Spaltung zur Neugründung ist ein Spaltungsplan aufzustellen. Dabei handelt es sich um eine einseitige Willenserklärung. Ein

---

23 Begründung des Regierungsentwurfs zum Umwandlungsbereinigungsgesetz (Begr.RegE), BT-Drucks. 12/6699 vom 1. 2. 1992, Drittes Buch, Einleitung; abgedruckt bei *Ganske*, S. 129. Die Formulierung stammt von *Lutter*, FS Barz, 1974, S. 199.

24 Begr.RegE § 126, *Ganske*, S. 135.

25 Die vom UmwG 1994 eröffneten Umwandlungsmöglichkeiten treten – wie die Begründung ausdrücklich vermerkt – neben die nach allgemeinem Zivil- und Handelsrecht bestehenden Methoden; Begr.RegE § 1, *Ganske*, S. 35.

Vertrag muß hier ausscheiden, da die neue Gesellschaft noch nicht besteht. Die Erklärung ist als eine nichtempfangsbedürftige Willenserklärung anzusehen[26].

Ein gesetzlicher Vorläufer des Spaltungsplanes findet sich in § 2 SpTrUG[27]. Aus dem bisherigen allgemeinen Bundesrecht ist die Umwandlungserklärung vergleichbar, die bislang bei der Umwandlung eines einzelkaufmännischen Unternehmens in eine Aktiengesellschaft oder eine GmbH abzugeben war (§§ 52 Abs. 4, 56 Abs. 3 S. 2 UmwG 1969).

Der Spaltungsvertrag bzw. der Spaltungsplan kann vor oder nach dem Zustimmungsbeschluß der Gesellschafter geschlossen bzw. aufgestellt werden (§ 4 Abs. 2 UmwG). Soll der Abschluß bzw. die Aufstellung nachfolgen, hat im Zeitpunkt der Beschlußfassung ein schriftlicher Entwurf vorzuliegen, der dann auch genau so vollzogen werden muß. Etwaige Abweichungen machen einen erneuten Zustimmungsbeschluß erforderlich[28].

II. Vertragschließende, Aufsteller

Der Spaltungsvertrag wird abgeschlossen von den Vertretungsorganen der beteiligten Gesellschaften (§ 125 i.V.m. § 4 UmwG). Bei einer Aktiengesellschaft sind also der Vorstand, bei der GmbH die Geschäftsführer und bei Personengesellschaften die persönlich haftenden Gesellschafter berufen. Es genügt deren Mitwirkung in vertretungsberechtigter Zahl. Sehen Satzung bzw. Gesellschaftsvertrag eine unechte Gesamtvertretung vor, können auch Prokuristen mitwirken. Die Prokura als solche ermächtigt jedoch nicht zum Vertragsabschluß. Der Abschluß solcher Verträge gehört nicht zu den Rechtshandlungen, die

---

26 So BGH v. 7. 5. 1984, GmbHR 1984, 316 = JZ 1984, 943 m. Anm. *John* für die Einmann-Gründung; dem für den vergleichbaren Fall der Umwandlungserklärung nach § 56b UmwG 1969 folgend *Zimmermann*, in Rowedder, Anh. § 57 Rz. 348; *Priester*, in Scholz[7], Anh. Umw. § 56b UmwG Rz. 2.

27 Gesetz über die Spaltung der von der Treuhandanstalt verwalteten Unternehmen (SpTrUG) v. 5. 4. 1991, BGBl. I, 854.

28 BGH v. 16. 11. 1981, BGHZ 82, 188, 194 f. – Hoesch/Hoogovens für den Entwurf eines Verschmelzungsvertrages.

der Betrieb eines Handelsgewerbes mit sich bringt[29]. Die vertretungs-
berechtigten Organe können freilich andere Personen aufgrund besonderer Vollmacht zum Vertragsabschluß ermächtigen[30].

Bei einer Spaltung zur Neugründung stellt das Vertretungsorgan der
übertragenden, also zu spaltenden Gesellschaft den Spaltungsplan auf
(§ 136 S. 1 UmwG).

III. Inhalte

1. Übersicht

Der Inhalt des Spaltungsvertrages ergibt sich aus § 126 Abs. 1 UmwG.
Für den Spaltungsplan gilt nichts anderes. § 136 UmwG spricht zwar
den Spaltungsplan ausdrücklich an, trifft aber hinsichtlich seines In-
haltes keine abweichenden Bestimmungen.

Im Rahmen von § 126 Abs. 1 UmwG entsprechen die Nummern 1–8
und 11 vom Grundsatz her den Anforderungen an den Verschmelzungsvertrag, wie sie in § 5 Abs. 1 Nr. 1–9 UmwG aufgeführt sind.
Diese wiederum sind weitgehend mit dem bisher in § 340 Abs. 1
AktG a.F. Geregelten identisch, das seinerseits auf Art. 5 der Verschmelzungsrichtlinie zurückgeht[31].

Spaltungsspezifische Regelungen finden sich dagegen in den Nummern 9 und 10. Dabei hat die Nummer 9 ihr Vorbild in § 2 Abs. 1
Nr. 9 SpTrUG, während die Nummer 10 ohne Vorläufer ist. Insgesamt
haben die Bestimmungen des § 126 Abs. 1 UmwG ihre Grundlage in
Art. 3 der Spaltungsrichtlinie[32].

---

29 Unstr., statt vieler: *Grunewald*, in G/H/E/K, § 340 Rz. 2 m.w.N.
30 Vgl. nur *Grunewald* (Fn 29) § 340 Rz. 2. Die Vollmacht ist formlos (§ 167
    Abs. 2 BGB); anders liegt es nur, wenn mit der Spaltung die Gründung einer
    GmbH oder AG einhergeht (§ 2 Abs. 2 GmbHG, § 23 Abs. 1 S. 2 AktG);
    D. Mayer/Kössinger, in Widmann/Mayer, Umwandlungsrecht, 21. Erg.Lfg./
    Juni 92, Rz. 2941.
31 Richtlinie 78/855/EWG v. 9. 10. 1978, ABlEG L 295 v. 20. 10. 1978 S. 36 ff.
32 Richtlinie 82/891/EWG v. 17. 12. 1982, ABlEG L 378 v. 31. 12. 1982
    S. 47 ff.

2. Bezeichnung der Beteiligten

Von § 126 Abs. 1 Nr. 1 UmwG wird zunächst die Angabe der *Firma* und des Sitzes der an der Spaltung beteiligten Gesellschaften verlangt. Was die Firmierung der beteiligten Gesellschaften angeht, bleibt diese bei Abspaltung und Ausgliederung zur Aufnahme grundsätzlich unberührt. Im Aufspaltungsfall erlischt die Firma der übertragenden Gesellschaft (§ 131 Abs. 1 Nr. 2 UmwG). Sie kann allerdings im Rahmen von § 18 UmwG auf eine übernehmende Gesellschaft übertragen werden. Im Falle der Spaltung zur Neugründung ist die Firma der neuen Gesellschaft(en) stets festzulegen. Soweit hier nicht beim Aufspaltungsfall § 18 UmwG eingreift, gelten die allgemeinen Bestimmungen. Im übrigen kann auch bei einer Abspaltung oder Ausgliederung zur Aufnahme Anlaß bestehen, die Firma der übertragenden oder einer übernehmenden Gesellschaft zu ändern, wobei wiederum die allgemeinen Grundsätze Anwendung finden.

Hinsichtlich des *Sitzes* liegt es ähnlich. Soweit nicht die Spaltung aus wirtschaftlichen Gründen zu einer Sitzverlegung, sei es der übertragenden, sei es einer übernehmenden Gesellschaft führt, sind Festlegungen über die bloße Nennung der Sitze hinaus nur bei einer Spaltung zur Neugründung zu treffen. Der insoweit eröffnete Gestaltungsspielraum ist für die einzelnen Rechtsformen unterschiedlich. Bei der Personengesellschaft bestimmt der Ort der Geschäftsleitung notwendig den Sitz[33]. Für die GmbH besteht dagegen weitestgehende Freiheit in der Sitzwahl. Eine Grenze bilden nur der Mißbrauch bzw. fiktive Sitze[34]. Die Aktiengesellschaft liegt dazwischen. Neben dem Ort der Verwaltung oder demjenigen der Geschäftsleitung kommt auch der Ort eines Betriebes als Sitz in Betracht (§ 5 Abs. 2 AktG).

3. Vereinbarung des Vermögensüberganges

Nach § 126 Abs. 1 Nr. 2 UmwG muß der Verschmelzungsvertrag die Vereinbarung über die Übertragung der Teile des Vermögens der übertragenden Gesellschaft jeweils als Gesamtheit gegen Gewährung von Anteilen oder Mitgliedschaften an der übernehmenden Gesellschaft enthalten. Diese Bestimmung stellt im Zusammenwirken mit der Beschreibung der übergehenden Aktiven und Passiven gemäß Num-

---

33 BGH v. 27. 5. 1957, BB 1957, 799; BGH 9. 1. 1969, MDR 1969, 662; *Baumbach/Hopt*, HGB, 29. Aufl., 1995, § 106 Rz. 8.
34 Dazu zuletzt OLG Stuttgart 17. 8. 1990, GmbHR 1991, 316 f.; OLG Schleswig 6. 1. 1994, DB 1994, 626.

mer 9 und der Festlegung der zu gewährenden Anteile (Nrn. 3, 4 und 10) die für den Spaltungsvorgang entscheidende Festlegung dar, quasi seinen Kern.

Die Vorschrift entspricht weitgehend dem § 5 Abs. 1 Nr. 2 UmwG. Ein wesentlicher Unterschied liegt jedoch darin, daß nicht – wie bei der Verschmelzung – der Übergang „des Vermögens", sondern „der Teile des Vermögens" der übertragenden Gesellschaft zu vereinbaren ist. Welche Teile dies sind, unterliegt dann der näheren Bestimmung im Rahmen der Nummer 9.

4. Zu gewährende Anteile

Die Nummer 3 befaßt sich mit dem Umtauschverhältnis bei Aufspaltung und Abspaltung. Festzulegen sind die Anteile, die die Gesellschafter der übertragenden Gesellschaft an der oder den übernehmenden Gesellschaft(en) bekommen sollen. Bei einer GmbH als übernehmender Gesellschaft ist anzugeben, ob die zu gewährenden Anteile im Wege der Kapitalerhöhung geschaffen oder ob schon vorhandene Geschäftsanteile gewährt werden sollen (§ 125 i.V.m. § 46 Abs. 2 u. 3 UmwG). Bei Kapitalerhöhung oder bei Neugründung fragt sich, ob jedem Gesellschafter wegen §§ 55 Abs. 4, 5 Abs. 2 GmbHG nur jeweils ein Anteil zugeteilt werden kann. Dafür würde die Anwendbarkeit des Gründungs- bzw. Kapitalerhöhungsrechts sprechen (§§ 36 Abs. 2, 55 Abs. 1 UmwG). Zur Verschmelzung wurde jedoch bisher vertreten, die Vorschrift komme nicht zum Zuge, vielmehr sei einem Gesellschafter, der mehrere Anteile an der übertragenden Gesellschaft besitzt, eine gleiche Anzahl bei der übernehmenden Gesellschaft zu gewähren[35]. Das sollte für die Spaltung gleichfalls gelten[36]. Festzulegen sind ferner etwaige bare Zuzahlungen an die Gesellschafter der übertragenden Gesellschaft. Sie sind freilich auf 10% des Gesamtnennbetrages der gewährten Anteile begrenzt (§§ 54 Abs. 4, 68 Abs. 3 UmwG)[37].

---

35 *Lutter/Hommelhoff*[13], § 21 KapErhG Rz. 4; *Schilling/Zutt* in Hachenburg[7], § 77 Anh. II, § 21 VerschmG Rz. 12. Das entspricht einer allgemeinen Tendenz zur Liberalisierung gegenüber § 5 Abs. 2 GmbHG, wie sie insbesondere bei der Kapitalerhöhung aus Gesellschaftsmitteln zu beobachten ist; dazu *Priester* in Scholz, § 57 h Rz. 4.

36 Anders *D. Mayer/Kössinger* (Fn 30) Rz. 2970 für § 2 SpTrUG.

37 Problematisch ist, ob ein Teil des Saldos aus übertragenen Aktiven und Passiven bei der übernehmenden Gesellschaft nicht als Eigenkapital, sondern als Gesellschafterdarlehen behandelt werden kann und – wenn ja – ob

Die Bestimmung des Umtauschverhältnisses stellt – wie man aus den Erfahrungen im Verschmelzungsrecht weiß – den rechtspraktisch schwierigsten Punkt des ganzen Vorganges dar[38]. Es gibt insoweit freilich gewisse Einschränkungen: Bei der Spaltung zur Aufnahme entfällt eine Pflicht zur Anteilsgewährung, wenn die übernehmende Gesellschaft alleinige Gesellschafterin der übertragenden ist (§ 125 i.V.m. §§ 54 Abs. 1 Nr. 1, 68 Abs. 1 Nr. 1 UmwG). Handelt es sich um eine Spaltung zur Neugründung, muß das Umtauschverhältnis zwar festgelegt werden. Seine Bestimmung ist aber nicht so brisant, weil es an konkurrierenden Altgesellschaftern bei einer aufnehmenden Gesellschaft fehlt.

Im Falle der Ausgliederung ist über das Umtauschverhältnis gar nichts festzulegen, denn hier findet ein Anteilstausch auf Gesellschafterebene nicht statt. Die Anteile an der übernehmenden Gesellschaft fallen nach der Definition der Ausgliederung in das Vermögen der übertragenden Gesellschaft (§ 123 Abs. 3 UmwG). Dies heißt freilich nicht, daß sich das Vertretungsorgan der übertragenden Gesellschaft im Falle einer Ausgliederung zur Aufnahme nicht über die Höhe der dabei an die Gesellschaft fallenden Anteile Gedanken machen muß[39].

Ergänzend nennt Nummer 4 „die Einzelheiten für die Übertragung der Anteile" an der übernehmenden Gesellschaft als Inhalt des Spaltungsvertrages. Bei diesen schon aus dem bisherigen Verschmelzungsrecht bekannten Festlegungen handelt es sich nach den Kommentierungen mehr um Technikalien, wie etwa die Abwicklung des Anteilstausches und die Tragung der dabei entstehenden Kosten[40]. Das Gesetz verlangt solche Angaben nur bei Aufspaltung und Abspaltung, obwohl sich diese Fragen auch bei einer Ausgliederung stellen. Die Entscheidung des Gesetzgebers mag darauf beruhen, daß die bei Aufspaltung und Abspaltung anteilserwerbenden Gesellschafter informations- und schutzbedürftiger sind als die bei der Ausgliederung erwerbende Gesellschaft.

---

dann die 10%-Grenze eingreift. Für § 2 Abs. 1 Nr. 3 SpTrUG zweifelnd *Priester*, DB 1991, 2373, 2376 f.; dem zustimmend *D. Mayer/Kössinger* (Fn 30), Rz. 2966.2, 2975.1; zur Berechnung vgl. *Engl* in Steuerliches Vertrags- und Formularbuch, 2. Aufl., 1992, A 14.03 Rz. 31 ff.

38 Dazu eingehend *Kraft*, in KK, § 340 Rz. 15 ff.

39 Sind diese am übertragenen Vermögen gemessen zu niedrig, entsteht der übertragenden Gesellschaft ein Schaden, für den das Vertretungsorgan im Rahmen von § 125 i.V.m. § 25 UmwG herangezogen werden kann.

40 Etwa: *Kraft* (Fn 38) § 340 Rz. 27; *Heckschen*, Verschmelzung von Kapitalgesellschaften, 1989, S. 16.

Wichtig ist dann die Nummer 10. Sie verlangt bei Aufspaltung und Abspaltung die Aufteilung der Anteile jeder der übernehmenden Gesellschaften auf die Gesellschafter der übertragenden Gesellschaft. Hier gilt als gesetzliche Regel, daß die Gesellschafter jeweils im Verhältnis ihrer Beteiligung an der übertragenden Gesellschaft auch an der oder den übernehmenden beteiligt sind. Das Gesetz gewährt den Beteiligten insoweit jedoch eine erhebliche Freiheit[41].

Neben der regelmäßigen verhältniswahrenden Spaltung ist auch eine nicht-verhältniswahrende Spaltung ausdrücklich vorgesehen. In diesem Falle verlangt § 128 UmwG allerdings, daß alle Gesellschafter der übertragenden Gesellschaft dem Spaltungsvertrag zustimmen. Eine solche Vorschrift war im Diskussionsentwurf noch nicht vorgesehen. Sie ist erst mit dem Referentenentwurf in das Gesetz gekommen. Die Entscheidung war ebenso zutreffend wie notwendig[42]. Die quantitative Verminderung ihrer Mitgliedschaft zugunsten anderer Gesellschafter bedarf der Zustimmung der Betroffenen. Eine Korrektur in Gestalt finanzieller Ausgleichsansprüche reicht nicht aus[43]. Bedeutsam ist dabei ferner, daß die erforderliche Zustimmung Wirksamkeitsvoraussetzung des Verschmelzungsvertrages ist. Ihr Fehlen bewirkt also nicht lediglich eine innerhalb der Monatsfrist des § 14 Abs. 1 UmwG geltend zu machende Anfechtbarkeit.

Der Gesetzeswortlaut spricht in Nummer 10 allein von Anteilen an den „übernehmenden" Gesellschaften, nicht dagegen auch von den Anteilen an den übertragenden. In Verbindung mit § 131 Abs. 1 Nr. 3 S. 1 UmwG, wo hinsichtlich des Anteilsüberganges ebenfalls allein von den „übernehmenden" Gesellschaften gesprochen wird, bedeutet dies, die Kompensation einer Minderquote an den übernehmenden Gesellschaften in Gestalt einer fortan erhöhten Beteiligung an der übertragenden Gesellschaft wäre nur durch eine nach allgemeinen Regeln erfolgende Anteilsübertragung möglich. In beiden Bestimmungen soll es sich indessen um ein Redaktionsversehen handeln. Gemeint und deshalb richtig zu lesen sei vielmehr „beteiligten" Gesellschaften. Es lasse sich dementsprechend eine mit Eintragung der Spaltung wirksam werdende Verschiebung der Quoten bei der übertragen-

---

41 Wie sich mittelbar aus § 128 UmwG ergibt.
42 Kritisch zur Behandlung im Diskussionsentwurf *Lutter,* ZGR 1990, 392, 404 f.; *Priester,* ZGR 1990, 420, 442.
43 Gegen ein bloßes Austrittsrecht ausdrücklich Begr.RegE § 126, *Ganske,* S. 140.

den Gesellschaft vereinbaren[44]. Angesichts des § 1 Abs. 3 UmwG darf man gespannt sein, ob die Gerichte dieser Interpretation folgen werden.

Im Zusammenhang mit § 128 UmwG stellt sich die Frage, ob auch eine Spaltung dergestalt möglich ist, daß ein Gesellschafter der übertragenden an einer der übernehmenden Gesellschaften überhaupt nicht beteiligt ist (Spaltung „zu Null"). Hier wird man differenzieren müssen: Erfährt die Nichtbeteiligung an der einen übernehmenden Gesellschaft eine Kompensation durch eine entsprechend höhere an einer anderen oder – falls die Rechtsprechung das billigt – durch einen Zuwachs bei der übertragenden, dürfte dies zulässig sein. Es kommt entscheidend darauf an, daß die Übertragung der Vermögenswerte „gegen Gewährung von Anteilen" erfolgt. Das ist hier der Fall. Der Spaltungsvorgang ist als ein einheitlicher zu sehen. Dafür spricht auch die Absicht des Gesetzgebers, mit der nichtverhältniswahrenden Spaltung eine Trennung von Gesellschaftergruppen und Familienstämmen zu ermöglichen, was regelmäßig eine Spaltung zu Null nach sich ziehen wird. Ein Ausgleich durch Abfindungsleistungen erscheint dagegen nur im Rahmen der baren Zahlungen von max. 10% gestattet.

5. Spaltungsstichtag und Beginn des Gewinnbezugs

Nach Nummer 6 müssen Vertrag oder Plan den Spaltungsstichtag nennen. Dieser wird gesetzlich als der Zeitpunkt definiert, von dem an die Handlungen der übertragenden Gesellschaft als für Rechnung jeder der übernehmenden Gesellschaften vorgenommen gelten. Dieser Zeitpunkt ist als Verschmelzungsstichtag aus dem bisherigen Recht geläufig. Er markiert den Beginn der Rechnungslegung seitens der übernehmenden Gesellschaft und ist daher mit dem Stichtag der Schlußbilanz der übertragenden Gesellschaft identisch[45]. Wie dieser kann und wird er regelmäßig im Rahmen der 8-Monats-Frist des § 17 Abs. 2 UmwG in die Vergangenheit gelegt werden[46].

Der nach Nummer 5 zu bestimmende Beginn der Gewinnberechtigung der neuen Anteile am Gewinn der übernehmenden Gesellschaft wird zumeist mit dem Spaltungsstichtag wirtschaftlich zusammenfal-

---

44 So *Ganske* im Rahmen der Diskussion anläßlich der Kölner Umwandlungsrechtstage am 12./13. 1. 1995.
45 *Hoffmann-Becking,* FS Fleck, 1988, S. 105, 112; *Grunewald* (Fn 29) § 340 Rz. 20; *Kraft* (Fn 38) § 340 Rz. 30; *Priester,* BB 1992, 1594 f.
46 Vgl. *Ganske,* DB 1991, 791, 792 Fn 24.

len bzw. ihm unmittelbar nachfolgen. Diese Gewinnberechtigung setzt normalerweise mit dem Anfang des Geschäftsjahres der übernehmenden Gesellschaft ein, das dem Stichtag der letzten Jahresbilanz der übertragenden Gesellschaft folgt. Entspricht die Schlußbilanz – wie in der Praxis die Regel – der letzten Jahresbilanz der übertragenden Gesellschaft, fallen beide Daten wirtschaftlich zusammen. Ein Beispiel mag das erläutern: Schlußbilanz der übertragenden Gesellschaft 31. 12. 01, Beginn des Gewinnbezugs 1. 1. 02.

Notwendig ist eine solche Kongruenz allerdings nicht. Die Gewinnberechtigung kann auch später einsetzen. Das kommt etwa dann vor, wenn mit diesem späteren Gewinnbeginn ein ansonsten zu günstiges Umtauschverhältnis korrigiert werden soll[47].

Für den Fall, daß sich die Eintragung der Spaltung und damit ihr Wirksamwerden verzögert, insbesondere wegen einer nicht nach § 16 Abs. 3 UmwG überwundenen Anfechtungsklage, können sich Änderungen in den Stichtagen ergeben. Die Vertragspraxis greift daher mit Recht zunehmend zur Festlegung variabler Stichtagsregelungen in Anknüpfung an den Vollzug der Registeranmeldung[48].

6. Sonderrechte und Sondervorteile

Gemäß § 126 Abs. 1 Nr. 7 UmwG muß der Spaltungsvertrag oder -plan die Rechte aufführen, welche die übernehmenden Gesellschaften einzelnen Gesellschaftern sowie den Inhabern besonderer Rechte wie stimmrechtsloser Anteile, Vorzugsaktien, Mehrstimmrechtsaktien, Schuldverschreibungen oder Genußrechten gewähren.

Festsetzungen zu Sonderrechten werden praktisch, wenn bei der übertragenden Gesellschaft Vorzugsrechte bestehen, deren Fortsetzung in der übernehmenden Gesellschaft der betreffende Gesellschafter zur Wahrung seiner Rechtsstellung verlangen kann. Diese Bestimmungen erlangen zwar nicht schon mit ihrer Aufnahme in den Spaltungsvertrag, sondern erst mit Eingang in die Satzung der übernehmenden Gesellschaft Wirksamkeit[49]. Sie schützen aber die Gesellschafter der übertragenden und haben zugleich Warnfunktion für die Gesellschafter der übernehmenden Gesellschaft.

Hinsichtlich der übrigen von Nummer 7 behandelten Fälle gilt: Welcher Art die neu zu gewährenden Rechte sein müssen, sagt das Gesetz

---

47 *Barz*, AG 1972, 1, 3; *Kraft* (Fn 38) § 340 Rz. 28.
48 Dazu insbes. *Hoffmann-Becking* (Fn 45) S. 105, 117 ff.
49 Für die GmbH: *Winter* in Scholz, § 14 Rz. 20 m. zahlr. Nachw.

107

nicht. Im Regelfall werden es aber die gleichen Rechte sein, wie sie bei der übertragenden Gesellschaft bestanden haben. Die Berechtigten brauchen Eingriffe in ihre Mitgliedschaft bzw. Rechtsposition nicht hinzunehmen.

Nach Nummer 8 ist jeder besondere Vorteil zu nennen, der einem Mitglied eines Vertretungs- oder eines Aufsichtsorgans der an der Spaltung beteiligten Gesellschaften, einem Abschlußprüfer oder einem Spaltungsprüfer gewährt wird. Diese Regelung ist aus dem bisherigen Verschmelzungsrecht bekannt (§ 340 Abs. 1 Nr. 8 AktG a.F.). Wie bei der Verschmelzung (§ 5 Abs. 1 Nr. 8 UmwG) ist auch für die Spaltung der Abschlußprüfer als möglicher Destinatär solcher besonderer Vorteile hinzugekommen. Dabei besteht Einigkeit, daß die normalen Prüferhonorare nicht gemeint sind[50]. Anzuführen sind aber etwa Abfindungszahlungen aus Anlaß des Mandatsverlustes[51].

7. Bezeichnung und Aufteilung der Aktiven und Passiven

Spaltungsvertrag oder -plan haben nach Nummer 9 die genaue Bezeichnung und Aufteilung der Gegenstände des Aktiv- und Passivvermögens zu enthalten, die an jede der übernehmenden Gesellschaften übertragen werden sowie eine Bezeichnung der übergehenden Betriebe und Betriebsteile unter Zuordnung zu den übernehmenden Gesellschaften.

Diese Festlegungen bilden das Drehmoment für den Vollzug der Spaltung. Ihr gesetzgeberischer *Grund* liegt in folgendem: Mit Wirksamwerden der Spaltung gehen die zu übertragenden Vermögensteile im Wege der Sonderrechtsnachfolge automatisch auf die übernehmenden Gesellschaften über, ohne daß es weiterer Übertragungshandlungen bedarf. In Abgrenzung zur Gesamtrechtsnachfolge bei Verschmelzung spricht man insoweit für die Spaltung von einer partiellen Gesamtrechtsnachfolge[52]. Andererseits verlangt der sachenrechtliche Bestimmtheitsgrundsatz eine hinreichende Definition der mit Wirksamwerden der Spaltung übergehenden Aktiven und Passiven. Die Festlegungen in § 126 Abs. 1 Nr. 9 UmwG sollen die dingliche Trennung der übergehenden bzw. – bei Abspaltung und Ausgliederung – auch der verblei-

---

50 Begründung RegE z. Verschmelzungsrichtlinie-Gesetz, BT-Drucks. 9/1065 v. 23. 11. 1981, S. 15.
51 Begr.RegE § 5, *Ganske,* S. 41.
52 Zu diesen Begriffen *Ganske,* WM 1993, 1117, 1121 Fn 47; *Schwarz,* DStR 1994, 1694, 1699.

benden Vermögensteile ermöglichen[53]. Sie dienen zugleich dem Schutz des Rechtsverkehrs wie dem der beteiligten Gesellschaften[54].

Daneben wird eine Bezeichnung der „übergehenden Betriebe und Betriebsteile unter Zuordnung zu den übernehmenden Rechtsträgern" verlangt. Dem dürfte erhebliche Bedeutung zukommen. Im Hinblick darauf, daß § 15 Abs. 1 UmwStG die Buchwertfortführung nur dann gestattet, wenn Gegenstand der Spaltung ein Betrieb, ein Teilbetrieb, ein Mitunternehmeranteil oder eine 100%ige Beteiligung an der Kapitalgesellschaft ist, und Umstrukturierungen zumeist davon abhängig sein sollen, daß steuerauslösende Wertaufstockungen vermieden werden, wird man es bei Spaltungsvorgängen in der Regel mit Betrieben oder Teilbetrieben zu tun haben. Handelsrechtlich gibt es eine solche Voraussetzung freilich nicht. Gegenstand einer Spaltung können auch einzelne Gegenstände sein[55].

Zur Konkretisierung der Anforderungen an die „*genaue Bezeichnung*" heißt es in § 126 Abs. 2 UmwG zunächst, soweit für die Übertragung von Gegenständen bei Einzelrechtsnachfolge in den allgemeinen Vorschriften eine besondere Art der Bezeichnung bestimmt sei, gelte dies auch im Rahmen der Nummer 9. Die Anwendbarkeit des § 28 GBO wird sodann ausdrücklich angeordnet. Im übrigen könne, so sagt Abs. 2 S. 3, auf Urkunden „wie Bilanzen und Inventare" Bezug genommen werden, deren Inhalt eine Zuweisung des einzelnen Gegenstandes ermögliche. Die Urkunden seien dem Spaltungs- und Übernahmevertrag als Anlagen beizufügen.

Ergänzend können wir den Materialien entnehmen, daß eine Bestimmbarkeit ausreichend sein soll. Anwendung zu finden hätten die gleichen Grundsätze wie bei der Sicherungsübereignung oder der Veräußerung von Unternehmen durch Einzelrechtsnachfolge[56].

Die vom Gesetz eingeräumte Möglichkeit der Bezugnahme auf Bilanzen und Inventare ist im Grundsatz dankenswert. Bilanzen machen da keine Schwierigkeiten. Anders sieht es für Inventare aus, die schon bei mittelgroßen Unternehmen erhebliche Volumina erreichen können. Ihre Beifügung als Anlage dürfte rasch auf praktische Grenzen

---

53 Dazu für die Vermögensübersicht nach § 52 Abs. 4 UmwG 1969 *Priester*, in Scholz[7], § 56c UmwG Rz. 6.
54 *Schwarz*, DStR 1994, 1694, 1699.
55 Der Referentenentwurf v. 15. 4. 1992, (BAnz 112a v. 20. 6. 1992) hatte dies in seinem § 123 Abs. 5 (S. 80) ausdrücklich untersagen wollen. Die Vorschrift ist nicht Gesetz geworden.
56 Begr.RegE § 126, *Ganske*, S. 138.

stoßen. Die sog. Bezugsurkunden auf der Grundlage von § 13a BeurkG bieten nur eine partielle Lösung, da auch insoweit – wenngleich weiter gezogen – Grenzen der Urkundstätigkeit bestehen.

Nimmt man Betriebe oder Teilbetriebe als realtypischen Spaltungsgegenstand an, erscheint ihre Bilanz als Bezeichnungsgrundlage im Grundsatz ausreichend[57]. Eine derartige Bilanz läßt sich auf Unterlagen in der Rechnungslegung zurückführen, die eine weitere Konkretisierung ermöglichen. Die Aufstellung solcher Bilanzen verursacht auch regelmäßig keinen zusätzlichen Aufwand, da sie zum Nachweis des Werts der Sacheinlage ohnehin gebraucht werden[58].

Daneben sind Einzelangaben zu übertragender Gegenstände zunächst bei Grundstücken erforderlich. Im Hinblick auf den ausdrücklich anwendbaren § 28 GBO sind jedenfalls Grundbuchbezirk und Grundbuchblatt anzugeben. Hinsichtlich weiterer Einzelbezeichnungen könnte auf die Erfahrungen zurückgegriffen werden, die mit der gemäß § 52 Abs. 4 UmwG 1969 aufzustellenden Übersicht über die Vermögensgegenstände und Verbindlichkeiten gemacht worden sind. Hier hielt man es für ausreichend, wenn nur wichtige Einzelgegenstände ausdrücklich genannt wurden, während ansonsten eine Gruppenbildung möglich erschien[59]. Inwieweit solche Einzelnennungen erforderlich sind, hängt von den jeweiligen Umständen ab.

Auf jeden Fall dürfen die Anforderungen an die Kennzeichnung einzelner Gegenstände im Rahmen von Sachgesamtheiten nicht überspannt werden. Entscheidend sollte immer sein, daß die Beteiligten oder ein sachkundiger Dritter in der Lage sind, eine einwandfreie Zuordnung vorzunehmen. Dazu könnten Klauseln wie „sämtliche zu dem Teilbetrieb gehörenden Gegenstände" (sog. „all"-Klauseln) hilfreich sein.

Ergänzende Festlegungen werden sich vielfach daraus ergeben, daß auch nicht bilanzierte oder gar nicht bilanzierungsfähige Gegenstände[60] von der Übertragung miterfaßt sein sollen. Zu denken ist hier

---

57 Wie hier *Ising/Thiell,* DB 1991, 2021; anders dagegen *D. Mayer,* DB 1991, 1609, 1611 f. – beide für § 2 SpTrUG. Die gleichfalls abweichende Beurteilung in *Priester* in Scholz[7], § 56c Rz. 9 a.E. bezog sich auf die Vermögensaufstellung gem. § 52 Abs. 4 UmwG 1969, die ausdrücklich neben der Umwandlungsbilanz (§ 43 Abs. 4 UmwG 1969) verlangt wurde und deshalb durch diese nicht einfach ersetzt werden konnte.
58 Dazu unten S. 149.
59 Eingehend *Loos,* DB 1973, 807 ff.; *Priester* in Scholz[7], § 56c UmwG Rz. 8 f.
60 Für die Behandlung im Rahmen der Spaltung kommt es auf die Aktivierungs- und Passivierungsfähigkeit des Gegenstandes nicht an; Begr.RegE § 126, *Ganske,* S. 136 f.

110

etwa an Fertigungsverfahren, betriebliches Know-how oder Kundenbeziehungen. Gleiches gilt für übergehende Vertrags-, insbesondere Dauerschuldverhältnisse[61], wie etwa Miet-, Lizenz- oder Vertriebsverträge. Auch insoweit ist es eine Frage des gegebenen Falles, inwieweit Einzelangaben erforderlich sind oder zusammenfassende Formulierungen ausreichen.

Sind die Angaben im Spaltungsvertrag unzureichend, so gilt: Läßt sich bei Abspaltung oder Ausgliederung nicht ermitteln, daß Gegenstände auf eine übernehmende Gesellschaft übergehen sollen, verbleiben sie bei der übertragenden Gesellschaft[62]. Das geht bei der Aufspaltung nicht. Hier greift jedoch § 131 Abs. 3 UmwG ein, wonach zunächst eine Vertragsauslegung maßgebend ist und die „vergessenen" Gegenstände bei deren Scheitern auf die übernehmenden Gesellschaften anteilig übergehen. Für Passiva liegt es so nicht, hier soll es bei der gesamtschuldnerischen Haftung aus § 133 Abs. 1 UmwG sein Bewenden haben[63].

Inhaltlich wird den beteiligten Gesellschaftern für die Aufteilung des Vermögens ein großer Freiraum gewährt[64]. So können – theoretisch – etwa Forderungen und Verbindlichkeiten auch dann unterschiedlichen Übernehmern zugewiesen werden, wenn sie aus einem einheitlichen Vertragsverhältnis resultieren[65]. Nicht statthaft ist allerdings die Aufteilung einheitlicher Verbindlichkeiten. Im Hinblick auf das allgemeine deutsche Zivilrecht, das eine solche Möglichkeit nicht kennt, hat der Gesetzgeber von einem insoweit eingeräumten Gestaltungsrecht der 6. EG-Richtlinie keinen Gebrauch gemacht[66]. Dagegen lassen sich nichtakzessorische Grundpfandrechte von den zu sichernden Verbindlichkeiten trennen, was freilich in praxi zu Problemen führen kann[67]. Möglich ist ferner die Zuweisung von Grundstücksteilflächen, bei der sich allerdings die Frage stellt, ob das Eigentum schon vor grundbuchmäßiger Separation mit bloßer Eintragung der Spaltung übergeht[68].

---

61 Vgl. *Limmer,* Umwandlungsrecht, 1995, S. 55.
62 Begr.RegE § 131, *Ganske,* S. 143.
63 Begr.RegE § 131, *Ganske,* S. 143.
64 Begr.RegE § 126, *Ganske,* S. 136.
65 Die Praxis wird das allerdings regelmäßig nicht wollen; vgl. dazu den Fall des LG Hamburg 23. 2. 1989, BB 1989, 726 für einen Wartungsvertrag.
66 Begr.RegE § 126, *Ganske,* S. 137.
67 Dazu *D. Mayer/Kössinger* (Fn 30) Rz. 2963.1 f.
68 Wie *D. Mayer/Kössinger* (Fn 30) Rz. 2951.3 dies offenbar meinen.

Grenzen sind der Aufteilung vor allem durch § 613a BGB gezogen. Bei Übergang eines Betriebes oder Teilbetriebes gehen die bestehenden Arbeitsverhältnisse automatisch über, soweit Arbeitnehmer nicht – bei Abspaltung und Ausgliederung – von ihrem durch die Rechtsprechung entwickelten Widerspruchsrecht Gebrauch machen[69]. Die Vorschrift des § 613a BGB ist zumindest im Ergebnis auch auf Spaltungsvorgänge anzuwenden[70]. Das dürfte der Grund dafür sein, daß Nummer 9 – anders als seinerzeit § 2 Abs. 1 Nr. 9 SpTrUG – keine Angaben der übergehenden Arbeitsverhältnisse verlangt. Solche sind jedoch dann erforderlich, wenn Arbeitsverhältnisse ohne Betriebsübertragung übergehen sollen[71].

Eine weitere Schranke der Aufteilungsfreiheit kann sich aus der Kapitalaufbringung bei der übernehmenden Gesellschaft ergeben, vor allem bei deren Neugründung[72]. Hier muß das Nennkapital durch den Saldo aus Aktiven und Passiven abgedeckt sein (§ 135 Abs. 2 UmwG). Dabei kann die übernehmende Gesellschaft freilich von ihrem Wertaufstockungsrecht aus §§ 125, 24 UmwG Gebrauch machen[73].

8. Folgen für die Arbeitnehmer

Nach Nummer 11 muß der Spaltungsvertrag bzw. der Spaltungsplan Angaben enthalten über „die Folgen der Spaltung für die Arbeitnehmer und ihre Vertretungen sowie die insoweit vorgesehenen Maßnahmen". Diese Vorschrift, die dem § 5 Abs. 1 Nr. 9 UmwG für den Verschmelzungsfall entspricht, stellt ein Novum im Umwandlungsrecht dar. Sie wurde auch erst mit dem Regierungsentwurf eingefügt[74].

Die Vorschrift ist problematisch. Sie wirft die Frage nach dem Inhalt der zu machenden Angaben und im Zusammenhang damit die weitere Frage auf, welche Rechtsfolgen aus etwa unzureichenden Angaben resultieren. Was zunächst den Inhalt angeht, so heißt es in der Begründung zur Parallelvorschrift des § 5 Abs. 1 Nr. 9 UmwG: Es seien „die durch die Verschmelzung eintretenden individual- und kollektivar-

---

69 Dazu *Boecken,* ZIP 1994, 1087, 1091 ff.; *Wlotzke,* DB 1995, 40, 43.
70 Begr.RegE § 126, *Ganske,* S. 136; eingehend *Boecken,* ZIP 1994, 1087, 1089 ff. m. zahlr. Nachw.
71 Begr.RegE § 126, *Ganske,* S. 136.
72 *Priester,* DB 1991, 2373, 2377 für § 3 SpTrUG.
73 Dazu unten S. 150.
74 Sie war Teil eines Vorschlagpakets des Bundes-Arbeitsministeriums; vgl. *Wlotzke,* DB 1995, 40, 41. Der Referentenentwurf (Fn 55) enthielt sie noch nicht.

beitsrechtlichen Änderungen im Verschmelzungsvertrg aufzuzeigen". Grund dafür sei, daß die Verschmelzung auch die Interessen der Arbeitnehmer und ihrer Vertretungen berühre. Hier solle im Zusammenwirken mit der in § 5 Abs. 3 ebenso wie in § 126 Abs. 3 UmwG angeordneten Zuleitung des Vertragsentwurfs an den Betriebsrat mindestens einen Monat vor dem Tag des Zustimmungsbeschlusses eine frühzeitige Information über die Verschmelzungsfolgen gewährleistet werden. Dies diene wiederum dazu, eine möglichst sozialverträgliche Durchführung des Verschmelzungsvorganges bereits in dessen Vorfeld zu erleichtern[75].

Praktisch könnte das heißen, es sei etwa anzugeben, ob sich die Tarifvertragssituation der Arbeitnehmer ändere oder die Unternehmensmitbestimmung in Gestalt von Aufsichtsratsmandaten der Arbeitnehmer. Zweifelhaft ist dagegen, ob nur mittelbare Auswirkungen der Spaltung, wie etwa eine anschließend geplante Betriebsstillegung unter die Angabepflicht fällt.

Was mögliche Sanktionen unvollständiger Angaben angeht, könnte man an eine Anfechtung der Gesellschafter gegen den Beschluß denken, mit dem die Anteilseigner dem Vertrag zustimmen[76]. Unzureichende Angaben im Rahmen von Nummer 11 dürften indessen keinen Anfechtungsgrund darstellen. Die Gesellschafter sind nicht Schutzadressaten dieser Bestimmung. Sie dient allein der Wahrung von Arbeitnehmerinteressen. Daran ändert auch der Umstand nichts, daß arbeitsrechtliche Maßnahmen im Zusammenhang mit oder aufgrund einer Spaltung zu erheblichen finanziellen Belastungen etwa aus einem Sozialplan führen können und dies die Gesellschafter durchaus beträfe. Eine derartige Gesellschafterinformation gehört in den Verschmelzungs- bzw. Spaltungsbericht. Fehlt sie dort, mag das einen Anfechtungsgrund bilden[77].

Abweichendes ergibt sich auch nicht daraus, daß ein unvollständiger Verschmelzungs- bzw. Spaltungsvertrag fehlerhaft sei und diese Fehlerhaftigkeit den Zustimmungsbeschluß infiziere[78]. Der Verschmelzungs- bzw. Spaltungsvertrag regelt die Rechtsbeziehungen zwischen den Vertragschließenden und deren Veränderungen. Den Angaben im Rahmen von Nummer 11 kommt ein solcher Regelungscharakter

---

75 Begr.RegE § 5, *Ganske,* S. 41.
76 So *Grunewald,* oben S. 22.
77 Zu (Verschmelzungs-)Berichtsmängeln als Anfechtungsgrund *Grunewald* (Fn 29) § 340a Rz. 21.
78 Wie *Grunewald,* oben S. 22 f., meint.

nicht zu. Sie enthalten eine in den Vertragstext hineinverlagerte Berichterstattung. Regelungscharakter ließe sich allenfalls den unter Nummer 11 vorgesehenen „Maßnahmen" zubilligen. Auch dabei handelt es sich aber nicht um rechtsgeschäftliche Bestimmungen. Etwas anderes könnte allenfalls dann gelten, wenn man in der Aufführung derartiger Maßnahmen einen Vertrag zugunsten der Arbeitnehmer bzw. ihrer Vertretungen sehen wollte. Einen solchen Bindungswillen der Vertragschließenden wird man aber in den Vertrag nicht hineininterpretieren können.

Zu denken wäre sodann an ein Prüfungsrecht des Registerrichters. Er hat die Wirksamkeit des Verschmelzungs-, hier des Spaltungsvertrages bzw. des Spaltungsplanes zu prüfen[79]. Dazu gehören nach dem Gesetz auch Ausführungen im Rahmen von Nummer 11. Enthält der Vertrag insoweit nichts, kann das Gericht dies beanstanden. Gleiches dürfte gelten, wenn die Angaben offensichtlich unrichtig sind. Im übrigen wird der Richter die Eintragung jedoch nicht mit der Begründung ablehnen können, die Angaben seien nach seiner Auffassung unzureichend.

Der im Rahmen des geltenden Rechts durchaus notwendige Schutz der Arbeitnehmer bei Umwandlungs-, hier also Spaltungsfällen muß mit den Mitteln des Arbeitsrechts, genauer: des Betriebsverfassungsrechts geregelt werden, nicht aber mit denen des Gesellschaftsrechts. Die Bestimmung des § 126 Abs. 1 Nr. 11 UmwG ist – ebenso wie die Parallelvorschrift des § 5 Abs. 1 Nr. 9 UmwG – kein Instrument für arbeitsrechtliche Blockaden einer Umstrukturierung.

IV. Zustimmungsbeschlüsse

Der Abschluß des Spaltungsvertrages bzw. die Aufstellung des Spaltungsplans sind zwar Sache der Vertretungsorgane. Vertrag oder Plan werden aber erst wirksam, wenn die Anteilseigner ihnen durch Beschluß zustimmen (§ 125 i.V.m. § 13 Abs. 1 S. 1 UmwG). Darin liegt ein altes Prinzip des Umwandlungsrechts, das seine Begründung im organisationsrechtlichen Charakter des Umstrukturierungsvertrages hat[80]. Die Maßnahmen berühren die Mitgliedschaft der Anteilseigner und sind damit deren Angelegenheit.

---

79 *Priester* in Scholz[7], § 24 KapErhG Rz. 16.
80 Heute allg. Ans.; etwa: *Kraft* (Fn 38) § 340 Rz. 7; *Lutter/Hommelhoff*[13], § 21 KapErhG Rz. 2.

Die entsprechenden Zustimmungsbeschlüsse können nur in einer Versammlung der Gesellschafter gefaßt werden (§ 125 i.V.m. § 13 Abs. 1 S. 2 UmwG). Eine schriftliche Beschlußfassung muß also ausscheiden.

Die Mehrheitserfordernisse für den Zustimmungsbeschluß sind unterschiedlich je nach der Rechtsform der übertragenden Gesellschaft. Bei Personenhandelsgesellschaften bedarf es grundsätzlich der Zustimmung aller Gesellschafter (§ 125 i.V.m. § 43 Abs. 1 UmwG). Der Gesellschaftsvertrag kann allerdings vorsehen, daß eine Mehrheit von mindestens Dreiviertel der Stimmen der Gesellschafter genügt (§ 43 Abs. 2 UmwG). Dabei ist offen, ob das – wie der Gesetzeswortlaut nahelegt – die Stimmen *aller* Gesellschafter oder wie in den übrigen Fällen aller *abgegebenen* Stimmen bedeutet. – Unter dem Gesichtswinkel des Bestimmtheitsgrundsatzes[81] verlangt die Begründung, die Vertragsklausel müsse sich ausdrücklich auf die „Verschmelzung", hier also wohl die „Spaltung" beziehen[82]. Das erscheint zu eng. Ausreichend dürfte sein, wenn etwa „alle Maßnahmen nach dem Umwandlungsgesetz" genannt sind.

Bei der GmbH genügt eine Mehrheit von Dreiviertel der abgegebenen Stimmen, soweit der Gesellschaftsvertrag nicht eine größere Mehrheit und weitere Erfordernisse festlegt (§ 125 i.V.m. § 50 Abs. 1 S. 1 UmwG). Bei der Aktiengesellschaft sind ebenfalls Dreiviertel – hier allerdings des vertretenen Grundkapitals – erforderlich, aber auch ausreichend (§ 125 i.V.m. § 65 Abs. 1 S. 1 UmwG).

V. Formfragen

Der Spaltungsvertrag bedarf der notariellen Beurkundung (§ 125 i.V.m. § 6 UmwG). Für den Spaltungsplan gilt über § 136 S. 2 UmwG das gleiche. Die Begründung hat dieses Beurkundungsbedürfnis mit dem zutreffenden Hinweis begründet, auf die notarielle Beurkundung könne bei einer Spaltung in keinem Falle verzichtet werden, weil sonst mit Hilfe des handelsrechtlichen Instruments die zwingenden Vorschriften des Bürgerlichen Rechts bei der Einzelübertragung umgangen werden könnten[83].

---

81 Dazu zuletzt BGH 10. 10. 1994, DB 1995, 90; Anm. *Priester,* EWiR 1995, 73.
82 Begr.RegE § 43, *Ganske,* S. 79.
83 Begr.RegE §§ 6, 126, 136, *Ganske,* S. 42, 138, 149.

Der notariellen Beurkundung bedürfen auch die Gesellschafterbe-
schlüsse über die Zustimmung zum Spaltungsvertrag bzw. Spaltungsplan (§ 125 i.V.m. § 13 Abs. 3 S. 1 UmwG). Die Beurkundungspflicht
entspricht den – beibehaltenen – Anforderungen des bisherigen Rechts
an die Zustimmungsbeschlüsse bei Verschmelzungsverträgen. Der
Gesetzgeber hat die Beurkundungsnotwendigkeit zu Recht aus der
großen wirtschaftlichen und rechtlichen Bedeutung des Vorganges
hergeleitet[84].

VI. Bindungswirkung, Änderungen

Hinsichtlich der Bindungswirkung von Spaltungsvertrag und Spaltungsplan sowie seiner etwaigen Änderungen sind die Stadien vor und
nach dem Zustimmungsbeschluß der Anteilsinhaber zu unterscheiden. Was insoweit zunächst den Spaltungsvertrag angeht, ist zu kon-
statieren: Vor dem Zustimmungsbeschluß besteht keine Bindung der
Gesellschaft. Die Vertragschließenden können mithin den Vertrag
ändern, allerdings unter Einhaltung der dafür vorgeschriebenen Form.
Sie können den Vertrag auch – formfrei – wieder aufheben[85]. Nach
Zustimmung durch die Gesellschafter sind die Gesellschaften dagegen gebunden. Es kann auf Erfüllung des Vertrages geklagt werden[86].
Hat erst eine der Gesellschafterversammlungen zugestimmt, ist diese
Gesellschaft gebunden, wenn der Vertrag bereits beurkundet ist[87].

Ähnlich sieht es beim Spaltungsplan aus: Vor Zustimmung durch die
Gesellschafter können die Geschäftsführer ihn – formfrei[88] – aufheben
und – in beurkundeter Form – ändern. Danach sind sie gebunden.
Änderungen bedürfen dann einer erneuten Zustimmung durch die
Gesellschafterversammlung.

Wurden Spaltungsvertrag oder Spaltungsplan nach Zuleitung an den
Betriebsrat (§ 126 Abs. 3 UmwG) geändert, bedarf es einer erneuten
Zuleitung unter Einhaltung der Monatsfrist[89].

Daneben besteht ein gesetzliches Kündigungsrecht bei bedingter Beschlußfassung, wie es von § 125 i.V.m. § 7 UmwG vorgesehen ist.
Ihm dürfte freilich eine geringe praktische Bedeutung zukommen.

---

84 Begr.RegE § 13, *Ganske,* S. 49.
85 Großkomm./*Schilling,* § 341 Anm. 11 für den Verschmelzungsvertrag.
86 *Priester* in Scholz[7], § 21 KapErhG Rz. 25.
87 *Schilling/Zutt* in Hachenburg[7], § 20 VerschmG Rz. 28.
88 *D. Mayer/Kössinger* (Fn 30) Rz. 3003 für § 2 SpTrUG.
89 *Ising/Thiell,* DB 1991, 2021, 2024.

C. Gläubigerschutz und Anteilseigner-Information bei Spaltungen *(Hommelhoff)*

Den Gläubigerschutz bei Spaltungen[90] zur Aufnahme hat das Umwandlungsgesetz kompakt in § 133 geregelt und für bestimmte Arbeitnehmer-Ansprüche in § 134 weiter ausgebaut und verstärkt[91]; auf diese Regelungen verweist § 135 Abs. 1 UmwG für die Spaltung zur Neugründung. Damit hat der Gesetzgeber für Spaltungen ein spezifisches System des Gläubigerschutzes geschaffen – eigenständig gegenüber dem für Verschmelzungen nach §§ 22 f. UmwG[92]. Anders offenbar für die Informationen an die Anteils-Inhaber: Zwar sind der Spaltungs- und Übernahmevertrag in seinem Inhalt sowie die Spaltungsberichte der Geschäftsleitungen in §§ 126, 127 UmwG gesondert geregelt. Aber dennoch stimmen diese Instrumente weitgehend mit den entsprechenden des Verschmelzungsrechts überein: Abweichungen und Ergänzungen gegenüber dem Verschmelzungsvertrag finden sich vor allem in § 126 Abs. 1 Nr. 2, 9 und 10 UmwG sowie in § 127 S. 1 UmwG gegenüber dem Verschmelzungsbericht. Allein wegen dieser Abweichungen und Ergänzungen hat der Gesetzgeber den Spaltungs- und Übernahmevertrag sowie den Spaltungsbericht ausformuliert[93] und nicht bloß auf das Verschmelzungsrecht verwiesen, wie er dies für den Bericht des Spaltungsprüfers getan hat (§ 125 i.V.m. § 12 UmwG).

Somit stehen bei der Spaltung offenbar weithin Verschmelzungs-kongruente Anteilseigner-Informationen im Kontrast zum eigenständigen und Spaltungs-spezifischen Gläubigerschutz. Das ist indes noch die Frage: Erfordern es nicht die Besonderheiten des Gläubigerschutzes, konsequent die Anteilseigner-Informationen im Spaltungsrecht abgesetzt von dem der Verschmelzung zu entwickeln – zumindest jedoch in Ergänzung zu den Verschmelzungs-Informationen? Hierfür ist zu-

---

90 Zu den einzelnen Spaltungsarten nach § 123 UmwG (Aufspaltung, Abspaltung, Ausgliederung) näher oben *Teichmann,* S. 93 ff.
91 Für einen ersten kursorischen Überblick zum Spaltungs-spezifischen Gläubigerschutz s. *Schwedhelm/Streck/Mack,* GmbHR 1995, 7, 13.
92 Zum Verschmelzungs-rechtlichen Gläubigerschutz näher *Lutter,* ZGR 1990, 392, 410 ff.; *K. Schmidt,* ZGR 1993, 366 ff.; *Ganske,* WM 1993, 1117, 1125.
93 S. dazu Begründung zu § 126 und § 127 RegE UmwG, abgedruckt bei *Ganske,* S. 155, 158; *Neye,* S. 254, 257.

nächst der Gläubigerschutz bei Spaltungen nach dem Umwandlungsgesetz zu entfalten.

I. Das Konzept des Gläubigerschutzes und seine Legitimation

Daß die Gläubiger eines Spaltungs-betroffenen Rechtsträgers (in der Terminologie des Umwandlungsgesetzes: eines übertragenden Rechtsträgers, § 123 Abs. 1 UmwG) des Schutzes bedürfen, braucht nicht näher begründet zu werden. Denn die Spaltung verringert die dem einzelnen Gläubiger des übertragenden Rechtsträgers vormals eröffnete Haftungsmasse – es sei denn, es handelte sich um eine Ausgliederung[94]; außerdem schwächt die Spaltung regelmäßig die Ertragskraft des übertragenden Rechtsträgers und damit dessen Fähigkeit, seine Verbindlichkeiten vollständig, rechtzeitig und reibungslos zu begleichen. Aber damit allein ist das System des Gläubigerschutzes, wie es nach abweichenden Vorschlägen im Diskussions-[95] und im Referentenentwurf[96] schlußendlich im Umwandlungsgesetz festgelegt und in Kraft gesetzt worden ist, noch nicht hinreichend legitimiert.

Das Schutzsystem des Umwandlungsgesetzes ist betont Gläubigerfreundlich und geht mit seinen Systemelementen noch über die gemeinschaftsrechtlichen Vorgaben aus der Spaltungsrichtlinie[97] hinaus: Sämtliche an der Spaltung beteiligten Rechtsträger haften für die Verbindlichkeiten des übertragenden Rechtsträgers als Gesamtschuldner (§ 133 Abs. 1 S. 1 UmwG) – sofern nur die einzelne Verbindlich-

---

94 Hier tritt an die Stelle der Grundstücke Maschinen etc. die Beteiligung des übertragenden Rechtsträgers an der ausgegliederten Gesellschaft.

95 Bundesminister der Justiz (Hrsg.), Gesetz zur Bereinigung des Umwandlungsrechts, Diskussionsentwurf, Text und Begründung, abgedruckt u.a. in: Bundesanzeiger 1988, Nr. 214a vom 15. November 1988. Zum Gläubigerschutzmodell des Diskussionsentwurfs sowie zu den Modellen des LandwirtschaftsanpassungsG und des TreuhandspaltungsG s. *K. Schmidt*, ZGR 1993, 366, 384 f.

96 *Ganske* (Hrsg.), Gesetz zur Bereinigung des Umwandlungsrechts, Referentenentwurf, Text mit Begründung; abgedruckt u.a. in: Bundesanzeiger 1992, Nr. 112a vom 20. Juni 1992. – Zum Modell des Referentenentwurfs im einzelnen *K. Schmidt*, ZGR 1993, 366, 385 ff.

97 Art. 12 Abs. 3 der Spaltungsrichtlinie (v. 17. 12. 1982, 82/891/EWG; abgedruckt u.a. bei *Lutter* (Hrsg.), Europäisches Unternehmensrecht, 3. Aufl. 1991, S. 249 ff.) schreibt lediglich eine gesamtschuldnerische Ausfallhaftung mit der Möglichkeit der Haftungsbeschränkung auf das zugeteilte Nettoaktivvermögen vor.

keit vor dem Wirksamwerden der Spaltung (§ 131 Abs. 1 UmwG; unabhängig vom Zeitpunkt ihrer Fälligkeit) begründet worden ist. Damit hat der Gesetzgeber zwei schwächere Schutzinstrumente verworfen: die Ausfallhaftung sowie die bloße Sicherstellung für bei der Spaltung noch nicht fällige Verbindlichkeiten. Nach dem Umwandlungsgesetz tritt die Sicherheitsleistung vielmehr zur Gesamtschuld als zusätzliches Schutzinstrument hinzu (§§ 133 Abs. 1 S. 2, 125, 22 UmwG): Sie kann der Inhaber einer noch nicht fälligen Forderung verlangen, wenn er glaubhaft macht, daß die Spaltung die Erfüllung seiner Forderung gefährdet.

Dieses Gläubiger-freundliche Gesamtschuld-Konzept findet seine spezifische Legitimation in der umfassenden *Spaltungsfreiheit* des übertragenden Rechtsträgers und seiner Mitglieder[98]. Es steht ihnen nämlich (bis hin zur Mißbrauchsgrenze) völlig frei, welche Gegenstände aus dem Aktiv- und Passivvermögen des übertragenden Rechtsträgers sie dem oder den übernehmenden Rechtsträgern zuweisen wollen[99]. Weder die wirtschaftlich-technische Einheit des Betriebes oder Teilunternehmens, noch die funktionale Einheit des gegenseitigen Vertrages zieht der (zivilrechtlichen) Spaltungsfreiheit (ausdrückliche oder immanente) Grenzen[100]. Dies alles müssen die Gläubiger und Ver-

---

98 So auch andeutend, wenn auch noch zu sehr von Willkür und Mißbrauch her argumentierend *Lüttge*, NJW 1995, 417, 424. – In dieser Spaltungsfreiheit verwirklicht sich genuin unternehmerisches Ermessen; vgl. schon *Kleindiek*, ZGR 1992, 513, 517; s. auch *Teichmann*, ZGR 1993, 396, 411: Gestaltungsfreiheit.

99 Begründung zu § 126 Abs. 1 Nr. 9 UmwG, abgedruckt u.a. bei *Ganske*, S. 155; *Neye*, S. 254. – Entgegen *K. Schmidt*, ZGR 1993, 366, 391 ff. ist § 133 Abs. 1 S. 2 UmwG mit seinem Hinweis auf die §§ 25, 26, 28 HGB und deren Fortgeltung schon aus rechtssystematischen Gründen keine Einschränkung der Spaltungsfreiheit in dem Sinne zu entnehmen, die Aktiva und Passiva zusammengehörender Unternehmensteile könnten nicht beliebig getrennt werden. Eine solche über die Haftung hinausgehende Regelungswirkung der §§ 25 ff. HGB hätte in §§ 126 und 131 UmwG getroffen werden müssen. – Anders dagegen das Steuerrecht: Allein, wenn der oder die übernehmenden Rechtsträger einen Betrieb oder Teilbetrieb, also den organisatorisch geschlossenen, mit einer gewissen Selbständigkeit ausgestatteten Teil eines Gesamtbetriebes mit eigener Lebensfähigkeit (s. *Knobbe-Keuk*, Bilanz- und Unternehmenssteuerrecht, 9. Aufl. 1993, S. 782 m.w.N.) erhalten, läßt sich die Spaltung nach § 15 Abs. 1 UmwStG steuerneutral durchführen (näher *Schaumburg/Rödder*, UmwG/UmwStG, 1995, Rz. 42 ff.).

100 Die warnenden Hinweise u.a. von *Kleindiek*, ZGR 1992, 513, 518 ff. sind im Gesetzgebungsverfahren ohne Gefolgschaft geblieben.

tragspartner des übertragenden Rechtsträgers nach den Prinzipien der partiellen Gesamtrechtsnachfolge und im Gegensatz zum Grundprinzip der §§ 414, 415 BGB ohne Zustimmungsvorbehalt oder Widerspruchsrecht schlicht hinnehmen.

Daher findet die scharfe Gesamtschuld zum Schutze der Gläubiger ihre Legitimation in der (lediglich durch den Gestaltungsmißbrauch[101] und in § 132 UmwG) marginal begrenzten, also ganz weiten Spaltungsfreiheit des übertragenden Rechtsträgers. Neben den Gläubigern des übertragenden Rechtsträgers schützt das Umwandlungsgesetz zusätzlich die Gläubiger des oder der übernehmenden Rechtsträger.

II. Schutz der Gläubiger im übertragenden Rechtsträger

Nach der stark komprimierten Gesamtregelung in den §§ 133 und 134 UmwG ist zwischen den bei der Spaltung fälligen Verbindlichkeiten und den dann noch nicht fälligen zu unterscheiden; außerdem müssen die im Moment der Spaltung überhaupt noch nicht begründeten, aber in ihrer Wurzel bereits angelegten Verbindlichkeiten betrachtet werden. Schließlich ist die Besserstellung der Arbeitnehmer bei der Betriebsaufspaltung in den Blick zu nehmen. Die Sonderrechte nach § 133 Abs. 2 UmwG sollen hier unbehandelt bleiben.

1. Gesamtschuldnerische Haftung

a) Ausgangsmodell ist die Regelung für jene Verbindlichkeiten des übertragenden Rechtsträgers, die im Augenblick der Spaltung bereits begründet und fällig sind; für sie haften sämtliche beteiligten Rechtsträger als Gesamtschuldner (§ 133 Abs. 1 S. 1 UmwG); bei der Aufspaltung also alle übernehmenden Rechtsträger, bei der Abspaltung und Ausgliederung mithin neben diesen auch der übertragende Rechtsträger. Dabei braucht es den Gläubiger zunächst nicht zu interessieren, welchem Rechtsträger der Spaltungs- und Übernahmevertrag die Verbindlichkeit (intern unter den beteiligten Rechtsträgern) nach § 126 Abs. 1 Nr. 9 UmwG zugewiesen hat. Der Gläubiger kann sich

---

101 Sogar die Ausplitterung eines einzelnen Zahlungsanspruchs soll (entgegen *Ganske,* WM 1993, 1117, 1121) spaltungsrechtlich solange rechtswirksam sein, wie Teilabtretungen nach allgemeinem Zivilrecht allein in das Belieben des Gläubiger gestellt bleiben (s. aber die jüngst von *Roth,* Münchener Kommentar zum BGB, 3. Aufl. 1994, § 398 Rz. 61 f. entwickelte Gegenposition).

sofort und ohne weiteres an jeden der gesamtschuldnerisch haftenden Rechtsträger in voller Höhe seiner Forderung halten (§ 421 BGB)[102] – also auch an einen Rechtsträger, dem die Verbindlichkeit gerade nicht zugewiesen wurde. Kein Rechtsträger kann seine Haftung gegenständlich auf jene Gegenstände des Aktivvermögens beschränken, die er im Zuge der Spaltung erworben hat; die Gläubiger des übertragenden Rechtsträgers können ebenfalls auf das gesamte sonstige Vermögen jedes Gesamtschuldners zugreifen – unabhängig davon, ob es (bei der Spaltung zur Aufnahme) schon vorhanden oder erst nach der Spaltung hinzuerworben ist.

b) Diese unbeschränkte und unbeschränkbare Haftung aller an der Spaltung beteiligten Rechtsträger ist zwingend und verstrickt sogar diejenigen nicht als bloße Sicherungsgeber, denen die einzelne Verbindlichkeit im Spaltungs- und Übernahmevertrag nicht zugewiesen worden ist. Vielmehr sind diese „Nicht-Zuweisungsadressaten" rechtsqualitativ sehr viel stärker als Mithafter gebunden, wie im Schrifttum zu den Vorentwürfen zum Umwandlungsgesetz zutreffend herausgearbeitet worden ist[103].

Dennoch muß nunmehr nach Inkrafttreten des neuen Umwandlungsgesetzes allein der Zuweisungsempfänger, der „Hauptschuldner", die Verbindlichkeit in seiner Bilanz passivieren, nicht aber die anderen lediglich mithaftenden Rechtsträger. Hier genügen ein Unterstrichvermerk (§§ 251, 268 Abs. 7 HGB)[104] oder eine Anhangsangabe (§§ 268 Abs. 7, 284 Abs. 1 HGB). Dies folgt aus der Tatsache, daß im gelten-

---

102 Dazu *Selb,* Münchener Komm., § 421 BGB Rz. 35.
103 Zu den bilanziellen Konsequenzen *Kleindiek,* ZGR 1992, 513, 526 f.; weiterführend *Schulze-Osterloh,* ZGR 1993, 420, 450; die hiergegen erhobenen Einwände (*Heiss,* DZWir 1993, 12, 17: „Reich der Spekulation"; s. *Rümker,* WM-Festgabe für Hellner, 1994, S. 75 f.; *K. Schmidt,* ZGR 1993, 366, 389) sind bilanzrechtlich nicht oder nur bedingt nachvollziehbar.
104 S. auch unten *Priester,* S. 149. – Nach verbreiteter Ansicht (*Adler/Düring/Schmaltz,* Rechnungslegung und Prüfung der Unternehmen, 5. Aufl. 1987 ff., § 251 HGB Rz. 38; *Clemm/Ellrott,* Beck'scher Bilanzkommentar, 2. Aufl. 1990, § 251 HGB Rz. 25) unterfallen gesetzlich begründete Haftungen nicht der Bestimmung des § 251 HGB; stattdessen wird auf die globale und an weitere qualifizierte Voraussetzungen geknüpfte Anhangs-Angabe nach § 285 Nr. 3 HGB verwiesen (so auch *Rümker,* a.a.O. Fn 14). Ihm ist mit Blick auf den Zweck des Unterstrichvermerks aus § 251 HGB, den Bilanzleser gezielt auf die vorhandenen, aber noch nicht konkretisierten Risiken hinzuweisen, nicht zu folgen; deshalb ist § 251 HGB extensiv dahin auszulegen, daß auch gesetzlich begründete Haftungsverhältnisse unter der Bilanz zu vermerken sind.

den Umwandlungsgesetz keine Vorkehrungen gegen die drohende Überschuldung der anderen mithaftenden Rechtsträger getroffen wurden; das Gesetz geht mithin davon aus, daß diese Gefahr im Regelfall nicht besteht. Konsequent hat ein anderer mithaftender Rechtsträger die ihm nicht zugewiesene Verbindlichkeit erst dann zu passivieren, wenn er vom Gläubiger aktuell in Anspruch genommen wird oder sich sein Haftungsrisiko anderweit konkretisiert. Ob und inwieweit der Mithafter in diesem Falle seine Freistellungs- und Ausgleichsansprüche (unten S. 130 f.) mit kompensierender Wirkung aktivieren kann, hängt von deren nach dem Vorsichtsprinzip (§ 252 Abs. 1 Nr. 4 HGB) zu bemessender Werthaltigkeit ab.

c) Wie lange der Gläubiger seine Forderung gegen den Zuweisungsempfänger, den „Hauptschuldner", geltend machen kann, bestimmt sich danach, welcher Verjährung die Forderung beim übertragenden Rechtsträger unterlag und welcher Zeitraum bei ihm bereits im Moment der Spaltung verstrichen war. Der „Hauptschuldner" übernimmt die Verbindlichkeit auch verjährungsrechtlich in eben dem Zustand, in dem sie sich beim übertragenden Rechtsträger befand.

Anders hingegen bei den bloßen Mithaftern; deren Gesamtschuld ist in Anlehnung an die Regeln des Nachhaftungsbegrenzungsgesetzes (wenn schon nicht der Summe oder den Gegenständen nach, so doch) zeitlich begrenzt[105]: Ihre Mithaft erlischt binnen 5 Jahren seit der Spaltung (§ 133 Abs. 3 UmwG) – es sei denn, die zugewiesene Verbindlichkeit sollte gegenüber dem „Hauptschuldner" schon früher verjähren. Dann kann sich auch jeder Mithafter hierauf berufen (§ 425 Abs. 1 BGB)[106].

2. Weitere Haftungsgrundlagen

Neben der gesamtschuldnerischen Mithaft nach dem Umwandlungsgesetz kommen für übernehmende Rechtsträger außerdem die Haftungskontinuität nach §§ 25 ff. HGB sowie die Übernehmer-Haftung nach § 419 BGB in Betracht. Beide Haftungsansätze gelten, wie die umwandlungsrechtliche „lex Schmidt" (§ 133 Abs. 1 S. 2) für den han-

---

105 Zur Enthaftung nach dem NachhaftungsbegrenzungsG u.a. *Seibert*, DB 1994, 461; *Nietsche*, ZIP 1994, 1619.

106 Da es sich bei der spaltungsrechtlichen Mithaft um einen Fall der Schuldmitübernahme aufgrund gesetzlicher Anordnung handelt, gilt § 425 Abs. 2 BGB bloß eingeschränkt; vgl. hierzu *Selb*, Münchener Komm., § 425 BGB Rz. 9.

delsrechtlichen Ansatz[107] deklaratorisch verlautbart, neben dem Instrumentarium des Umwandlungsrechts, sofern ihre jeweiligen Voraussetzungen erfüllt sind. Somit können neben den im Spaltungs- und Übernahmevertrag benannten Zuweisungsempfängern noch weitere im Rahmen der Spaltung übernehmende Rechtsträger als „Hauptschuldner" für die Verbindlichkeiten des übertragenden Rechtsträgers verhaftet sein. Schließlich mag der aus Anlaß des Nachhaftungsbegrenzungsgesetzes neu formulierte § 26 Abs. 1 HGB sogar zur Folge haben, daß der übertragende Rechtsträger entgegen dem Spaltungs- und Übernahmevertrag die anderen übernehmenden Rechtsträgern zugewiesenen Verbindlichkeiten nicht verliert, sondern noch weitere 5 Jahre haftbar bleibt[108].

3. Haftung für noch nicht fällige Verbindlichkeiten

Soweit zum Grundmodell des Gläubigerschutzes für Verbindlichkeiten, die im Augenblick der Spaltung zu Lasten des übertragenden Rechtsträgers begründet und zugleich fällig sind. Nun zu den in diesem Moment zwar begründeten, aber noch nicht fälligen Verbindlichkeiten.

a) Jener übernehmende Rechtsträger, dem der Spaltungs- und Übernahmevertrag die bestehende, aber noch nicht fällige Verbindlichkeit zuweist, also: der „Hauptschuldner", hat für die Erfüllung dieser Verbindlichkeit unabhängig davon einzustehen, wann sie fällig wird – und sei es erst in einem Jahrzehnt. Damit gewinnt die privatautonome Zuweisung besondere Bedeutung für Dauerverbindlichkeiten – etwa aus Zusagen für eine betriebliche Alters- und Hinterbliebenenversorgung. Aber auch hier kann es zu einer Verdoppelung der „Hauptschuldnerschaft" kommen – nämlich nach § 613a Abs. 1 BGB, den § 324 UmwG[109] ebenfalls bei Spaltungen fortwirken läßt. Mithin fungiert § 613a BGB als weitere Haftungsbrücke neben der bürgerlich-rechtlichen aus § 419 BGB und der handelsrechtlichen aus §§ 25 ff. HGB.

b) Beschränkt ist dagegen das Haftungsrisiko der Mithafter, denen also im Augenblick der Spaltung noch nicht fällige Verbindlichkeiten

---

107 Für dessen „ceterum censeo" vgl. ZGR 1990, 580, 598 ff.; 1993, 366, 391 ff. S. auch noch den Diskussionsbericht von *Gehling*, ZGR 1990, 607, 609.
108 Dazu *Seibert*, DB 1994, 461, 462 f.
109 Zu den Umwandlungsvorgängen mit ihren arbeitsrechtlichen Konsequenzen: *Hanau*, ZGR 1990, 548; *Bauer/Lingemann*, NZA 1994, 1057; *Wlotzke*, DB 1995, 40.

des übernehmenden Rechtsträgers nicht zugewiesen sind. Als Gesamtschuldner müssen sie allein für jene Verbindlichkeiten einstehen, die innerhalb von 5 Jahren seit der Spaltung fällig werden. Aber diese 5jährige Nachhaftung trifft einen Mithafter zudem bloß dann, wenn die gesamtschuldnerische Mithaft gegen ihn innerhalb dieser 5-Jahresfrist gerichtlich geltend gemacht wird (§ 133 Abs. 3 UmwG). Oder umgekehrt formuliert: Forderungen, die später als 5 Jahre nach der Spaltung fällig werden, berühren die bloß mithaftenden Rechtsträger überhaupt nicht und früher fällige lediglich jenen Mithafter, dem gegenüber diese Verbindlichkeit des übertragenden Rechtsträgers vor Ablauf der 5-Jahresfrist gerichtlich geltend gemacht worden ist. Wer als Gläubiger nicht innerhalb dieser Frist seinen Anspruch betreibt oder dessen schriftliche Anerkennung vom Mithafter erreicht (§ 133 Abs. 5 UmwG), verliert mit Fristablauf seinen Anspruch gegen jeden Mithafter, den er unbehelligt gelassen hat.

4. Sicherheitsleistung

Als zusätzliches Instrument zum Schutze von Gläubigern im Moment der Spaltung noch nicht fälliger Forderungen sieht das Umwandlungsgesetz die Sicherheitsleistung[110] vor (§§ 133 Abs. 1 S. 2, 125, 22 Abs. 1 UmwG). Einen Anspruch auf sie hat der Gläubiger gegen jenen Rechtsträger, dem die zu sichernde Verbindlichkeit im Spaltungs- und Übernahmevertrag zugewiesen ist (§ 133 Abs. 1 S. 2 HS 2 UmwG), also allein gegen den als „Hauptschuldner" gebundenen Zuweisungsempfänger, aber nicht gegen die Mithafter; § 133 Abs. 3 UmwG enthält nämlich keinen Verweis auf § 22 UmwG. Allerdings setzt der Anspruch auf Sicherheitsleistung gegen den „Hauptschuldner" voraus, daß der Gläubiger glaubhaft machen kann (nicht nachweisen muß), die Spaltung gefährde die Erfüllung seiner noch nicht fälligen Forderung (§§ 125, 22 Abs. 1 S. 2 UmwG)[111]. Ob dies der Fall ist, bestimmt sich nicht zuletzt auch nach der Sicherheit, welche die gesamtschuldnerisch mithaftenden Rechtsträger für die spätere Erfüllung der Verbindlichkeit versprechen[112].

---

110 Zur Regelung der Sicherheitsleistung nach dem Referentenentwurf (oben Fn 7): *Heiss*, DZWir 1993, 12, 17 f.; *K. Schmidt*, ZGR 1993, 366, 381 ff.

111 Damit hat der Gesetzgeber den namentlich von *Lutter*, ZGR 1990, 392, 410 f. gegen den Diskussionsentwurf geltend gemachten Bedenken Rechnung getragen.

112 S. *K. Mertens*, AG 1994, 66, 70; vgl. auch *K. Schmidt*, ZGR 1993, 366, 382 f.

5. Angelegte, aber noch nicht begründete Verbindlichkeiten

Was aber ist mit jenen Verbindlichkeiten aus Produkt- oder Umwelthaftung, für die der übertragende Rechtsträger zwar die Wurzel gelegt hatte, die aber erst nach der Spaltung zutage treten?[113] Eine solche Verbindlichkeit ist vor der Spaltung noch nicht begründet worden, wird mithin vom Wortlaut des § 131 UmwG nicht erfaßt.

a) Was zunächst den internen „Hauptschuldner" angeht, so richtet sich dessen Person nach dem Spaltungs- und Übernahmevertrag. Denn zu dessen Disposition steht das gesamte Vermögen des übertragenden Rechtsträgers einschließlich aller in ihm angelegten Chancen und Risiken[114]. Daher können ebenfalls die latenten Risiken aus Produkt- und Umwelthaftung einem bestimmten Rechtsträger zur Übernahme zugewiesen werden. Sollte eine dahingehende ausdrückliche Regelung im Spaltungs- und Übernahmevertrag fehlen, so muß dieser (ggf. im Wege der ergänzenden Vertragsauslegung) interpretiert werden (arg. § 131 Abs. 3 UmwG).

Was aber, falls dies Unterfangen ergebnislos bleibt? Daß die Gläubiger (etwa die Produktgeschädigten) völlig leer ausgehen, wäre gewiß keine angemessene Lösung; sie ist vielmehr nach dem fortgeschriebenen Grundgedanken aus § 133 Abs. 1 UmwG in einer Gesamtschuld aller an der Spaltung beteiligten Rechtsträger zu erblicken[115]. Allerdings sind diese dann nicht bloße Mithafter, sondern gesamtschuldnerisch verpflichtete Zuweisungsempfänger, also „Hauptschuldner".

b) Nach diesen Überlegungen bemißt sich dann auch die schlichte Mithaft für den Fall, daß ein latentes Risiko einem bestimmten Rechtsträger spaltungsvertraglich zugewiesen ist und sich nach der

---

113 Auf sie hat verdienstvoll *K. Mertens*, AG 1994, 66, 70 hingewiesen.

114 Wenn im Erbfall grundsätzlich alle vermögensrechtlichen Beziehungen des Erblassers, einschließlich der „unfertigen", noch werdenden oder schwebenden Rechtsbeziehungen auf den Erben im Wege der Gesamtrechtsnachfolge übergehen (BGHZ 32, 367, 369 im Anschluß an *Boehmer*, Staudinger's Kommentar zum BGB, 11. Aufl. 1954, § 1922 Rz. 216), so ist nicht ersichtlich, was einem solchen Übergang im Wege der partiellen Universalsukzession bei der Spaltung entgegenstehen sollte.

115 Dies steht im Einklang mit der Vorgabe aus Art. 3 Abs. 3b der Spaltungsrichtlinie (abgedruckt u.a. bei *Lutter* (Fn 8) S. 250); auch der deutsche Gesetzgeber geht für „vergessene" Verbindlichkeiten von einer Gesamtschuld aller beteiligten Rechtsträger aus (Begründung: RegE zu § 131, abgedruckt bei *Ganske*, S. 162; *Neye*, S. 261) und nicht von der Aufteilung gemäß § 131 Abs. 3 UmwG (so auch *Ganske*, WM 1993, 1117, 1124).

Spaltung verwirklicht[116]. In extensiver Interpretation des § 133 Abs. 1, Abs. 3 UmwG müssen die Mithafter für jene Ansprüche aus verwirklichtem Risiko einstehen, die innerhalb von 5 Jahren seit der Spaltung entstehen und gegen sie gerichtlich geltend gemacht werden. Ansprüche, die erst nach Ablauf der 5jährigen Nachfrist entstehen, berühren die Mithafter nicht mehr, sondern (je nach der Verjährungsfrist) allein den (oder die) Zuweisungsempfänger. Diese lediglich begrenzte Nachhaftung der mithaftenden Rechtsträger mag insbesondere bei Altlasten und anderen versteckten Umweltrisiken rechtspolitisch wenig befriedigen – zumal sie die Möglichkeit für gezielt Haftungs-segmentierende Spaltungen eröffnet. Aber die Haftungsbegrenzung folgt aus dem Konzept des § 133 Abs. 3 UmwG und ist vom Gesetzgeber so gewollt.

6. Gläubigerschutz der Arbeitnehmer

Noch weiter ausgebaut hat das Umwandlungsgesetz den Schutz der Arbeitnehmer in ihrer Eigenschaft als Gläubiger des übertragenden Rechtsträgers für den Fall der Betriebsaufspaltung[117]. Mit ihr sind nach Ansicht des Gesetzgebers Nachteile für die Arbeitnehmer der Betriebsgesellschaft verbunden, die durch die Gesamtschuld nach § 133 UmwG allein nicht hinreichend aufgefangen werden[118]. Deshalb ergänzt § 134 UmwG das System des umwandlungsrechtlichen Gläubigerschutzes in drei Richtungen zugunsten der Arbeitnehmer:

Zum ersten hat die Besitzgesellschaft ebenfalls für betriebsverfassungsrechtliche Sozialplan-, Abfindungs- und Ausgleichsansprüche (aus §§ 111–113 BetrVG) als Mithafterin einzustehen, selbst wenn diese erst nach der Spaltung entstanden sind und mit dieser in keinerlei Zusammenhang stehen – etwa, weil die Betriebsgesellschaft wegen

---

116 Hier liegt die wertende Parallele zur Forthaftung des ausgeschiedenen Personenhandels-Gesellschafters für Altverbindlichkeiten der Gesellschaft nahe; denn dort ist eine Verbindlichkeit schon beim Ausscheiden begründet gewesen, wenn die Rechtsgrundlage bereits gelegt war, selbst wenn die Gesellschaftsschuld erst später entsteht (vgl. BGHZ 36, 224, 228).

117 Die Voraussetzungen der so erfaßten Betriebsaufspaltung sind in § 134 Abs. 1 S. 1 UmwG näher bestimmt; ob eine geschickte Kautelarjuristerei hieraus (wie zu § 4 MitbestG 1976) Haftungs-minderndes Kapital schlagen kann, wird erst die Zukunft erweisen.

118 Begründung RegE zu § 134, abgedruckt bei *Ganske*, S. 167 f.; *Neye*, S. 267.

völlig unvorsehbarer Marktentwicklungen vier Jahre nach der Spaltung in die Krise geraten ist.

Zweitens können sogar Arbeitnehmer, die erst nach der Spaltung in die Dienste der Betriebsgesellschaft eingetreten sind, die Besitzgesellschaft wegen dieser betriebsverfassungsrechtlichen Ansprüche aus Mithaft in Anspruch nehmen.

Und zum dritten schließlich gilt für diese Ansprüche nicht die normale 5jährige Nachhaftungsfrist, sondern (wie es die lupenscharfe Lektüre des § 134 Abs. 3 UmwG ergibt) eine 10jährige[119]. Dieser Frist unterliegen gleichermaßen Versorgungsverpflichtungen, wenn und soweit sie vor der Spaltung begründet worden sind.

7. Spaltungs-bedingte Kapitalherabsetzung

Bei Abspaltungen und Ausgliederungen bleibt der übertragende Rechtsträger bestehen. Wegen seiner verringerten oder auch nur umgeschichteten Vermögenssubstanz mag es im Einzelfall angezeigt, wenn nicht gar erforderlich sein, das Grund- oder Stammkapital einer übertragenden Aktiengesellschaft oder GmbH im Zuge der Spaltung herabzusetzen. Damit ist der Gläubigerschutz nach § 225 AktG bzw. nach § 58 GmbHG angesprochen. Indes – bei Spaltungs-bedingten Kapitalherabsetzungen kann dies Schutzinstrumentarium ausgeschaltet werden: §§ 139 und 145 UmwG erlauben die Kapitalherabsetzung in vereinfachter Form und damit nach § 229 Abs. 3 AktG bzw. nach dem neuen § 58a Abs. 5 GmbHG ohne vorbeugenden Gläubigerschutz. Die Gesellschaftsgläubiger können nicht ohne weiteres Sicherheit verlangen, sondern (Umwandlungs- und damit auch Spaltungs-spezifisch) nur dann, wenn sie die Gefährdung ihrer Forderung glaubhaft zu machen vermögen (§ 22 Abs. 1 S. 2 UmwG). Im übrigen übernimmt bei der Spaltung mit Kapitalherabsetzung die Gesamtschuld aus § 133 Abs. 1 UmwG den vorbeugenden Gläubigerschutz.

Noch näherer Klärung bedarf dagegen die Frage, ob die Gläubiger der übertragenden Kapitalgesellschaft nach der Kapitalherabsetzung vor vorzeitiger Gewinnausschüttung (§ 225 Abs. 2 AktG, § 58 Abs. 1 Nr. 3 GmbHG[120]) geschützt werden müssen[121].

---

119 Zur näheren Erläuterung s. den Bericht des Bundestages-Rechtsausschusses zu § 134 Abs. 3 UmwG, abgedruckt bei *Ganske*, S. 168; *Neye*, S. 268.

120 Zur § 225 AktG vergleichbaren Sperrfunktion des § 58 Abs. 1 Nr. 3 GmbHG vgl. *Priester* in Scholz, § 58 Rz. 58.

121 Dazu *K. Mertens*, AG 1994, 66, 71 Fn 27.

III. Gläubigerschutz in übernehmenden Gesellschaften

Soweit zu den Gläubigern des übertragenden Rechtsträgers und zu ihrem Schutz; nun zum Gläubigerschutz in den übernehmenden Gesellschaften.

1. Recht der Kapitalaufbringung

Sollte der Spaltungs- und Übernahmevertrag Vermögensgegenstände einer Kapitalgesellschaft zuweisen, so werden auch deren Gläubiger durch die Rechtsgrundsätze zur Kapitalaufbringung geschützt: bei der Spaltung zur Neugründung durch das Aktien- und GmbH-rechtliche Gründungsrecht, auf das der Generalverweis in § 135 Abs. 2 UmwG hinlenkt, und bei der Spaltung zur Aufnahme durch das Recht der Kapitalerhöhung, das (recht verwickelt) über den Globalverweis in § 125 nach §§ 55, 69 UmwG ebenfalls bei Spaltungen zum Zuge kommt, sofern in der übernehmenden Kapitalgesellschaft eine Kapitalerhöhung notwendig ist. Auch für lediglich nach § 133 Abs. 1, 3 UmwG mithaftende Rechtsträger entfaltet das Recht der Kapitalaufbringung seine Schutzwirkungen:

Solange sich die Mithaft (nach den Darlegungen oben S. 121 f.) nicht konkretisiert hat, berührt diese weder die Spaltung zur Aufnahme im übernehmenden Rechtsträger noch die Spaltung zur Neugründung dort. Sollte sich hingegen das Risiko aus der Mithaft *nach* der Spaltung konkretisieren, so verschlechtert sich das Eigenkapital der übernehmenden Gesellschaft nach dem Stichtag aus §§ 37, 184 AktG, §§ 9, 56 Abs. 2 GmbHG. Aber dies Risiko geht zu Lasten der übernehmenden Gesellschaft und begründet keinen Anspruch auf Differenzhaftung: weder den gegen den übertragenden Rechtsträger noch gegen dessen Anteils-Inhaber. Falls sich das Haftungsrisiko jedoch *vor* dem Stichtag der Spaltungs-Anmeldung in der Weise konkretisiert, daß das Grund- oder Stammkapital einer übernehmenden Kapitalgesellschaft berührt ist, so kommt eine Differenzhaftung[122] durchaus in Betracht: bei der Auf- und Abspaltung die von Gesellschaftern in der übernehmenden Gesellschaft, bei der Ausgliederung zumindest die des übertragenden Rechtsträgers.

---

122 Allgemein zur Differenzhaftung des Sacheinlegers in Kapitalgesellschaften: *K. Schmidt,* Gesellschaftsrecht, 2. Aufl. 1991, S. 478 f.; zur Differenzhaftung bei Aktiengesellschaften: BGHZ 64, 52, 62 f.

2. Zusätzlicher Anspruch auf Sicherheitsleistung

Aber mit dem Instrumentarium des Kapitalaufbringungsrechts allein ist es nicht getan; denn bei der Spaltung zur Aufnahme kann sich die Lage der Altgläubiger in den übernehmenden Rechtsträgern infolge der Spaltung dramatisch verschlechtern, ohne daß die Regeln zur Kapitalaufbringung hiergegen (hinreichenden) Schutz gewähren – namentlich, wenn die Spaltung in der aufnehmenden Kapitalgesellschaft ohne Gründung oder Kapitalerhöhung dort abgewickelt wird oder wenn aufnehmender Rechtsträger eine Personenhandelsgesellschaft ist. Die Befriedigungs-Aussichten der Altgläubiger betreffen zum einen die dem übernehmenden Rechtsträger eventuell als „Hauptschuldner" zugewiesenen Verbindlichkeiten, zum anderen jedoch und vor allem die gesamtschuldnerische Mithaft nach § 133 Abs. 1 UmwG. In das Haftungs- und Ertragspotential des übernehmenden Rechtsträgers müssen sich dessen Altgläubiger nunmehr im Ernstfall mit den Gläubigern des übertragenden Rechtsträgers teilen.

Der Schutz der Altgläubiger in übernehmenden Rechtsträgern vor diesen Spaltungs-spezifischen Gefahren ist erneut nur mit Hilfe einer scharfen Lupe zu erschließen: Anzusetzen ist bei § 133 Abs. 1 S. 2 HS 1 2. Alt. UmwG mit seinem Verweis auf § 22 UmwG: Diese Bestimmung schützt die Gläubiger *aller* an der Spaltung beteiligten Rechtsträger, also gleichfalls die in übernehmenden Rechtsträgern und nicht bloß (wie § 133 Abs. 1 S. 1 UmwG) die des übertragenden Rechtsträgers[123]. Daher hat der Altgläubiger eines übernehmenden Rechtsträgers, dem eine noch nicht fällige Forderung zusteht, einen Anspruch auf Sicherheitsleistung, sofern er glaubhaft machen kann, daß die Spaltung und deren Folgen die Erfüllung seiner Forderung gefährden (§ 22 Abs. 1 S. 2 UmwG). Dieser gesetzliche Sicherungsanspruch richtet sich allein gegen jenen übernehmenden Rechtsträger, der die Erfüllung der noch nicht fälligen Forderung schuldet, also gegen den (bisherigen) Schuldner des Altgläubigers (§ 133 Abs. 1 S. 2 HS 2 UmwG). Von den anderen beteiligten Rechtsträgern kann der Altgläubiger keine Absicherung verlangen – also weder vom übertragenden Rechtsträger, noch von anderen übernehmenden.

Wegen dieses Altgläubiger-Schutzes gibt die Spaltung allein keinen Anlaß, noch nicht fällige Forderungen gegen übernehmende Rechtsträger aus wichtigem Grund außerordentlich fällig zu stellen. Anders

---

123 Zutreffend *Heiss,* DZWir 1993, 12, 17.

bloß, falls der Anspruch auf Sicherheitsleistung nicht oder nicht ausreichend erfüllt wird.

IV. Binnenausgleich

Über den Binnenausgleich unter den an der Spaltung beteiligten Rechtsträgern verhält sich das Umwandlungsgesetz nicht direkt; näheren Aufschluß liefert vielmehr die Anordnung in § 133 Abs. 1 S. 1 UmwG, daß die beteiligten Rechtsträger als Gesamtschuldner haften[124].

1. Zum Erstattungs- bzw. Freistellungsanspruch

Damit kommen die bürgerlich-rechtlichen Regeln über den Gesamtschuldnerausgleich nach § 426 Abs. 1 und Abs. 2 BGB zum Zuge. Für das Verhältnis zwischen dem Zuweisungsempfänger, dem „Hauptschuldner" und den anderen lediglich mithaftenden Rechtsträgern bedeutet das:

a) Sollte ein Mithafter von einem Gläubiger des übertragenden Rechtsträgers in Anspruch genommen worden sein, so hat dieser Mithafter einen entsprechenden Erstattungsanspruch gegen den Zuweisungsempfänger in voller Höhe aus § 426 Abs. 1 BGB. Denn aus der Zuweisung, die der Spaltungs- und Übernahmevertrag hinsichtlich der vom Mithafter erfüllten Verbindlichkeit getroffen hatte, folgt für das Verhältnis zwischen diesem und dem Zuweisungsempfänger, daß sie die Verbindlichkeit nicht zu gleichen Teilen tragen sollten, sondern der Zuweisungsempfänger in seiner Eigenschaft als „Hauptschuldner" allein. Eine zweite Anspruchsgrundlage bietet die nach § 426 Abs. 2 BGB übergeleitete Verbindlichkeit selbst; das hat für den Mithafter dann Bedeutung, wenn diese Verbindlichkeit gesichert ist (§§ 412, 401 BGB)[125].

b) Aber schon bei drohender Inanspruchnahme wird man dem Mithafter einen Freistellungsanspruch gegen den Zuweisungsempfänger als „Hauptschuldner" aus § 426 Abs. 1 BGB in extensiver Auslegung[126] zubilligen müssen. Unabhängig hiervon jedoch wird ein bloß

---

124 Hierzu schon *Rümker* (Fn 14) S. 76.
125 Allgemein zur bestärkenden Wirkung dieser Legalzession: *Selb,* Münchener Komm., § 426 BGB Rz. 15 ff.
126 Die für diesen Befreiungsanspruch nach Ansicht mancher (z.B. *Selb,* Münchener Komm., § 426 BGB Rz. 10; s. auch noch *Goette,* Gesamtschuldbegriff und Regreßproblem, 1974, S. 128 ff., 154) erforderliche besondere

mithaftender Rechtsträger in jedem Falle gut daran tun, sein Freistellungsrecht ausdrücklich im Spaltungs- und Übernahmevertrag als Anspruch, der auf erstes Anfordern sofort zu erfüllen ist, niederlegen zu lassen[127].

2. Ausgleich unter mehreren Mithaftern

Dies gilt ebenfalls für den Ausgleich unter mehreren Mithaftern. Denn ohne privatautonome Eigenregelung wären diese im Verhältnis zueinander nach § 426 Abs. 1 S. 1 BGB zu gleichen Teilen mit der mißlichen Folge verpflichtet, daß ein übernehmender Rechtsträger, dem das wertvolle Aktivvermögen vollständig zugewiesen worden ist, genauso gestellt wäre wie ein anderer Rechtsträger, dem aus dem Aktivvermögen des übertragenden Rechtsträgers bloße Brosamen zugefallen sind. Da das Gesetz keinen Ansatz bietet, angemessen an die Relation des jeweils übernommenen Nettoaktivvermögens anzuknüpfen[128], sollte eine hierauf abzielende Regelung im Spaltungs- und Übernahmevertrag vorgesehen werden. Sie sollte zugleich den jeweils pro rata zu erfüllenden Freistellungsanspruch niederlegen sowie die zügig zu aktivierenden Ausgleichsmechanismen für den Fall, daß einer der Mithafter ganz oder teilweise ausfällt.

V. Resümee zum Gläubigerschutz

Dem Gesetzgeber wird man nach allem für die Spaltung attestieren können, die Belange der Gläubiger bei der Spaltung umfassend, intensiv und erfolgversprechend geschützt zu haben. Aus ihrem Blickwinkel geschaut, bleibt das Haftungs- und Erfolgspotential ihres Schuldners trotz der Spaltung noch 5 Jahre lang zusammengefaßt; alle Gläubiger bilden eine Risiko- ud Schicksalsgemeinschaft auf Zeit[129]. Mit dem so ausgestalteten Schutzinstrumentarium zielt der Gesetzgeber nach eigenem Bekunden über die Gläubiger hinaus darauf ab, Miß-

---

Mitwirkungspflicht folgt bei der Spaltung aus dem Einstandsgefälle zwischen „Hauptschuldner" und bloßem Mithafter aus § 133 Abs. 1, 3 UmwG.

127 Für ein zügig fuktionierendes Ausgleichsverfahren plädiert auch *K. Mertens*, AG 1994, 66, 70.

128 Überzeugend *Rümker* (Fn 14) S. 76 f.

129 Plastisch *K. Schmidt*, ZGR 1993, 366, 389; s. auch *Hahn*, GmbHR 1991, 242, 251; *Heiss*, DZWir 1993, 12, 19.

bräuchen der Spaltungsfreiheit vorzubeugen[130]: die 5jährige Nachhaft als Gewähr für seriöse Spaltung[131].

Diese Funktionszusammenhänge muß man sich resümierend auf der Zunge zergehen lassen: Die übernehmenden Rechtsträger sind die gesetzlichen Zwangsgaranten dafür, daß die Spaltung im übertragenden Rechtsträger lege artis konzipiert und durchgeführt wird. Dafür haben die Übernehmer mit ihrem gesamten Zukunftserfolg, ggf. sogar mit ihrer Existenz einzustehen. Aber nicht bloß dafür; außerdem nimmt jeder beteiligte Rechtsträger am Überlebensrisiko jedes anderen Rechtsträgers mehr oder minder intensiv teil; also an dessen wirtschaftlichen Mißerfolgen während der Nachhaftungsphase sogar dann, wenn diese mit der Spaltung in keinerlei Zusammenhang stehen. – Das alles trifft über die übernehmenden Rechtsträger hinaus deren Anteilseigner, Arbeitnehmer und Gläubiger; besonders intensiv bei der inkongruenten Auf- oder Abspaltung (§ 128 UmwG) sowie bei Spaltungen zur Aufnahme (§§ 126 ff. UmwG).

VI. Haftungsrisiken, Spaltungsbeschluß und Gesellschafter-Information

Aus diesem Risikobefund ergeben sich Konsequenzen für den Spaltungsbeschluß der Anteilseigner: ganz vordringlich für den Gesellschafter-Entscheid im übernehmenden Rechtsträger bei der Spaltung zur Aufnahme (§§ 125 S. 1, 13 Abs. 1 UmwG), daneben aber auch, wenn schon in Spaltungsform-spezifisch abgestufter Intensität für den Spaltungsbeschluß der Anteilseigner im übertragenden Rechtsträger; denn mit ihrem Entscheid heißen sie den Spaltungs- und Übernahmevertrag (§ 126 UmwG) bzw. den Spaltungsplan (§ 136 UmwG) gut – die wesentliche Grundlage für den Fortgang des Geschehens in den beteiligten Rechtsträgern nach Durchführung der Spaltung. Wie wirken sich die aus dem Spaltungs-rechtlichen Gläubigerschutz herrührenden Einstands- und Haftungsrisiken auf den Anteilseignerbeschluß aus? Verknüpft ist dieser mit den Risiken über die Brücke der Anteilseigner-Information: In welchem Umfang und mit welcher Intensität sind die Anteilseigner auf welchen Wegen jeweils darüber zu informieren, welche konkreten Haftungsrisiken für ihren Rechtsträger aus

---

130 Begründung RegE zu § 133 Abs. 1, abgedruckt bei *Ganske*, S. 165; *Neye*, S. 265.

131 *K. Schmidt*, ZGR 1993, 366, 389.

der Spaltung drohen? Oder sollte der Hinweis genügen: „Eure Gesellschaft haftet, und zwar in dem Umfang, wie er sich aus den übergegangenen Verbindlichkeiten ergibt"[132].

1. Allgemein: Zur Funktion der Anteilseigner-Informationen bei der Spaltung

Welche rechtlichen Anforderungen an die Anteilseigner-Informationen bei Spaltungen zu stellen sind, hängt maßgeblich davon ab, welche Funktionen der Gesetzgeber dem Spaltungsbeschluß und ganz allgemein dem Umwandlungsbeschluß der Anteilseigner beigelegt hat. Angesichts der qualifizierten Mindestmehrheiten (§ 125 i.V.m. §§ 43 Abs. 2, 50 Abs. 1, 65 Abs. 1 UmwG) könnte man die Funktionen des Anteilseignerentscheids darin erblicken, den Spaltungs-bedingten Eingriff in ihre Mitgliedschaftsrechte zu legitimieren[133]. Das auch, aber nicht allein:

a) Denn zum ersten fällen die Anteilseigner mit ihrem Spaltungsbeschluß aus ihrer letzten Verantwortung heraus die Entscheidung über das gesamte Spaltungsvorhaben und legen damit letztverantwortlich das rechtliche Fundament für das weitere Geschehen in den beteiligten Rechtsträgern. Spaltungsplan sowie Spaltungs- und Übernahmevertrag sind zunächst nur unverbindliche Vorlagen der beteiligten Geschäftsleitungen (§§ 125, 4 Abs. 1 UmwG), mögen sie auch in das Gewand eines unterzeichneten Vertrages gehüllt sein[134]. Erst mit dem oder den notwendigen Spaltungsbeschlüssen der vom Gesetz zur Entscheidung aufgerufenen Anteilseigner treten Plan oder Vertrag in Kraft und entfalten ihre Wirkungen. Diese Letztverantwortlichkeit der Anteilseigner ist nicht etwa eine ausschließlich temporäre, sondern rechtlich zwingend eine materielle; bei ihnen liegt das Schwergewicht der Willensbildung[135]: Da die Anteilseigner im Rahmen ihrer

---

132 So in der Diskussion während der Kölner Umwandlungsrechtstage ein Teilnehmer.

133 Es geht um Umstrukturierungen auf der Ebene des Gesellschafts-Statuts, nicht um bloße Geschäftsführungsmaßnahmen (dazu *Hommelhoff*, ZGR 1993, 452, 453 ff.; dort S. 457 auch zum Minderheitenschutz durch Beschlußmehrheiten).

134 Der Vertrag bzw. Plan ist schwebend unwirksam, weil die Vertretungsmacht der Vertretungsorgane in den beteiligten Rechtsträgern eingeschränkt ist (arg. §§ 125, 13 Abs. 1 UmwG).

135 Vgl. BGHZ 82, 188, 195 ff.; eingehend *Hommelhoff*, Die Konzernleitungspflicht, 1982/1988, S. 326 ff.

Entscheidungszuständigkeit beschließen, tragen sie die Verantwortung für das Spaltungsvorhaben und nicht die Geschäftsleitungsmitglieder in den beteiligten Rechtsträgern. Für Aktiengesellschaften ist dies ausdrücklich in § 93 Abs. 4 S. 1 AktG niedergelegt, gilt aber in gleicher Weise für die anderen Gesellschaftsformen[136].

b) Zum zweiten steht der Anteilseigner-Entscheid zur Umwandlung und damit ebenfalls der zur Spaltung im Zentrum eines subtilen Systems zur Rechtsträger-internen Kontrolle der beteiligten Geschäftsleitungen. Indem das Gesetz die beteiligten Geschäftsleitungen zu einer ganzen Fülle von Informationen gegenüber den Anteilseignern, namentlich im Spaltungsbericht (§ 127 UmwG)[137] anhält, zwingt es jede Geschäftsleitung, nicht nur das geplante Spaltungsvorhaben darzustellen, sondern es darüber hinaus zu begründen, zu erläutern und die eigenen Einschätzungen zu offenbaren und schriftlich zu fixieren. All' dies wird für die Zukunft festgehalten, so daß die Anteilseigner ihre Geschäftsleitung an deren Informationen, Erläuterungen und Einschätzungen im nachhinein festhalten können. Auf diese Weise zwingt der Gesetzgeber die Mitglieder der Geschäftsleitung, selbst den Anteilseignern die Stricke zu liefern, mit denen sie sie später binden können[138] – ein fein gesponnenes, aber dennoch höchst wirksames Instrumentarium vorbeugender Geschäftsleitungs-Kontrolle bei Umwandlungen einschließlich der Spaltung.

c) Bei Spaltungen kommt somit den Informationen an die Anteilseigner ganz allgemein herausragende Bedeutung zu: als Entscheidungsgrundlage für deren letztverantwortlichen Spaltungsbeschluß und als zentrales Instrument vorbeugender Geschäftsleitungskontrolle bei einer solchen tiefgreifenden und weit in die Zukunft wirkenden Umstrukturierung.

---

136 Zur Rechtslage in der GmbH: BGHZ 31, 258, 278; *Konzen*, NJW 1989, 2977, 2979; *Lutter/Hommelhoff*[14], § 43 Rz. 18; *Schneider* in Scholz, § 43 Rz. 95.

137 Ausführlich zum Spaltungsbericht demnächst *Engelmeyer*, Die Spaltung von Aktiengesellschaften nach dem neuen Umwandlungsrecht, 1995, S. 66 ff.

138 Dies von *Lutter*, Information und Vertraulichkeit im Aufsichtsrat, 2. Aufl. 1984, S. 2 allgemein für das Verhältnis des Vorstands zum Aufsichtsrat gezeichnete Bild ist auf die Beziehung der Geschäftsleitung zu ihren Anteilseignern ohne Substanzverlust übertragbar.

2. Informationen über Spaltungs-geborene Einstands- und Haftungs-risiken

a) In dies ziel- und zweckgerichtete Informationsgefüge sind die Darlegungen zu den Verbindlichkeiten, zu ihrer Zuordnung und zu den aus ihnen resultierenden Einstands- und Haftungsrisiken einzubauen. Für den Zuweisungsempfänger, für den „Hauptschuldner" und seine (aktuellen und/oder künftigen) Anteilseigner stellt sich die Frage, ob dieser in der Lage sein wird, die zugewiesenen Verbindlichkeiten bei ihrer Fälligkeit zu begleichen. Das hängt nicht bloß von diesen Verbindlichkeiten und ihrem Umfang ab, sondern auch und vor allem vom künftigen Leistungspotential des „Hauptschuldners"; hierfür sind das im Rahmen der Spaltung zugewiesene Aktivvermögen und seine unternehmerische Ertragskraft maßgeblich. Daneben gewinnt bei Spaltungen zur Aufnahme Bedeutung, ob und inwieweit die im übernehmenden Rechtsträger vorhandenen Ressourcen eingesetzt werden müssen, um die Spaltungs-bedingt übernommenen Schulden erfüllen zu können.

Nur und erst wenn die Anteilseigner über diese Einstandsrisiken hinreichende Klarheit gewonnen haben, können sie den Spaltungsbeschluß aus ihrer letzten Verantwortung heraus fassen. Deshalb ist es im „Hauptschuldner" nicht mit einer bloßen Auflistung der zugewiesenen Verbindlichkeiten oder gar mit einem pauschalen Hinweis auf den Spaltungsplan oder auf den Spaltungs- und Übernahmevertrag getan. Vielmehr brauchen die Anteilseigner (ggf. sehr eingehende) Erläuterungen und Begründungen zu den Verbindlichkeiten, wie sie dem „Hauptschuldner" zugewiesen werden sollen. Das wird Prognosen zu ihrer Erfüllbarkeit im Zeitpunkt der Fälligkeit mit einschließen. Auf diese Weise verdeutlicht die Geschäftsleitung ihren Anteilseignern zugleich, daß sie über die Einstandsrisiken des übernehmenden „Hauptschuldners" Ermittlungen angestellt und eigene Einschätzungen getroffen hat. Damit erspart sich die Geschäftsleitung zumindest den Vorwurf im Nachhinein, sie habe die Anteilseigner blindlings in die Spaltungs-geborenen Einstandsrisiken hineingeführt.

b) Anders strukturierte Informationen benötigen die Anteilseigner in bloß mithaftenden Rechtsträgern, denen also die Verbindlichkeit nicht zugewiesen ist (§ 133 Abs. 3 UmwG). Um die Haftungsrisiken ihres Rechtsträgers beurteilen zu können, müssen sie primär über fremde Leistungspotentiale ins Bild gesetzt werden: einerseits über die Fähigkeit des „Hauptschuldners", die gesamtschuldnerisch besicherten Verbindlichkeiten recte zu erfüllen, und andererseits ggf. über die voraussichtliche Fähigkeit und Bereitschaft der anderen Mithafter, den gesetzlich (oder besser: aufgrund Vereinbarung[139]) geschuldeten Binnenausgleich zu erbringen. Erst danach ist Raum, die Konsequenzen für den eigenen Rechtsträger auszumessen: das verbleibende Restrisiko und für den Fall seiner Verwirklichung die Folgen für die eigenen Ressourcen und Aktivitäten.

Auch insofern gebären die Informationspflichten gegenüber den Anteilseignern eine Fülle von Einschätzungen und Prognosen. Aber trotz aller Unsicherheit sind sie unverzichtbar für einen verantwortlichen Letztentscheid im mithaftenden Rechtsträger und für die vorbeugende Geschäftsleitungskontrolle, vor allem bei Spaltungen zur Aufnahme. Die Tatsache, daß der Rechtsträger bloß mithaftet und nicht als „Hauptschuldner" fungiert, führt zu keinen Erleichterungen bei den Informationspflichten; eher im Gegenteil.

3. Spaltungsrechtliche Instrumente der Anteilseigner-Information

Auf welchem Wege hat die Geschäftsleitung den Anteilseignern diese Risiko-bezogenen Informationen zu vermitteln? Zur Beantwortung sind die Informations-Instrumente durchzumustern, die das Gesetz für Spaltungen vorschreibt: die Spaltungsberichte der Geschäftsleitungen (§ 127 UmwG), der Spaltungs- und Übernahmevertrag (§ 126 UmwG) bzw. der Spaltungsplan (§ 136 UmwG), die Prüfungsberichte der Spaltungsprüfer (§§ 125, 12 UmwG). Hinzu kommen die mündlichen Erläuterungen des Spaltungsvorhabens in den (nach §§ 125, 13 Abs. 1 S. 2 UmwG obligatorischen) Gesellschafterversammlungen; für Aktiengesellschaften folgt dies aus §§ 125, 64 Abs. 1 S. 2 UmwG, für GmbH trotz des insoweit Regelungs-losen § 49 UmwG aus allgemeinen Rechtsgrundsätzen[140]. Schließlich zählen zu den individuellen Informationsmitteln die Auskunftsrechte der einzelnen Anteilseigner (§ 131 AktG, § 51a GmbHG).

a) Mustert man diese einzelnen Informations-Instrumente durch, so sind die Verbindlichkeiten allein in § 126 Abs. 1 Nr. 9 UmwG für den Spaltungs- und Übernahmevertrag erfaßt sowie über die Verweisung in § 136 mittelbar für den Spaltungsplan[141]. Im übrigen werden weder

---

139 S. oben S. 131.
140 S. *Hommelhoff*, ZIP 1983, 383, 388 f.; tendenziell zurückhaltender wohl *K. Schmidt* in Scholz, § 51a Rz. 4, 50.
141 Begründung RegE zu § 136, abgedruckt bei *Ganske*, S. 169; *Neye* S. 270: für den Spaltungsplan gelten die Vorschriften, die auf den Spaltungs- und Übernahmevertrag anzuwenden sind.

die Verbindlichkeiten noch die aus ihnen herrührenden Einstands-
oder Haftungsrisiken ausdrücklich angesprochen: weder in § 127
UmwG für den Spaltungsbericht der Geschäftsleitung noch für den
Prüfungsbericht des Spaltungsprüfers (§§ 125, 12 UmwG). Aus diesem
Befund könnte man den Schluß herleiten wollen, die Anteilseigner
seien eben nur über die Verbindlichkeiten und ihre Zuweisung im
Spaltungs- und Übernahmevertrag bzw. im Spaltungsplan zu informieren, aber nicht über mehr. Und zur Begründung dieser These:
Wenn es dem Gesetzgeber um detailliert aufgefächerte Informationen
über Einstands- und Haftungsrisiken gegangen wäre, dann hätte er
dies, so wie in § 12 Abs. 2 UmwG für die Einzelheiten zum Umtausch
geschehen, mit Einzelheiten für das Einstands- und Haftungsrisiko
explizit vorgegeben. Da er dies jedoch nicht getan hat, spricht (zunächst wenigstens) alles dafür, daß der Gesetzgeber den Risiko-bezogenen Informationsbedarf der Anteilseigner bei der Spaltung hat unbefriedigt lassen wollen.

Aber eine solche Interpretation würde entschieden zu kurz greifen,
weil sie die Besonderheiten ausblendet, unter denen das Spaltungsrecht und namentlich der Gläubigerschutz bei der Spaltung entstanden sind. Mit diesem aus dem Gemeinschaftsrecht überkommenen
Rechtsinstitut hat der deutsche Gesetzgeber Neuland betreten, ohne
hier auf praktische Erfahrungen und eine geschlossene Dogmatik zur
Spaltung zurückgreifen zu können. Selbst während des Gesetzgebungsverfahrens wurde die „Spaltung" wissenschaftlich kaum beglei-
tet[142]. Hinzu kommen die grundkonzeptionellen Schwankungen, denen gerade der Gläubigerschutz bei der Spaltung während der Entstehung des Gesetzes unterworfen war[143]. Daß sich diese Schwankungen
zugleich auf den Informationsbedarf der für das Spaltungsvorhaben
letztverantwortlichen Anteilseigner auswirken müßten, wurde zu
keiner Zeit bemerkt. – Vor diesem Hintergrund wäre es überzogen,
wenn man mit dem Schweigen des Gesetzes den erklärten Willen des

---

142 S. die Themenstellung zum Glashüttener Symposion 1990 (ZGR 1990,
391 ff.) sowie die zum IdW-Umwandlungssymposion 1992 (Institut der
Wirtschaftsprüfer [Hrsg.], Reform des Umwandlungsrechts 1993); erst der
Arbeitskreis Umwandlungsrecht (ZGR 1993, 321) hat sich eigenständig
der Spaltung angenommen; aber auch hier wurde das Zusammenspiel
zwischen Gläubigerschutz und Anteilseigner-Information noch nicht the-
matisiert (s. *Teichmann*, ZGR 1993, 396, 416 ff.).

143 Zur Entstehungsgeschichte des spaltungsrechtlichen Gläubigerschutzes:
K. Schmidt, ZGR 1993, 366, 383 ff.

Gesetzgebers belegen wollte, den Risiko-bezogenen Informationsbedarf der Anteilseigner unbefriedigt zu lassen.

b) Mithin bleibt die Frage, mit welchem spaltungsrechtlichen Instrument der Anteilseigner-Bedarf an Informationen über das Einstands- und Haftungsrisiko ihres Rechtsträgers zu decken ist. Da diese Information auch die Einschätzungen und Prognosen der Geschäftsleitung umfassen müssen[144], scheiden die Prüfungsberichte der Spaltungsprüfer als Informations-Instrument aus: Ihre Prognose würde nicht aus der genuin unternehmerischen Eigenverantwortung der Geschäftsleitung für gerade ihren Rechtsträger resultieren. Ebensowenig würde eine bloß mündliche Information durch die Geschäftsleitung in der Gesellschafterversammlung den spezifischen Bedürfnissen der Anteilsinhaber gerecht: Auch hinsichtlich der Einstands- und Haftungsrisiken brauchen sie schriftliche Vorab-Informationen, um sich auf den Spaltungsbeschluß ausreichend vorbereiten zu können. Den Schwerpunkt dieser Verbindlichkeits-bezogenen Informationen müssen daher die Spaltungsberichte der Geschäftsleitungen (§ 127 UmwG) bilden; die mündlichen Erläuterungen in der Gesellschafterversammlung dienen nur dazu, die Ausführungen im Spaltungsbericht abzurunden und zu fokussieren.

c) Wie schon für den Verschmelzungsbericht so schreibt das Gesetz gleichermaßen für den Spaltungsbericht vor, dieser habe „ausführlich" abgefaßt zu sein. Damit kann auf die Rechtsprechungsgrundsätze zum Verschmelzungsbericht[145] sowie auf das reiche Schrifttum zu ihrer Umsetzung zurückgegriffen werden[146]: Die Geschäftsleitung hat den Spaltungsvorgang und seine Hintergründe für die Anteilseigner (einschließlich der außenstehenden) im Spaltungsbericht transparent zu gestalten, damit diese sich ein Bild darüber machen können, ob die Spaltung wirtschaftlich zweckmäßig ist und den gesetzlichen Anforderungen genügt.

Beim lediglich mithaftenden Rechtsträger (§ 133 Abs. 3 UmwG) wird dies eine ganze Reihe Verbindlichkeits-bezogener Einzelinformationen erfordern, wie sie aus dem oben dargestellten (konkret-situations-

---

144 S. oben S. 135.
145 BGHZ 107, 296, 302 f. – Kochs Adler; ganz auf dieser Linie liegt das neue Umwandlungsrecht, s. *Ganske,* WM 1993, 1117, 1122; *Neye,* ZIP 1994, 165, 166; bedauernd demgegenüber *Kallmeyer,* DB 1993, 367.
146 Zur inhaltlichen Ausgestaltung des Spaltungsberichts: *Ganske,* WM 1993, 1117, 1122; eingehend demnächst *Engelmeyer* (Fn 48) § 6.

bezogenen) Informationsbedarf[147] abzuleiten sind. Da sich die Haftungsrisiken der Mithafter wesentlich von den Einstandsrisiken des oder der „Hauptschuldner" unterscheiden, wird sich für diese Rechtsträger ein gemeinsamer Spaltungsbericht nach § 127 S. 1 HS 2 UmwG in aller Regel verbieten; andernfalls könnte eine Geschäftsleitung nur allzu leicht die spezifische Gefahrenlage ihrer Gesellschaft übersehen oder doch zumindest als zu gering erachten.

VII. Zusammenfassung in Thesen

1. Gläubigerschutz bei der Spaltung verwirklicht das Umwandlungsgesetz auf dem Wege, daß das Haftungs- und Erfolgspotential der beteiligten Rechtsträger trotz der Spaltung noch fünf Jahre lang zusammengefaßt bleibt.

2. Dies betont Gläubiger-freundliche Schutzkonzept findet seine Legitimation in der nahezu unbeschränkten Spaltungsfreiheit.

3. Trotz der Anordnung gesamtschuldnerischer Haftung aller an der Spaltung beteiligten Rechtsträger ist sowohl nach innen als auch nach außen zwischen dem „Hauptschuldner" und dem oder den bloßen Mithaftern zu unterscheiden. Denn das Haftungsrisiko der Mithafter ist nach den Regeln des Nachhaftungsbegrenzungsgesetzes zeitlich beschränkt.

4. In der Regel brauchen die Mithafter ihre Gesamtschuld nicht zu passivieren und auch keine Rückstellungen für sie zu bilden; dies erst dann, wenn sich das Risiko der Inanspruchnahme konkretisieren sollte.

5. In der Wurzel angelegte, aber bei der Spaltung noch nicht begründete Verbindlichkeiten können im Spaltungs- und Übernahmevertrag bzw. im Spaltungsplan einem Rechtsträger als „Hauptschuldner" zugewiesen werden. Ohne eine solche vertragliche Zuweisung haften sämtliche beteiligten Rechtsträger gesamtschuldnerisch als „Hauptschuldner".

6. Im übernehmenden Rechtsträger, der für Verbindlichkeiten des gespaltenen mithaftet, kommt eine Differenzhaftung allein dann in Betracht, wenn sich das Risiko der Inanspruchnahme *vor* dem Stichtag der Spaltung verwirklicht haben sollte. Risiko-Verwirklichungen *nach* dem Stichtag lassen die Gesellschafter unberührt.

---

147 S. oben S. 135 f.

7. Den Binnenausgleich unter den Mithaftern und im Verhältnis zum „Hauptschuldner" sollten die Beteiligten im Vertrag bzw. Plan selbst näher bestimmen. Die gesetzliche Regelung wird dem Interesse des in Anspruch genommenen Mithafters an schnellem und reibungslosem Ausgleich nicht vollauf gerecht.

8. Das Umwandlungsgesetz macht die übernehmenden Rechtsträger zu Zwangsgaranten dafür, daß die Spaltung im übertragenden Rechtsträger lege artis konzipiert und durchgeführt wird.

9. Hierüber müssen die Anteilseigner präzise und konkret informiert werden. Denn bei ihnen liegt der letztverantwortliche Entscheid über das Spaltungsvorhaben; zugleich dient ihre Information der Geschäftsleitungs-Kontrolle.

10. Zentrales Instrument der Anteilseigner-Information sind die Spaltungsberichte; in sie sind auch die Darlegungen, Einschätzungen und Prognosen zu den konkreten Einstands- und Haftungsrisiken der Rechtsträger aufzunehmen. Ein gemeinsamer Spaltungsbericht für den „Hauptschuldner" und die Mithafter wird sich in aller Regel verbieten.

D. Die Wirkungen der Spaltung (§§ 131 f. UmwG) *(Teichmann)*

I. Sachenrechtliche Auswirkungen

1. Übergang der im Spaltungsplan genannten Rechtsgüter

a) Grundsatz

Da die Spaltung durch Eintragung bei dem übertragenden Rechtsträger wirksam wird (§ 131 UmwG), gehen die übertragbaren Rechtsgüter, die im Spaltungsplan den übernehmenden Rechtsträgern zugewiesen sind, kraft richterlichen Hoheitsaktes, also unabhängig von den Bestimmungen zur Einzelübertragung, auf die übernehmenden Rechtsträger über.

b) Räumlicher Anwendungsbereich

Erfaßt werden zunächst alle übertragbaren Gegenstände, deren Übertragung dem deutschen Recht unterliegt, also im Inland belegen sind. Bei im Ausland belegenen Vermögensgegenständen wird darauf zu achten sein, ob für deren Übertragung deutsches Recht anwendbar ist oder ob der deutsche Übertragungsakt (Eintragung der Spaltung im

Handelsregister) anerkannt wird. Schwierigkeiten können zum einen auftreten bei langfristigen Lieferbeziehungen (Dauerschuldverhältnissen), wenn nicht die Anwendbarkeit deutschen Rechts vereinbart ist, und naturgemäß bei im Ausland belegenen Grundstücken. So wünschenswert die Erstreckung der Spaltungswirkung sein mag, so zweifelhaft kann dies im Einzelfall, d.h. von Land zu Land und möglicherweise auch von Gegenstand zu Gegenstand, sein.

Es empfiehlt sich deshalb eine genaue international-privatrechtliche Prüfung und des weiteren eine Klausel im Spaltungsvertrag, in der sich die Vertragsparteien verpflichten, im Zweifelsfall an einer Einzelübertragung mitzuwirken. Zweckmäßigerweise wird man die Einzelübertragung vor dem Eintritt der Wirkungen des Spaltungsbeschlusses (Eintragung im Handelsregister des übertragenden Rechtsträgers) durchführen, damit kein Zweifel entsteht, welche Übertragungshandlung nun zum Erfolg geführt hat.

c) Die Auswirkung von Übertragungshindernissen auf die partielle Gesamtrechtsnachfolge

aa) Grundsätze

Das Umwandlungsgesetz hat sich – anders als § 15 UmwStG – nicht dafür entschieden, eine bestimmte Mindestmasse an Vermögensgegenständen zu fordern, die für eine partielle Gesamtrechtsnachfolge zusammengefaßt werden müssen.[148] Damit besteht die Gefahr, daß – praktisch wohl nur bei kleineren Gesellschaften, insbesondere aber bei Ein-Personen-Gesellschaften – der Weg der Gesamtrechtsnachfolge als Instrument eingesetzt wird, um Hindernisse zu „umgehen", die einer Einzelübertragung bestimmter Gegenstände entgegenstehen. Die gesellschaftsrechtlichen Erschwernisse des Spaltungsvorhabens sind bei der genannten Konstellation leichter zu überwinden.

Um diese „Umgehungs-"möglichkeit abzuschneiden, ist im Umwandlungsgesetz festgelegt, daß Einzelübertragungshindernisse grundsätzlich auch für Spaltungsvorgänge gelten:

– Nach § 131 Abs. 1 Nr. 1 S. 2 UmwG verbleiben Gegenstände, die nicht durch Rechtsgeschäft übertragen werden können, bei Abspaltung und Ausgliederung im Eigentum oder in der Inhaberschaft des übertragenden Rechtsträgers (für die Aufspaltung ist wohl der Gegenschluß zu ziehen).

---

148 S. oben S. 96 f.

– Nach § 132 UmwG bleiben allgemeine Vorschriften, welche die Übertragbarkeit eines bestimmten Gegenstandes ausschließen oder an bestimmte Voraussetzungen knüpfen oder nach denen die Übertragung eines bestimmten Gegenstandes einer Genehmigung bedarf, durch die Wirkungen der Eintragung nach § 131 UmwG unberührt (eine Differenzierung nach Auf- und Abspaltung/Ausgliederung geschieht hier nicht).

Die Aufteilung des Komplexes in zwei Bestimmungen bleibt etwas unklar.[149]

An Gesichtspunkten der Interpretation ist wohl zu berücksichtigen: Die Bestimmungen sollen, wie sich aus der Begründung ergibt, alle Hindernisse und Erschwerungen der Einzelübertragung aufnehmen, mögen sie nun auf gesetzliche Bestimmungen, behördliche Maßnahmen oder auch auf vertragliche Vereinbarungen zurückzuführen sein; denn auch die privatautonomen Gestaltungsakte beruhen ihrerseits auf gesetzlichen Ermächtigungen (s.z.B. § 68 Abs. 2 AktG, § 15 Abs. 5 GmbHG bzw. – ausdrücklich erwähnt – § 399 BGB) oder sind durch den Grundsatz der Vertragsfreiheit gedeckt. Unterschieden wird insoweit systematisch zwischen Aufspaltung und Abspaltung bzw. Ausgliederung, was sich ja von selbst anbietet.

Die Bestimmungen haben ihre offensichtliche Brisanz. Die Gesamtrechtsnachfolge als Prinzip hatte *auch* den Vorteil, daß die komplizierten Zustimmungserschwernisse, Genehmigungsvorbehalte etc. im wesentlichen oder wenigstens teilweise nicht greifen und damit ein vollständiger Vermögensübergang ohne größere Mühen und auch ohne das Störpotential von Vertragspartnern möglich ist. Die Verknüpfung der partiellen Gesamtrechtsnachfolge mit allen Übertragungshindernissen der Einzelrechtsnachfolge ist also kontraproduktiv und im Grunde auch systemwidrig. Es besteht deshalb sicherlich ein Bedarf, de lege ferenda nach Kompromißlösungen zu suchen. Nach dem nun einmal erlassenen Recht sollte aber – mit allen Sicherheits-

---

149 Nach den Motiven a.a.O. S. 121 = *Ganske,* S. 144 enthält § 132 UmwG in Satz 1 eine klarstellende Vorschrift, die den bereits zu § 126 Abs. 1 Nr. 9 UmwG (in den Motiven) erläuterten Grundsatz, daß die allgemeinen Vorschriften des Zivilrechts über die Übertragbarkeit von Gegenständen auch bei der Spaltung gelten, ausdrücklich im Gesetzestext verankere. § 131 Abs. 1 Nr. 2 UmwG soll für Abspaltung und Ausgliederung wie § 132 UmwG klarstellen, daß die allgemeinen Vorschriften des Zivilrechts den Übergang eines bestimmten einzelnen Gegenstandes verhindern können, wobei insbesondere auf § 399 BGB verwiesen wird (Motive a.a.O. S. 120 zu § 131 = *Ganske,* S. 143).

risiken für die Praxis! – schon jetzt überlegt werden, wie beide Prinzipien miteinander wenigstens teilweise in Einklang zu bringen, d.h. die Vorteile einer partiellen Gesamtrechtsnachfolge in diesem Bereich nicht völlig aufzugeben und die Hindernisse der Einzelübertragung einschränkend nur dann anzuwenden, wenn dies der dort beabsichtigte Schutz erfordert. Dem Prinzip der partiellen Gesamtrechtsnachfolge sollte in seiner Übertragungsfunktion stärkeres Gewicht beigelegt werden, als es nach dem Gesetzeswortlaut möglich erscheint.

Zweckmäßigerweise – dies ist auch im Gesetz angelegt – wird hierbei zwischen Aufspaltung und Abspaltung/Ausgliederung unterschieden.

bb) Aufspaltung

Da bei der Aufspaltung der übertragende Rechtsträger erlischt, scheidet wie bei der Verschmelzung eine Lösung aus, die die Vermögensgegenstände wegen bestehender Übertragungshindernisse beim übertragenden Rechtsträger beläßt. Es stellt sich damit die Frage des Untergangs von Rechten, zusätzlich aber auch die Verteilungsproblematik. Zu fragen ist also, ob die Verteilung auf die übernehmenden Rechtsträger beliebig oder nur in Grenzen vorgenommen werden kann. Zur Lösung können grundsätzlich die zur Verschmelzung entwickelten Ergebnisse eingebracht werden.[150] Dies bedeutet im einzelnen:

– Bewegliche Sachen und Grundstücke einschließlich der auf ihnen ruhenden Grundpfandrechte gehen mit Eintragung der Spaltung auf die im Spaltungsplan vorgesehenen übernehmenden Rechtsträger über. Ein gutgläubiger Erwerb tatsächlich nicht existierender oder einem Dritten zustehender Rechte ist selbstverständlich nicht möglich.

– Nießbrauchsrechte und beschränkte persönliche Dienstbarkeiten, die an sich nicht übertragbar sind, gehen gem. § 1059a Nr. 1 (zu den Dienstbarkeiten s. § 1092 Abs. 2) BGB über. Die Bestimmung, die allein „juristische Personen" erwähnt, ist auf alle für die Spaltung zugelassenen Rechtsträger entsprechend anzuwenden.[151]

– Ist der übertragende Rechtsträger Inhaber von Immaterialgüterrechten (Patente, Warenzeichen, Gebrauchs- und Geschmacksmuster), so

---

150 S. dazu z.B. *Grunewald* in G/H/E/K, § 346 Rz. 9 ff.; *Kraft* in KK, § 346 AktG Rz. 18 ff.; *Priester* in Scholz[7], Anh. Umwandlung und Verschmelzung, § 25 KapErhG Rz. 6 ff.; *Lutter/Hommelhoff*[13], Anh. Verschmelzung.
151 Schon bisher wurde die Norm auf OHG und KG entsprechend angewandt, s. statt aller *Palandt/Bassenge*, §§ 1950a ff. Rz. 1.

sind die Voraussetzungen zu beachten, die in den jeweiligen gesetzlichen Bestimmungen für die Übertragung vorgesehen sind. Geschieht dies nicht, so erlöschen sie.

– Gehören zum Vermögen des übertragenden Rechtsträgers Gesellschaftsanteile, deren Übertragbarkeit eingeschränkt ist (vinkulierte Aktien, GmbH-Anteile, für die § 15 Abs. 5 GmbHG gilt, Anteile an Personengesellschaften) oder gehört der übertragende Rechtsträger einem Verein an (s. §§ 38, 40 BGB), so sind die Übergangsinteressen gegen die Schutzinteressen der betroffenen Gesellschafter bzw. Vereinigungen abzuwägen. Beruht beispielsweise die Mitgliedschaft darauf, daß der übertragende Rechtsträger einen bestimmten Betrieb führt, so geht die Mitgliedschaft auf den überneshmenden Rechtsträger über, dem der Betrieb nach dem Spaltungsplan zugewiesen ist. „Globale" Mitgliedschaften mögen sich (ähnlich wie bei einem Erbfall) ebenfalls spalten oder auch zum Ausscheiden führen.

Bei einem Übergang der Anteile bzw. Mitgliedschaften steht der betroffenen Gesellschaft bzw. Vereinigung nach allgemeinen Grundsätzen ein Recht zur fristlosen Kündigung zu, wenn der Eintritt des übernehmenden Rechtsträgers unzumutbar ist.

– Für nicht frei übertragbare *Forderungen* schließt § 132 S. 2 UmwG die Anwendung des § 399 BGB ausdrücklich aus. Dies löst die Problematik für Forderungen, die ihrem Inhalt nach nicht übertragbar sind (§ 399 1. Alt. BGB), nur in einem ersten Schritt. Es ist zunächst festgelegt, daß die betroffene Forderung nicht untergeht. Was aber mit ihr geschieht, wenn sie nicht mit einem Betrieb oder Betriebsteil verbunden war, sondern dem übertragenden Rechtsträger global zustand – etwa ein Anspruch auf Unterlassung von Wettbewerb – bleibt offen. Hier kann schon der Übergang auf einen bestimmten übernehmenden Rechtsträger für den Verpflichteten unzumutbar sein.[152] Als Beispiel denke man an die Zusammenfassung von Spartengesellschaften, denen gegenüber die Verpflichtung, Wettbewerb zu unterlassen, eine ganz andere Intensität gewinnen kann. Vorstellbar ist aber im Fall der Zumutbarkeit auch die Vervielfältigung des Unterlassungsanspruchs und sein Erstrecken auf alle übernehmenden Rechtsträger.

Im Ergebnis wird man wohl nur eine flexible Lösung unter dem Blickwinkel der Schutzzwecke suchen können, also zu fragen haben, auf welche Weise die mit dem vereinbarten Anspruch verfolgten Interes-

---

152 *Grunewald* in G/H/E/K, § 346 Rz. 19.

sen gewährleistet werden. Notfalls ist dem Verpflichteten ein Recht zur Kündigung einzuräumen.

– Spiegelbildlich gilt dies für *Verpflichtungen.* Auf §§ 414 f. BGB geht das Gesetz nicht ein. Wenn aber im Spaltungsplan „Gegenstände des Passivvermögens" gekennzeichnet werden können (§ 126 Abs. 1 Nr. 9 UmwG), so wird man wohl anzunehmen haben, daß dies auch ohne die Zustimmung des Gläubigers zum Übergang der Verbindlichkeit auf den übernehmenden Rechtsträger führt.

Offen ist wiederum das Schicksal von Globalverpflichtungen wie dem Unterlassungsanspruch von Wettbewerb als Beispiel. Der Anspruch kann sicherlich nicht von dem Sachsubstrat, auf das er sich bezieht, getrennt werden und vervielfältigt sich damit möglicherweise ebenfalls. Verpflichtet sind nun mehrere übernehmende Rechtsträger. Diese Verpflichtung trifft den einzelnen übernehmenden Rechtsträger als solchen, nicht nur hinsichtlich des übernommenen Vermögensanteils. Eine solche Begrenzung auf den übernommenen Vermögensteil wäre schon praktisch im Blick auf die sich anschließenden innerbetrieblichen organisatorischen Maßnahmen kaum durchführbar.

Diese aus der Übernahme des Vermögens folgende Verpflichtung mag für den übernehmenden Rechtsträger seinerseits unzumutbar sein. Hier kann man über die zum Fortfall der Geschäftsgrundlage entwickelten Regelungen im Einzelfall eine Anpassung vornehmen. Denkbar ist auch ein Kündigungsrecht des übernehmenden Rechtsträgers. Freilich würde dadurch für den Vertragspartner das mit dem übertragenden Rechtsträger vereinbarte Wettbewerbsverbot ausgehöhlt. Dies würde für ihn kaum eine befriedigende Lösung darstellen. Unter dem Blickwinkel des Fortfalls der Geschäftsgrundlage kann nur eine Anpassung im Einzelfall unter Abwägung der gegenseitigen Interessen gefunden werden – wiederum ein mit großen Unsicherheiten belastetes Gestaltungsproblem.

Der Übergang von Arbeitsverhältnissen wird in diesem Zusammenhang nicht behandelt.[153]

cc) Abspaltung

Die Rechtslage ist hier scheinbar einfacher, weil nicht übertragbare Rechte bei dem übertragenden Rechtsträger verbleiben können. Dies kann aber u.U. der von den beteiligten Unternehmen entwickelten

---

153 S. hierzu die Abhandlung von *Joost* in diesem Band S. 297 ff.

Konzeption überhaupt nicht entsprechen, weil der übernehmende Rechtsträger nicht in die volle Rechtsstellung des übertragenden Rechtsträgers einrückt und der übertragende Rechtsträger damit auch nicht entsprechend entlastet wird. Auch hier wird die Entscheidung des Gesetzgebers für das Prinzip der partiellen Gesamtrechtsnachfolge dazu führen müssen, daß unter dem Blickwinkel der Schutzzwecke genau nachgefragt wird, wann ein Übergang für den verpflichteten Geschäftspartner zumutbar ist. Eine solche, die Übertragbarkeit begünstigende Auslegung wird freilich durch den Gesichtspunkt erschwert, daß die gesetzlichen Bestimmungen die vorgenommenen Erleichterungen ausdrücklich nur auf die Aufspaltung bezogen haben.

Die Frage der Vervielfältigung von Verpflichtungen stellt sich in gleicher Weise wie bei der Aufspaltung.

Angesichts der nicht zu unterschätzenden Unsicherheiten empfiehlt sich auch hier eine Klausel im Spaltungsvertrag, wonach sich die Beteiligten verpflichten, an der Übertragung von Rechtspositionen (Rechte und Pflichten) im Wege der Einzelübertragung mitzuwirken, falls die Gesamtrechtsnachfolge scheitert.

2. Schicksal der nicht im Spaltungsplan enthaltenen Rechtsgüter

Rechtspositionen können „vergessen" werden, sie mögen sich erst nach der Spaltung konkretisieren (Beispiel: Schadensersatzansprüche wegen Bezugs einer fehlerhaften Sache, Schadensersatzverpflichtung aus Produkthaftung), sie können absichtlich weggelassen werden. Schließlich kann die Wirksamkeit einer Übertragung an einer fehlenden Genehmigung oder auch an einer gesetzlichen Bestimmung scheitern. § 131 Abs. 3 UmwG hat sich für eine Verteilung auf die übernehmenden Rechtsträger entsprechend ihrem Beteiligungsverhältnis entschieden. Dies ist für teilbare Rechtsgüter (insbesondere Forderungen und für Geldverbindlichkeiten) praktikabel, stößt aber bei unteilbaren Rechtsgütern auf nicht zu überwindende Schwierigkeiten. Eine Antwort, was in einem solchen Fall geschehen muß, geschieht durch das Gesetz nicht; es regelt lediglich die Verteilung der Gegenleistung, läßt damit aber offen, welcher übernehmende Rechtsträger nun Rechtsnachfolger geworden ist. Praktisch werden die Schwierigkeiten nur selten auftreten, weil aus dem Spaltungsvertrag notfalls in ergänzender Auslegung regelmäßig eine Lösung entwickelt werden kann (Beispiel: Den Anspruch wegen des Mangels einer gelieferten Maschine kann der übernehmende Rechtsträger geltend machen, auf den die Maschine übergegangen ist). Dennoch empfiehlt sich für die Praxis eine Auffangklausel, die einem konkreten übernehmenden Rechtsträger die „vergessenen" etc. Rechtsgüter zuweist. Die Unsicherheiten, die für diesen übernehmenden Rechtsträger daraus entstehen können (Beispiel: Produkthaftung für ein Erzeugnis, das nicht mehr hergestellt wird), sollten durch eine Ausgleichsverpflichtung durch die übrigen Beteiligten für diesen Rechtsträger aufgefangen werden.

Dies gilt spiegelbildlich für den Erwerb von Vermögenswerten.

II. Gesellschaftsrechtliche Auswirkungen

Mit der handelsregisterlichen Eintragung der Spaltung bei dem übertragenden Rechtsträger erlischt dieser im Fall der Aufspaltung, bei der Abspaltung werden die entsprechenden Maßnahmen (Kapitalerhöhung) wirksam.

Die Gesellschafter des übertragenden Rechtsträgers bzw. die berechtigten Personen (s. § 131 Abs. 1 Nr. 3 UmwG) erwerben kraft dieses Hoheitsaktes die Mitgliedschaft an den übernehmenden Rechtsträgern nach Maßgabe des im Spaltungsplan festgesetzten Umtauschverhältnisses.

Zutreffend sind im Gesetz die Wirkungen parallel zur Verschmelzung geregelt; insoweit kann darauf verwiesen werden.

III. Registergerichtliche Konsequenzen

Im Gesetz war dafür Sorge zu tragen, daß bei Auf- und Abspaltungen zur Neugründung die übernehmenden Rechtsträger tatsächlich vorhanden und bei der Spaltung zur Aufnahme die entsprechenden gesellschaftlichen Maßnahmen (z. B. die Kapitalerhöhung) bei den übernehmenden Rechtsträgern auch tatsächlich getroffen sind. Auch dies ist im Vergleich mit der Verschmelzung kein neues, sondern ein paralleles Problem. § 130 UmwG regelt den Vorgang jedoch spiegelbildlich und macht die Wirksamkeit von der Eintragung beim übertragenden Rechtsträger abhängig (vgl. §§ 19 f. UmwG für die Verschmelzung: Eintragung beim übernehmenden Rechtsträger). Begründet wird die Umkehrung damit, daß der Zeitpunkt zentral und dadurch am einfachsten beim übertragenden Rechtsträger zu bestimmen sei.[154] Dies trifft freilich nur auf die Aufspaltung, nicht für die Abspaltung zu.

---

154 Motive a.a.O. S. 170 zu § 130 = *Ganske*, S. 141.

Eingetragen werden kann die Spaltung dort erst, nachdem die entsprechenden Vorgänge bei den übernehmenden Rechtsträgern (unter Vorbehalt) eingetragen sind. Dies leuchtet von dem gewählten Ausgangspunkt aus ein, kann aber zu einer zeitlichen Verzögerung führen, die bei der Planung mit zu berücksichtigen ist.

E. Bilanzierung in Spaltungsfällen *(Priester)*

I. Bilanzen

Zur Bilanzierung anläßlich einer Spaltung enthält das Gesetz keine ausdrücklichen Vorschriften. Die insoweit geltenden Regeln ergeben sich einmal aus der Generalverweisung des § 125 UmwG auf das Verschmelzungsrecht, zum anderen aus den allgemeinen Vorschriften außerhalb des Umwandlungsgesetzes, insbesondere denen des Handelsgesetzbuches.

Eine umwandlungsrechtliche Bilanzierungspflicht folgt aus § 17 Abs. 2 UmwG, wonach der Anmeldung zum Register des Sitzes übertragender Gesellschaften eine Schlußbilanz dieser Gesellschaft beizufügen ist. Das entspricht dem bisherigen Verschmelzungsrecht (§ 345 Abs. 3 AktG a. F., § 24 Abs. 3 KapErhG). Über § 125 UmwG gilt das auch für die Spaltung. Die übertragende Gesellschaft muß also dem Handelsregister eine solche Schlußbilanz einreichen.

Für die Verschmelzung einer Aktiengesellschaft sieht § 63 Abs. 1 Nr. 3 UmwG ferner die Aufstellung einer Zwischenbilanz vor, wenn sich der letzte Jahresabschluß auf ein Geschäftsjahr bezieht, das mehr als sechs Monate vor dem Abschluß des Verschmelzungsvertrages abgelaufen ist.[155] Auch das gilt über § 125 UmwG gleichermaßen für die Spaltung.

Bei einer Spaltung zur Neugründung ergibt sich für die neue(n) Gesellschaft(en) aus § 242 Abs. 1 S. 1 HGB die Pflicht zur Aufstellung einer Eröffnungsbilanz.

Im Gesetz nicht geregelt, aber von der Praxis insbesondere im GmbH-Recht entwickelt ist eine Bilanz des in die aufnehmende Gesellschaft einzubringenden Betriebes oder Teilbetriebes, sei es bei deren Neu-

---

155 Diese Bestimmung ist Ausfluß von Art. 11 der 3. EG-(Verschmelzungs-) Richtlinie 78/855/EWG v. 9. 10. 1978, AblEG L 295 v. 20. 10. 1978 S. 36 ff.

gründung, sei es bei einer Kapitalerhöhung. Die Bilanz hat die Aufgabe, eine ordnungsgemäße Deckung des neuen Nennkapitals durch hinreichendes Nettovermögen der eingebrachten betrieblichen Einheit darzustellen. Sie dient somit als Wertnachweisunterlage im Sinne der §§ 8 Abs. 1 Nr. 5 bzw. 57 Abs. 3 Nr. 3 GmbHG. Voraussetzung für ihre Verwendbarkeit zu diesem Zweck ist freilich, daß sie, wenn auch nicht förmlich testiert (§ 322 HGB), so doch mit einer Bescheinigung eines Angehörigen der wirtschaftsprüfenden und steuerberatenden Berufe hinsichtlich der Ordnungsmäßigkeit der Wertansätze versehen ist.[156]

II. Wertansätze bei der übernehmenden Gesellschaft

1. Das Wahlrecht des § 24 UmwG

Für die Wertansätze der durch die Spaltung übergegangenen Vermögensteile bei der aufnehmenden Gesellschaft verweist § 125 UmwG auf § 24 UmwG. Danach können in den Jahresbilanzen der übernehmenden Gesellschaft als Anschaffungskosten im Sinne des § 253 Abs. 1 HGB auch die in der Schlußbilanz der übertragenden Gesellschaft angesetzten Werte angesetzt werden.

Dieses – im Diskussionsentwurf noch nicht enthaltene[157] – Wahlrecht stellt eine Abweichung gegenüber der früheren Regelung des § 348 Abs. 1 AktG a. F. bzw. des § 27 Abs. 1 KapErhG dar. Danach galten die in der Schlußbilanz der übertragenden Gesellschaft angesetzten Werte für die Jahresbilanzen der übernehmenden Gesellschaft als Anschaffungskosten i. S. v. § 253 Abs. 1 HGB. Eine solche – zwingende – Buchwertfortführung war damit für die wichtigsten, allerdings nicht für alle Verschmelzungsfälle angeordnet.[158] Folge der Buchwertverknüpfung war, daß bei der übernehmenden Gesellschaft Verluste entstanden, wenn die Nennwerte der den Gesellschaftern der übertragen-

---

156 Vgl. *Priester* in Scholz, § 57 a Rz. 6.
157 In § 24 des Diskussionsentwurfs (BAnz 214 a v. 15. 11. 1988) war noch eine Bindung der übernehmenden Gesellschaft an die Wertsätze der übertragenden vorgesehen.
158 Sie galt nicht für die Verschmelzung einer GmbH mit einer AG bzw. KGaA; in § 355 Abs. 2 S. 1 AktG aF war § 348 AktG ausgenommen. Umgekehrt erklärte freilich § 33 Abs. 2 S. 1 KapErhG für die Verschmelzung einer AG mit einer GmbH den entsprechenden § 27 KapErhG für anwendbar. Vgl. dazu *Adler/Düring/Schmaltz,* Rechnungslegung und Prüfung der Unternehmen, 5. Aufl., § 348 AktG Rz. 25 f.

149

den Gesellschaft zu gewährenden Anteile an der übernehmenden einschließlich eines etwaigen Agios das buchmäßige Reinvermögen der übertragenden Gesellschaft überschritten.[159]

Nach § 348 Abs. 2 AktG a. F. bzw. § 27 Abs. 2 KapErhG bestand freilich die Möglichkeit, einen derartigen Verlustausweis bei der übernehmenden Gesellschaft dann zu vermeiden, wenn diese zum Zwecke der Durchführung der Verschmelzung ihr Kapital erhöhte. Diesenfalls durfte der Differenzbetrag als sog. Verschmelzungsmehrwert aktiviert werden.

Dabei handelte es sich jedoch nur um eine Bilanzierungshilfe, die in längstens 5 Jahren angeschrieben sein mußte.[160] Für Verschmelzungen ohne Kapitalerhöhung, also insbesondere dann, wenn eine 100%ige Tochter- auf die Muttergesellschaft verschmolzen oder den Gesellschaftern der übertragenden Gesellschaft eigene Anteile der übernehmenden gewährt wurden, mußte die Aktivierung eines Verschmelzungsmehrwertes ganz ausscheiden.[161]

Das Gesetz über die Spaltung von Treuhandunternehmen[162] hatte über die Wertansätze bei der übernehmenden Gesellschaft nichts geregelt. Eine analoge Anwendung der §§ 348 AktG a. F., 27 KapErhG ist im Schrifttum auf Ablehnung gestoßen.[163] Rechtsprechung dazu gibt es offenbar nicht.

2. Die Kritik an der Buchwertfortführung

Am Prinzip der Buchwertfortführung ist unter Geltung des alten Rechts im Schrifttum zunehmend Kritik geübt worden.[164] Zur Begründung hieß es, das Vermögen der übertragenden Gesellschaft enthalte regelmäßig stille Reserven, sei es in den aktivierten Einzelgegenständen, sei es in Gestalt nicht aktivierter immaterieller Werte, insbesondere eines Firmenwertes. Diese stillen Reserven würden auf die

---

159 Bilanzbeispiel bei *Kraft* in KK, § 348 Rz. 5.
160 Worauf die Begründung des Regierungsentwurfs (BegrRegE), BT-Drucks. 12/6699 v. 1. 2. 1992, zu § 24, *Ganske,* S. 65 hingewiesen hat.
161 *Adler/Düring/Schmaltz* (Fn 158) § 348 AktG Rz. 11.
162 Gesetz über die Spaltung der von der Treuhandanstalt verwalteten Unternehmen (SpTrUG) v. 5. 4. 1991, BGBl. I, 854.
163 *Priester,* DB 1991, 2373, 2378; i. Erg. ebenso *Mayer/Vossius,* Spaltung und Kapitalneufestsetzung nach dem SpTrUG und dem DMBilG, 1991, Form. III, 3 Anm. 32 S. 47.
164 Insoweit wird inbesondere auf die eingehenden Darlegungen von *Schulze-Osterloh,* ZGR 1993, 420, 424 ff. verwiesen.

übernehmende Gesellschaft übertragen. Infolge der solchermaßen zu niedrigen Wertansätze bei der übernehmenden Gesellschaft fielen deren künftige Abschreibungen auf das übernommene Vermögen geringer aus, als dies bei betriebswirtschaftlicher Betrachtung erforderlich sei.[165]

Die Werte seien in einem anderen Unternehmen gebildet und könnten die wirtschaftlichen Vorgänge im übernehmenden Unternehmen nicht zutreffend abbilden.[166] Daran ändere auch der Gedanke einer Bilanzkontinuität aufgrund Fortsetzung des bisherigen Unternehmens in der übertragenden Gesellschaft nichts, denn das übertragende Unternehmen werde in das übernehmende integriert, so daß der Gedanke seiner Fortführung den wirtschaftlichen Realitäten nicht entspreche.[167] Darüber hinaus sei der Ansatz der Sacheinlage mit dem bisherigen Buchwert keine Bewertung mit den Anschaffungskosten des eingebrachten Gegenstandes. Sie verstoße daher gegen das Einblicksgebot der 4. EG-Richtlinie, wie es in § 264 Abs. 2 S. 1 HGB seinen Niederschlag gefunden habe.[168]

3. Kriterien für die Ausübung des Wahlrechts?

Auf diese Grundsatzkritik ist hier angesichts der von § 24 UmwG – wenngleich nunmehr als Wahlrecht – ausdrücklich zugelassenen Buchwertfortführung nicht weiter einzugehen. Die ernstzunehmenden Hinweise auf die Anforderungen des europarechtlich determinierten § 264 Abs. 2 HGB[169] geben aber Anlaß zu der Frage, ob die übernehmende Gesellschaft wirklich das freie Wahlrecht hat, wie es sich aus § 24 UmwG zu ergeben scheint oder ob dieses vielleicht durch allgemeine Rechnungslegungsgrundsätze eingeschränkt ist.[170]

Eine Extremposition wäre insoweit die These, das Einblicksgebot des § 264 Abs. 2 S. 1 HGB und die zu einem guten Teil in § 252 HGB kodifizierten Grundsätze ordnungsgemäßer Buchführung zwängen zu einem Ansatz der Verkehrswerte. Abgeschwächt ließe sich behaupten, die Aufstockung der Ansätze auf Zeitwerte sei zumindest als

---

165 *Schulze-Osterloh*, ZGR 1993, 420, 430.
166 *Schulze-Osterloh*, ZGR 1993, 420, 427.
167 *Schulze-Osterloh*, ZGR 1993, 420, 432.
168 *Schulze-Osterloh*, ZGR 1993, 420, 433.
169 Auch Begr.RegE § 4, *Ganske*, S. 65, nennt dies als Problempunkt.
170 Überlegungen dazu in der Stellungnahme des IDW zum Referentenentwurf, WPg 1992, 613, 614 f.

Regel anzusehen.[171] Eine Buchwertfortführung bedürfe dagegen besonderer Rechtfertigung. Sie sei etwa nur dann zulässig, wenn das übertragene Unternehmen bzw. – bei der Spaltung – ein eingebrachter Betrieb oder Teilbetrieb im Rahmen der übernehmenden Gesellschaft weitgehend wirtschaftlich unverändert fortgeführt werde.

Einer solchen Auffassung ist jedoch nicht zuzustimmen. Die Aufstockung der Buchwerte ist selbstverständlich zulässig und wird bei einer Spaltung zur Neugründung vielfach unverzichtbar sein, wenn ein dem Nennkapital der neuen Gesellschaft entsprechendes Nettovermögen bilanziell dargestellt werden muß (vgl. § 135 Abs. 2 S. 1 UmwG).

Ein Interesse an der Buchwertfortführung gründet sich andererseits auf steuerrechtliche Momente. In § 15 Abs. 1 UmwStG wird die Buchwertfortführung bei Übertragung von Betrieben oder Teilbetrieben zugelassen. Davon wird die Praxis vermutlich in großem Umfange Gebrauch machen, um eine Steuerneutralität des Vorganges zu gewährleisten. Inwieweit die steuerrechtliche Buchwertfortführung von einem entsprechenden Ansatz in der Handelsbilanz abhängt, ist zwar noch offen.[172] Werden aber in der Handelsbilanz Zeitwerte angesetzt, während die Steuerbilanz weiterhin Buchwerte ausweist, kommt es zu einem Auseinanderlaufen beider Bilanzen. Das ist sicherlich möglich. Das Handelsbilanzrecht hat dafür auch in § 274 HGB gesetzgeberische Vorsorge getroffen. Eine solche Divergenz der Bilanzierung ist aber aus praktischer Sicht insbesondere bei mittleren und erst recht bei kleineren Unternehmen wenig wünschenswert.

Man sollte daher die Entscheidung des Gesetzgebers respektieren, wonach eine Buchwertfortführung in der Handesbilanz zulässig ist. Die weitere Entwicklung dürfte jedenfalls hier ihren Ausgangspunkt zu nehmen haben.

4. Praktische Behandlung

Entschließt sich die übernehmende Gesellschaft zur Buchwertfortführung, so ergibt sich – wie bereits erwähnt – ein Spaltungsverlust, wenn der Saldo zwischen den Buchwerten der Aktiven und der Passiven kleiner ist als der Nominalbetrag der gewährten Anteile einschließlich eines Agios. Dieser belastet das Jahresergebnis, führt also gegebenenfalls zu einem Verlustausweis. Die Bildung eines Ausgleichspo-

---

171 So *Hense,* in IDW (Hrsg.), Reform des Umwandlungsrechts, 1993, S. 171, 183, 195.
172 Vgl. dazu *Schaumburg/Rödder,* UmwG/UmwStG, § 3 UmwStG Rz. 17.

stens nach Art des früheren Verschmelzungsmehrwertes kommt nicht in Betracht.[173] Ist der Saldo der Buchwerte umgekehrt höher als der Ausgabebetrag der gewährten Anteile kommt es zu einem Spaltungsgewinn, der in die Kapitalrücklage (§ 272 Abs. 2 HGB) einzustellen ist.[174]

Im Falle der Spaltung zur Neugründung kommt der Ausweis eines Spaltungsverlustes nicht in Betracht. Vielmehr muß ein Reinvermögen mindestens in Höhe des Nennkapitals bilanzmäßig dargestellt werden. Auch darauf wurde schon hingewiesen. Dies bedeutet, das übertragene Vermögen muß mindestens in Höhe des Nominalbetrages der Anteile und eines etwaigen Agios angesetzt werden. Die Vorschrift des § 17 Abs. 2 UmwG, wonach die Schlußbilanz der übertragenden Gesellschaft den Regeln der Jahresbilanz unterliegt, hindert eine Aufstockung nicht, da das Wahlrecht des § 24 UmwG in der Eröffnungsbilanz der übernehmenden Gesellschaft ausgeübt wird.

Bei einer Aufstockung der Buchwerte bilden die Verkehrs- bzw. Zeitwerte der einzelnen Vermögensgegenstände die Obergrenze der Bewertung. Das ist nicht nur unter dem Gesichtspunkt der Rechnungslegung, sondern auch unter dem der Kapitalaufbringung jedenfalls dann von Bedeutung, wenn im Zuge der Spaltung übernehmende Kapitalgesellschaften neu gegründet bzw. bei ihnen das Nennkapital erhöht wird. Für den Fall der Neugründung schreibt § 135 Abs. 2 UmwG ausdrücklich die Anwendung des Gründungsrechts vor. Bei einer Kapitalerhöhung liegt es im Ergebnis nicht anders. Vielmehr sagt § 69 Abs. 1 S. 1 2. Halbs. UmwG bei einer Buchwertaufstockung finde eine externe Prüfung in jedem Fall statt. Für die GmbH gilt über § 57a GmbHG am Ende das gleiche.

Im Zusammenhang mit solcher Buchwertaufstockung ergibt sich dann das bekannte Problem, inwieweit ein originärer Firmenwert angesetzt werden.[175] Diese schon für die Einbringung ganzer Unternehmen umstrittene Frage erscheint bei Einbringung von Betrieben oder Teilbetrieben im Wege der Spaltung noch diffiziler. Läßt sich aber ein solcher Firmenwert bei einem Betrieb oder auch Teilbetrieb feststellen, wird man ihn – entgegen abweichenden Ansichten[176] – ansetzen können.

---

173 *Hense* (Fn 171) S. 171, 177, 194.
174 *Hense* (Fn 171) S. 171, 175 f.
175 Dazu *Priester*, FS Nirk 1992, S. 893 ff. m. w. Nachw.
176 Insbesondere *Martens/Röttger*, DB 1990, 1097 ff.

III. Passivierung der Haftungsverbindlichkeiten

1. Haftungssystem

Nach § 133 Abs. 1 S. 1 UmwG haften sämtliche an der Spaltung beteiligten Gesellschaften für die vor deren Wirksamwerden begründeten Verbindlichkeiten der übertragenden Gesellschaft als Gesamtschuldner.

Zur Sicherheitsleistung gem. § 125 i. V. m. § 22 UmwG ist freilich nur diejenige Gesellschaft verpflichtet, gegen die sich der Anspruch richtet (§ 133 Abs. 1 S. 2 2. Halbs. UmwG). Die gesamtschuldnerische Mithaftung derjenigen Gesellschaften, denen die Verbindlichkeit nicht zugewiesen wurde, endet spätestens fünf Jahre nach der Spaltung (§ 133 Abs. 3 u. 4 UmwG).

Eine Haftungserweiterung enthält § 134 UmwG. Nach seinem Absatz 1 erstreckt sich die gesamtschuldnerische Haftung im Falle der Betriebsaufspaltung in eine „Anlage-" und eine Betriebsgesellschaft auch auf die Arbeitnehmeransprüche, die innerhalb von 5 Jahren nach der Spaltung begründet werden.

2. Bilanzieller Niederschlag

Die übernehmende Gesellschaft muß die ihr durch den Spaltungsvertrag bzw. Spaltungsplan zugewiesene Verbindlichkeit in voller Höhe passivieren. Das ist unproblematisch. Schwieriger zu beantworten ist dagegen die Frage, inwieweit der gesamtschuldnerischen Mithaftung der übrigen an der Spaltung beteiligten Gesellschaften in deren Bilanzen Rechnung zu tragen ist.

Es bestehen insoweit im Grundsatz drei Möglichkeiten. Zunächst kommt ein Vermerk in Betracht, sei es unter der Bilanz gemäß §§ 251, 268 Abs. 7 HGB, sei es im Anhang gem. § 285 Nr. 3 HGB. Daneben ist eine Passivierung in der Bilanz denkbar, sei es als Rückstellung (§ 259 HGB), sei es als Verbindlichkeit.

Welcher dieser drei Wege zu beschreiten ist, wird von der konkreten Situation abhängen. Solange die Erfüllung der Verbindlichkeit durch ihren primären Schuldner, also diejenige Gesellschaft, der die Verbindlichkeit zugewiesen wurde, hinreichend gesichert erscheint, ist ein Vermerk als ausreichend anzusehen. Dabei kommt es wegen der Einheit von Bilanz und Anhang am Ende nicht so sehr darauf an, ob er gemäß § 251 unter der Bilanz oder gemäß § 285 Nr. 3 HGB im Anhang anzubringen ist.[177] Gegen eine solche bloße Vermerkpflicht ist zwar geltend gemacht worden, es sei keineswegs sicher, daß sich der Gläubiger zunächst an den primären Schuldner halten werde.[178] Eine sofortige Passivierung aller vor der Spaltung begründeten Verbindlichkeiten der übertragenden Gesellschaft bei sämtlichen übernehmenden würde aber in einer großen, wenn nicht überwiegenden Zahl der Fälle zu einer bilanziellen Überschuldung der übernehmenden Gesellschaften führen. Das kann nicht gewollt sein. Auch insoweit ist also auf die allgemeinen Grundsätze für den Ausweis ungewisser Verbindlichkeiten abzustellen.[179]

Das bedeutet: Eine Passivierung wird erst dann erforderlich, wenn die Inanspruchnahme droht. Ist das der Fall, muß zumindest eine Rückstellung gebildet werden.[180] Hat der Gläubiger die Gesellschaft konkret in Anspruch genommen, wird eine entsprechende Verbindlichkeit auszuweisen sein.

Findet eine Passivierung der Haftungsverbindlichkeit bei der mitschuldenden Gesellschaft statt, kann ein Freistellungsanspruch gegen die primärschuldende Gesellschaft aktiviert werden.[181] Dieser ist jedoch zu bewerten und wird regelmäßig zumindest nicht vollwertig sein. Das gilt jedenfalls dann, wenn man davon ausgeht, daß eine Inanspruchnahme durch den Gläubiger nur erfolgt, wenn dieser bei der primärschuldenden Gesellschaft Befriedigung nicht erlangen kann. Daneben kommt der Ansatz von Ausgleichsansprüchen gegen die übrigen mitschuldenden Gesellschaften in Frage. Seine Höhe hängt davon ab, in welchem Verhältnis die mitschuldenden Gesellschaften untereinander verpflichtet sind. Für die Bewertung sind die Vermögensverhältnisse der Anspruchsgegner maßgebend.[182]

---

177 *Ganske,* WPg 1994, 157, 162 hält § 251 HGB für anwendbar; *Rümker,* WM 1994, 73, 76 plädiert für § 285 Nr. 3 HGB.
178 *Kleindiek,* ZGR 1992, 513, 528.
179 Ebenso *Schulze-Osterloh,* ZGR 1993, 420, 450; *Ganske,* WPg 1994, 157, 162; *Rümker,* WM 1994, 73, 75 f.; aA *Kleindiek,* ZGR 1992, 513, 528.
180 Dazu *Clemm/Nonnenmacher,* in Beck'scher Bilanzkommentar, 2. Aufl., 1990, § 249 Rz. 53.
181 *Schulze-Osterloh,* ZGR 1993, 420, 450.
182 *Kleindiek,* ZGR 1992, 513, 528.

Ausgliederung

Prof. Dr. Martin Karollus, Linz

I. Begriff

1. Allgemeines

Das Umwandlungsgesetz regelt die Ausgliederung im Zusammenhang mit der Spaltung:[1] Die Ausgliederung wird neben der Aufspaltung (§ 123 Abs. 1 UmwG) und der Abspaltung (§ 123 Abs. 2 UmwG) als dritte Art einer Spaltung vorgesehen. Nach der Begriffsbestimmung in § 123 Abs. 3 UmwG handelt es sich um folgenden Vorgang:

Ein Rechtsträger (der „übertragende Rechtsträger") überträgt aus seinem Vermögen einen Teil oder mehrere Teile auf einen oder mehrere andere Rechtsträger (künftig auch: „Zielrechtsträger").

Der oder die Zielrechtsträger können zuvor schon bestanden haben („übernehmende Rechtsträger" – Ausgliederung zur Aufnahme, § 123 Abs. 3 Nr. 1 UmwG); sie können aber auch gerade im Zuge des Ausgliederungsvorgangs neu geschaffen werden („neue Rechtsträger" – Ausgliederung zur Neugründung, § 123 Abs. 3 Nr. 2 UmwG); diese beiden Varianten können überdies miteinander kombiniert werden (§ 123 Abs. 4 UmwG): Auf einen oder mehrere Rechtsträger wird zur Aufnahme und gleichzeitig auf einen oder mehrere andere Rechtsträger zur Neugründung ausgegliedert.

---

1 Kritisch dazu insbesondere *Werner*, Die Ausgliederung, in FS Quack (1991), 519, 520 f. und die Stellungnahme des Handelsrechtsausschusses des Deutschen Anwaltvereins e.V. (DAV) zum Referentenentwurf eines Gesetzes zur Bereinigung des Umwandlungsrechts, WM-Sonderbeilage Nr. 2/1993, Rz. 72. Vgl. auch *Teichmann*, Die Spaltung von Rechtsträgern als Akt der Vermögensübertragung, ZGR 1993, 396, 400 Fn 14.

Die Gegenleistung für die übertragenen Vermögensteile besteht in der Gewährung von Anteilen oder Mitgliedschaften[2] am Zielrechtsträger; Empfänger ist der übertragende Rechtsträger.

Im Vergleich zu den beiden anderen Spaltungsarten läßt sich also festhalten:

Wie bei der Abspaltung und anders als bei der Aufspaltung bleibt der übertragende Rechtsträger bestehen; er überträgt lediglich einen Teil oder mehrere Teile seines Vermögens[3].

Der Unterschied zu der Abspaltung liegt in der Ausgestaltung der Gegenleistung: Wie bei der Abspaltung besteht die Gegenleistung in der Gewährung von Anteilen durch den Zielrechtsträger. Empfänger der Anteile sind aber nicht die Anteilsinhaber des übertragenden Rechtsträgers, sondern der übertragende Rechtsträger selbst. Im Gegensatz zu der Auf- und Abspaltung vollzieht sich damit die Ausgliederung ausschließlich auf der Ebene des übertragenden Rechtsträgers: Für diesen kommt es zu einem Tausch von Vermögen gegen Anteile. Die rechtliche Position der Anteilsinhaber des übertragenden Rechtsträgers bleibt hingegen unberührt: Sie bleiben unverändert (nur) am übertragenden Rechtsträger beteiligt und erhalten selbst keine Anteile am Zielrechtsträger (kein „Anteilstausch"); allerdings verändert sich mit der Vermögensumschichtung beim übertragenden Rechtsträger auch der wirtschaftliche Inhalt ihrer Beteiligung. Die Ausgliederung ist damit das geeignete Mittel für die Konzernbildung (Ausgründung auf neue Töchter, vgl. unten S. 173 ff.)[4].

2. Einzelfragen

a) Gegenstand der Ausgliederung: Teile des Vermögens

§ 123 Abs. 3 UmwG stellt die Auswahl des Übertragungsgegenstandes in das Ermessen der beteiligten Rechtsträger: Übertragen werden können beliebige „Teile des Vermögens". Es kommt also grundsätzlich[5]

---

2 Mit dieser Formulierung soll die Erfassung aller wie auch immer gearteten Mitgliedschaftsrechte sichergestellt werden. Nachfolgend wird aus Gründen der Vereinfachung nur von Anteilen gesprochen.

3 Dazu noch unten S. 159 ff. und S. 176 ff.

4 Für die Ausgliederung auf bereits bestehende hundertprozentige Töchter, für die Ausgliederung zwischen Konzernschwestern und für die Ausgliederung „von unten nach oben" kann hingegen das Merkmal der Anteilsgewährung lästig oder gar hinderlich sein, vgl. noch unten S. 178 ff. und S. 181 f.

5 Vgl. aber für Einzelkaufleute § 152 UmwG (dazu unten S. 190 f.), für Stif-

nicht darauf an, ob der Gegenstand der Ausgliederung eine für sich sinnvolle wirtschaftliche Einheit („Betrieb", „Teilbetrieb" etc.[6]) darstellt: *Auch völlig willkürlich zusammengestellte Vermögensteile können übertragen werden*[7].

Obwohl das Gesetz davon spricht, daß ein oder mehrere „Teile" des Vermögens übertragen werden können, besteht *keine Grenze nach oben:* Bei der Ausgliederung ist es auch möglich, daß der übertragende Rechtsträger sein gesamtes bisheriges Vermögen abgibt. Künftig besteht dann sein Vermögen nur noch aus den im Zuge der Ausgliederung erhaltenen Anteilen (Holding, näher unten S. 176 ff.).

Anders als nach den Vorentwürfen (vgl. § 193 Abs. 3 DiskE und § 123 Abs. 5 RefE) besteht umgekehrt auch *keine Grenze nach unten:*[8] Es muß nicht unbedingt eine Mehrheit von Vermögensgegenständen übertragen werden. Vielmehr kann auch ein einzelner Vermögensgegenstand (z.B. eine Liegenschaft, ein Vertragsverhältnis oder ein Anteil an einer anderen Gesellschaft) ausgegliedert werden.

Beispiel 1: Die X-AG kann etwa ausgliedern: (1) Ihr gesamtes Unternehmen (unten S. 176 ff.); (2) einen schon bisher getrennt von anderen Betrieben geführten Holzhandelsbetrieb; (3) eine bisher unselbständig geführte Einkaufsabteilung bzw. die jeweiligen Einkaufsabteilungen aller ihrer Betriebe; (4) ein einzelnes Gemälde, wenn etwa eine Tochter entstehen soll, die Kunstbesitz hält.

Im Gegensatz zu dieser weitgehenden handelsrechtlichen Gestaltungsfreiheit steht allerdings die *steuerrechtliche Wertung,* nach der *nur bestimmte Ausgliederungsvorgänge begünstigt* werden: § 20 Abs. 1 und § 24 Abs. 1 UmwStG setzen jeweils voraus, daß Gegenstand der Einbringung ein „Betrieb", ein „Teilbetrieb" oder ein „Mitunternehmeranteil" ist; zumindest bei der Einbringung in eine Kapitalgesellschaft ist unter bestimmten Voraussetzungen auch die Übertragung von Anteilen an einer anderen Kapitalgesellschaft erfaßt (ge-

---

tungen § 161 UmwG sowie für Gebietskörperschaften und Zusammenschlüsse von Gebietskörperschaften § 168 UmwG.

6 Die Erwähnung in § 126 Abs. 1 Nr. 9 UmwG verfolgt andere Zwecke, vgl. *Teichmann,* ZGR 1993, 409.

7 Zur Begründung siehe BT-Drucksache 12/6699, S. 118 = *Ganske,* S. 155 f. Dazu auch *Kleindiek,* Vertragsfreiheit und Gläubigerschutz im künftigen Spaltungsrecht nach dem Referentenentwurf UmwG, ZGR 1992, 513, 517; *Ganske,* Reform des Umwandlungsrechts – Ein Bericht, WM 1993, 1117, 1121; *Teichmann,* ZGR 1993, 403, 408 f. (differenzierend); *Kai Mertens,* Universalsukzession und neues Umwandlungsrecht, AG 1994, 66, 77 f. (kritisch).

8 Vgl. dazu BT-Drucksache 12/6699, S. 116 = *Ganske,* S. 150.

nauer § 20 Abs. 1 S. 2 UmwStG)[9]. Diese steuerrechtlichen Vorgaben werden erhebliche Auswirkungen auf die Praxis zum Umwandlungsgesetz haben: Die Beteiligten werden zumeist gerade auf die Steuerbegünstigungen Wert legen und daher nur solche Gestaltungen in Betracht ziehen, die auch steuerlich Anerkennung finden. Etwas anderes kann aber dann gelten, wenn es um eine umfänglich begrenzte Vermögensübertragung geht und dabei die Steuerbegünstigungen nicht besonders ins Gewicht fallen.

b) Anteilsgewährung

Die gesetzliche Definition der Ausgliederung (§ 123 Abs. 3 UmwG) stellt darauf ab, daß die Vermögensübertragung gegen Gewährung von Anteilen erfolgt. In den Stellungnahmen zu den Vorentwürfen wurde dies zwar mehrfach kritisiert[10]; der Gesetzgeber hat aber an der Anteilsgewährung als Tatbestandsmerkmal festgehalten. Aus § 1 Abs. 2 und 3 UmwG[11] wird daher abzuleiten sein, daß eine Ausgliederung stets nur gegen Anteilsgewährung erfolgen kann; hingegen wird es nicht möglich sein, eine Ausgliederung überhaupt ohne Gegenleistung oder gegen eine anders geartete Gegenleistung (Geldzahlung etc.)[12] vorzunehmen[13]; dazu und zu den Folgen siehe noch unten S. 178 ff.

---

9 In § 24 Abs. 1 UmwStG fehlt hingegen eine solche Regelung (Gegenschluß? Sachgerechte, d.h. verfassungskonforme, Differenzierung?). Wegen § 16 Abs. Nr. 1 EStG werden aber jedenfalls Hundertprozent-Beteiligungen als „Teilbetrieb" erfaßt sein, vgl. zum alten Recht *Dehmer*, § 24 UmwStG Anm. 5.

10 Vgl. Stellungnahme des DAV, WM-Sonderbeilage Nr. 2/1993, Rz. 110 f.; *Krieger*, Der Konzern in Fusion und Umwandlung, ZGR 1990, 517, 520 f., 522 f.; *Kai Mertens*, AG 1994, 76 f.

11 Allerdings soll § 1 Abs. 3 UmwG nach der Gesetzesbegründung „im wesentlichen" nur die Mehrheitserfordernisse bei der Beschlußfassung betreffen, vgl. BT-Drucksache 12/6699, S. 80 = *Ganske*, S. 44. Ganz abgesehen von der weichen Formulierung, die eine Erfassung weiterer Bereiche offenläßt, hat aber ein derart verengtes Verständnis im Text des § 1 Abs. 3 UmwG keinen Niederschlag gefunden.

12 § 54 (Abs. 4) und § 68 (Abs. 3) UmwG, die bare Zuzahlungen in Höhe von höchstens 10 % des Nennwerts der Anteile zulassen, gelten gemäß § 125 S. 1 UmwG gerade nicht für die Ausgliederung; ebensowenig ist § 126 Abs. 1 Nr. 3 UmwG, der Zuzahlungen erwähnt, auf die Ausgliederung anwendbar.

13 Vgl. außerdem § 20 Abs. 1 und § 24 Abs. 1 UmwStG, die ebenfalls auf die Gewährung von Anteilen abstellen; siehe aber auch § 20 Abs. 2 S. 5 UmwStG („Zuzahlungen" neben der Anteilsgewährung).

c) Kombination mehrerer Umwandlungsvorgänge?

§ 123 Abs. 4 RefE hatte es noch ermöglicht, daß an einem Spaltungsvorgang gleichzeitig mehrere übertragende Rechtsträger beteiligt sind oder daß eine Spaltung mit einer Verschmelzung kombiniert wird. Der endgültige Text des Umwandlungsgesetzes sieht dies nicht mehr vor[14]. Es ist daher davon auszugehen, daß an einem Ausgliederungsverfahren stets nur ein übertragender Rechtsträger beteiligt sein kann (arg. § 123 Abs. 3 UmwG – „ein Rechtsträger" – und § 125 Satz 3 UmwG)[15]. Es wird auch nicht zulässig sein, eine Ausgliederung und eine Verschmelzung in einem einheitlichen Verfahren durchzuführen. Auch eine Abspaltung und eine Ausgliederung werden sich nicht uno actu durchführen lassen[16]. Sehr wohl können allerdings derartige Verfahren parallel durchgeführt werden; es sollte auch möglich sein, für alle Umwandlungsmaßnahmen jeweils einen einheitlichen Stichtag vorzusehen.

Zugelassen sind hingegen folgende Kombinationen: Die Ausgliederung kann gleichzeitig auf mehrere Zielrechtsträger erfolgen (§ 123 Abs. 3 UmwG), wobei auch eine oder mehrere Ausgliederungen zur Aufnahme mit einer oder mehreren Ausgliederungen zur Neugründung verbunden werden können (§ 123 Abs. 4 UmwG). Des weiteren ist grundsätzlich eine beliebige Kombination verschiedener Arten von Rechtsträgern zulässig (§ 124 Abs. 2 i.V.m. § 3 Abs. 4 UmwG; dazu noch unten S. 165).

Beispiel 2: Die A-AG kann in einem Verfahren ihren Betrieb (a) auf die bereits bestehende S-GmbH, ihren Betrieb (b) auf die neuentstehende T-GmbH und einzelne Vermögensgüter (oben S. 160) auf die bereits bestehende U-KG ausgliedern.

Hingegen wird es nicht zulässig sein, daß A und B gleichzeitig auf T ausgliedern, oder daß A in einem Verfahren auf S und T ausgliedert und gleichzeitig auf U abspaltet; ebensowenig kann der Vorgang mit einer Verschmelzung zwischen T und der Z-GmbH verbunden werden.

---

14 Leider wird der Grund für diese Änderungen in der Gesetzesbegründung nicht erläutert. Es ist aber zu vermuten, daß es um die Vermeidung praktischer Schwierigkeiten gegangen ist.

15 Deutlich in diese Richtung auch BT-Drucksache 12/6699, S. 117 = *Ganske*, S. 153.

16 Anders *Kallmeyer*, Kombination von Spaltungsarten nach dem neuen Umwandlungsgesetz, DB 1995, 81, 82 f. Obwohl zuzugeben ist, daß diese Kombination nicht besonders bedenklich wäre, dürfte sie doch an § 1 Abs. 2 UmwG scheitern.

II. Gesetzliche Regelung

Das Konzept des Gesetzgebers, die Ausgliederung als einen Unterfall der Spaltung zu regeln, hat auch Konsequenzen für die legistische Durchführung:

Grundsätzlich gelten für die Ausgliederung alle Regelungen über die Spaltung. Dies sind die allgemein die Spaltung betreffenden §§ 123 ff. UmwG sowie die rechtsformspezifischen Regelungen der §§ 138 ff. UmwG. Über die Verweisungsnorm des § 125 UmwG gilt zusätzlich allgemeines und besonderes Verschmelzungsrecht (§§ 2–122 UmwG). Allerdings wird diese Verweisung – noch stärker als sonst für die Spaltung – für die Ausgliederung in mehrfacher Weise modifiziert. Insbesondere gelten die §§ 9–12 UmwG (Verschmelzungsprüfung) und die §§ 29–34 UmwG (Abfindung) nicht für die Ausgliederung[17].

Die meisten Ausgliederungsfälle werden dann im besonderen Teil des Spaltungsrechts nicht mehr eigens erwähnt, sondern sie sind einfach von den Regelungen über die Spaltung miterfaßt. So ist beispielsweise die Ausgliederung unter Beteiligung einer GmbH in §§ 138 ff. UmwG mitgeregelt, jene unter Beteiligung einer AG in §§ 141 ff. UmwG. Zu erinnern ist auch daran, daß die Spaltung von Personengesellschaften nicht einmal im besonderen Teil des Spaltungsrechts vorkommt; insoweit sind ausschließlich die rechtsformspezifischen Regeln des Verschmelzungsrechts (§§ 39–45 UmwG) maßgeblich.

Daneben gibt es im besonderen Teil aber auch drei Fälle, in denen ausschließlich die Ausgliederung geregelt ist. Dies sind

– die Ausgliederung aus dem Vermögen eines Einzelkaufmanns (§§ 152 ff. UmwG)
– die Ausgliederung aus dem Vermögen rechtsfähiger Stiftungen (§§ 161 ff. UmwG)
– die Ausgliederung aus dem Vermögen von Gebietskörperschaften oder Zusammenschlüssen von Gebietskörperschaften (§§ 168 ff. UmwG).

In diesen drei Fällen gibt es also keine Aufspaltung oder Abspaltung, sondern nur die Möglichkeit der Ausgliederung. Der Grund dafür liegt in der Struktur der genannten Rechtsträger: Es gibt jeweils keine

---

17 Vgl. im einzelnen § 125 S. 1 und 2 UmwG. Über den Wortlaut des § 125 UmwG hinaus dürften weitere Vorschriften auf die Ausgliederung nicht anwendbar sein: Vgl. zu § 28 UmwG unten S. 171; zu §§ 50 und 51 UmwG unten S. 170; zu §§ 57 und 74 sowie zu § 43 Abs. 2 S. 3 UmwG unten S. 171 Fn 44.

Anteilsinhaber, denen Anteile am übernehmenden oder neuen Rechtsträger zugewendet werden könnten. Damit müssen eine Aufspaltung und eine Abspaltung ausscheiden. Hingegen ist eine Ausgliederung möglich, weil der übertragende Rechtsträger selbst sehr wohl die Anteile erwerben kann.

III. Erfaßte Rechtsträger

§ 124 UmwG regelt die Frage, welche Rechtsträger an einer Ausgliederung beteiligt sein können. Aufgrund des Analogieverbotes (§ 1 Abs. 2 UmwG – „numerus clausus der Umwandlungsfälle") ist die Regelung grundsätzlich abschließend. Allerdings folgt aus § 1 Abs. 2 UmwG noch kein Interpretationsverbot (ein solches wäre auch kaum denkbar und erst recht nicht durchsetzbar): Eine vorsichtig erweiternde Auslegung muß daher noch nicht ausgeschlossen sein[18].

Nach § 124 Abs. 1 UmwG können folgende Rechtsträger an einer Ausgliederung teilnehmen:

(1) In allen Rollen (als übertragende, übernehmende oder neue Rechtsträger):

– Personenhandelsgesellschaften (OHG, KG; miterfaßt ist wohl die EWIV[19])
– Kapitalgesellschaften (GmbH, AG, KGaA)
– eingetragene Genossenschaften
– eingetragene Vereine
– genossenschaftliche Prüfungsverbände
– Versicherungsvereine auf Gegenseitigkeit

(2) Nur als übertragende Rechtsträger:

– wirtschaftliche Vereine
– Einzelkaufleute
– Stiftungen
– Gebietskörperschaften und Zusammenschlüsse von Gebietskörperschaften

---

18 Vgl. unten S. 188 f. zur Erbengemeinschaft.
19 Ebenso *Karsten Schmidt*, Die Freiberufliche Partnerschaft, NJW 1995, 1, 7; *Wertenbruch*, Partnerschaftsgesellschaft und neues Umwandlungsrecht, erscheint in ZIP 1995. Nicht erfaßt sind hingegen die Gesellschaft bürgerlichen Rechts und die Partnerschaftsgesellschaft (vgl. *Karsten Schmidt*, NJW 1995, 7; *Wertenbruch*, a.a.O.).

Grundsätzlich wird für die Zulässigkeit der Ausgliederung allein auf das Vorhandensein eines entsprechenden Rechtsträgers abgestellt: Bereits die Rechtsform einer AG, einer GmbH etc. ermöglicht es, an einer Ausgliederung als übertragender Rechtsträger teilzunehmen. Es kommt hingegen nicht darauf an, ob der übertragende Rechtsträger auch ein *Unternehmen* oder gar ein kaufmännisches Unternehmen betreibt[20]; vgl. aber auch § 152 UmwG für Einzelkaufleute, § 161 UmwG für Stiftungen und § 168 UmwG für Gebietskörperschaften und Zusammenschlüsse von Gebietskörperschaften.

Als übertragender Rechtsträger kann auch ein *aufgelöster Rechtsträger* fungieren, sofern die Fortsetzung dieses Rechtsträgers beschlossen werden könnte (§ 124 Abs. 2 i.V.m. § 3 Abs. 3 UmwG). Dies ist etwa dann nicht mehr der Fall, wenn bereits mit der Verteilung des Vermögens begonnen wurde[21].

Grundsätzlich ist eine *beliebige Kombination der beteiligten Rechtsformen* zulässig (§ 124 Abs. 2 i.V.m. § 3 Abs. 4 UmwG): Im Prinzip kann jede Rechtsform als übertragender Rechtsträger mit einer beliebigen anderen Rechtsform als übernehmender oder neuer Rechtsträger kombiniert werden. Von diesem Grundsatz bestehen aber *Ausnahmen oder zumindest Einschränkungen* für:

- eingetragene Genossenschaften (§ 147 UmwG)
- rechtsfähige Vereine (§ 149 UmwG)
- genossenschaftliche Prüfungsverbände (§ 150 UmwG)
- Versicherungsvereine auf Gegenseitigkeit (§ 151 UmwG)
- Einzelkaufleute (§ 152 UmwG)[22]
- rechtsfähige Stiftungen (§ 161 UmwG)
- Gebietskörperschaften und Zusammenschlüsse von Gebietskörperschaften (§ 168 UmwG).

Darüber hinaus ergeben sich Zulässigkeitsschranken aus dem allgemeinen Korporationsrecht: Die Ausgliederung zur Neugründung führt dazu, daß eine Alleinbeteiligung des übertragenden Rechtsträgers am neuen Rechtsträger entsteht. Sie muß daher dort ausscheiden, wo eine *Einmannkonstruktion* nicht nur gründungsrechtlich (dazu § 135 Abs. 2 UmwG), sondern überhaupt *ausgeschlossen* ist, also jedenfalls bei Personenhandelsgesellschaften[23] und wohl auch bei Genossen-

---

20 Vgl. dazu auch BT-Drucksache 12/6699, S. 71 = *Ganske,* S. 13.
21 Vgl. BT-Drucksache 12/6699, S. 82 = *Ganske,* S. 47 f.
22 Dazu noch unten S. 185.
23 Unmöglichkeit der Einmann-Personengesellschaft, vgl. *Karsten Schmidt,* Gesellschaftsrecht, 2. Auflage (1991), § 8 IV 2b S. 179.

schaften[24]. §§ 152, 161 und 168 UmwG heben dies für die Ausgliederung durch Einzelkaufleute, Stiftungen und Gebietskörperschaften ausdrücklich hervor[25]; in den sonstigen Fällen kann aber nichts anderes gelten. Zu praktischen Gestaltungsmöglichkeiten siehe noch unten S. 185 mit Beispiel 19.

IV. Das Ausgliederungsverfahren

Das Ausgliederungsverfahren folgt im wesentlichen dem Verfahren in den übrigen Spaltungsfällen und damit wiederum weitgehend dem Verschmelzungsverfahren:

1. Ausgliederungsvertrag oder -plan

Erforderlich ist zunächst eine rechtsgeschäftliche Grundlage für die Ausgliederung: Bei der Ausgliederung zur Aufnahme ist das der zwischen dem übertragenden und dem oder den übernehmenden Rechtsträgern abgeschlossene Ausgliederungs- und Übernahmevertrag[26] (§ 126 UmwG). Bei der Ausgliederung zur Neugründung tritt an dessen Stelle der einseitig vom übertragenden Rechtsträger aufgestellte Ausgliederungsplan[27] (§ 136 UmwG). Erforderlich ist jeweils die Form der notariellen Beurkundung (§ 6 i.V.m. § 125 S. 1 UmwG)[28]. Soll der Ausgliederungs- und Übernahmevertrag erst nach der Zustimmung der Anteilsinhaber (unten S. 168 ff.) abgeschlossen werden, muß bis zur Beschlußfassung ein schriftlicher Vertragsentwurf vorliegen (vgl. § 4 Abs. 2 i.V.m. § 125 S. 1 UmwG); entsprechendes gilt wohl für den Ausgliederungsplan (Pauschalverweisung durch § 136 UmwG). Die Erstellung eines bloßen Entwurfs ist vor allem dann sinnvoll, wenn

---

24 Mindestzahl von 5 Genossen, vgl. § 4 GenG. Hingegen wird bei Vereinen eine vorübergehende Unterschreitung der Mindestmitgliederzahl (siehe § 73 BGB) zugelassen, vgl. *Karsten Schmidt,* Gesellschaftsrecht, 2. Auflage, § 24 VII 2c S. 612. Dies mag für die Zulässigkeit einer Ausgliederung zur Neugründung sprechen.

25 Vgl. auch BT-Drucksache 12/6699, S. 128 = *Ganske,* S. 183.

26 Dieser auf die Ausgliederung zugeschnittene Begriff wird nicht schon in § 126 UmwG erwähnt, findet sich dann aber in § 131 Abs. 1 Nr. 3 S. 3, § 157 Abs. 1, § 167 und § 173 UmwG.

27 Dieser Begriff wird soweit ersichtlich nirgendwo im Gesetz verwendet.

28 Klarstellend auch BT-Drucksache 12/6699, S. 119, 123 = *Ganske,* S. 157, 169. Zur Heilung eines Formmangels durch Eintragung vgl. § 131 Abs. 1 Nr. 4 UmwG.

die Zustimmung der Anteilsinhaber nicht mit Sicherheit zu erwarten ist: Bei Verweigerung der Zustimmung hat man sich dann die Kosten der notariellen Beurkundung erspart.

2. Keine Prüfung

Eine Prüfung des Vertrages, des Planes oder der entsprechenden Entwürfe ist – anders als bei der Verschmelzung und bei den sonstigen Spaltungsfällen – nicht erforderlich (§ 125 S. 2 UmwG). Für Genossenschaften vgl. allerdings auch § 81 i.V.m. § 125 UmwG (gutachterliche Äußerung durch den Prüfungsverband).

3. Ausgliederungsbericht

Sowohl im übertragenden als auch im übernehmenden Rechtsträger ist ein Ausgliederungsbericht[29] zu erstellen (§ 127 UmwG); zur Möglichkeit der gemeinsamen Berichterstattung vgl. § 127 S. 1, 2. Halbs. UmwG. Bei der Ausgliederung zur Neugründung ist ein Bericht nur beim übertragenden Rechtsträger erforderlich.

Ausnahmen von der Berichtspflicht folgen aus § 127 S. 2 UmwG: Verwiesen wird auf § 8 Abs. 3 UmwG, nach dem für die Verschmelzung keine Berichtspflicht[30] besteht, wenn alle Anteilsinhaber aller beteiligten Rechtsträger darauf in notarieller Form verzichten (Fall 1) oder wenn sich alle Anteile an der übertragenden Gesellschaft in der Hand der übernehmenden Gesellschaft befinden (Fall 2). Da die Spaltung das Spiegelbild zur Verschmelzung darstellt, könnte daran gedacht werden, die „entsprechende" Anwendung des § 8 Abs. 3 Fall 2 UmwG auf den umgekehrten – und praktisch wohl im Vordergrund stehenden – Fall zu erstrecken, daß der übertragenden Gesellschaft 100 % der Anteile an der übernehmenden Gesellschaft gehören (*Ausgliederung „von oben nach unten"*). Das ist aber abzulehnen: Es geht hier gerade um den das Schutzinteresse der Anteilsinhaber begründenden „Holzmüller"-Fall, daß deren unmittelbare Beteiligung in eine lediglich mittelbare Beteiligung umgewandelt wird. Es ist daher sehr wohl geboten, die Anteilsinhaber über die Gründe für diese Maßnahme zu unterrichten. Hingegen ist es einleuchtend, wenn die Berichtspflicht bei der *Ausgliederung „von unten nach oben"* entfällt: Diese

---

29 Zu diesem Begriff vgl. § 153, § 162 und § 169 UmwG.
30 Der Bericht entfällt hier in allen beteiligten Rechtsträgern.

stellt wirtschaftlich eine Teilverschmelzung[31] der Tochter auf die Mutter dar und entspricht damit wertungsmäßig dem Grundfall des § 8 Abs. 3 Fall 2 UmwG.

Beispiel 3: Die Berichtspflicht entfällt, wenn die T-AG eine hundertprozentige Tochter der M-AG ist und von T auf M ausgegliedert werden soll[32]. Hingegen besteht die Berichtspflicht, wenn umgekehrt von M auf T ausgegliedert werden soll.

Die Berichtspflicht gilt grundsätzlich für *alle Rechtsformen mit Anteilsinhabern*. Erfaßt sind damit nunmehr auch solche Rechtsformen, die bisher entsprechende Berichtspflichten nicht gekannt haben (GmbH, Genossenschaft und Personenhandelsgesellschaften[33]). Hingegen entfällt die Berichtspflicht bei einem Einzelkaufmann (§ 153 UmwG)[34] sowie bei Gebietskörperschaften bzw. Zusammenschlüssen von Gebietskörperschaften (§ 169 S. 1 UmwG). Bei Stiftungen ist der Bericht nur in besonderen Fällen erforderlich (§ 162 UmwG).

Zur *Information* der Anteilsinhaber über den Ausgliederungsvertrag, den Ausgliederungsplan oder die entsprechenden Entwürfe, über den Bericht und über sonstige Umstände vgl. §§ 41, 47, 49, 63 f., 82 f., 101 f., 106, 112 und 143 UmwG. Zur Übermittlung des Vertrages, des Planes bzw. des entsprechenden Entwurfs an die *Betriebsräte* der beteiligten Rechtsträger vgl. § 126 Abs. 3 UmwG.

4. Zustimmungsbeschluß

Dem Vertrag, dem Plan bzw. dem entsprechenden Entwurf müssen die Anteilsinhaber des übertragenden und – bei der Ausgliederung zur Aufnahme – jene des übernehmenden Rechtsträgers zustimmen

---

31 Ebenso BT-Drucksache 12/6699, S. 115 = *Ganske*, S. 148.
32 Zu beachten ist allerdings, daß die Wertung des § 8 Abs. 3 Fall 2 UmwG wohl nur dann zutrifft, wenn ausschließlich auf M ausgegliedert wird. Erfolgt hingegen gleichzeitig eine Ausgliederung auf X, wird sehr wohl ein Bericht erforderlich sein; eine Ausnahme könnte höchstens dann gelten, wenn auch X eine hundertprozentige Tochter von M ist.
33 Vgl. allerdings auch § 41 i.V.m. § 125 UmwG: Kein Bericht in einer Personengesellschaft, wenn alle Gesellschafter zur Geschäftsführung berechtigt sind.
34 Inwieweit der Einzelkaufmann etwaige stille Beteiligte zu informieren hat, richtet sich nach dem Recht der stillen Gesellschaft (§§ 230 ff. HGB). Da die stille Gesellschaft eine reine Innengesellschaft ist, wird eine Verletzung der daraus folgenden Pflichten keinen Einfluß auf das Verfahren nach dem Umwandlungsgesetz haben; insbesondere besteht daher kein entsprechendes Prüfungsrecht des Registerrichters.

(§ 125 S. 1 i.V.m. § 13 UmwG). Bei der Ausgliederung zur Neugründung entfällt ein solcher Beschluß beim neuen Rechtsträger.

Außerdem kann bei einzelnen Rechtsformen ein Beschluß entbehrlich sein: Dies gilt naturgemäß für den *Einzelkaufmann*[35]. Für *Gebietskörperschaften* und Zusammenschlüsse von Gebietskörperschaften entscheidet das jeweilige Organisationsrecht darüber, ob ein Beschluß erforderlich ist (§ 169 S. 2 UmwG). Bei *Stiftungen* hat das für Satzungsänderungen zuständige Organ einen Ausgliederungsbeschluß zu fassen (§ 163 UmwG).

Schließlich ist § 62 UmwG zu beachten, nach dem bei einer übernehmenden *AG* grundsätzlich[36] das Beschlußerfordernis entfällt, wenn die übertragende Kapitalgesellschaft in mindestens neunzigprozentigem Mehrheitsbesitz der übernehmenden Gesellschaft steht. Dies wird entsprechend für die *Ausgliederung „von unten nach oben"* gelten, die wirtschaftlich eine „Teilverschmelzung" der Tochter auf die Mutter darstellt. Nicht erfaßt wird hingegen der praktisch relevantere Fall der *Ausgliederung „von oben nach unten"*[37]; auch eine entsprechende Anwendung kommt nicht in Betracht: Bei der übertragenden AG spricht dagegen wiederum die besondere Schutzwürdigkeit der Aktionäre (vgl. oben S. 167); aber auch bei der übernehmenden Tochter muß eine entsprechende Anwendung daran scheitern, daß in einem solchen Fall schon für die Verschmelzung keine Ausnahme vorgesehen ist und daß § 62 UmwG als per se nicht unbedenkliche Durchbrechung der Aktionärsmitwirkung kaum analogiefähig ist.

Beispiel 4: Ist die T-AG eine 90 %ige Tochter der M-AG und soll aus der T-AG auf die M-AG ausgegliedert werden, entfällt nach § 62 UmwG der HV-Beschluß in der M-AG. In der T-AG bedarf es hingegen sehr wohl eines solchen Beschlusses.

Wird umgekehrt von der M-AG in die T-AG ausgegliedert, ist § 62 UmwG auch nicht entsprechend anwendbar. Ein Zustimmungsbeschluß ist daher in beiden AGs erforderlich.

---

35 Siehe aber auch unten S. 189 zur Erbengemeinschaft. Inwieweit stille Beteiligte intern ein Zustimmungsrecht haben, richtet sich nach dem Recht der stillen Gesellschaft; die Übergehung eines danach bestehenden Zustimmungserfordernisses wird aber keine Auswirkung auf das Ausgliederungsverfahren haben (Fn 34).

36 Vgl. aber auch § 62 Abs. 2 UmwG: Eine Minderheit, die zusammen Anteile in Höhe von 5 % des Grundkapitals oder in einer satzungsmäßig vorgesehenen geringeren Höhe hält, kann die Beschlußfassung verlangen.

37 Vgl. *Feddersen/Kiem*, Die Ausgliederung zwischen „Holzmüller" und neuem Umwandlungsrecht, ZIP 1994, 1078, 1082.

Der Beschluß bedarf einer qualifizierten *Mehrheit* (vgl. § 125 i.V.m. §§ 50, 65, 78, 84, 103, 106, 112 Abs. 3 UmwG) bzw. bei Personenge-sellschaften grundsätzlich sogar der Einstimmigkeit (vgl. § 125 i.V.m. § 43 UmwG[38]). Aufgrund dieser besonderen Beschlußerfordernisse ist davon auszugehen, daß die Umwandlung nicht auch noch einer geson-derten Ermächtigung durch die Satzung oder den Gesellschaftsvertrag bedarf[39]. Im einzelnen ergeben sich allerdings Probleme aus der Ver-weisungstechnik: §§ 50 Abs. 2 und 51 UmwG, die jeweils besondere *Zustimmungsrechte* einzelner oder aller Anteilsinhaber vorsehen, passen nicht auf die Ausgliederung; in Ermangelung eines Anteilstau-sches laufen die Anteilsinhaber einer übertragenden GmbH weder Gefahr, selbst in die Haftung nach § 24 GmbHG hineinzugeraten (§ 51 Abs. 1 S. 1 und 2 UmwG)[40], noch wird der Nennbetrag ihrer Anteile verändert (§ 51 Abs. 2 UmwG), noch verlieren sie ihre Min-derheits- oder Geschäftsführungsrechte (§ 50 Abs. 2 UmwG). Ebenso-wenig ist § 51 Abs. 1 S. 3 UmwG in einer übernehmenden GmbH anwendbar, weil deren Gesellschafter nicht für offene Einlageforde-rungen in der übertragenden GmbH haften (die Finanzstruktur der übertragenden GmbH hat keinerlei Auswirkungen auf die überneh-mende GmbH).

Beispiel 5: Wird von der X-GmbH in die Y-GmbH ausgegliedert, in der noch nicht alle Stammeinlagen voll eingezahlt sind, so genügt für den Zustim-mungsbeschluß in der X-GmbH doch die 3/4-Mehrheit. § 51 Abs. 1 S. 1 und 2 UmwG ist nicht anwendbar.

Sind in der X-GmbH noch nicht alle Einlagen eingezahlt, genügt für den Zustimmungsbeschluß in der Y-GmbH ebenfalls die 3/4-Mehrheit. § 51 Abs. 1 S. 3 UmwG ist unanwendbar.

Hat der Gesellschafter G in der X-GmbH ein Entsendungsrecht für die Ge-schäftsführung, besteht dennoch kein Zustimmungsrecht von G: § 50 Abs. 2 UmwG ist nicht anwendbar, weil das Entsendungsrecht unangetastet bleibt. Dieses wird nur mittelbar beeinträchtigt, indem die unmittelbare Geschäftstä-tigkeit der X-GmbH und damit auch der Einfluß reduziert wird, der mit der

---

38 Der Gesellschaftsvertrag kann allerdings eine Mehrheitsentscheidung (3/4) vorsehen, vgl. § 43 Abs. 2 UmwG.

39 Vgl. Stellungnahme des DAV, WM-Sonderbeilage Nr. 2/1993, Rz. 106. Al-lerdings kann es im Einzelfall notwendig sein, den Unternehmensgegen-stand neu festzulegen (z.B. bei Umwandlung einer operativen Gesellschaft in eine reine Holding).

40 Allerdings kann der übertragende Rechtsträger selbst in diese Haftung hineingeraten. Dies vermag aber das Zustimmungserfordernis nicht zu rechtfertigen. Es handelt sich lediglich um eine mittelbare – wirtschaftli-che – Betroffenheit der Anteilseigner.

dem G vorbehaltenen Geschäftsführung verbunden ist; allein das genügt aber noch nicht zur Begründung eines Zustimmungsrechts.

Zur *Beschlußanfechtung* vgl. § 14 Abs. 1 i.V.m. § 125 S. 1 UmwG. Eine gesetzliche Klärung der Frage, ob eine materielle Beschlußkontrolle stattfindet, wurde bewußt vermieden[41]. Zur Bedeutung der Anfechtung für die Eintragung der Ausgliederung vgl. § 16 Abs. 2 und 3 i.V.m. § 125 S. 1 UmwG. Auch nach der Eintragung wird das Anfechtungsverfahren jeweils gegen den Rechtsträger geführt, in dem der Beschluß gefaßt wurde: § 28 UmwG ist trotz der Nichterwähnung in § 125 UmwG unanwendbar, weil die gedankliche Prämisse dieser Vorschrift – Erlöschen des übertragenden Rechtsträgers[42] – bei der Ausgliederung nicht zutrifft.

5. Weitere Maßnahmen

Ist bei der Ausgliederung zur Aufnahme im übernehmenden Rechtsträger eine *Kapitalerhöhung* erforderlich, müssen die dafür notwendigen Voraussetzungen erfüllt werden (vgl. §§ 142, 66, 67, 69 bzw. §§ 53, 55 UmwG[43]). Bei der Ausgliederung zur Neugründung müssen die für die *Gründung des neuen Rechtsträgers* erforderlichen Schritte gesetzt werden (vgl. §§ 135 Abs. 2, 137 Abs. 1, 138, 144, 159, 160, 165, 170 UmwG); Gesellschaftsvertrag, Satzung oder Statut des neuen Rechtsträgers müssen im Ausgliederungsplan enthalten sein (§ 37 i.V.m. § 125 S. 1 UmwG)[44]. Ist im übertragenden Rechtsträger eine *Kapitalherabsetzung* erforderlich, muß diese vorbereitet werden (vgl. dazu §§ 139, 145 UmwG).

Bei Stiftungen kann auch eine *staatliche Genehmigung* erforderlich sein (vgl. § 164 UmwG).

---

41 Vgl. BT-Drucksache 12/6699, S. 86 = *Ganske*, S. 61, allerdings mit einer deutlichen Tendenz gegen eine solche Kontrolle. Siehe aber auch die Prognose bei *Feddersen/Kiem*, ZIP 1994, 1084.

42 Zur Vorgängerbestimmung § 352 AktG a.F. vgl. nur *Koppensteiner* in KK, § 352 Rz. 8; *Grunewald* in G/H/E/K, § 352 Rz. 5.

43 §§ 54 und 68 UmwG, die in bestimmten Fällen die Kapitalerhöhung verbieten, gelten nicht (vgl. § 125 Satz 1 UmwG und dazu BT-Drucksache 12/6699, S. 117 = *Ganske*, S. 152 f).

44 Nicht anwendbar sind wohl §§ 57 und 74 UmwG: Da der übertragende Rechtsträger fortbesteht, erscheint eine Kontinuität des Satzungsinhalts nicht geboten. Unanwendbar ist auch § 43 Abs. 2 S. 3 UmwG, da die Anteilsinhaber des übertragenden Rechtsträgers keine eigene Beteiligung an der Zielgesellschaft erhalten.

6. Registeranmeldung und -eintragung

Nach Absolvierung der erforderlichen Schritte ist die Ausgliederung zum Handelsregister bzw. zum sonst zuständigen Register (Genossenschafts- oder Vereinsregister) anzumelden (vgl. §§ 129, 137, 140, 146, 148, 160 sowie § 125 S. 1 i.V.m. §§ 16, 17 UmwG). Mit der Eintragung beim übertragenden Rechtsträger wird die Ausgliederung wirksam (§§ 131, 135 Abs. 1 UmwG). Mit diesem Zeitpunkt findet der Vermögensübergang statt (§ 131 Abs. 1 Nr. 1 und Abs. 3 UmwG), und der übertragende Rechtsträger erhält die Anteile an dem oder den Zielrechtsträgern (§ 131 Abs. 1 Nr. 3 S. 3 UmwG)[45].

7. Weitere Besonderheiten gegenüber den sonstigen Spaltungsfällen

Im Vergleich zu dem Verfahren der Auf- und Abspaltung sind noch folgende Besonderheiten hervorzuheben:[46]

- Da es für die Anteilsinhaber des übertragenden Rechtsträgers nicht zu einem Anteilstausch kommt, sind § 14 Abs. 2 und § 15 UmwG unanwendbar.
- Aus denselben Gründen wurde die Abfindungsregelung der §§ 29–34 UmwG nicht übernommen.
- In Ermangelung eines Anteilstausches bedarf es auch nicht der Bestellung eines Treuhänders für die zu übernehmenden Anteile (§ 71 UmwG).
- § 18 UmwG über die Firmenfortführung gilt schließlich deshalb nicht, weil der übertragende Rechtsträger und damit auch dessen Firma fortbestehen[47]. Sehr wohl anwendbar werden aber die allgemeinen Grundsätze über die Firmenfortführung (§ 22 HGB, § 4 Abs. 2 AktG, § 4 Abs. 1 Satz 3 GmbHG) sein.

---

45 Die Eintragung und damit wohl auch das Entstehen der neuen Rechtsträger bei der Ausgliederung zur Neugründung ist hingegen zeitlich vorgelagert, vgl. § 137 Abs. 1 und Abs. 3 UmwG und für die Ausgliederung durch Einzelkaufleute § 160 UmwG.

46 Vgl. jeweils die Ausnahme in der Verweisung des § 125 S. 1 UmwG und dazu die Begründung in BT-Drucksache 12/6699, S. 117 = *Ganske*, S. 152 f.

47 Vgl. aber für den Einzelkaufmann § 155 UmwG, der eine Firmenlöschung vorsieht, wenn das gesamte Unternehmen übertragen wird und damit die Kaufmannseigenschaft wegfällt. Verbleibt nur noch ein minderkaufmännisches oder nichtkaufmännisches Unternehmen, gelten daneben die allgemeinen Vorschriften über die Löschung unzulässiger Firmen.

V. Wirtschaftlicher Hintergrund

Der dem Umwandlungsgesetz zugrundeliegende Begriff der „Ausgliederung" erfaßt in wirtschaftlicher Hinsicht durchaus heterogene Fälle. Dementsprechend verschieden werden auch die Motive sein, die hinter einer Ausgliederung stehen.

1. „Haftungsbeschränkende Umwandlung"

Zunächst werden solche Fälle erfaßt, in denen es wirtschaftlich um eine Umwandlung geht und dabei vor allem das Ziel der Haftungsbeschränkung im Vordergrund steht. Augenfälliges Beispiel dafür ist die Ausgliederung eines einzelkaufmännischen Unternehmens auf eine Kapitalgesellschaft[48] (dazu noch unten S. 185 ff.). Dieser Vorgang war im alten Recht noch als echte Umwandlung geregelt (vgl. §§ 50 ff., 56a ff. UmwG 1969/1980). Im neuen Recht konnte diese Einordnung aber nicht beibehalten werden, weil die Rechtsfigur der „übertragenden Umwandlung" fallengelassen wurde und die nunmehr allein vorkommende Konstruktion des „Formwechsels" (vgl. §§ 190 ff. UmwG) jedenfalls nicht mehr gepaßt hätte; dazu unterscheidet sich die Struktur des Einzelunternehmens doch zu deutlich von jener einer Gesellschaft oder Genossenschaft.

Der *juristische* Begriff der „Ausgliederung", wie er in § 123 Abs. 3 UmwG definiert wurde, paßt hingegen problemlos; ungeachtet dessen muß man sich aber vor Augen halten, daß es *wirtschaftlich* um etwas gänzlich anderes geht als etwa bei der Ausgliederung aus einer AG.

2. „Ausgliederung i.e.S.": Konzernbildung und Umstrukturierungen im Konzern

a) Praktischer Grundfall: Ausgliederung „von oben nach unten"

Das Instrument der Ausgliederung kann auch der Konzernbildung oder der Umstrukturierung in einem bereits bestehenden Konzern dienen. Praktisch bedeutsam wird vor allem eine Ausgründung auf

---

48 Natürlich kann auch eine solche Umstrukturierung noch auf anderen Motiven (z.B. Neustrukturierung des Unternehmens, Vergesellschaftung etc.) beruhen. Praktisch wird aber zumeist die Haftungsbeschränkung im Vordergrund stehen.

bereits bestehende oder damit neu entstehende Töchter (Ausgliederung „von oben nach unten")[49] sein:

Beispiel 6: (1) Die X-AG überträgt das bisher von ihr betriebene Holzhandelsgeschäft auf die neue Y-GmbH. Im Gegenzug erhält X alle Anteile an Y. Damit entsteht eine hundertprozentige Tochter der X.

(2) Erfolgt die Ausgliederung zur Aufnahme durch die bereits bestehende Z-GmbH, an der X noch nicht beteiligt war, so entsteht durch die Ausgliederung eine solche Beteiligung; Z wird damit (u.U. auch) zur Tochter von X.

(3) War X bereits zuvor – gemeinsam mit B und C – an Z beteiligt, so vergrößert sich durch die Ausgliederung die Beteiligungsquote der X.

Im einzelnen können mit einer solchen Ausgliederungsmaßnahme verschiedene Zwecke verfolgt werden:[50]

aa) Trennung von Unternehmen

Die Ausgliederung kann dazu dienen, bisher einheitlich betriebene Unternehmen oder Unternehmensteile voneinander zu trennen: Ein Unternehmen bzw. ein Unternehmensteil wird in eine Tochtergesellschaft verlagert. Dahinter können wiederum verschiedene Zielsetzungen stehen: Es kann primär darum gehen, neue organisatorische Strukturen und/oder eine Risikostreuung zu erreichen; es kann aber auch gezielt nach neuen Beteiligungsgebern gesucht oder ein späterer Verkauf der ausgegliederten Teile vorbereitet werden[51].

---

49 Zum umgekehrten Fall (Ausgliederung „von unten nach oben") vgl. noch unten S. 178 ff., zur Ausgliederung zwischen Schwestergesellschaften unten S. 181 f.

50 Die folgende Aufzählung möglicher Ausgliederungszwecke ist nur demonstrativ und soll lediglich die wichtigsten Fälle hervorheben; vgl. überdies die Aufzählung möglicher Spaltungszwecke in BT-Drucksache 12/6699, S. 74 = *Ganske*, S. 18 f. Dem Erfindungsreichtum der Praxis sind aber so lange keine Grenzen gesetzt, als die Ausgliederungsvoraussetzungen des Umwandlungsgesetzes und auch sonstige rechtliche Schranken – z.B. des Konzern- oder Kartellrechtes – eingehalten werden. Hingewiesen sei schließlich darauf, daß stets die steuerlichen Folgen einer Prüfung bedürfen.

51 Ausgliederungsziel könnte auch eine Veränderung des für den übertragenden Rechtsträger bestehenden Mitbestimmungsstatuts sein (Senkung der Arbeitnehmerzahl unter die relevanten Grenzen); vgl. allerdings – ganz abgesehen von den mitbestimmungsrechtlichen Konzernzurechnungsklauseln (z.B. § 5 MitbestG) – § 325 Abs. 1 UmwG (fünfjährige Beibehaltung des bisherigen Mitbestimmungsstatuts beim übertragenden Rechtsträger, es sei denn, daß beim übertragenden Rechtsträger weniger als 1/4 der gesetzlichen Mindestzahl von Arbeitnehmern verbleibt; der übernehmende

Beispiel 7: Das Pharmaunternehmen X gliedert einen besonders riskanten Bereich (Entwicklung einer neuen Medikamentenserie) auf die hundertprozentige Tochter Y aus. Damit soll ein Durchschlagen dieses besonderen Risikos auf das gesamte Unternehmen verhindert werden (auf die – seit dem TBB-Urteil[52] etwas verminderten – Gefahren einer konzernrechtlichen Haftung[53] sei allerdings hingewiesen). Überdies wird eine organisatorische Trennung angestrebt: Für den ausgegliederten Bereich soll ein eigenes Management bestellt werden, dessen Eigenverantwortlichkeit durch die Verselbständigung unterstrichen wird. Schließlich sollen der X drohende Imageschäden bei Scheitern der Medikamentenserie dadurch gering gehalten werden, daß die beiden Gesellschaften zumindest formell getrennt worden sind.

Ein weiteres Motiv für die Ausgliederung besteht darin, daß X nur für den ausgegliederten Bereich nach Partnern suchen will, die sich dann an der Tochter Y beteiligen sollen[54].

Für den Fall, daß X die Entwicklung der neuen Medikamentenserie nicht mehr weiterverfolgen will, soll aber auch die Möglichkeit offengehalten werden, diese Sparte zu verkaufen. Der Verkauf kann dann einfach durch Veräußerung der Anteile an der Tochter erfolgen (allerdings wäre zu prüfen, ob nicht immerhin eine Zustimmung der HV von X erforderlich ist[55]).

bb) Fusionsähnliche Vorgänge (Zusammenführung von Unternehmen)

Bei der Ausgliederung zur Aufnahme kann der Vorgang mit einem fusionsähnlichen Effekt kombiniert werden: In der übernehmenden Gesellschaft wird bereits ein Unternehmen geführt. Aus der übertragenden Gesellschaft kommt ein wirtschaftlich passender Unternehmensteil dazu.

Beispiel 8: Die X-AG hat die Anteile an der M-GmbH gekauft, die einen Holzhandel betreibt. Die X-AG gliedert nun den bisher von ihr geführten Holzhandelsbetrieb (oder: Holzverarbeitungsbetrieb) auf die M-GmbH aus. Von der Zusammenfassung der beiden Betriebe erhofft man sich Rationalisierungs- und Synergieeffekte.

---

oder neue Rechtsträger ist davon nicht betroffen: Bei ihm ist allein anhand der bei ihm vorliegenden Voraussetzungen zu prüfen, ob und welche Mitbestimmung erforderlich ist). Für eine eingehendere Würdigung siehe den Beitrag zu den arbeitsrechtlichen Fragen, *Joost*, S. 297 ff.

52 BGHZ 122, 123 = JZ 1993, 575 mit Anmerkung *Lutter.*
53 Zum aktuellen Stand der Haftung im qualifiziert faktischen Konzern vgl. etwa *Lutter/Hommelhoff*[14], Anh. § 13 Rz. 16 ff.
54 Zur Frage, ob die HV der X dem zustimmen müßte, vgl. *Koppensteiner* in KK, Vorb. § 291 Rz. 40 ff., 43 ff.
55 Vgl. dazu *Koppensteiner* in KK, Vorb. § 291 Rz. 40 ff.

cc) „Fusion" mit den Gesellschaftern der übernehmenden Gesellschaft

Der angestrebte fusionsähnliche Effekt kann auch darin bestehen, daß für den ausgegliederten Teil die Zusammenarbeit mit den bisherigen Gesellschaftern der übernehmenden Gesellschaft gesucht wird.

Beispiel 9: Die X-AG möchte nur in dem Bereich der Forschung mit A und B zusammenarbeiten. Zu diesem Zweck wird die Forschungsabteilung in die Y-GmbH zur Aufnahme ausgegliedert, der bisher A und B als Anteilsinhaber angehören; X erhält damit ebenfalls eine Beteiligung an Y.

dd) Gemeinschaftsunternehmen

Durch die Ausgliederung können des weiteren Gemeinschaftsunternehmen entstehen: Zwei oder mehrere Gesellschaften gliedern jeweils einen bestimmten Bereich auf eine neue gemeinsame Tochter aus, die für beide Mütter tätig werden soll.

Beispiel 10: Die X-AG und die Y-AG sind beide in der Papierverarbeitung tätig. Sie wollen ihren Holzeinkauf künftig gemeinsam durchführen. Zu diesem Zweck gliedern beide AGs jeweils ihre Einkaufsabteilung auf die neugegründete Z-GmbH aus, die damit zur gemeinsamen Tochter wird und für beide AGs künftig den Holzeinkauf durchführt (auf mögliche kartellrechtliche Hindernisse sei vorsorglich hingewiesen).

Allerdings wird es nicht möglich sein, die beiden Ausgliederungsvorgänge in einem durchzuführen (vgl. oben S. 162). Es muß daher zunächst die X-AG eine Ausgliederung zur Neugründung der Z durchführen und danach die Y-AG eine Ausgliederung zur Aufnahme durch Z (oder umgekehrt).

ee) Holding

Möglich ist schließlich eine vollständige Ausgliederung der Unternehmenstätigkeit auf die Tochter oder die mehreren Töchter. Die Mutter wird damit zur reinen Holding.

Beispiel 11: Die X-AG gliedert ihre bisherigen Unternehmenssparten A, B und C auf die neugegründeten Töchter A-AG, B-GmbH und C-GmbH aus. Bei der X-AG verbleiben nur die notwendige Büroorganisation und die aufgrund der Ausgliederung erworbenen 100 %igen Anteile an A, B und C.

In der Literatur sind allerdings Zweifel an der Zulässigkeit dieser Vorgangsweise geäußert worden: *Kallmeyer*[56] hat darauf hingewiesen,

---

56 Das neue Umwandlungsgesetz, ZIP 1994, 1746, 1749. Vgl. nun allerdings *Kallmeyer*, DB 1995, 81 ff., wo die Zulässigkeit der Vollausgliederung mit

daß § 123 Abs. 3 UmwG lediglich die Übertragung von „Teilen" des Vermögens vorsieht, und daraus geschlossen, daß die Übertragung des gesamten Vermögens und damit die Schaffung einer reinen Holding unzulässig sei.

Dies trifft aber zumindest in praktischer Sicht nicht zu: Der ausgliederungsfähige „Teil" wird vom Gesetz nicht näher definiert. Ebenso wie keine Grenze nach unten besteht (vgl. oben S. 160), gibt es auch keine Grenze nach oben. Es können also etwa 20 %, 50 %, aber auch 99 % des Vermögens übertragen werden. Schon dies genügt den Bedürfnissen der Praxis: Selbst wenn eine reine Holding angestrebt wird, werden kaum wirklich alle Vermögenswerte übertragen werden. So wird etwa bei der Holdinggesellschaft – wie in unserem Beispiel – die notwendige Büroorganisation verbleiben[57]. Nach dem Gesetzestext muß es sogar genügen, wenn nur geringwertiges Büromaterial bei der Holdinggesellschaft verbleibt[58]. Keinesfalls dürfte man dem mit irgendwelchen Umgehungsüberlegungen entgegentreten: Immerhin hat der Gesetzgeber die Schaffung einer Holding als Spaltungsziel ausdrücklich vorgesehen[59]. Dieses durchaus sinnvolle Ziel darf man nicht über die Auslegung wieder konterkarieren.

Man muß aber noch einen Schritt weitergehen: Selbstverständlich muß es auch zulässig sein, wenn wirklich das gesamte bisherige Vermögen übertragen wird. Der vom Gesetz verwendete Begriff des „Teiles" schließt das noch nicht aus; so ist etwa für § 58 AktG anerkannt, daß auch das Ganze ein solcher „Teil" sein kann[60]. Entscheidend muß daher die Frage sein, warum der Gesetzgeber bei der Ausgliederung eine andere Formulierung verwendet als bei der Aufspaltung. Der Grund ist ganz einfach: Ausgeschlossen werden soll die restlose Beseitigung des übertragenden Rechtsträgers – die bei der Ausgliederung per definitione nicht stattfindet – und wohl auch die Schaffung eines vermögenslosen Rechtsträgers. Der übertragende Rechtsträger wird aber bei der Ausgliederung niemals vermögenslos, weil er im Gegenzug die Anteile erhält. Folglich spricht nichts dagegen, bei der Aus-

---

einer eher gewagten Rechtsfortbildung (Kombination von Aufspaltung und Ausgliederung) begründet wird. Demgegenüber soll im Text gezeigt werden, daß die Frage bereits durch einfache Auslegung lösbar ist.

57 Soweit die Holding bereits zuvor eine Beteiligung an einer Tochter hatte, werden auch diese Anteile bei der Holding verbleiben, es sei denn, aus der Tochter soll eine Enkelgesellschaft werden.

58 Zu eng daher *Kallmeyer*, DB 1995, 81 („Finanzvermögen").

59 Vgl. BT-Drucksache 12/6699, S. 74 = *Ganske*, S. 18.

60 Vgl. *Lutter* in KK, § 58 Rz. 30 m.w.N.

gliederung auch eine Übertragung des gesamten bisherigen Vermögens zuzulassen.

Wenn eine Kapitalgesellschaft als übertragender Rechtsträger fungiert, besteht allerdings eine zusätzliche Schranke: Die bei dieser verbleibenden Vermögenswerte müssen das Grund- oder Stammkapital decken (vgl. §§ 140, 146 Abs. 1 UmwG). Dazu genügt es aber schon, wenn die im Gegenzug gewährten Anteile eine solche Deckung herbeiführen. Es kommt also auf deren Werthaltigkeit an. Gegebenenfalls bedarf es beim übertragenden Rechtsträger einer Kapitalherabsetzung (vgl. §§ 139, 145 UmwG).

In *Beispiel 11* wäre also zu prüfen, ob die bei der X-AG verbleibende Büroorganisation – d.h. die darin befindlichen, haftungsfähigen Vermögenswerte – zuzüglich der im Zuge der Ausgliederung erhaltenen Anteile an A, B und C noch das satzungsmäßige Grundkapital decken. Ist das nicht der Fall, muß eine Kapitalherabsetzung erfolgen (§ 145 UmwG). Nur wenn nicht einmal das gesetzliche Mindestkapital von 100.000,– DM (§ 7 AktG) gedeckt ist, wäre die Ausgliederung unzulässig (bzw. es müßten dann noch zusätzliche Vermögenswerte bei der X-AG belassen oder dieser neu zugeführt werden).

b) Ausgliederung „von unten nach oben"

Denkbar ist schließlich eine Ausgliederung „von unten nach oben": Die Tochter überträgt ein von ihr betriebenes Unternehmen oder sonstige Vermögensteile auf die Mutter.

Beispiel 12: Die T-GmbH steht zu 100 % (Fall 1), zu 51 % (Fall 2) bzw. zu 49 % (Fall 3) im Eigentum der X-AG. Sie führt u.a. einen Holzhandelsbetrieb. Dieser soll nun im Wege der Ausgliederung auf X (zurück-)übertragen werden. Dafür soll T Anteile an der X-AG erhalten.

Grundsätzlich ermöglicht das Umwandlungsgesetz eine solche Ausgliederungsmaßnahme. Der Anteilserwerb durch die Tochter kann aber auf allgemeine gesellschafts- und konzernrechtliche Bedenken stoßen: Unter bestimmten Voraussetzungen ist nämlich einer Tochter der Erwerb von Anteilen an der Mutter verboten (vgl. §§ 56 Abs. 2, 71d AktG sowie die aus § 33 GmbHG entwickelten Grundsätze[61]). Diese Regeln müssen auch auf den Anteilserwerb Anwendung finden, der als Gegenleistung für eine Ausgliederung nach dem Umwandlungsgesetz erfolgt[62]. Demgemäß greifen in *Fall 1 und 2* die aktien-

---

61 Vgl. dazu *Lutter/Hommelhoff*[14], § 33 Rz. 17 ff.; *Emmerich* in Scholz, Anh. Konzernrecht Rz. 75 ff.

62 Ebenso Stellungnahme des DAV, WM-Sonderbeilage Nr. 2/1993, Rz. 110. Auch § 71 Abs. 1 Nr. 5 AktG ist nicht einschlägig, weil es darin ersichtlich

rechtlichen Erwerbsverbote ein, weil jeweils zumindest eine Mehrheitsbeteiligung von X an T vorliegt; u.U. besteht auch Abhängigkeit (vgl. § 17 Abs. 2 AktG). Demzufolge ist ein originärer Aktienerwerb überhaupt unzulässig (§ 56 Abs. 2 AktG): X kann also nicht eine Kapitalerhöhung vornehmen, bei der T die neuen Anteile übernimmt. Ebensowenig wäre es zulässig, wenn X erst jetzt eigene Aktien aufkauft, um diese der T zuzuwenden (vgl. § 71 Abs. 1, § 71d AktG)[63]. Hingegen ist es sehr wohl zulässig, daß X der T solche Aktien zuwendet, die sie oder eine andere Konzerngesellschaft – die dann als Leistungsmittler für X auftreten könnte – schon bisher als eigene Aktien gehalten hat[64]. Praktisch bedeutet das, daß eine Ausgliederung nur dann möglich ist, wenn X eine ausreichende Zahl an eigenen Aktien zur Verfügung hat und diese auch an T übertragen will. Des weiteren ist festzuhalten, daß mit der Ausgliederung stets eine wechselseitige Beteiligung entsteht[65], die aber in der Praxis durchaus unerwünscht sein kann.

Zur Vermeidung dieser Schwierigkeiten könnte man daran denken, die Ausgliederung ausnahmsweise (vgl. oben S. 161) auch ohne Anteilsgewährung zuzulassen, wenn es in einem weiteren Sinn um eigene Anteile ginge[66]. Dafür scheint zu sprechen, daß jedenfalls eine Verschmelzung von der Tochter auf die Mutter ohne Anteilsgewäh-

---

nur um den Fall geht, daß Anteile Bestandteil des als Gesamtheit übergehenden Vermögens sind (Anteilserwerb durch den übernehmenden Rechtsträger).

63 Der neu gefaßte § 71 Abs. 1 Nr. 3 AktG greift nicht ein (keine Abfindung von Aktionären).

64 Vgl. dazu *Hefermehl/Bungeroth* in G/H/E/K, § 71 Rz. 27, § 71d Rz. 13; *Lutter* in KK, § 71d Rz. 13. Findige Praktiker könnten einen Ausweg darin sehen, daß der genannte Grundsatz auch für zuvor unzulässigerweise erworbene Aktien gelten soll: Es wäre denkbar, daß X zunächst ohne Rücksicht auf §§ 71 ff. AktG eine ausreichende Zahl an Aktien erwirbt und diese dann – insoweit zulässigerweise (und nur das prüft der Registerrichter!) – an T weiterreicht; T könnte dann nach vollzogener Ausgliederung die nach § 71c AktG gebotene Wiederveräußerung vornehmen. Dieser Weg ist aber nicht ungefährlich (Organhaftung nach §§ 93, 116 AktG und Ordnungswidrigkeit nach § 405 Abs. 1 Nr. 4a AktG, vgl. *Hefermehl/Bungeroth* in G/H/E/K, § 71 Rz. 145 ff.; *Lutter* in KK, § 71 Rz. 82 f.). Man sollte davon schon deshalb Abstand nehmen, weil ohnedies eine Abspaltung möglich ist und diese zu keinen Problemen führt (vgl. gleich unten im Text).

65 Die Grenzen des § 19 Abs. 1 und 2 AktG müssen allerdings noch nicht überschritten sein.

66 Dafür zum DiskE *Krieger*, ZGR 1990, 521; zum RefE Stellungnahme des DAV, WM-Sonderbeilage Nr. 2/1993, Rz. 111.

179

rung zulässig ist (vgl. § 5 Abs. 2, § 20 Abs. 1 Nr. 3 UmwG). Dasselbe dürfte auch für die Auf- und Abspaltung gelten (vgl. § 131 Abs. 1 Nr. 3 S. 1, 2. Halbs. UmwG): Obwohl in § 126 UmwG eine dem § 5 Abs. 2 UmwG entsprechende Regelung fehlt, wird man davon ausgehen müssen, daß als Konsequenz des § 131 Abs. 1 Nr. 3 S. 1, 2. Halbs. UmwG auch die Auf- und Abspaltung ohne Gewährung irgendwelcher Anteile zulässig ist[67]. Nun könnte man sich die Frage stellen, warum für die Ausgliederung etwas anderes gelten soll. Allerdings besteht insofern bereits eine auffällige gesetzliche Differenzierung, weil § 131 Abs. 1 Nr. 3 S. 3 UmwG für die Ausgliederung gerade keine Regelung enthält, die einen Nichtübergang von Anteilen vorsieht und damit als Anhaltspunkt für eine Einschränkung der Definition des § 123 Abs. 3 UmwG dienen kann. Es ist daher davon auszugehen, daß eine Ausgliederung ohne Anteilsgewährung nicht in Betracht kommt. Und diese unterschiedliche Behandlung von Ausgliederung und Abspaltung läßt sich auch nachvollziehen: Unproblematisch wäre eine Ausgliederung ohne Anteilsgewährung nur in *Fall 1,* in dem die Mutter 100 % der Anteile an der Tochter hält; hier werden durch eine entschädigungslose Vermögensübertragung von der Tochter auf die Mutter keine außenstehenden Aktionäre benachteiligt. In einem solchen Fall bedarf es aber auch keiner Ausgliederung: Genau das gewünschte Ergebnis – Vermögensübertragung ohne Anteilsgewährung – kann ebenso mit einer Abspaltung erreicht werden, die gemäß § 131 Abs. 1 Nr. 3 S. 1, 2. Halbs. UmwG ohne Anteilsgewährung an die Mutter erfolgt[68]. Hingegen wäre in *Fall 2,* in dem die Mutter nur 51% der Anteile hält, eine entschädigungslose[69] Ausgliederung höchst problematisch: Der Grundgedanke der Ausgliederung besteht darin,

---

67 Aus der Gesetzesbegründung (vgl. BT-Drucksache 12/6699, S. 119 = *Ganske,* S. 157) scheint sich zwar das Gegenteil zu ergeben; dies liegt aber wohl nur daran, daß die Regelung des § 131 Abs. 1 Nr. 3 S. 1 UmwG nicht zu Ende gedacht wurde.

68 Im übrigen ist darauf hinzuweisen, daß §§ 20 Abs. 1 und 24 Abs. 1 UmwStG jeweils auf die Gewährung von Anteilen abstellen, wohingegen § 15 Abs. 1 UmwStG dies zumindest nicht ausdrücklich hervorhebt (vgl. allerdings auch Abs. 4).

69 Allerdings ließe sich eine vermögensmäßige Benachteiligung der außenstehenden Gesellschafter auch dadurch vermeiden, daß statt der Anteilsgewährung eine anderweitige Gegenleistung – z.B. eine Geldzahlung – an die Tochter erfolgt. Es ist aber immerhin vertretbar, wenn man insoweit nur eine direkte Entschädigung der außenstehenden Gesellschafter zuläßt. Da das offenbar dem Konzept des Gesetzgebers entspricht, wird man dabei bleiben müssen.

daß die Anteilsinhaber des übertragenden Rechtsträgers statt der bisherigen unmittelbaren Beteiligung zumindest eine „mittelbare" Beteiligung an den übertragenen Vermögenswerten erhalten sollen. Würde man hingegen eine Ausgliederung ohne Anteilsgewährung zulassen, so erhielten die außenstehenden Gesellschafter der Tochter überhaupt keinen Gegenwert. Daß dies nicht zugelassen wird, hat einen guten Sinn. Man muß aber wiederum gar nicht lange nach einem Ausweg suchen: Die Praxis kann auf die Abspaltung ausweichen, bei der eine Benachteiligung der außenstehenden Gesellschafter vermieden wird (siehe gleich unten Beispiel 13).

In *Fall 3* ist hingegen die Ausgliederung problemlos zulässig, weil dem Anteilserwerb durch T kein Erwerbsverbot entgegensteht[70] (keine Mehrheitsbeteiligung; unterstellt wird, daß auch keine Abhängigkeit vorliegt); wenn X keine vorhandenen eigenen Anteile abgeben will oder kann, können der T auch neue Aktien aus einer Kapitalerhöhung bei X zugewendet werden. Gleichwohl wird die dadurch entstehende wechselseitige Beteiligung in der Praxis oft unerwünscht sein; dies läßt sich wiederum dadurch vermeiden, daß statt der Ausgliederung eine Abspaltung durchgeführt wird.

Beispiel 13: Die Abspaltung führt in den in Beispiel 12 genannten Fällen zu folgenden Ergebnissen: In Fall 1 werden gar keine Anteile übertragen, weil X – als einziger Anteilsinhaber der T – sich selbst keine Aktien zuwenden kann (§ 131 Abs. 1 Nr. 3 S. 1, 2. Halbs. UmwG). In Fall 2 und Fall 3 erhalten die außenstehenden Gesellschafter der T Anteile der X; X selbst erhält wiederum keine Anteile.

Die Abspaltung ist daher bei Vermögensübertragungen „von unten nach oben" unproblematisch. Die Praxis sollte daher stets diesen Weg und nicht jenen über die Ausgliederung wählen.

c) Ausgliederung zwischen Konzernschwestern

Möglich ist schließlich eine Ausgliederung zwischen Konzernschwestern:

Beispiel 14: Die T-AG und die U-AG sind jeweils hundertprozentige Töchter der M-AG. Ein Betrieb (oder: eine Beteiligung, die T an der Enkelgesellschaft E hält) soll von T auf U ausgegliedert werden. Dies führt dazu, daß T Anteile an U erhält.

---

70 Vgl. *Hefermehl/Bungeroth* in G/H/E/K, § 71d Rz. 7 f.; *Lutter* in KK, § 71d Rz. 11.

Der Anteilserwerb durch die Schwester stößt auf keine rechtlichen Hindernisse, weil ein Anteilserwerb zwischen Töchtern nicht verboten ist (vgl. §§ 56 Abs. 2, 71d AktG e contrario). In der Praxis kann ein solcher Anteilserwerb allerdings unerwünscht sein; insbesondere besteht die Gefahr, daß mit der Zeit zwischen den Schwestern ein- oder wechselseitige Mehrheitsbeteiligungen entstehen, die abgesehen von allen anderen Nachteilen künftige Ausgliederungsmaßnahmen behindern. Eine überlegenswerte Alternative stellt wiederum die Abspaltung dar; bei dieser wird eine Beteiligung zwischen den Schwestern vermieden:

Beispiel 15: Wird in Beispiel 14 von T auf U abgespalten, müßten die Anteile der U an die Anteilsinhaber von T, also an M, gewährt werden. Dies stößt weder auf rechtliche noch auf gravierende praktische Bedenken.

3. Betriebsaufspaltung

Bei der Betriebsaufspaltung[71] wird das Unternehmen von einer Kapitalgesellschaft als Betriebsgesellschaft geführt; die wertvollen Anlagegüter werden dieser Gesellschaft aber nur zur Nutzung überlassen. Sie stehen im Eigentum der Besitzgesellschaft oder des sonstigen Besitzrechtsträgers (Einzelperson). Gegenüber der vollständigen Überführung des Vermögens in die Kapitalgesellschaft hat dies insbesondere den Vorteil, daß eine doppelte Vermögensbesteuerung für die Anlagegüter vermieden wird[72]. Zudem versucht man damit das Haftungsrisiko zu begrenzen: Die Anlagegüter sollen nicht Haftungsvermögen der Kapitalgesellschaft sein. Allerdings greifen hier Gegenstrategien der Rechtsordnung ein, insbesondere die Rechtsfigur der kapitalersetzenden Nutzungsüberlassung[73]. Zur Herstellung einer solchen Konstruktion kann auch eine Spaltungsmaßnahme nach dem Umwandlungsgesetz eingesetzt werden[74]; dann muß freilich auch die in § 134 UmwG angeordnete besondere Haftung für Arbeitnehmeransprüche in Kauf genommen werden. Wird trotzdem der Weg über das Umwandlungsgesetz angestrebt, so können je nach Sach- und Interessenlage die

---

71 Vgl. dazu nur *Karsten Schmidt,* Gesellschaftsrecht, 2. Auflage, § 13 III 3d S. 328 ff.
72 Zur steuerlichen Behandlung vgl. eingehend *Knobbe-Keuk,* Bilanz- und Unternehmenssteuerrecht, 9. Auflage (1993), § 22 X S. 862 ff. und zuletzt *Miessl/Wengert,* Die Betriebsaufspaltung aus dem Blickwinkel der Steuergerechtigkeit, DB 1995, 111.
73 Vgl. dazu nur *Lutter/Hommelhoff*[14], §§ 32a/b Rz. 111 ff.
74 Siehe auch allgemein BT-Drucksache 12/6699, S. 74 = *Ganske,* S. 18.

Institute der Aufspaltung, der Abspaltung oder der Ausgliederung in Betracht kommen. Eine Ausgliederung wird allerdings nur dann zielführend sein, wenn bisher ein Einzelunternehmen oder eine Personengesellschaft besteht und nun eine GmbH (Betriebsgesellschaft) hinzukommen soll.

a) Ausgliederung durch einen Einzelunternehmer

Beispiel 16: Der Einzelunternehmer U gliedert sein Unternehmen mit Ausnahme der Anlagegüter in die neue X-GmbH aus. Die Anlagegüter bleiben damit im Eigentum von U; dieser räumt aber X ein Nutzungsrecht ein.

Grundlage der Ausgliederung sind §§ 152 ff. UmwG (genauer unten S. 185 ff.). Anders als im alten Recht stellt sich nicht mehr das Problem, ob die Zurückbehaltung von einzelnen Unternehmensgegenständen zulässig ist:[75] § 152 UmwG läßt ausdrücklich auch die Ausgliederung nur von Teilen des Unternehmens zu[76] (vgl. auch noch unten S. 190 f.).

b) Ausgliederung aus einer Personengesellschaft

Beispiel 17: Das Unternehmen wird bisher von der X-KG geführt. Das Umlaufvermögen wird nun in eine GmbH ausgegliedert. Dies führt dazu, daß die KG neben den zurückbehaltenen Anlagegütern nunmehr auch die Anteile an der GmbH hält[77].

Daneben besteht auch die Alternative der Abspaltung, bei der die Gesellschafter der Personengesellschaft unmittelbar die Anteile an der GmbH erhalten. Wiederum kommt es nicht zu einer doppelten Vermögensbesteuerung für die Anlagegüter. Allerdings bringt diese Gestaltung auch kaum Vorteile: Insbesondere ist die Rechtsfigur der kapitalersetzenden Nutzungsüberlassung auch bei Gesellschafteridentität anzuwenden[78].

---

75 Vgl. dazu nur zuletzt die Überlegungen von *Patt*, Errichtung einer Betriebsaufspaltung durch Umwandlung eines Einzelunternehmens, DStR 1994, 1383.

76 Vgl. dazu bereits *Patt*, DStR 1994, 1387.

77 Daß die Personengesellschaft damit nach der h.A. zur Gesellschaft bürgerlichen Rechts wird (vgl. noch unten S. 184), kann für die Anwendung des Umwandlungsgesetzes kein Hindernis sein, weil es jedenfalls beim übertragenden Rechtsträger nur auf die Rechtsform ankommen kann, die bis zur Vornahme des Umwandlungsvorgangs besteht.

78 Vgl. nur BGHZ 121, 30, 35 m.w.N.

c) Ausgliederung aus einer Kapitalgesellschaft

Hingegen ist im umgekehrten Fall – wenn bisher nur eine Kapitalgesellschaft bestanden hat – der Weg über die Ausgliederung weniger zielführend:

Beispiel 18: Sollen aus der bisherigen GmbH die Anlagegüter auf eine KG überführt werden, würde die Ausgliederung dazu führen, daß die GmbH Anteile an der Personengesellschaft erhält[79]. Insoweit bleibt es dann aber bei der doppelten Vermögensbesteuerung, die bei der Betriebsaufspaltung gerade vermieden werden soll. Allerdings wirkt sich dieser Nachteil um so weniger aus, je mehr Anteile an der KG die restlichen Gesellschafter halten und je geringer daher die Beteiligung der GmbH ist.

Demgegenüber hat die Abspaltung den Vorteil, daß die GmbH gar keine Anteile erhält; vielmehr gehen diese direkt an die Gesellschafter der GmbH. Damit kommt es nicht zur Doppelbesteuerung.

Des weiteren ist die Anwendbarkeit des Umwandlungsgesetzes überhaupt zweifelhaft: Sowohl die Ausgliederung als auch die anderen Spaltungsarten finden nur dann Anwendung, wenn die Zielgesellschaft Personen*handels*gesellschaft ist, wohingegen eine Spaltung auf eine Gesellschaft bürgerlichen Rechts nicht in Betracht kommt (§ 124 UmwG). Nach h.A. kann aber eine reine Besitzgesellschaft nicht Personenhandelsgesellschaft sein[80]; da bereits das Vorliegen eines „Gewerbes" geleugnet wird, hilft auch § 5 HGB nicht[81]. Folgt man dem, so scheitert die Anwendung des Umwandlungsgesetzes – sowohl für die Ausgliederung als auch für die anderen Spaltungsarten – am numerus clausus der erfaßten Rechtsträger (§ 1 Abs. 2 UmwG). In der Praxis läßt sich dieses Hindernis allerdings dadurch überwinden, daß die Besitzgesellschaft zunächst als vollkaufmännische Gesellschaft geführt wird (etwa indem diese noch ein anderes vollkaufmännisches Unternehmen betreibt oder zumindest die Aufnahme eines solchen ernsthaft geplant wird).

---

79 Dies ließe sich nur dann vermeiden, wenn man entgegen dem Gesetzeswortlaut eine Ausgliederung auch ohne Gegenleistung zuließe (vgl. aber oben S. 161 und S. 180).

80 Vgl. nur BGH WM 1990, 586; *Karsten Schmidt,* Handelsrecht, 4. Auflage (1994), § 9 IV 2b aa S. 283 f.; a.A. *Baumbach/Hopt,* HGB, 29. Auflage, § 2 Rz. 2, jeweils m.w.N.

81 Vgl. nur *Hildebrandt/Steckhan* in Schlegelberger, HGB, 5. Auflage, § 5 Rz. 6a; *Brüggemann* in Staub, HGB, 4. Auflage, § 5 Rz. 21. Dies gilt auch nach *Karsten Schmidt,* Handelsrecht, 4. Auflage, § 10 III 2 S. 298 f., der zwar für § 5 HGB auf das Gewerbe verzichtet, aber immer noch ein Unternehmen verlangen will; ein solches liegt aber seiner Auffassung nach bei der Besitzgesellschaft nicht vor (Nachweis in voriger Fn).

VI. Die Ausgliederung durch den Einzelkaufmann im besonderen

1. Die übernehmenden oder neuen Rechtsträger

Von besonderem praktischen Interesse ist die Ausgliederung durch den Einzelkaufmann. Im Vergleich zum alten Recht, das nur die Umwandlung in neu zu errichtende Kapitalgesellschaften vorgesehen hat (vgl. §§ 50 ff., 56a ff. UmwG 1969/1980), wurden die Anwendungsfälle erweitert: Nach § 152 UmwG kann der Einzelkaufmann sein Unternehmen bzw. Teile seines Unternehmens übertragen

– auf neu gegründete oder bereits bestehende Kapitalgesellschaften sowie

– auf bereits bestehende Personenhandelsgesellschaften oder eingetragene Genossenschaften.

Ausgeschlossen sind damit etwa die *Ausgliederung auf eine Stiftung*[82] *oder auf eine Gesellschaft bürgerlichen Rechts.* Weiterhin kann die *Ausgliederung auf Personenhandelsgesellschaften oder Genossenschaften nur zur Aufnahme,* nicht aber zur Neugründung erfolgen. Diese Einschränkung folgt aus der Unmöglichkeit bzw. Unzulässigkeit einer Einmannbeteiligung[83]. Der wirtschaftliche Erfolg einer „Ausgliederung zur Neugründung" läßt sich aber problemlos dadurch erreichen, daß kurz vor der Durchführung der Ausgliederung eine Personenhandelsgesellschaft oder eine Genossenschaft gegründet wird und auf diese dann eine Ausgliederung zur Aufnahme erfolgt.

Beispiel 19: Der Einzelunternehmer U will gemeinsam mit X eine KG errichten und in diese sein Unternehmen einbringen. Soll die Einzelübertragung der zum Unternehmen gehörigen Vermögensgegenstände vermieden werden, so bietet sich folgender Weg an: U gründet gemeinsam mit X eine KG, wobei sowohl U – der als Komplementär fungiert – als auch X – der Kommanditist sein soll – zunächst lediglich eine geringfügige Einlage übernehmen. Diese Einlage muß nicht einmal sofort eingezahlt werden; es wäre aber sinnvoll, wenn X zumindest die – anfangs u.U. sehr gering angesetzte – Hafteinlage einzahlt (vgl. § 171 HGB). Auch eine sofortige Registereintragung ist anzuraten (vgl. § 176 HGB). Damit gibt es nun eine KG, und es kann daher problemlos eine Ausgliederung „zur Aufnahme" nach dem Umwandlungsgesetz erfolgen.

---

82 Zur Begründung vgl. BT-Drucksache 12/6699, S. 116 = *Ganske*, S. 151 (Stiftung als unerwünschter Unternehmensträger); ergänzend ist darauf hinzuweisen, daß eine Stiftung als mitgliedsloser Rechtsträger gar keine Anteile vergeben könnte.

83 Vgl. BT-Drucksache 12/6699, S. 128 = *Ganske*, S. 183 und oben S. 165 f.

2. Persönlicher Anwendungsbereich: „Eingetragener Einzelkaufmann"

Im übrigen ist die Regelung der Ausgliederung durch den Einzelkaufmann insofern unbefriedigend, als mehrere bereits aus dem alten Umwandlungsrecht bekannte Probleme unverändert fortbestehen. Mit ein bißchen mehr Mut hätte der Gesetzgeber hier Klarheit schaffen und auch Lücken schließen können. Dies betrifft zunächst einmal die Umschreibung des zur Ausgliederung berechtigten Rechtsträgers:

a) „Eingetragener" Kaufmann

§ 152 UmwG verlangt einen Kaufmann, dessen Firma im Handelsregister eingetragen ist. Das bedeutet zumindest im Grundsatz, daß nur Vollkaufleute eine Ausgliederung vornehmen können. Sie müssen überdies eingetragen sein. Das ist allerdings praktisch kein Problem, weil sich dieses Erfordernis bei Vorliegen der Eintragungsvoraussetzungen leicht nachholen läßt.

Beispiel 20: Der bisher nicht eingetragene große Computerhändler (§ 1 HGB) und der bisher nicht eingetragene große Bauunternehmer (§ 2 HGB) können nunmehr die Eintragung nachholen. Dann sind §§ 152 ff. UmwG anwendbar.

b) Minder- und Nichtkaufmann

Eine Lücke besteht hingegen weiterhin darin, daß der minderkaufmännische und der nichtkaufmännische Unternehmer nicht in den Genuß des Umwandlungsrechts kommen.

Beispiel 21: Will ein kleiner Computerhändler (Minderkaufmann nach § 1 HGB), ein kleiner Bauunternehmer (Nicht-Kaufmann wegen § 2 HGB) oder ein Wirtschaftsprüfer (Nicht-Kaufmann, da kein Gewerbe) sein Unternehmen in eine GmbH einbringen, so kann dafür nicht das Verfahren nach §§ 152 ff. UmwG in Anspruch genommen werden. Es bedarf daher einer Sachgründung oder einer Sachkapitalerhöhung, wobei die Übertragung der Vermögensgegenstände jeweils im Wege der Einzelrechtsnachfolge zu erfolgen hat. Im Falle der Sachgründung kommt es damit auch zu einer Unternehmensträgerschaft der Vorgesellschaft[84].

Aus rechtspolitischer Sicht ist diese Lücke bedauerlich:[85] Zumindest eine Ausgliederung auf Kapitalgesellschaften hätte man ohne größere

---

84 Zu den damit verbundenen Problemen vgl. nur *Lutter/Hommelhoff*[14], zu § 11.

85 Der Gesetzgeber begründet die Einschränkung damit, daß ansonsten weitgehende Möglichkeiten zur Umgehung der allgemeinen zivilrechtlichen Übertragungsgrundsätze eröffnet worden wären (BT-Drucksache 12/6699,

Probleme zulassen können, weil der Vorgang an sich ohnedies zulässig ist (GmbH und AG können grundsätzlich zu jedem beliebigen Zweck und daher auch für den Betrieb minder- oder nichtkaufmännischer Unternehmen eingesetzt werden) und weil jedenfalls auf der Seite des übernehmenden Rechtsträgers auch Registerkontrolle und Registerpublizität gegeben wären. Angesichts des Analogieverbotes (§ 1 Abs. 2 UmwG) läßt sich die Lücke aber de lege lata nicht schließen.

c) (Voll-)Kaufmann kraft Eintragung (§ 5 HGB)

Mit dem Abstellen auf den „eingetragenen Kaufmann" besteht auch weiterhin das bereits zum alten Recht bekannte Problem des (Voll-) Kaufmanns kraft Eintragung:

Beispiel 22: Der kleine Computerhändler aus Beispiel 21 ist zu Unrecht im Register eingetragen: Tatsächlich ist kein nach kaufmännischen Grundsätzen eingerichteter Geschäftsbetrieb erforderlich. Er will nun sein Unternehmen in eine GmbH einbringen und stellt daher einen Antrag auf Eintragung einer Ausgliederung nach §§ 152 ff. UmwG.

In diesem Fall ist es fraglich, ob der Registerrichter den Ausgliederungsantrag akzeptieren darf bzw. muß. Denkbar sind folgende Positionen:

(1) die Ausgliederung sei unzulässig – der Registerrichter könne die Ausgliederungsvoraussetzung „durch die Eintragung hindurch" prüfen[86]

(2) die Ausgliederung sei zulässig, solange die Eintragung besteht; der Registerrichter könne bzw. müsse aber ein Firmenlöschungsverfahren anstrengen[87]

S. 128 f. = *Ganske*, S. 183). Richtig daran ist, daß sich praktisch jede Privatperson durch kurzfristige Gründung eines „Unternehmens" den Weg in das UmwG eröffnen könnte. Aber man muß sich fragen, was daran so bedenklich ist: Ganz abgesehen davon, daß bereits das Umwandlungsgesetz relativ weitgehende Beschränkungen vorsieht (vgl. § 131 Abs. 1 Nr. 1 S. 2, § 132 UmwG), ist nicht recht einzusehen, wieso die „Umgehung" hier bedenklicher als sonst sein soll. Die Begründung erweckt jedenfalls den Anschein, als ob der Gesetzgeber das von ihm eröffnete Verfahren prinzipiell für bedenklich hält; nur so ließe sich eine einschränkende Handhabung begründen.

86 Vgl. *Priester* in Scholz[7], § 56a UmwG Rz. 2; *Dehmer*, § 50 Anm. 3, § 56a Anm. 6.

87 Vgl. *Zimmermann* in Rowedder, Anh. zu § 77 GmbHG Rz. 339.

(3) es bestehe gar keine Schranke, weil die Ausgliederung als solche jedenfalls zulässig sei. Die Begründung für diese Position könnte wie folgt aussehen: Eine jetzt noch eingeleitete Firmenlöschung verstoße gegen den Grundsatz der Verhältnismäßigkeit staatlichen Handelns, weil die Einbringung in eine GmbH im Ergebnis jedenfalls zulässig ist (vgl. § 1 GmbHG).

Die Praxis wird sich allerdings damit beruhigen können, daß kaum ein Registerrichter Zeit haben wird, um bei einem einmal eingetragenen Unternehmer auch die Eintragungsvoraussetzungen nachzuprüfen. Eine einmal eingetragene Ausgliederung ist jedenfalls wirksam[88]. Richtigerweise sollten aber auch gar keine rechtlichen Schranken bestehen (siehe die Begründung zu (3)).

d) Erbengemeinschaft

Nicht ausdrücklich genannt wird im Umwandlungsgesetz weiterhin die Erbengemeinschaft. Damit stellt sich auch zum neuen Recht das bereits bekannte Problem, ob die Erbengemeinschaft, die nach dem Tod eines Einzelunternehmers ein protokolliertes kaufmännisches Unternehmen betreibt, etwa für die Umwandlung des Unternehmens in eine GmbH die Vorteile des Umwandlungsgesetzes in Anspruch nehmen kann.

Beispiel 23: Der Einzelunternehmer U ist verstorben und hinterläßt die Erben A, B und C, die das Unternehmen zunächst als Erbengemeinschaft weiterführen. Sie wollen das Unternehmen nun „in eine GmbH umwandeln" und dabei nach §§ 152 ff. UmwG vorgehen.

Im Gegensatz zu der bisher h.A.[89] sollte die Ausgliederung zugelassen werden:[90] Die Erbengemeinschaft nach einem vollkaufmännischen Einzelunternehmer ist Rechtsträger eines vollkaufmännischen Unternehmens. Ein solcher muß nach der Grundwertung des Umwandlungsrechts, jedenfalls den vollkaufmännischen Rechtsträgern die Umwandlung zu ermöglichen, umwandlungsfähig sein. Dies gilt um so mehr, als die Erbengemeinschaft ein durchaus unerwünschter und unpraktischer Rechtsträger ist: Die Rechtsordnung muß daher gerade

---

88 Vgl. *Priester*, a.a.O.

89 Vgl. nur zuletzt *Dehmer*, § 50 Anm. 4, § 56a Anm. 5.

90 Ebenso zum alten Recht *Damrau*, Die Fortführung des von einem Minderjährigen ererbten Handelsgeschäfts, NJW 1985, 2236, 2239. Zumindest de lege ferenda (zum Formwechsel) auch *Karsten Schmidt*, Gesetzliche Gestaltung und dogmatisches Konzept eines neuen Umwandlungsgesetzes, ZGR 1990, 580, 592.

versuchen, den Ausstieg aus dieser Rechtsform zu erleichtern. Das Hauptproblem besteht allerdings darin, wo man die Erbengemeinschaft zuordnet. Obwohl eine Rechtsgemeinschaft vorliegt, ist wohl am ehesten eine Parallele zum Einzelunternehmer vorzunehmen. Dies läßt sich damit begründen, daß es um die Fortsetzung eines Einzelunternehmens in der besonderen Situation des Erbfalles geht. Die Rechtsordnung geht offenbar davon aus, daß die bisherige Struktur als Einzelunternehmen erhalten bleibt: Trotz des an sich bestehenden Rechtsformzwanges entsteht gerade keine OHG[91]. Dazwischen kennt das Handelsrecht aber keine Alternative, so daß weiterhin die Einordnung als Einzelunternehmen geboten ist. Dann liegt es aber nahe, die Erbengemeinschaft auch umwandlungsrechtlich weiterhin wie einen Einzelunternehmer zu behandeln. Es geht dabei auch nicht um eine – im Hinblick auf § 1 Abs. 2 UmwG problematische – Erweiterung des Kreises der ausgliederungsfähigen Rechtsträger, sondern lediglich um die interpretative Präzisierung des Begriffes „Einzelkaufmann". Gewiß entstehen Probleme daraus, daß die Regelungen über den Einzelkaufmann auf eine Personenmehrheit nicht uneingeschränkt passen; so fragt sich insbesondere, ob nicht für die Willensbildung in der Erbengemeinschaft die für Personengesellschaften geltenden Schutzregeln (§§ 39 ff. UmwG) eingreifen müssen. Diese Schwierigkeiten müssen aber in Kauf genommen werden, um das unerträgliche – und vielleicht nicht einmal verfassungskonforme – Ergebnis zu vermeiden, daß ein Rechtsträger eines vollkaufmännischen Unternehmens, bei dem noch dazu ein besonderer Umstrukturierungsbedarf besteht, ganz von der Umwandlung ausgeschlossen wird.

Anerkanntermaßen kann weiterhin ein *Testamentsvollstrecker* die Ausgliederung vornehmen[92]. Insoweit kommt es dann nicht darauf an, ob es einen oder mehrere Erben gibt. Dies belegt aber auch die Zulässigkeit einer Ausgliederung durch die Erbengemeinschaft selbst.

---

91 Zwar heißt es vielfach, daß die Erbengemeinschaft nach außen „gleich einer OHG" auftrete (vgl. *Brüggemann* in Staub, HGB, 4. Auflage, § 1 Rz. 51). Gerade in bezug auf die handelsrechtliche Zuordnung wird aber eine Parallele zum Einzelunternehmer vertreten (Anwendung des § 18 HGB, vgl. *Karsten Schmidt,* Handelsrecht, 4. Auflage, § 5 I 3b S. 104; *Capelle/Canaris,* Handelsrecht, 21. Auflage [1989], § 9 I 2a S. 125 f.).

92 Vgl. dazu für das alte Recht nur *Priester* in Scholz[7], § 56a UmwG Rz. 3; *Dehmer,* § 50 Anm. 4 f., § 56a Anm. 5.

3. Gegenstand der Ausgliederung: „Unternehmen" oder „Teile des Unternehmens"

Weitere Auslegungsprobleme resultieren daraus, daß § 152 UmwG – in auffälligem Gegensatz zu der allgemeinen Spaltungsregelung (oben S. 159 ff.) – weiterhin den Begriff des „*Unternehmens*" als Anknüpfungspunkt verwendet[93]. Ein wesentlicher Fortschritt gegenüber dem alten Umwandlungsrecht (§§ 50, 56a UmwG 1969/1980)[94] besteht immerhin darin, daß nunmehr ausdrücklich auch die Ausgliederung von „Teilen des Unternehmens" zugelassen wird[95]; das ist insbesondere für Betriebsaufspaltungen hilfreich (oben S. 183). Gleichwohl bleiben zwei Fragen offen:

a) „Teil eines Unternehmens" als inhaltliche Schranke?

Zunächst fragt sich, ob der Begriff des „Unternehmensteils" eine inhaltliche Schranke darstellt: Kann und muß der Registerrichter nachprüfen, ob der „Unternehmensteil" eine wirtschaftliche vernünftige Einheit darstellt? Oder ist auch die willkürliche Übertragung einzelner Teile zulässig?

Beispiel 24: Der Einzelunternehmer U hat bisher eine Hotelkette betrieben. Er will nunmehr lediglich die Liegenschaften auf eine GmbH ausgliedern. Der Registerrichter beanstandet diesen Vorgang, weil er sich auf den Standpunkt stellt, daß diese Liegenschaften für sich gesehen keine sinnvolle wirtschaftliche Einheit bilden und daher kein „Unternehmensteil" vorliegt.

Nach dem Konzept des Gesetzes muß man davon ausgehen, daß insoweit keine Zulässigkeitsschranken bestehen: Allgemein wurden solche Abgrenzungskriterien vermieden, weil man eine diesbezügliche Prüfung durch den Registerrichter als unnotwendig und unpraktikabel angesehen hat[96]. Daß demgegenüber beim Einzelunternehmer der Begriff des „Unternehmens" verwendet wird, kann dann schwerlich als inhaltliche Anforderung an den Übertragungsgegenstand ver-

---

93 Ebenso für Stiftungen § 161 UmwG, für Gebietskörperschaften und Zusammenschlüsse von Gebietskörperschaften § 168 UmwG (kritisch Stellungnahme des IDW zum RefE, Wirtschaftsprüfung 1992, 613, 621).

94 Die Zulässigkeit einer Teilübertragung war umstritten: vgl. nur *Dehmer*, § 56a Anm. 8, § 56c Anm. 8 und oben S. 183.

95 Ebenso für Stiftungen § 161 UmwG; anders hingegen § 168 UmwG für Gebietskörperschaften und Zusammenschlüsse von Gebietskörperschaften (zur Begründung vgl. BT-Drucksache 12/6699, S. 132 = *Ganske*, S. 196).

96 Vgl. BT-Drucksache 12/6699, S. 71, 118 = *Ganske*, S. 13, 155 f. Siehe auch oben S. 159 f.

standen werden. Es ging vielmehr wohl[97] nur darum, die hier virulente Abgrenzung zum Privatvermögen in den Griff zu bekommen[98], oder aber einfach um eine nicht näher reflektierte Anleihe beim alten Text. Gegen ein Prüfungsrecht des Registerrichters sprechen dieselben Gründe wie sonst auch: Zum einen wäre der Registerrichter überfordert, wenn er die Sinnhaftigkeit von wirtschaftlichen Einheiten nachprüfen müßte. Zum zweiten und vor allem aber ist überhaupt nicht einzusehen, warum eine solche Prüfung stattfinden soll[99]. Die einzig denkbare Argumentation, daß die Wohltat des Umwandlungsgesetzes nur für wirtschaftlich sinnvolle Ausgliederungsvorgänge zur Verfügung stehen soll, wäre nicht nur per se fragwürdig, sondern sie stünde auch in direktem Widerspruch zu der allgemein für die Spaltung getroffenen Wertung. Insgesamt sollte daher kein Zweifel daran bestehen, daß auch der Einzelunternehmer die auszugliedernden Vermögensteile frei bestimmen kann (vgl. aber auch oben S. 160 f. zur abweichenden Wertung des Steuerrechts).

b) Mehrere Unternehmen

Ungelöst bleibt nach dem Gesetzestext („des Unternehmens") des weiteren die bereits zum Umwandlungsgesetz 1969/1980 umstrittene Frage, ob immer nur höchstens ein Unternehmen ausgegliedert werden kann oder ob auch die gleichzeitige Ausgliederung mehrerer Unternehmen zulässig ist[100]. *Beispiel 25:* Der Einzelunternehmer U betreibt eine Schokoladenfabrik und einen Kunsthandel. Unzweifelhaft kann er zwei Ausgliederungen vornehmen, d.h. in einem Verfahren die Schokoladenfabrik auf die S-GmbH und in einem zweiten Verfahren den Kunsthandel auf die K-GmbH ausgliedern. Es fragt sich aber, ob er auch uno actu beide Unternehmen auf eine einzige GmbH (oder auch: gleichzeitig auf zwei GmbH) ausgliedern kann.

---

97 Leider kann man sich nicht auf deutliche Aussagen des Gesetzgebers stützen. Die Erläuterungen zu § 152 UmwG bringen keine Klarheit, ebensowenig die unscharfe Aussage in BT-Drucksache 12/6699, S. 71 = *Ganske*, S. 13: Das Gesetz hebe hervor, wo es in besonderen Fällen darauf ankomme, daß der Rechtsträger ein Unternehmen betreibt.

98 Allerdings ist dies kaum überzeugend, weil ohnedies auch Gegenstände des Privatvermögens in die Ausgliederung einbezogen werden können (vgl. BT-Drucksache 12/6699, S. 129 = *Ganske*, S. 183 f.).

99 Vgl. dazu auch allgemein *Kleindiek*, ZGR 1992, 517.

100 Vgl. dazu zum alten Umwandlungsrecht *Dehmer*, § 50 Anm. 7 und § 56a Anm. 7.

Tatsächlich sollte kein Zweifel daran bestehen, daß auch die gleichzeitige Ausgliederung mehrerer Unternehmen zulässig ist[101]. Ganz abgesehen davon, daß eine registergerichtliche Prüfung anhand des schillernden „Unternehmens"-Begriffs ein Unding ist, wäre für eine Beschränkung der Ausgliederung auf ein Unternehmen wiederum keinerlei vernünftiger Sinn ersichtlich. Vor allem kann der Einzelkaufmann ohnedies nicht daran gehindert werden, den von ihm gewünschten Ausgliederungserfolg herbeizuführen.

VII. „Wirtschaftliche Ausgliederung" außerhalb des Umwandlungsgesetzes: Wahlfreiheit – Unterschiede – Entscheidungskriterien

Die wirtschaftlichen Ergebnisse einer Ausgliederung können gleichermaßen ohne Zuhilfenahme des Umwandlungsgesetzes nach den allgemeinen Vorschriften erreicht werden, insbesondere – wenn es um die Ausgliederung auf Kapitalgesellschaften geht – im Wege der Sachgründung[102] oder der Sachkapitalerhöhung. Anders als bei der Auf- und Abspaltung, bei denen der angestrebte Anteilstausch außerhalb des Umwandlungsgesetzes größte Schwierigkeiten aufwirft, läßt sich die Ausgliederung auch nach den allgemeinen Regeln durchaus praktikabel bewältigen. Damit tritt um so mehr die Frage auf, ob derartige Ausgliederungen außerhalb des Umwandlungsgesetzes weiterhin zulässig sind (unten S. 192 f.) und ob man sich für diesen Weg entscheiden soll (unten S. 193 ff.).

1. Kein Zwang zur Wahl des Umwandlungsgesetzes

Die erste Frage läßt sich leicht beantworten: Das Umwandlungsgesetz kennt keinen Zwang zu seiner Anwendung. Es soll lediglich ein zusätzliches Verfahren angeboten werden. Die bisher schon möglichen Methoden, eine Ausgliederung im Wege der Einzelrechtsnachfolge

---

101 Treffend etwa zum alten Recht *Priester* in Scholz[7], § 56a UmwG Rz. 4 m.w.N.
102 In diesem Zusammenhang ist anzumerken, daß nunmehr auch bei der AG die Einmann-Gründung zugelassen ist (§ 2 AktG i.d.F. BGBl 1994 I, S. 1961; dazu etwa *Lutter,* Das neue „Gesetz für kleine Aktiengesellschaften und zur Deregulierung des Aktienrechts", AG 1994, 429, 430 ff.). Das Umwandlungsgesetz (§ 135 Abs. 2) bietet damit insoweit keinen exklusiven Vorteil mehr an.

herbeizuführen, bleiben daher uneingeschränkt erhalten[103]. Dies wird auch in der Gesetzesbegründung gerade mit Blick auf die Ausgliederung besonders hervorgehoben[104].

2. Ausnahmsweiser Zwang zur Wahl der allgemeinen Regeln

Ausnahmsweise ist sogar überhaupt nur eine Vorgangsweise außerhalb des Umwandlungsgesetzes möglich:

Insbesondere gilt dies in dem praktisch durchaus bedeutsamen Fall der *grenzüberschreitenden Ausgliederung:* Das Umwandlungsgesetz erfaßt nur reine Inlandssachverhalte und nicht auch grenzüberschreitende Vorgänge (vgl. § 1 Abs. 1 UmwG: Rechtsträger „mit Sitz im Inland"). In einem solchen Fall bleibt somit nur der Weg über eine Ausgliederung im Wege der Einzelrechtsnachfolge.

Außerhalb des Umwandlungsgesetzes steht weiterhin etwa die haftungsbeschränkende „Umwandlung" durch einen *nichtkaufmännischen oder nicht vollkaufmännischen Einzelunternehmer*[105], durch eine *Gesellschaft bürgerlichen Rechts* oder in eine solche Gesellschaft.

3. Entscheidungskriterien: Die wesentlichen Vor- und Nachteile

In den verbleibenden Fällen, in denen beide Möglichkeiten offenstehen, hat die Praxis die Wahl und damit auch Qual der Wahl: Wird eine Ausgliederung angestrebt, stehen die Geschäftsleitung bzw. die Berater vor der Frage, für welchen Weg man sich nun entscheiden soll. Um die richtige Antwort zu finden, müssen die Vor- und Nachteile beider Wege gegeneinander abgewogen werden. Diese lassen sich allgemein wie folgt zusammenfassen:

a) Kompliziertheit des Verfahrens

Vergleicht man die bisher bekannte Ausgliederung nach den allgemeinen Regeln mit jener nach dem neuen Umwandlungsgesetz, so fällt gleich ein Negativum auf: Das *Umwandlungsgesetz* sieht für die Ausgliederung ein zumindest in diesem Umfang bisher nicht bekanntes formalisiertes und kosten- sowie zeitaufwendiges Verfahren vor (vgl.

---

103 Vgl. nur *Feddersen/Kiem*, ZIP 1994, 1079; *Kallmeyer*, ZIP 1994, 1749.
104 Vgl. BT-Drucksache 12/6699, S. 80 = *Ganske*, S. 44.
105 Siehe dazu bereits oben S. 186 f.

oben S. 166 ff.). Ganz abgesehen von den erforderlichen Berichten und Beschlüssen tritt durch das Eintragungserfordernis auch die Gefahr einer Registerblockade auf; eine gewisse Abhilfe bietet allerdings § 16 Abs. 3 UmwG.

Die *Ausgliederung außerhalb des Umwandlungsgesetzes* verlangt demgegenüber *weniger Formalitäten*. Allerdings darf man diesen Unterschied nicht überschätzen: Die Hoffnung der Geschäftsleitung, eine größere Ausgliederung außerhalb des Umwandlungsgesetzes als reine Geschäftsführungsmaßnahme durchführen zu können, wäre trügerisch. Spätestens seit dem „Holzmüller"-Urteil[106] ist schon nach den allgemeinen Grundsätzen durchwegs davon auszugehen, daß ab einem gewissen Umfang der Ausgliederungsmaßnahme die Zustimmung der Anteilseigner einzuholen ist. Dies gilt nicht nur für die AG, um die es in diesem Urteil gegangen ist, sondern auch – und erst recht – für die anderen Gesellschaftsformen[107]. Über die genauen Grenzen bestehen allerdings Unsicherheiten[108]. Vor allem ist nicht auszuschließen, daß die Wertungen des neuen Umwandlungsgesetzes auch auf die allgemeinen Regeln ausstrahlen und zu erheblichen Verschärfungen der „Holzmüller-Grundsätze" führen[109]. Folglich besteht bei Ausgliederungen außerhalb des Umwandlungsgesetzes ein erhebliches *Risiko*, daß die Gerichte das gewählte Verfahren im nachhinein beanstanden[110]. Gerade um solche Unsicherheiten zu vermeiden, müßte man aber den Zustimmungsbeschluß im Zweifel ohnedies einholen[111]. In Ermangelung eines Eintragungserfordernisses blockiert

---

106 BGHZ 83, 122, 130 ff. Zum Meinungsstand in der Literatur vgl. nur *Koppensteiner* in KK, Vorb. § 291 Rz. 17 ff., 21.
107 Vgl. nur *Emmerich* in Scholz, Anh. Konzernrecht Rz. 117 (für Personengesellschaften), 118 ff. (für die GmbH).
108 Vgl. dazu nur *Krieger*, ZGR 1990, 557.
109 Vgl. die diesbezüglichen Befürchtungen von *Feddersen/Kiem*, ZIP 1994, 1086 und *Kallmeyer*, ZIP 1994, 1749.
110 Auf dieses Risiko haben *Feddersen/Kiem*, ZIP 1994, 1086 f. nachdrücklich hingewiesen.
111 Im Vergleich zum Umwandlungsgesetz könnte insofern ein Vorteil bestehen, als BGHZ 83, 122 für den Zustimmungsbeschluß wohl nur eine einfache Mehrheit verlangt (ebenso die Deutung von *Raiser*, Das Recht der Kapitalgesellschaften, 2. Auflage [1992], § 52 Rz. 27). Aber gerade weil sich der BGH insoweit jedenfalls nicht deutlich festgelegt hat und überdies ein Teil der Literatur eine satzungsändernde Mehrheit verlangt (vgl. nur *Raiser* a.a.O. m.w.N. in Fn 36), muß dies nicht das letzte Wort sein. Jedenfalls besteht auch insoweit Rechtsunsicherheit, so daß man wohl vorsichtshalber eine satzungsändernde Mehrheit anstreben müßte.

dessen Anfechtung zwar nicht per se die Durchführung der Ausgliederung; dafür besteht aber die Gefahr, daß die überstimmten Anteilseigner mittels Abwehrklage die Nichtdurchführung oder Rückgängigmachung der Ausgliederung verlangen[112]. Ausnahmsweise kann sogar eine Registersperre drohen, wenn man nämlich für die Ausgliederung eine Ermächtigung durch die Satzung verlangt[113] und eine solche erst jetzt durch Satzungsänderung hergestellt werden muß; dann besteht gegenüber dem Umwandlungsgesetz sogar der Nachteil, daß eine Durchbrechung der Blockade kraft Interessenabwägung nicht in Betracht kommt[114]. Insgesamt kann man daher schwerlich davon ausgehen, daß die Anwendung der „Holzmüller"-Grundsätze gegenüber dem Umwandlungsgesetz Vorteile bringt.

b) Gesamtrechtsnachfolge

Dem Nachteil der Formalisierung steht der Hauptvorteil des Umwandlungsgesetzes gegenüber, daß dieses eine („partielle") Gesamtrechtsnachfolge vorsieht; man erspart sich also die sonst gebotene Einzelübertragung aller Aktiva und Passiva. Dies ist allerdings zu relativieren: Der Wert der Gesamtrechtsnachfolge wird durch die relativ weitgehenden[115] und z.T. auch auslegungsbedürftigen *Ausnahmen* eingeschränkt (vgl. § 131 Abs. 1 Nr. 1 S. 2; § 132 UmwG). Überdies ist anzumerken, daß die vom Umwandlungsgesetz vorgeschriebenen Formalitäten kaum weniger zeit- und kostenintensiv sind als sonst die Formalitäten der Einzelrechtsübertragung[116].

Besondere Vorteile bringt die Gesamtrechtsnachfolge aber dort, wo sie eine sonst nicht durchführbare Übertragung ermöglicht. So bietet das Umwandlungsgesetz die Möglichkeit, ganze *Vertragsverhältnisse* ohne Zustimmung des dritten Vertragspartners – und daher ohne

---

112 Vgl. BGHZ 83, 122, 133 ff. Für das Umwandlungsgesetz vgl. hingegen § 16 Abs. 3 S. 6, 2. Halbs. UmwG, der zwar nur von der schadensrechtlichen Naturalrestitution spricht, aber nach seinem Sinn und Zweck ebenso für negatorische Beseitigungsansprüche gelten muß.

113 Vgl. dazu *Koppensteiner* in KK, Vorb. § 291 Rz. 18 ff. m.w.N.; BGHZ 83, 122, 130 hat das ausdrücklich offengelassen.

114 § 16 Abs. 3 UmwG und § 319 Abs. 6 AktG n.F. lassen sich insofern kaum verallgemeinern.

115 Vgl. dazu etwa – mehr oder weniger kritisch – *Teichmann,* ZGR 1993, 406 ff.; *Hennrichs,* Wirkungen der Spaltung, AG 1993, 508 ff.; *Kai Mertens,* AG 1994, 68 ff.

116 Vgl. *Kai Mertens,* AG 1994, 68; *Feddersen/Kiem,* ZIP 1994, 1080, 1085.

Zwang zur Neuverhandlung – zu übertragen[117]. Allerdings will ein Teil der neueren Lehre auch aus §§ 25 f. HGB einen Vertragsübergang entwickeln[118]. Diese durchaus zu befürwortende Position ist aber noch keineswegs gesichert.

c) Bezugsrechtsausschluß

Ein weiterer Vorteil des Verfahrens nach dem Umwandlungsgesetz besteht darin, daß bei der Ausgliederung zur Aufnahme durch eine AG das Bezugsrecht der Aktionäre gesetzlich ausgeschlossen ist (§ 142 i.V.m. § 69 UmwG). Die Praxis, für die das Bezugsrecht ein ständiges Ärgernis bedeutet, wird das zu schätzen wissen. Allerdings enthält § 55 UmwG für die Aufnahme durch eine GmbH keine entsprechende Regelung. Dies liegt wohl daran, daß der Text des GmbH-Gesetzes kein gesetzliches Bezugsrecht kennt. Das ist aber insofern zu kurz gegriffen, als die neuere Literatur auch hier zu einer dem Aktiengesetz vergleichbaren Entwicklung tendiert[119]. Es ist zwar verständlich, daß der Gesetzgeber der weiteren Entwicklung in dieser Frage nicht vorgreifen wollte. Sollte sich aber die Entwicklung eines Bezugsrechtes in der GmbH verfestigen, müßte die in § 142 i.V.m. § 69 UmwG vorgesehene Erleichterung schon kraft Größenschlusses entsprechend gelten.

d) Gläubigerschutz – Haftung

Als erheblicher Nachteil des Verfahrens nach dem Umwandlungsgesetz fällt die gesamtschuldnerische *Haftung* aller an der Ausgliederung beteiligten Rechtsträger (§ 133 UmwG) ins Gewicht; für Betriebsaufspaltungen ist auch die besondere Haftungsregelung in § 134 UmwG zu beachten. Insbesondere bei der Übertragung kleinerer Ver-

---

117 Dies soll durch die wenig glückliche Formulierung der §§ 131 Abs. 1 Nr. 1 S. 2, 132 UmwG wohl gerade nicht ausgeschlossen werden; zweifelnd allerdings *Kai Mertens,* AG 1994, 72. Zu Ausnahmen für Arbeitsverhältnisse vgl. *Boecken,* Der Übergang von Arbeitsverhältnissen bei Spaltung nach dem neuen Umwandlungsrecht, ZIP 1994, 1087 ff.

118 Vgl. nur *Karsten Schmidt,* Handelsrecht, 4. Auflage, § 8 I 4c S. 227 ff.; *Lieb,* Die Haftung für Verbindlichkeiten aus Dauerschuldverhältnissen bei Unternehmensübergang (1991) 13 ff.; *Nitsche,* Das neue Nachhaftungsbegrenzungsgesetz – Vertragsübergang kraft Gesetzes?, ZIP 1994, 1919, 1923 f.; *Baumbach/Hopt,* HGB, 29. Auflage, § 25 Rz. 28; *Karollus,* Unternehmerwechsel und Dauerschuldverhältnis, erscheint in ÖJZ 1995.

119 Vgl. nachdrücklich *Lutter/Hommelhoff*[14], § 55 Rz. 7 m.w.N.

mögensteile kann die – betraglich nicht beschränkte – Haftung völlig unverhältnismäßig sein; überdies können Bilanzierungsprobleme entstehen[120]. Auch die *Sicherheitsleistung* für noch nicht fällige Verbindlichkeiten (§ 22 i.V.m. § 125, § 133 Abs. 1 Satz 2 UmwG) kann belastend sein; die Pflicht besteht aber immerhin nur für den Rechtsträger, gegen den sich der Anspruch richtet (§ 133 Abs. 1 S. 2, 2. Halbs. UmwG)[121]. Schließlich sind den Inhabern von *Sonderrechten* gleichwertige Rechte im übertragenden oder in den übernehmenden bzw. neuen Rechtsträgern zu gewähren (§ 133 Abs. 2, § 23 UmwG); eine solche Anpassung ist allerdings auch bei außerhalb des Umwandlungsgesetzes vorgenommenen Ausgliederungen denkbar[122].

e) Arbeitsrecht

Bei der Abwägung sind auch die arbeitsrechtlichen Sonderregeln (§§ 321–325 UmwG; vgl. auch § 134 UmwG) zu beachten. Durch diese wird der Schutzstandard in einigen Punkten verschärft[123].

f) Steuerrecht

Aus steuerrechtlicher Sicht dürften beide Alternativen gleich zu bewerten sein: Das Umwandlungssteuergesetz stellt für die Ausgliederung nicht auf das Umwandlungsgesetz ab (vgl. § 1 Abs. 1 Satz 2 UmwStG). §§ 20 ff. UmwStG sind daher gleichermaßen auf außerhalb des Umwandlungsgesetzes durchgeführte Ausgliederungen anzuwenden[124].

---

120 Dies hängt allerdings auch von der derzeit sehr umstrittenen Frage ab, in welchen Fällen die Haftungsverbindlichkeit zu passivieren ist; vgl. dazu die Ausführungen im Beitrag zur Spaltung *Priester*, S. 148.

121 Mit dieser nicht ganz klaren Formulierung ist offensichtlich nicht der frühere Schuldner, sondern der nunmehr – nach dem Spaltungsvertrag oder Plan – zuständige Schuldner gemeint. Das zeigt sich vor allem am miterfaßten Fall der Aufspaltung: Den ursprünglichen Schuldner gibt es dann gerade nicht mehr.

122 Vgl. für Genußrechte *Karollus* in G/H/E/K, § 221 Rz. 421.

123 Vgl. dazu genauer den Beitrag zu den arbeitsrechtlichen Fragen. Zur Mitbestimmung siehe auch bereits oben Fn 51.

124 Zutreffend *Kallmeyer*, ZIP 1994, 1749 gegen *Feddersen/Kiem*, ZIP 1994, 1086.

4. Empfehlungen

Insgesamt lassen sich die folgenden allgemeinen Empfehlungen abgeben (ungeachtet dessen ist allerdings für jeden Einzelfall eine konkrete Prüfung und Abwägung der Vor- und Nachteile geboten):

– Werden nur *kleinere Vermögensteile* übertragen, sollte man nicht den Weg über das Umwandlungsgesetz wählen[125]. Die aufwendigen Ausgliederungserfordernisse werden sich in diesem Fall nicht rechnen; insbesondere könnte die Haftung unverhältnismäßig sein. Dies gilt umso mehr, als eine Ausdehnung der „Holzmüller"-Grundsätze auf geringfügige Ausgliederungen nicht zu erwarten ist und die allgemeinen Regeln daher deutlich weniger aufwendig sind.

Man mag allerdings dann anders entscheiden, wenn man auf eine Kapitalgesellschaft ausgliedern und dabei gerade die spezifischen Vorteile des Umwandlungsgesetzes nützen will:

Bei der Ausgliederung zur Neugründung erspart man sich die Probleme der Vorgesellschaft.

Bei der Ausgliederung zur Aufnahme erspart man sich die Probleme mit dem Bezugsrechtsausschluß (vgl. oben S. 196).

Des weiteren könnte dann eine Wahl des Umwandlungsgesetzes naheliegen, wenn gerade bestimmte Vertragsverhältnisse übertragen werden sollen und fraglich ist, ob der dritte Vertragspartner zustimmen würde (vgl. oben S. 195 f.).

– Bei *größeren Ausgliederungsvorgängen* spricht hingegen einiges für die Wahl des Umwandlungsgesetzes. Die Gesamtrechtsnachfolge wird dann doch vorteilhaft sein, wohingegen die Haftung in Relation zu dem erhaltenen Vermögen weniger ins Gewicht fällt. Des weiteren wird sich eine Zustimmung der Anteilseigner ohnedies nicht vermeiden lassen, bzw. es besteht zumindest die Gefahr, daß die Gerichte eine solche Zustimmung im nachhinein für erforderlich halten. Demgegenüber ist es auch ein Vorteil des Umwandlungsgesetzes, daß die Ausgliederungserfordernisse zumindest im Grundsatz eindeutig festgelegt sind.

– Erst recht ist das Umwandlungsgesetz für die Ausgliederung durch den *Einzelkaufmann* vorteilhaft: Bei diesem spielen nämlich die Formalerfordernisse praktisch keine Rolle (keine Berichtspflicht, kein Zustimmungsbeschluß, keine Gefahr der Registersperre durch Be-

---

[125] Ebenso *Kallmeyer,* ZIP 1994, 1750.

schlußanfechtung). Als einziger Nachteil bleibt die zwingende Haftung der neuen Gesellschaft für die Schulden des Einzelunternehmers (wohl auch für die Privatschulden)[126]. Dies fällt aber dann nicht ins Gewicht, wenn der Haftungsumfang überschaubar ist[127].

---

126 Vgl. den Wortlaut des § 133 Abs. 1 UmwG („Verbindlichkeiten des . . . Rechtsträgers"). Der engere Anwendungsbereich der Fort- und Enthaftungsregeln (§§ 156 f. UmwG) dürfte daran nichts ändern. Vielmehr wird davon auszugehen sein, daß die allgemeine Regel des § 133 Abs. 1 UmwG auch für die Ausgliederung durch den Einzelkaufmann gilt und durch §§ 156 f. UmwG lediglich ergänzt wird (vgl. noch ausdrücklich in diesem Sinne die Begründung zu § 155 RefE, in RefE S. 194, diese Passage fehlt allerdings in BT-Drucksache 12/6699, S. 129 = *Ganske*, S. 185).

127 Dies wäre bei der Beratung zu klären.

Formwechsel – Allgemeine Vorschriften

Rechtsanwalt Dr. Christian E. Decher, Düsseldorf

I. Grundlagen

Das Umwandlungsgesetz regelt erst in §§ 190 ff.* den Fall, an den man bislang bei dem Begriff „Umwandlung" allein gedacht hat[1]. Der Gesetzgeber verwendet hierfür jetzt den Terminus „Formwechsel". Auch wegen der im Vergleich zur Verschmelzung und Spaltung geringeren Komplexität des Formwechsels hätte es an sich nahegelegen, diesen Fall der Umwandlung an die Spitze der gesetzlichen Regelung zu stellen. Der Formwechsel unterscheidet sich indessen erheblich von der Verschmelzung und der Spaltung, bei denen ein Vermögensüber-

---

* Paragraphen ohne Gesetzesangabe beziehen sich auf das Umwandlungsgesetz.
1 Zur Terminologie des Gesetzes vgl. auch *Zöllner*, AG 1994, 336, 340.

gang von einem Rechtsträger auf einen anderen stattfindet. An dem Formwechsel ist dagegen nur ein einziger Rechtsträger beteiligt, der unter Wahrung der Identität und ohne Vermögensübergang in einen Rechtsträger anderer Rechtsform umgewandelt wird.

1. Gründe für einen Formwechsel

Die Gründe für einen Formwechsel lassen sich anhand der praktisch häufigsten Fälle verdeutlichen. Erhebliche praktische Bedeutung hat die Umwandlung einer Familiengesellschaft in der Rechtsform einer (GmbH & Co.) KG oder GmbH in eine AG. Die seit mehreren Jahren wieder gestiegene Attraktivität der AG[2] hat ihren Grund darin, daß die AG durch den Zugang zu den Kapitalmärkten eine erleichterte Beschaffung von Eigenkapital ermöglicht. Der Wahl der Rechtsform der AG ist häufig die Vorstufe zum Börsengang („going public"). Familiengesellschafter entschließen sich zu einer Öffnung für das Publikum, wenn sie eine weitere Expansion der Gesellschaft auf Dauer nicht aus eigenen Mitteln finanzieren können, weil die Aufnahme von Fremdkapital teurer ist als die Beschaffung von Eigenkapital über die Börse. Ein weiteres wesentliches Motiv des Wechsels in eine AG kann die ungelöste Unternehmensnachfolge sein: Die relativ unabhängige Stellung des Vorstands zieht qualifiziertes Fremdmanagement an. Die Einführung der kleinen AG, die flexiblere Regeln für Gesellschaften mit kleinem Personenkreis offeriert, soll den Reiz zu einem Formwechsel in eine AG weiter erhöhen.

Ebenfalls von großer praktischer Bedeutung ist der Formwechsel von einer AG in eine GmbH. Eine solche Rückführung einer AG in die einfachere Rechtsform der GmbH ist besonders häufig bei einer 100 %-Konzerntochter. Beim Fehlen von Minderheitsgesellschaftern ist die GmbH als Konzerntochter unproblematischer zu leiten als eine AG.

Ein weiterer praktisch bedeutsamer Fall ist die Umwandlung einer Personenhandelsgesellschaft in eine GmbH. Neben Gründen der Haftungsbeschränkung stehen hier insbesondere steuerliche Erwägungen im Vordergrund. Dagegen kam der umgekehrte Fall der Umwandlung einer GmbH in eine Personenhandelsgesellschaft bislang praktisch nicht vor. Der Weg in die Kapitalgesellschaft galt aus steuerlichen Gründen als „Einbahnstraße". Diese Einschätzung dürfte sich jedoch in Zukunft ändern[3] Das parallel zum Umwandlungsrecht geänderte

---

2 Vgl. schon *Finken/Decher*, AG 1989, 391.
3 Skeptischer *Happ*, unten S. 226.

Umwandlungssteuerrecht ermöglicht nunmehr gemäß § 14 S. 1, § 3 UmwStG eine Buchwertfortführung. Damit entfällt die Notwendigkeit der bislang oft prohibitiv wirkenden steuerlichen Gewinnrealisierung. Der Formwechsel in eine Personenhandelsgesellschaft kann in Zukunft steuerlich attraktiv sein, etwa aus erbschaft- und schenkungsteuerlichen Gründen oder zur Schaffung von Abschreibungsvolumen durch Aufstockung der bilanziellen Wertansätze auf den Teilwert („step-up-Effekt")[4]. Nach wie vor müssen allerdings grunderwerbsteuerliche Nachteile in Rechnung gestellt werden[5].

2. Anlaß der gesetzlichen Regelung

Entsprechend dem allgemeinen Anliegen des Gesetzgebers waren Anlaß auch für die gesetzliche Regelung des Formwechsels eine Rechtsbereinigung durch Zusammenfassung der bisherigen gesetzlichen Regelungen in einem Gesetz und die Schließung von Regelungslücken[6]. Fälle der Umwandlung waren bislang im Umwandlungsgesetz 1969 sowie im Aktiengesetz (§§ 362 ff.) geregelt. Neben der Zusammenfassung im Umwandlungsgesetz fand auch eine bemerkenswerte Vereinheitlichung statt: Die bisherigen Unterschiede zwischen der formwechselnden Umwandlung unter Wahrung der Identität (in Kapitalgesellschaften anderer Rechtsform) und der errichtenden Umwandlung unter Übertragung des gesamten Vermögens (von einer Personenhandelsgesellschaft in eine Kapitalgesellschaft und umgekehrt) wurden eingeebnet. Zukünftig werden alle Umwandlungsfälle als Formwechsel unter Wahrung der Identität der Gesellschaft behandelt.

Hinsichtlich der Schließung von Regelungslücken sind insbesondere zu nennen die bislang von § 1 Abs. 2 UmwG 1969 verhinderte Umwandlung einer Kapitalgesellschaft in eine GmbH & Co. KG[7], die Umwandlung in eine Genossenschaft sowie die umfassende Möglichkeit der Umwandlung für einen rechtsfähigen Verein. In den Gesetzesmaterialien werden insgesamt zehn neue Umwandlungsmöglichkeiten genannt[8].

---

4 Näher *Jochen Lüdicke,* ZEV 1995, H. 4; *Schaumburg,* S. 378 f.
5 Vgl. FinMin. Baden-Württemberg v. 12. 12. 1994, DB 1994, 2592: Steuerbarer Vorgang gemäß § 1 Abs. 1 Nr. 3 Grunderwerbsteuergesetz; vgl. dazu *Schaumburg,* unten S. 379.
6 *Ganske,* S. 13 ff. und 208.
7 Näher *Happ,* unten S. 225.
8 *Ganske,* S. 20.

3. Anwendungsbereich

a) Einbezogene Rechtsträger

Gemäß § 191 Abs. 1 können formwechselnde Rechtsträger sein Personenhandelsgesellschaften, Kapitalgesellschaften, Genossenschaften, rechtsfähige Vereine, Versicherungsvereine auf Gegenseitigkeit sowie Körperschaften und Anstalten des öffentlichen Rechts. Rechtsträger neuer Rechtsformen können gemäß § 191 Abs. 2 sein Gesellschaften des bürgerlichen Rechts (GbR), Personenhandelsgesellschaften, Kapitalgesellschaften und eingetragene Genossenschaften. Nicht jedem umwandlungsfähigen Rechtsträger steht jede der in Abs. 2 genannten Unternehmensformen zur Verfügung[9]. Die Einzelheiten regeln die Besonderen Vorschriften.

Die gesetzliche Aufzählung ist abschließend. Die entsprechende Regelung des § 1 Abs. 2 wird durch § 191 konkretisiert[10]. Keine umwandlungsfähigen Rechtsträger sind danach etwa die GbR, die Partnerschaftsgesellschaft und die Erbengemeinschaft[11]. Der Formwechsel in eine Partnerschaftsgesellschaft ist nicht vorgesehen, dürfte sich jedoch durch die Umregistrierung einer aus einem Formwechsel hervorgegangenen GbR erreichen lassen[12]. Die EWIV wird man im Hinblick auf § 1 des EWIV-Ausführungsgesetzes als Personenhandelsgesellschaft i.S.v. § 191 Abs. 1 und Abs. 2 und damit als einbezogenen Rechtsträger behandeln können[13].

b) Formwechsel außerhalb des Umwandlungsgesetzes

Der Formwechsel außerhalb des Umwandlungsgesetzes bleibt gemäß § 190 Abs. 2 möglich. So richten sich die Fälle des Formwechsels einer Personenhandelsgesellschaft in eine Personenhandelsgesellschaft anderer Rechtsform oder in eine GbR und umgekehrt auch in Zukunft allein nach dem HGB[14]. Alternativ zu den im Umwandlungsgesetz vorgesehenen Möglichkeiten des Formwechsels einer GmbH &

---

9 *Ganske,* S. 212.
10 *Ganske,* S. 212.
11 Kritisch dazu Handelsrechtsausschuß des Deutschen Anwaltsvereins (DAV) WM 1993, Sonderbeil. 2 Rz. 131.
12 Vgl. den entsprechenden Hinweis in der Diskussion durch *Neye.*
13 Vgl. näher *Harry Schmidt,* oben S. 68.
14 Vgl. *Ganske,* S. 211.

Co. KG in eine Kapitalgesellschaft stehen nach wie vor die sog. Anwachsungsmodelle zur Verfügung[15].

4. Prinzip der Identität

Es wurde bereits angedeutet, daß der Formwechsel jetzt einheitlich durch das Prinzip der Identität charakterisiert wird. Auch beim Übergang einer Personenhandelsgesellschaft in eine Kapitalgesellschaft und umgekehrt findet also keine Vermögensübertragung mehr statt, sondern die Gesellschaft ändert lediglich ihr Rechtskleid. Damit findet ein bemerkenswerter Bruch mit der seit jeher geltenden Unterscheidung zwischen der juristischen Person und der Gesamthandsgemeinschaft statt. Die amtliche Begründung weist darauf hin, daß die Vereinheitlichung einer modernen Auffassung von der Natur der Personenhandelsgesellschaft entspreche[16]. Daneben spielten der Gedanke der Rechtsvereinheitlichung in der EU, in der die Unterscheidung im übrigen nicht bekannt ist, sowie eine Vereinfachung der gesetzlichen Regelungen eine Rolle[17]. Schon während des Gesetzgebungsverfahrens ist die Einebnung der Unterschiede zwischen der formwechselnden Umwandlung und der übertragenden Umwandlung kritisiert worden[18]. In der Literatur hat diese Entscheidung des Gesetzgebers bereits die grundsätzliche Frage aufgeworfen, ob in Zukunft von der Rechtsfigur der Gesamthandsgemeinschaft Abschied zu nehmen sei[19].

Im Zusammenhang mit dem Formwechsel wichtiger ist die Frage, ob die Identität als grundlegendes Prinzip Leitlinie und Auslegungshilfe für die Auslegung des Gesetzes ist. Insoweit erscheint einstweilen eine gewisse Skepsis angebracht[20]. Der Gesetzgeber hat am Prinzip der Identität selbst nicht strikt durchgehalten. Wo Grundprinzipien des Gesellschaftsrechts wie der Schutz der Anteilsinhaber oder der Gläubigerschutz mit dem Prinzip der Identität in Konflikt geraten,

---

15 Vgl. *Ganske*, S. 43; näher *Finken/Decher*, AG 1989, 391, 393.
16 *Ganske*, S. 209.
17 So *Ganske* in der Diskussion.
18 DAV (Fn 11), Rz. 129; Institut der Wirtschaftsprüfer (IdW), Wpg 1992, 613, 621; *Priester* in Neuorientierung der Rechnungslegung, Bericht über die Fachtagung 1994 des IdW, 1995, S. 419, 435; *Zöllner*, FS Gernhuber, 1993, S. 563, 566.
19 Vgl. *Raiser*, AcP 194 (1994), 495, 511; *Karsten Schmidt*, AcP 1991 (1991), 495, 509; abw. *Zöllner* (Fn 18), S. 563, 566.
20 Vgl. *K. Mertens*, Umwandlung und Universalsukzession, 1993, S. 231 f.; *Zöllner* (Fn 18), S. 563, 566; ebenso in der Diskussion *Hommelhoff* und *Lutter*.

erklärt der Gesetzgeber beispielsweise die Gründungsvorschriften (§ 197) oder die Organhaftung (§§ 205, 206) für anwendbar (näher S. 211, 218 f.)[21].

Das Umwandlungssteuergesetz versagt der Entscheidung des Gesetzgebers des Umwandlungsgesetzes die Gefolgschaft und betrachtet den Formwechsel von einer Personenhandelsgesellschaft in eine Kapitalgesellschaft und umgekehrt nach wie vor als einen Fall der Vermögensübertragung. Dementsprechend wird der Formwechsel gemäß §§ 14, 3 UmwStG wie die Verschmelzung behandelt[22].

5. Aufbau der gesetzlichen Regelung

Die Regelungen zum Formwechsel sind entsprechend dem allgemeinen Aufbau des Umwandlungsgesetzes unterteilt in Allgemeine Vorschriften und Besondere Vorschriften. Im Unterschied zur Spaltung fehlt weitgehend der Verweis auf die Regelungen des Verschmelzungsrechts. Der Gebrauch der Verweisungstechnik erschien im Hinblick auf den Unterschied des identitätswahrenden Formwandels zu den übrigen Fällen der Umwandlung, bei denen ein Vermögensübergang stattfindet, nicht angezeigt[23]. Im Ergebnis laufen die Regeln zum Formwechsel dennoch weitgehend auf eine Übernahme des verschmelzungsrechtlichen Standards hinaus.

II. Durchführung des Formwechsels

Ebenso wie bei der Verschmelzung und Spaltung sind auch für den Formwechsel drei Phasen zu unterscheiden: die Vorbereitungsphase, die Beschlußfassung durch die Anteilsinhaber und die Eintragung der Umwandlung.

1. Vorbereitung

a) Entwurf Umwandlungsbeschluß

Erstes wesentliches Element der Vorbereitung eines Formwechsels ist der Entwurf eines Umwandlungsbeschlusses. Er ist gemäß § 192

---

21 Zu Einwänden dagegen gerade unter Berufung auf das Prinzip der Identität vgl. DAV (Fn 11), Rz. 162 und 170.
22 Näher *Schaumburg*, unten S. 378.
23 *Ganske*, S. 210.

Abs. 1 vom Vertretungsorgan als Bestandteil des Umwandlungsberichts (vgl. näher S. 208) vorzuschlagen. Für den Mindestinhalt des Umwandlungsbeschlusses sieht § 194 Abs. 1 einen umfangreichen Katalog in Anlehnung an den entsprechenden Mindestinhalt des Verschmelzungsvertrages bzw. Spaltungsvertrages vor. Der Umwandlungsbeschluß übernimmt insoweit die Fuktion dieser Verträge[24]. Der Inhalt eines Umwandlungsbeschlusses ist damit im Vergleich zu den bisher üblichen knappen Formeln erheblich ausgeweitet worden. Die bisher für die Umwandlung einer Personenhandelsgesellschaft in eine Kapitalgesellschaft und umgekehrt ausdrücklich zu erwähnende Übertragung des Vermögens ist naturgemäß im Hinblick auf das Prinzip der Identität nicht mehr erforderlich.

Von dem Katalog des § 194 Abs. 1 hervorzuheben sind insbesondere die Notwendigkeit der Bestimmung von Zahl, Art und Umfang der Anteile oder Mitgliedschaften der Anteilsinhaber aufgrund des Formwechsels (§ 194 Abs. 1 Nr. 4), die Notwendigkeit eines Abfindungsangebots (Nr. 6) sowie der Hinweis auf die Folgen für die Arbeitnehmer (Nr. 7). Jedenfalls solange die Registerrichter mit dem neuen Umwandlungsrecht noch nicht vertraut sind, wird es sich empfehlen, im Umwandlungsbeschluß entsprechend der Reihenfolge des Gesetzes alle dort genannten Elemente ausdrücklich anzusprechen, und sei es auch nur durch entsprechende Negativerklärungen (Beispiel: Entbehrlichkeit eines Abfindungsangebots wegen der Notwendigkeit der Zustimmung aller Gesellschafter gemäß § 193 Abs. 2 oder § 233 Abs. 1).

Ergänzungen für den notwendigen Mindestinhalt des Umwandlungsbeschlusses sehen die Besonderen Vorschriften vor. Insbesondere bedarf es für den Formwechsel einer Personenhandelsgesellschaft und einer Kapitalgesellschaft in eine Kapitalgesellschaft (anderer Rechtsform) einer Feststellung des Gesellschaftsvertrages der Gesellschaft neuer Rechtsform als Bestandteil des Umwandlungsbeschlusses (§§ 218 Abs. 1, 243). Auch wenn nicht die Feststellung des gesamten Gesellshaftsvertrages, sondern nur einzelner Regelungen zwingend vorgesehen ist (vgl. § 234 für den Formwechsel von Kapitalgesellschaften in eine Personenhandelsgesellschaft), ist eine vollständige Neufassung des Gesellschaftsvertrages zu empfehlen. Zweckmäßigerweise wird man im letzteren Fall aus Kostengründen die Beschlußfassung über die Feststellung des neuen Gesellschaftsvertrages von dem Umwandlungsbeschluß trennen, weil die Feststellung des Gesellschaftsvertrages einer Personenhandelsgesellschaft anders als der Umwand-

---

24 *Ganske*, S. 214.

lungsbeschluß (vgl. S. 212) nicht der notariellen Form bedarf[25]. Im übrigen werden die Anteilsinhaber nicht daran interessiert sein, den Gesellschaftsvertrag als Bestandteil des Umwandlungsbeschlusses zum Handelsregister einzureichen (vgl. S. 213) oder dem Betriebsrat zur Kenntnis zu geben (vgl. S. 212).

b) Umwandlungsbericht

Im Zentrum der Vorbereitung eines Formwechsels steht ebenso wie bei den übrigen Umwandlungsformen der Umwandlungsbericht. Ein solcher Bericht war bislang nur für die aktienrechtliche Verschmelzung bekannt. Zu erstatten ist ein ausführlicher schriftlicher Bericht, in dem die rechtlichen und wirtschaftlichen Gründe für den Formwechsel darzulegen und zu erläutern sind. Von besonderer Bedeutung ist die Darlegung und Erläuterung der Folgen des Formwechsels für die Anteilsinhaber, insbesondere deren künftige Beteiligung an dem Rechtsträger neuer Rechtsform. Der Umwandlungsbericht übernimmt insoweit eine wesentliche Funktion im Rahmen des Minderheitenschutzes. Mit dem Formwechsel ist zwar regelmäßig (vgl. S. 214) keine Änderung der Beteiligungsquote, wohl aber eine qualitative Veränderung der Anteile oder Mitgliedschaftsrechte der Anteilsinhaber verbunden. Das formalisierte Informationsrecht hat vor allem für Rechtsträger mit großem Gesellschafter- oder Mitgliederkreis Bedeutung[26].

Ebenso wie bei dem Verschmelzungs- und dem Spaltungsbericht muß der Umwandlungsbericht auch Angaben über alle für den Formwechsel wesentlichen Angelegenheiten der mit dem formwechselnden Rechtsträger verbundenen Unternehmen enthalten. Nachteilige Tatsachen brauchen nicht aufgenommen zu werden, jedoch müssen die Gründe, aus denen die Tatsachen nicht aufgenommen worden sind, dargelegt werden (§ 192 Abs. 1 S. 2 i.V.m. § 8 Abs. 1 S. 3, Abs. 2). Damit werden die Grundsätze über die Berechtigung einer Auskunftsverweigerung gemäß § 131 Abs. 3 Nr. 1 AktG auch auf den Umwandlungsbericht übertragen.

Das Gesetz gibt keine weiteren Hilfestellungen über den Mindestinhalt eines Umwandlungsberichts. Auch die Rechtsprechung zum aktienrechtlichen Verschmelzungsbericht hat es insoweit bislang vermieden, allgemeine Grundsätze festzulegen, so daß die dortigen Zwei-

---

25 Vgl. auch *Ganske*, S. 253.
26 *Ganske*, S. 214.

felsfragen auch für den Formwechsel Bedeutung erlangen können. Es ist damit zu rechnen, daß Rügen betreffend die mangelnde Ordnungsmäßigkeit des Umwandlungsberichts in Zukunft das hauptsächliche Einfallstor für Anfechtungsklagen gegen Umwandlungsbeschlüsse sein werden. Im Hinblick auf entsprechende Erfahrungen im Verschmelzungsrecht sollten daher die Vertretungsorgane jedenfalls aus Gründen äußerster Vorsorge im Zweifelsfalle eher einen zu umfangreichen als einen möglicherweise zu dürftigen Umwandlungsbericht erstatten.

Der Umwandlungsbericht ist entbehrlich bei einem rein konzerninternen Vorgang, der eine 100 %-Konzerntochter betrifft. Diese aus der Sicht der Praxis sehr zu begrüßende Erleichterung ist erst in den Entwurf vom Februar 1994 aufgenommen worden. Der Umwandlungsbericht ist ferner nicht erforderlich, wenn alle Anteilsinhaber in notarieller Form auf seine Erstattung verzichten (§ 192 Abs. 3 S. 1, 2. Halbs. und S. 2). Ausreichend dürfte es sein, wenn die Anteilsinhaber aus Kostengründen den Verzicht auf die Erstellung des Umwandlungsberichts erst anläßlich der ohnehin notariell zu beurkundenden Beschlußfassung über den Formwechsel erklären[27].

c) Vermögensaufstellung

Ein drittes Element der Vorbereitung eines Formwechsels ist die Vermögensaufstellung des § 192 Abs. 2. Ihre Funktion wird aus der amtlichen Begründung nicht ganz deutlich. Einerseits wird betont, daß es sich um keine vollständige Vermögensbilanz handele, wie sie etwa im Umwandlungsgesetz 1969 und in § 362 Abs. 3 AktG vorgesehen war. Andererseits soll den Anteilsinhabern mit Hilfe der Vermögensaufstellung eine vollständige Unterrichtung zur Verfügung gestellt werden, um ihnen eine detaillierte Prüfung der Vermögenslage zu ermöglichen. Die Vermögensaufstellung soll die Funktion der für die Verschmelzung und die Spaltung vorgesehenen Prüfung des Anteilswechsels durch Sachverständige übernehmen. Eine solche Prüfung wurde vom Gesetzgeber für den Formwechsel nicht vorgesehen, um zu hohe Kosten zu vermeiden[28].

In der Vermögensaufstellung ist der wahre Wert des formwechselnden Rechtsträgers anzusetzen, der ihm am Tage der Erstellung des Berichts beizulegen ist. Die Vermögensaufstellung hat damit keine bi-

---

27 Vgl. *Priester* (Fn 18), S. 419, 426.
28 *Ganske,* S. 215.

lanzielle Bedeutung. Es dürfen nicht die Werte der handelsrechtlichen Bilanz angesetzt werden, sondern es müssen auch die stillen Reserven aufgedeckt werden. Hinsichtlich der Einzelheiten können sich in der Praxis Zweifelsfragen ergeben. Sollten die Anforderungen an die bisher bekannte Vermögensbilanz weiterhin auch für die Vermögensaufstellung gelten, so wären auch nicht bilanzierungsfähige, selbst geschaffene immaterielle Wirtschaftsgüter (z.b. gewerbliche Schutzrechte oder Lizenzen) aufzuführen[29]. Dagegen bestünde keine Notwendigkeit, auch einen selbst geschaffenen Firmenwert aufzuführen[30].

Das Erfordernis der Vermögensaufstellung blieb im Gesetzgebungsverfahren umstritten[31]. Der Gesetzgeber hat auf die Kritik dadurch reagiert, daß die Vermögensaufstellung beim Formwechsel in eine Kapitalgesellschaft anderer Rechtsformen entfallen ist (§ 238 S. 2)[32]. Daneben ist die Vermögensaufstellung als Bestandteil des Umwandlungsberichts entbehrlich, wenn auch dieser entbehrlich ist, insbesondere also bei Verzicht der Anteilsinhaber und in reinen Konzernsachverhalten (§ 192 Abs. 3).

Auch bei einem Formwechsel einer Personenhandelsgesellschaft in eine Kapitalgesellschaft und umgekehrt wird wegen der jetzt geltenden Identität die handelsrechtliche Bilanz unverändert fortgeführt. Angesichts der abweichenden Entscheidung des Gesetzgebers zum Umwandlungssteuerrecht wird dagegen steuerlich weiterhin die Erstellung einer Übertragungsbilanz (Schlußbilanz) für den formwechselnden Rechtsträger und einer Eröffnungsbilanz des Rechtsträgers neuer Rechtsform notwendig (§ 14 S. 2 UmwStG).

---

29 Vgl. *Priester* in Scholz[7], Anh. Umw., § 56 c UmwG Rz. 11; *Zimmermann* in Rowedder, Anh. § 77 Rz. 358; *Widmann/Mayer*, § 52 UmwG Rz. 1009.10.

30 Großkomm./*Meyer-Landrut*, § 362 Anm. 6; *Semler/Grunewald* in G/H/E/K, § 362 Rz. 28.

31 Vgl. Gemeinsamer Arbeitsausschuß der Spitzenorganisationen der Deutschen Wirtschaft, Mitteilung des Bundesverbandes der Deutschen Industrie (BDI) v. 9. 10. 1992, RV 147/92, S. 20; DAV (Fn 11), Rz. 137 ff.; IdW, Wpg 1992, 613, 621; *Priester* (Fn 18), S. 419, 425; *Schulze-Osterloh*, ZGR 1993, 420, 443.

32 Näher *Happ*, unten S. 230.

d) Gründungsvorschriften

Neben den dargestellten drei Elementen Beschluß, Bericht, Vermögensaufstellung müssen grundsätzlich bei der Vorbereitung eines Formwechsels auch die Gründungsvorschriften für die neue Rechtsform beachtet werden (§ 197). Der Gedanke, daß mit dem Formwechsel eine Sachgründung der neuen Gesellschaft verbunden ist, verträgt sich an sich nicht mit dem Prinzip der Identität. Die Anwendung der Gründungsvorschriften wird vom Gesetzgeber mit der Notwendigkeit eines Umgehungsschutzes begründet. Der Übergang in ein anderes Normensystem sei besonders dann kritisch, wenn nach den für den Rechtsträger neuer Rechtsformen maßgebenden Gründungsvorschriften schärfere Anforderungen gelten, als sie für die Gründung des formwechselnden Rechtsträgers bestanden. In solchen Fällen soll verhindert werden, daß die für die neue Rechtsform geltenden strengeren Maßstäbe durch den Formwechsel unterlaufen werden können[33]. Daneben läßt sich für die Anwendung der Gründungsvorschriften der Gedanke anführen, daß trotz der Identität eine qualitative Änderung der Mitgliedschaftsrechte stattfindet[34].

Von besonderer Bedeutung sind die Gründerhaftung (§ 219), der Kapitalschutz durch Sicherung der Kapitalaufbringung (§ 220 Abs. 1), der Sachgründungsbericht der Gesellschafter und die Gründungsprüfung durch einen Sachverständigen (§ 220 Abs. 3). In gewissem Umfang wird also auch beim Formwechsel eine Prüfung durch Wirtschaftsprüfer erforderlich. Daneben kann sich die Notwendigkeit einer Prüfung der Angemessenheit der Abfindung durch Sachverständige ergeben (vgl. S. 217).

Eine uneingeschränkte Anwendung der Gründungsvorschriften würde praktisch eine Neugründung erforderlich machen, die durch den Formwechsel und das ihm zugrundeliegende Prinzip der Identität gerade vermieden werden soll. Deshalb sollen die Besonderen Vorschriften in gewissem Umfang Einschränkungen regeln[35]. Nur für den Fall des Formwechsels einer AG oder einer KGaA in eine GmbH wird freilich auf die Notwendigkeit eines Sachgründungsberichts verzichtet (§ 245 Abs. 4). Darüber hinausgehend sind gemäß § 197 S. 2 die Vorschriften über die Bildung und Zusammensetzung des ersten Aufsichtsrats (§§ 30, 31 AktG) nicht anzuwenden. Dadurch wird eine

---

33 *Ganske,* S. 220.
34 So *Lutter* in der Diskussion.
35 *Ganske,* S. 220.

211

Vertretung der Arbeitnehmer im Aufsichtsrat schon zum Zeitpunkt des Wirksamwerdens des Formwechsels gesichert. Die Nichtanwendung der §§ 30, 31 AktG entsprach auch schon bislang ganz überwiegender Auffassung[36].

e) Information Betriebsrat

Schließlich ist zu beachten, daß der Entwurf des Umwandlungsbeschlusses spätestens einen Monat vor dem Tage der Versammlung der Anteilsinhaber, die den Formwechsel beschließen, dem zuständigen Betriebsrat zugeleitet werden muß (§ 194 Abs. 2). Dagegen erhält der Betriebsrat von Umwandlungsbericht und Vermögensaufstellung keine Kenntnis.

2. Umwandlungsbeschluß

Nach dem Abschluß der Vorbereitungsphase beschließen die Anteilsinhaber über den Formwechsel. Der Beschluß hat notwendig in einer Gesellschafterversammlung der Anteilsinhaber zu erfolgen (§ 193 Abs. 1 S. 2). Umlaufbeschlüsse sind also nicht zugelassen. Der Beschluß der Gesellschafterversammlung bedarf notarieller Form (§ 193 Abs. 3 S. 1). Sein Mindestinhalt ergibt sich aus § 194. Die Anforderungen an die Vorbereitung und Durchführung der Gesellschafterversammlung sowie die erforderlichen Mehrheiten finden sich in den Besonderen Vorschriften.

Zu beachten ist § 193 Abs. 2: Sofern die Abtretung der Anteile des formwechselnden Rechtsträgers von der Genehmigung einzelner Anteilsinhaber abhängig ist, bedarf der Umwandlungsbeschluß zu seiner Wirksamkeit ihrer Zustimmung. Diese Regelung hat insbesondere Bedeutung für den Formwechsel einer Personenhandelsgesellschaft oder einer GmbH, weil in den Gesellschaftsverträgen dieser Gesellschaften regelmäßig Vinkulierungsklauseln vorgesehen sind. Die Notwendigkeit der Zustimmung aller Anteilsinhaber gemäß § 193 Abs. 2 besteht allerdings nur dann, wenn auch die Abtretung der Anteile gemäß dem Gesellschaftsvertrag der Zustimmung aller Gesellschafter bedarf[37]. Das Zustimmungserfordernis des § 193 Abs. 2 entspricht dem Gedanken des § 35 BGB[38].

---

36 *Ganske*, S. 221; vgl. etwa *Hoffmann-Becking*, AG 1980, 269, 271; *Peltzer*, WM 1986, Sbl. 7, S. 5, 8; *Zöllner* in KK, § 376 Rz. 61.
37 Vgl. *Harry Schmidt*, oben S. 78.
38 Vgl. *Ganske*, S. 216.

Im Rahmen des Umwandlungsbeschlusses können die Gesellschafter auch im gesetzlich zulässigen Rahmen Verzichtserklärungen abgeben, insbesondere zur Erstellung eines Umwandlungsberichts und einer Vermögensaufstellung (vgl. S. 208, 209). Auch ein Verzicht auf die Erstellung und Übersendung eines Abfindungsangebots sollte zugelassen werden. Die Erstellung eines Abfindungsangebots und die in diesem Zusammenhang notwendige Prüfung durch einen Sachverständigen würde eine unnötige Belastung der Gesellschaft darstellen, wenn von vornherein feststeht, daß alle Anteilsinhaber die Entscheidung über einen Formwechsel tragen[39]. Bei einstimmigen Beschlüssen wird es sich weiter empfehlen, daß die Gesellschafter im Umwandlungsbeschluß ausdrücklich auf die Erhebung einer Anfechtungsklage verzichten. Damit kann der Vollzug des Formwechsels beschleunigt werden, weil das Registergericht anderenfalls wegen der Notwendigkeit einer Negativerklärung der Antragsteller zum Vorliegen einer Anfechtungsklage (§§ 198 Abs. 3, 199 i.V.m. § 16 Abs. 2) vor der Eintragung die Monatsfrist des § 195 Abs. 1 abwarten wird.

3. Eintragung

a) Anmeldung

Der Formwechsel ist beim gemäß § 198 zuständigen Registergericht zur Eintragung in das Handelsregister anzumelden. Inhalt der Anmeldung ist nicht mehr der Umwandlungsbeschluß, sondern die neue Rechtsform des Rechtsträgers (§ 198 Abs. 1). Die Niederschrift des Umwandlungsbeschlusses ist der Anmeldung als Anlage beizufügen (§ 199). Als weitere Anlagen sind beizufügen die Zustimmungserklärungen einzelner Anteilsinhaber gemäß § 193 Abs. 2, der Umwandlungsbericht oder die entsprechenden Verzichtserklärungen der Anteilsinhaber, die nach dem Gründungsrecht sonst erforderlichen Unterlagen und ggf. Genehmigungsurkunden öffentlicher Stellen. Hervorzuheben ist die Notwendigkeit des Nachweises über die Zuleitung des Entwurfs des Umwandlungsbeschlusses an den Betriebsrat. Im Gesetzgebungsverfahren war kritisiert worden, daß sich insoweit Unsicherheiten ergeben können, wenn der Registerrichter prüfen muß, ob der Betriebsrat zuständig ist[40]. Schließlich ist von Bedeutung die bereits erwähnte Negativerklärung darüber, daß keine Anfechtungs-

---

39 Ebenso *Priester* (Fn 18), S. 419, 427.
40 Vgl. Gemeinsamer Arbeitsausschuß der Spitzenorganisation der Deutschen Wirtschaft, Mitteilung des BDI v. 24. 3. 1994, RV 43/94, S. 6.

klage gegen den Umwandlungsbeschluß erhoben worden ist (vgl. §§ 198 Abs. 3, 16 Abs. 2). Bei Vorliegen einer Anfechtungsklage darf der Registerrichter grundsätzlich den Formwechsel nicht eintragen. Auch in das Recht des Formwechsels hält damit das bislang nur der aktienrechtlichen Verschmelzung immanente Blockaderisiko Einzug (vgl. auch S. 219). Zur Zuständigkeit des Registergerichts verhält sich § 198.

b) Bekanntmachung

Sofern die Anmeldung des Formwechsels zum Handelsregister und die überreichten Anlagen ordnungsgemäß sind, trägt das Registergericht den Formwechsel ein. Der Formwechsel wird im Bundesanzeiger und in mindestens einem weiteren Blatt bekanntgemacht. Der Tag der letzten Veröffentlichung ist maßgebend (§ 201).

c) Wirkung

Mit der Bekanntmachung der Eintragung des Formwechsels in das Handelsregister wird der Formwechsel wirksam. Der Rechtsträger besteht in veränderter Rechtsform fort, § 202 Abs. 1 Nr. 1. Dem Prinzip der Identität entspricht die Kontinuität der Mitgliedschaft der Anteilsinhaber in dem Rechtsträger, § 202 Abs. 1 Nr. 2 S. 1. Von dieser Kontinuität sind ausweislich der amtlichen Begründung Ausnahmen nur für Komplementäre einer formwechselnden KGaA und für bestimmte Mitglieder eines formwechselnden Versicherungsvereins auf Gegenseitigkeit zugelassen[41]. Mit dem Prinzip der Identität nicht zu vereinbaren wäre daher der Beitritt eines neuen persönlich haftenden Gesellschafters beim Formwechsel einer GmbH in eine GmbH & Co. KG[42]. Praktisch läßt sich das gewünschte Ergebnis dadurch erreichen, daß dem neuen persönlich haftenden Gesellschafter bereits vor Durchführung des Formwechsels ein Splitteranteil an dem formwechselnden Rechtsträger übertragen wird. Zur Vermeidung von Verschiebungen der bisherigen Stimmverhältnisse ist an die Einräumung lediglich einer Treuhänderstellung zu denken.

Als Konsequenz der Kontinuität der Mitgliedschaft in dem Rechtsträger ist auch die Notwendigkeit eines Ausscheidens von überstimmten Minderheitsgesellschaftern bei der Umwandlung einer Kapitalgesell-

---

41 *Ganske,* S. 227.
42 *Priester* (Fn 18), S. 419, 423.

schaft in eine GbR oder Personenhandelsgesellschaft nach dem bisherigen Umwandlungsgesetz 1969 beseitigt worden. Diese Möglichkeit eines zwangsweisen „squeeze out" dissentierender Gesellschafter war zwar vom Bundesverfassungsgericht in der berühmten Feldmühle-Entscheidung als verfassungsgemäß bestätigt worden[43]. Sie stellte jedoch einen mit modernen Vorstellungen des deutschen Gesellschaftsrechts über den Schutz von Anteilsinhabern nicht mehr zu vereinbarenden Anachronismus dar[44], der zu Recht beseitigt wurde.

Dem Prinzip der Identität entspricht auch der Fortbestand der Rechte Dritter an den Anteilen oder Mitgliedschaften des formwechselnden Rechtsträgers, § 202 Abs. 1 Nr. 2 S. 2. Insoweit kann sich im Einzelfall die Frage stellen, welche Rechte geschützt sind und ob diese ohne weiteres fortbestehen, oder ob es einer Neubestellung bedarf.

Eine Kontinuität sieht § 203 jetzt auch für Aufsichtsratsmandate vor, sofern der Aufsichtsrat des Rechtsträgers neuer Rechtsformen in gleicher Weise wie bei dem formwechselnden Rechtsträger gebildet und zusammengesetzt ist. Diese praxisgerechte Regelung stellt eine Abweichung von der bislang herrschenden Meinung dar, die wegen der qualitativen Unterschiedlichkeit der Stellung des Aufsichtsrats der GmbH von derjenigen der AG eine Diskontinuität befürwortet hatte[45].

Nicht ausdrücklich im Gesetz geregelt ist die Frage, ob als Konsequenz des Identitätsprinzips die Zusammensetzung der Anteilsrechte der Anteilsinhaber an dem Rechtsträger neuer Rechtsform zwingend der bisherigen Beteiligung an dem formwechselnden Rechtsträger entsprechen muß. Die Materialien sind insoweit ebenfalls nicht eindeutig[46]. Auch wenn eine verhältniswahrende Umwandlung wohl nach der Vorstellung des Gesetzgebers den Regelfall darstellt, sollte im Einzelfall eine nicht verhältniswahrende Beteiligung der Anteilsinhaber zugelassen werden[47]. Der Schutz der Gesellschafter vor einer Ver-

---

43 BVerfGE 14, 263.
44 Vgl. auch *Ganske,* S. 228.
45 Vgl. etwa *Zöllner,* DB 1973, 2073; zust. etwa *Hoffmann-Becking,* AG 1980, 269; *Peltzer,* WM 1986, Sonderbeil. 7, S. 8; *Semler/Grunewald* in G/H/E/K, § 377 Rz. 13, § 370 Rz. 14 (anders bei Umwandlung AG in KGaA, § 363 Rz. 21, 22); *Werner/Kindermann,* ZGR 1981, 17/36. Abw. schon bisher *Heinsius,* FS Stimpel, 1985, S. 571, 575; ebenso *Dehmer,* § 377 AktG, Anm. 2; *Finken/Decher,* AG 1989, 391, 399; *Köstler,* BB 1993, 81.
46 Vgl. *Ganske,* S. 214.
47 Vgl. DAV (Fn 11) Rz. 153; *Kallmeyer,* ZIP 1994, 1746, 1751; *Priester* (Fn 18), S. 419, 430.

kürzung ihrer Mitgliedschaftsrechte läßt sich auf zwei Wegen erreichen. Denkbar ist es, den nicht verhältniswahrenden Formwechsel nur bei einer Zustimmung aller Anteilsinhaber zuzulassen[48]. Alternativ müßte bei Zulassung von Mehrheitsbeschlüssen in einschränkender Auslegung von § 195 Abs. 2 jedenfalls eine Überprüfung auf die Freiheit von Willkür im Wege einer Anfechtungsklage zugelassen werden[49]. Die Frage kann beispielsweise bei der bereits erwähnten Umwandlung einer GmbH in eine GmbH & Co. KG Bedeutung erlangen, wenn aus Gründen der Kontinuität der Mitgliedschaft vor dem Formwechel eine GmbH als neuer Gesellschafter beteiligt werden muß, die in der KG die Rolle des persönlich haftenden Gesellschafters übernehmen soll. Häufig wird man diese Beteiligung nur als Treuhandschaft ausgestalten und dem persönlich haftenden Gesellschafter in der GmbH & Co. KG keine entsprechende Einlage einräumen wollen.

Gemäß § 202 Abs. 1 Nr. 3 werden Mängel der notariellen Beurkundung des Umwandlungsbeschlusses und ggf. erforderlicher Zustimmungs- oder Verzichtserklärungen einzelner Anteilsinhaber durch die Eintragung geheilt. Noch weitergehend bestimmt § 202 Abs. 3 generell, daß der Formwechsel ungeachtet etwaiger Mängel mit der Eintragung seine Wirksamkeit erlangt. Entsprechende Regelungen hat der Gesetzgeber auch für die Verschmelzung und die Spaltung vorgesehen (§§ 20 Abs. 1 Nr. 4, 131 Abs. 1 Nr. 4). Die Regelungen beruhen nach der amtlichen Begründung auf einer allgemeinen Tendenz, gesellschaftliche Akte möglichst zu erhalten[50]. Nach der Lehre von der fehlerhaften Gesellschaft wäre allerdings jedenfalls für materielle Mängel trotz Eintragung auch die Geltendmachung der Nichtigkeit ex nunc dankbar gewesen. Diese Lehre wird beispielsweise für fehlerhafte Unternehmensverträge, die den Anforderungen der neueren Rechtsprechung des BGH nicht gerecht werden, entsprechend herangezogen[51]. Die Regelung des Umwandlungsgesetzes geht deutlich über diese Lösung hinaus.

---

48 Vgl. *Priester* (Fn 18), S. 419, 430; so in der Diskussion auch *Neye* und *Lutter.*
49 So in der Diskussion *Winter;* vgl. auch DAV (Fn 11), Rz. 153.
50 *Ganske,* S. 75 und 228.
51 BGHZ 103, 1, 4: Familienheim; BGHZ 105, 168, 182: HSW; BGHZ 116, 37, 39: Stromlieferung.

III. Rechtsschutz

1. Schutz der Anteilsinhaber

Der Schutz der Anteilsinhaber wird zunächst hergestellt durch die bereits erwähnten hohen formalen Anforderungen an die Durchführung eines Formwechsels, insbesondere durch den Umwandlungsbeschluß, die Vermögensaufstellung und vor allem den Umwandlungsbericht. Diese Trias gewährleistet eine umfassende Information der Anteilsinhaber und hier insbesondere der Minderheitsgesellschafter. Die Anteilsinhaber, die über den Formwechsel beschließen, sollen sich über dessen Konsequenzen im allgemeinen und für ihre Rechtsstellung im besonderen im klaren sein. Zusätzlich zu diesem mehr formellen Schutz der Anteilsinhaber durch umfassende Information stellt das Gesetz sicher, daß die Anteilsinhaber auch materiell durch den Formwechsel nicht in ihren Rechten beeinträchtigt werden.

a) Bare Zuzahlung

Einen Schutz vor einer zu niederigen Bemessung oder sonst unzureichenden Ausgestaltung der Beteiligung an dem Rechtsträger gewährt § 196. In solchen Fällen kann ein Anteilsinhaber eine Aufbesserung des Beteiligungsverhältnisses durch bare Zuzahlung verlangen. Die Regelung entspricht dem verschmelzungsrechtlichen Vorbild des § 15 und verweist hinsichtlich der Verzinsung und der Geltendmachung auf § 15 Abs. 2.

b) Abfindung

Anteilsinhaber, die dem Formwechsel widersprechen, ihn aber nicht verhindern können, weil sie bei einer zulässigen Mehrheitsentscheidung in der Minderheit bleiben und die Wirksamkeit des Umwandlungsbeschlusses auch sonst nicht von ihrer Zustimmung abhängt, werden durch die Möglichkeit einer Barabfindung gemäß § 207 geschützt. Anders als nach dem bisherigen Recht wird für den Formwechsel als allgemeines Prinzip das Angebot einer Barabfindung an widersprechende Anteilsinhaber vorgesehen. Dieses Prinzip wird jedoch durch eine Reihe von Ausnahmen durchbrochen. Für den Formwechsel der AG in eine KGaA und umgekehrt (§ 250) sowie für den Formwechsel einer Körperschaft oder einer Anstalt des öffentlichen Rechts besteht die Notwendigkeit eines Abfindungsangebots nicht. Daneben bedarf es für den Formwechsel einer Kapitalgesellschaft in eine GbR oder OHG keines Abfindungsangebotes, weil ohnehin eine einstimmige Beschlußfassung erforderlich ist (§ 233 Abs. 1). Schließlich wird die Notwendigkeit eines Abfindungsangebots beim Formwechsel einer Personenhandelsgesellschaft oder einer GmbH häufig im Hinblick auf § 193 Abs. 2 entfallen, wenn in den Gesellschaftsverträgen Vinkulierungsklauseln vorgesehen sind (vgl. S. 212).

Das Abfindungsangebot ist den Anteilsinhabern als Inhalt des Umwandlungsbeschlusses gemäß § 194 Abs. 1 Nr. 6 zu unterbreiten. Nicht recht überzeugend ist die Regelung insofern, als sie zwingend einen Widerspruch der Anteilsinhaber gegen den Umwandlungsbeschluß als Voraussetzung für die Barabfindung verlangt. Damit wird eine Zustimmung bei gleichzeitiger Wahl der Abfindung wie etwa im Recht der Unternehmensverträge oder der Eingliederung unmöglich gemacht. Die Notwendigkeit eines Widerspruchs kann im Einzelfall die Durchführung der Umwandlung gefährden, wenn infolgedessen die erforderlichen Beschlußmehrheiten nicht zustande kommen[52].

Das Angebot der Barabfindung erfolgt durch den formwechselnden Rechtsträger. Um eine AG als neuen Rechtsträger in die Lage zu versetzen, eigene Aktien zu erwerben, sieht § 207 Abs. 1 S. 1, 2. Halbs. einen Ausschluß des entsprechenden Verbotes des § 71 Abs. 4 S. 2 AktG vor. Kann der Rechtsträger neuer Rechtsform Anteile oder Mitgliedschaftsrechte seiner Anteilsinhaber nicht selbst erwerben – wie bei Personengesellschaften und Genossenschaften –, so wählt das Gesetz statt eines Kaufs der Anteile die Zahlung der Abfindung gegen Aussscheiden aus dem Rechtsträger (§ 207 Abs. 1 Nr. 2).

Die Barabfindung muß angemessen sein. Sie ist durch Verschmelzungsprüfer zu prüfen, die über das Ergebnis der Prüfung einen schriftlichen Prüfungsbericht erstatten. Die Berechtigten können auf die Prüfung und einen Prüfungsbericht durch notarielle Erklärung verzichten (§ 208 i.V.m. § 30).

c) Organhaftung

In Anlehnung an den Standard des Verschmelzungsrechts sieht § 208 erstmals für die Fälle des Formwechsels eine Schadenersatzpflicht der Verwaltungsträger des formwechselnden Rechtsträgers vor, wenn die Anteilsinhaber durch den Formwechsel einen Schaden erleiden. Auch dieser Gedanke verträgt sich an sich nicht mit dem Prinzip der Identi-

---

52 Kritisch auch *Hommelhoff*, ZGR 1993, 452, 470.

tät des Formwechsels[53]. Die Organhaftung ist indessen im Hinblick auf die qualitative Veränderung der Rechte der Anteilsinhaber gerechtfertigt. Die Schadenersatzpflicht stellt auch ein Korrektiv dafür dar, daß etwaige Mängel des Formwechsels nach der Eintragung in das Handelsregister gemäß § 202 Abs. 1 Nr. 3 und Abs. 3 nicht mehr geltend gemacht werden können[54]. Voraussetzung ist naturgemäß ein Schaden der Gesellschaft, der bei einem Formwechsel nicht immer leicht darzulegen sein wird.

Ansprüche nach § 205 können nur durch einen besonderen Vertreter geltend gemacht werden, § 206. Die Stellung des besonderen Vertreters ähnelt der des gemeinsamen Vertreters im Spruchverfahren gemäß § 308. Sie geht darüber insofern hinaus, als die Anteilsinhaber keine eigenen Anträge stellen können, sondern sich von vornherein in einem zusammengefaßten Verfahren durch den besonderen Vertreter vertreten lassen müssen. Für die Einzelheiten des Verfahrens wird auf die entsprechende Regelung des Verschmelzungsrechts (§ 26) verwiesen.

d) Prozessuale Durchsetzung

aa) Spruchverfahren

Die Überprüfung der Anteile bzw. Mitgliedschaften am neuen Rechtsträger sowie der angebotenen Barabfindung kann nicht im Rahmen einer Anfechtungsklage gegen den Umwandlungsbeschluß geltend gemacht werden. § 195 Abs. 2 und § 212 verweisen den Anteilsinhaber insoweit auf das besondere Spruchverfahren nach §§ 305 ff.[55]. Diese Einschränkung von Anfechtungsklagen für den zentralen Bereich der angemessenen Berücksichtigung der Anteilsrechte der Anteilsinhaber bzw. der Abfindung stellt eine erhebliche Erleichterung des Formwechsels dar. Diese wird im Ergebnis freilich durch die Verschärfung des Blockaderisikos in den verbleibenden Fällen einer Anfechtungsklage kompensiert (sogleich bb).

bb) Anfechtungsklage

Im Hinblick auf den weitgehenden Ausschluß von Anfechtungsklagen bei einer materiellen Benachteiligung der Anteilsinhaber kann eine

---

53 Vgl. DAV (Fn 11) Rz. 170.
54 *Ganske,* S. 230.
55 Dazu näher *Krieger,* unten S. 275 ff.

Anfechtungsklage vor allem auf formelle Mängel des Formwechsels gestützt werden. Die Anteilsinhaber können eine volle Überprüfung des Formwechsels darauf erreichen, ob die detaillierten Anforderungen insbesondere des § 192 beachtet sind. Einfallstor für Anfechtungsklagen dürfte vor allem der Umwandlungsbericht werden. Neben der Möglichkeit einer umfassenden formellen Überprüfung besteht für eine zusätzliche materielle Kontrolle des Formwechsels auf seine sachliche Rechtfertigung kein Anlaß[56]. Tendenziell gegen eine solche materielle Sachkontrolle dürfte sich auch die amtliche Begründung anführen lassen, die einer allgemeinen Kontrolle von Umstrukturierungsmaßnahmen eine Absage erteilt und sich auch für den Formwechsel sehr zurückhaltend äußert[57]. Möglich bleibt eine materielle Überprüfung des Formwechsels auf Willkür. Ein denkbarer Anwendungsfall einer solchen materiellen Beschlußkontrolle ist der Fall des nicht verhältniswahrenden Formwechsels (vgl. S. 214).

Anfechtungsklagen gegen die Wirksamkeit des Umwandlungsbeschlusses müssen gemäß § 195 Abs. 1 binnen eines Monats nach der Beschlußfassung erhoben werden. Damit wird die kurze aktienrechtliche Anfechtungsfrist erstmals auch für andere Rechtsformen verbindlich vorgeschrieben. Das Vorliegen einer Anfechtungsklage führt grundsätzlich zu einer Blockade des Formwechsels: Anders als nach dem bisherigen Recht darf der Registerrichter den Formwechsel bei Vorliegen einer Anfechtungsklage grundsätzlich nicht eintragen, § 198 Abs. 3 i.V.m. § 16 Abs. 2. Die Effektivität des besonderen Verfahrens nach § 16 Abs. 3 zur Überwindung der Eintragungssperre muß abgewartet werden[58].

2. Schutz der Inhaber von Sonderrechten

Ebenso wie bei Verschmelzung und Spaltung verweist § 204 für den Formwechsel auf den Schutz der Inhaber von Sonderrechten gemäß § 23. Danach sind den Inhabern von Sonderrechten gleichwertige Rechte in dem übernehmenden Rechtsträger zu gewähren.

---

56 Vgl. allgem. zum Ausschluß der materiellen Sachkontrolle bei gesetzlich geregelten Anforderungen an Umstrukturierungsmaßnahmen *Lutter*, ZGR 1981, 171, 178 f.; zust. etwa *Hüffer*, § 243 Rz. 27; abw. für die Umwandlung *Timm*, ZGR 1987, 403, 439 f.; für umfassende Beschlußkontrolle etwa *Wiedemann*, ZGR 1980, 147, 157.

57 *Ganske*, S. 61 und S. 226; abw. für die Verschmelzung oben *Martin Winter*, S. 40 (zust. aber *ders.* in der Diskussion für den Formwechsel).

58 Wohl zu positiv *Bork*, S. 263 f.

3. Gläubigerschutz

a) Sicherheitsleistung

Trotz der Identität des formwechselnden Rechtsträgers und der damit verbundenen formellen Erhaltung der Haftungsmasse besteht ein Bedürfnis für den Schutz der Gläubiger. Insbesondere kann durch den Formwechsel die Geltung der gläubigerschützenden Kapitalerhaltungsvorschriften (§ 30 GmbHG, § 57 AktG) entfallen[59]. Umgekehrt kann beim Formwechsel von der Personenhandelsgesellschaft in die Kapitalgesellschaft wegen der damit verbundenen Haftungsbeschränkung eine Gefährdung der Belange der Gläubiger vorliegen. Deshalb gewährt § 204 den Gläubigern ebenso wie bei der Verschmelzung und der Spaltung einen Anspruch auf Sicherheitsleistung gemäß § 22. Das Recht auf Sicherheitsleistung steht den Gläubigern jedoch nur zu, wenn sie glaubhaft machen, daß durch den Formwechsel die Erfüllung ihrer Forderung gefährdet wird. Eine solche Glaubhaftmachung kann insbesondere beim Formwechsel in eine Kapitalgesellschaft anderer Rechtsform im Einzelfall Schwierigkeiten bereiten.

b) Organhaftung

Dem Gläubigerschutz dient auch die Schadenersatzpflicht der Verwaltungsträger des formwechselnden Rechtsträgers gemäß §§ 205, 206.

c) Kapitalaufbringung

Die Verweisung des § 197 auf die Gründungsvorschriften dient nicht zuletzt dem Schutz der Gläubiger. Insbesondere sind die Vorschriften über die Kapitalaufbringung einzuhalten.

d) Nachhaftung

Weitere Schutzvorschriften zugunsten der Gläubiger enthalten die Besonderen Vorschriften. Zu nennen ist insbesondere die Nachhaftung bisheriger persönlich haftender Gesellschafter für einen Zeitraum von fünf Jahren (§§ 224, 237, 249, 257).

---

59 *Ganske*, S. 230.

221

IV. Resümee

Die Regelungen zum Formwechsel im Umwandlungsgesetz bringen im Vergleich zum bisherigen Recht wesentliche Neuerungen. Mit der einheitlichen Geltung des Prinzips der Identität des Rechtsträgers wird die bisherige Unterscheidung zwischen der formwechselnden Umwandlung und der errichtenden Umwandlung aufgegeben. Für die Rechtslehre wird sich daraus in Zukunft die Frage nach dem Schicksal der Figur der Gesamthandsgemeinschaft ergeben. Für die umwandlungsrechtliche Praxis wird sich die Frage stellen, ob die Identität als Auslegungsprinzip für die Lösung von Zweifelsfragen taugt.

Trotz der Vereinheitlichung der Umwandlungsfälle ist die Durchführung eines Formwechsels nicht leichter geworden. Der Gesetzgeber hat auf den Formwechsel den aktienrechtlichen Standard der Verschmelzung übertragen. Die damit verbundene Anhebung der Anforderungen an einen Formwechsel im Vergleich zum bisherigen Recht war nicht zwingend geboten, etwa aufgrund europarechtlicher Vorgaben. Die Entscheidung des Gesetzgebers bestätigt indessen die Überzeugung, daß die aktienrechtlichen Verschmelzungsvorschriften den modernen Standard für Unternehmensumstrukturierungen bei der AG widerspiegeln[60]. Dieser hohe Standard wird darüber hinaus weitgehend auch auf die anderen Unternehmensformen übertragen. Diese bemerkenswerte rechtsformübergreifende Vereinheitlichung wirkt sich auch in umgekehrter Richtung aus: In Anlehnung an aktienrechtliche Vorschriften wird die Verkürzung der Anfechtungsfrist auf einen Monat und die Einschränkung der Anfechtungsmöglichkeiten gegen Grundlagen- und Strukturentscheidungen durch § 195 erstmals auch im Recht der Personengesellschaften und der GmbH etabliert.

Auch bei sorgfältiger Erfüllung der hohen Anforderungen an die Vorbereitung und Durchführung eines Formwechsels ist in Zukunft eine für die Praxis verläßliche Prognose über die rechtssichere Durchführung eines Formwechsels nicht mehr möglich. Mit der Notwendigkeit einer Negativerklärung über das Vorliegen von Anfechtungsklagen und der damit verbundenen Registersperre hat auch beim Formwechsel das bei der Verschmelzung bekannte Blockaderisiko Einzug gehalten. Die Zukunft muß zeigen, ob die Prozeßgerichte über das besondere Verfahren des § 16 Abs. 3 einen für die Praxis auskömmlichen Ausgleich schaffen können.

---

60 Vgl. schon *Lutter*, FS Fleck, 1988, S. 169, 177.

Formwechsel von Kapitalgesellschaften

Rechtsanwalt Dr. Wilhelm Happ, Hamburg

I. Vorbemerkung

Ein Beitrag, der sich auf sehr knappe Weise mit den in den §§ 226 bis 250 in zwei Unterabschnitten dargestellten Möglichkeiten des *Formwechsels einer Kapitalgesellschaft in eine Personengesellschaft* und des *Formwechsels einer Kapitalgesellschaft in eine Kapitalgesell-*

223

schaft anderer Rechtsform befassen will, kann nicht für sich in Anspruch nehmen, auch nur annäherungsweise die vielen Einzelheiten darzustellen, die bei diesen Umwandlungsarten jeweils zu beachten sind. Dies gilt auch unter Berücksichtigung des Umstandes, daß viele Details des Umwandlungsverfahrens weitgehend bereits im allgemeinen Teil des Fünften Buchs (§§ 190 ff.)[1] enthalten sind. Es soll deshalb im folgenden nicht auf die einzelnen Verfahrensabschnitte, wie

- die Vorbereitung des Formwechsels (§ 230 UmwG und § 238 UmwG),
- die Mitteilung des Abfindungsangebotes (§ 231 UmwG),
- die Durchführung der Versammlung (§§ 232 f. und 239 f. UmwG),
- den Inhalt des Umwandlungsbeschlusses (§ 234 UmwG und § 243 UmwG) oder
- die Technik des Anteilstauschs (§ 248 UmwG)

eingegangen werden.[2] Vielmehr beschränken sich die nachfolgenden Ausführungen darauf, unter bewußter Inkaufnahme der Unvollständigkeit und auch unter Verzicht auf eine wissenschaftliche Auseinandersetzung mit einzelnen Fragen einige wesentlich erscheinende Regelungen darzustellen, und zwar – soweit dies möglich ist – einheitlich für beide Formen des Formwechsels. Es soll also nicht zunächst auf den Fall des Formwechsels einer Kapitalgesellschaft in eine Personengesellschaft und daran anschließend den Formwechsel einer Kapitalgesellschaft in eine Kapitalgesellschaft anderer Rechtsform eingegangen, sondern zusammengehörende Fragen beider Arten des Formwechsels sollen auch einheitlich dargestellt werden. Mit Ausnahme der Problematik, die hinsichtlich der Vorlage einer Vermögensaufstellung entsteht, wird auch nicht auf die Besonderheiten der Beteiligung einer Kommanditgesellschaft auf Aktien an einem Formwechsel eingegangen werden.

Die Darstellung wird sich beschränken auf

- einige grundsätzliche Bemerkungen zur Bedeutung der neuen Vorschriften im System des Umwandlungsgesetzes [II. und III.],

---

1 Vgl. hierzu die Ausführungen von *Decher,* oben S. 201 ff.
2 Zum Verfahren der Umwandlung einer Kapitalgesellschaft in eine Personengesellschaft vgl. im einzelnen *Priester,* in „Neuorientierung der Rechenschaftslegung", Bericht über die Fachtagung 1994 des Instituts der Wirtschaftsprüfer in Deutschland e. V., S. 419, 422 ff. Zum Verfahren beim Formwechsel generell *Dörrie,* Das neue Umwandlungsgesetz, WiB 1995, 1, 7 ff.

- die einzelnen Möglichkeiten des Formwechsels von Kapitalgesellschaften [IV.],
- einige Fragen zum Verfahren des Formwechsels (Vermögensaufstellung, Mehrheiten, Beschlußinhalt) [V.],
- einige Fragen des Gesellschafter-, Gläubiger- und Kapitalschutzes
  [VI.–VIII.] sowie
- die Erörterung eines Sonderproblems der sog. Gründerhaftung [IX.].

II. Einige grundsätzliche Bemerkungen zur Bedeutung der neuen Vorschriften gegenüber den außer Kraft getretenen handelsrechtlichen und steuerrechtlichen Regelungen

Während die Regelungen über den Formwechsel einer Kapitalgesellschaft in eine Kapitalgesellschaft anderer Rechtsform grundsätzlich
weitgehend altes Recht übernehmen, zeichnen sich die Vorschriften
über die Umwandlung einer Kapitalgesellschaft in eine Personengesellschaft gegenüber der alten Rechtslage in handels- und steuerrechtlicher Hinsicht durch zwei Besonderheiten aus.

1. Beseitigung der sog. Umwandlungssperre

Handelsrechtlich bedeutsam ist die Beseitigung der bisher in § 1
Abs. 2 S. 1 UmwG 1969 enthaltenen Umwandlungssperre. Bekanntlich war es nach altem Recht unmöglich, eine Kapitalgesellschaft in
eine Personengesellschaft umzuwandeln, an der eine Kapitalgesellschaft als Gesellschafterin beteiligt war. Damit wurde insbesondere
das vielfach bestehende Bedürfnis unmöglich gemacht, eine Kapitalgesellschaft in eine GmbH & Co. KG umzuwandeln. Diese war zwar
technisch möglich, jedoch nicht als Umwandlung, sondern als Ergebnis eines manche Probleme schaffenden Umweges.[3] Der Gesetzgeber
hat nunmehr diese neue Form der Umwandlungsmöglichkeit bewußt
geschaffen.[4] Wegen des im Bereich des Formwechsels (mit einer Ausnahme) geltenden Grundsatzes, nach dem Gesellschafter alter und
neuer Rechtsform identisch sein müssen, kann die Umwandlung einer Kapitalgesellschaft in eine GmbH & Co. KG aber nur dadurch
erreicht werden, daß die künftige Komplementär-GmbH bereits Gesellschafterin der Kapitalgesellschaft ist oder dieser vor dem Umwandlungsbeschluß beitritt.[5]

---

3 Vgl. hierzu *Felix/Stahl*, DStR 1986 Beihefter 3.
4 Vgl. *Ganske*, S. 247.
5 Vgl. *Kallmeyer*, ZIP 1994, 1746, 1751; *Priester*, a.a.O. S. 423.

2. Beseitigung der steuerlichen „Einbahnstaße"

Die neu geschaffenen handelsrechtlichen Regelungen erhalten durch die Neuregelung des Umwandlungssteuergesetzes erst praktische Bedeutung.

Entsprechend dem dogmatischen Ausgangspunkt des Gesetzgebers, nämlich der die Identität des Unternehmens wahrenden Umwandlung, hätte es nach der Logik nahegelegen, den Umwandlungsvorgang gänzlich von der Besteuerung freizustellen, wie dies im Fall der Umwandlung einer Kapitalgesellschaft in eine Kapitalgesellschaft anderer Rechtsform der Fall war und ist. Der Steuergesetzgeber hat in der Begründung zum Umwandlungssteuergesetz jedoch unmißverständlich klargestellt, daß er Kapitalgesellschaften und die an ihnen beteiligten Anteilseigner nach wie vor als selbständige Steuersubjekte betrachtet. Aus diesem Grunde mußte für den Formwechsel von Kapitalgesellschaften in Personengesellschaften in § 14 UmwStG eine gesonderte steuerliche Vorschrift geschaffen werden.[6]

Durch die Vorschrift von § 14 UmwStG wurde die Rechtslage gegenüber der bisherigen steuerlichen Situation aber entscheidend geändert. Nach dem bisherigen Umwandlungssteuerrecht war allein die Kapitalgesellschaft begünstigt. Sie allein hatte das Wahlrecht, Buchwerte fortzuführen, oder aber Wirtschaftsgüter zu Zwischen- oder Teilwerten zu übertragen. Demgegenüber wurde die Personengesellschaft gezwungen, die übergehenden Wirtschaftsgüter zu Teilwerten anzusetzen und damit sämtliche vorhandenen stillen Reserven aufzudecken. Diese Regelung ist oftmals als „Einbahnstraße" bezeichnet und auch beklagt worden.[7] Das neue Umwandlungsrecht eröffnet nunmehr auch den Gegenverkehr. Im Hinblick auf die strengen Voraussetzungen, die das Gesetz – im Gegensatz zu der alten Rechtslage – jetzt aber an das Zustandekommen eines Beschlusses über die Umwandlung einer Kapitalgesellschaft in eine Personengesellschaft stellt (Grundsatz der Einstimmigkeit bei Umwandlung in eine GbR oder eine OHG, vgl. dazu unten S. 232), dürfte sich allerdings das Verkehrsaufkommen des Gegenverkehrs auch weiterhin in Grenzen halten, jedenfalls für Gesellschaften mit größerem Gesellschafterkreis.

---

6 Vgl. Begründung zum Regierungsentwurf BT-Drs. 132/94, S. 62.
7 Vgl. z.B. *Krebs*, BB 1994, S. 2115; *Herzig*, GmbHR 1987, 140, 144.

III. Der Formwechsel von Kapitalgesellschaften im System des Umwandlungsgesetzes

Der dogmatische Ausgangspunkt des Gesetzgebers bei der Gestaltung des Formwechsels, nämlich die wirtschaftliche Kontinuität des Rechtsträgers vor und nach dem Formwechsel, bei dem sich allein die rechtliche Organisation ein und desselben Unternehmensvermögens ausschließlich im Kreise der bisher beteiligten Anteilsinhaber vollzieht,[8] wird vom Gesetz nicht konsequent durchgehalten. Dies gilt zum einen für den Formwechsel einer Kapitalgesellschaft in eine Personenhandelsgesellschaft, bei dem – wie bemerkt – der Steuergesetzgeber gegenüber dem handelsrechtlichen dogmatischen Ausgangspunkt die Gefolgschaft verweigert hat. Andererseits enthalten aber auch die Bestimmungen über den Formwechsel einer Kapitalgesellschaft in eine Kapitalgesellschaft anderer Rechtsform Bezugnahmen auf Vorschriften, die der Identitätswahrung widersprechen. Das gilt beispielsweise

– durch die über § 204 für anwendbar erklärte Vorschrift von § 22 UmwG, nach der den Gläubigern unter den Voraussetzungen dieser Vorschrift *Sicherheit* zu leisten ist und
– durch die durch §§ 245, 220, 197 UmwG angeordnete *Gründerhaftung* der Gesellschafter.

Auf beides wird noch zurückzukommen sein.

IV. Die Möglichkeiten des Formwechsels

Die Vorschrift von § 226 UmwG wiederholt für den Formwechsel einer Kapitalgesellschaft die Regelung von § 191 UmwG. Danach können Rechtsträger neuer Rechtsformen nur sein

– Gesellschaften des bürgerlichen Rechts,
– Personenhandelsgesellschaften,
– Kapitalgesellschaften,
– eingetragene Genossenschaften (die Umwandlung einer Kapitalgesellschaft in Genossenschaften war nach altem Recht nicht möglich).

Für den Bereich des Formwechsels einer Kapitalgesellschaft in eine Kapitalgesellschaft anderer Rechtsform faßt das Gesetz in den §§ 238 ff. UmwG die bisher im Aktiengesetz in sechs verschiedenen

---

8 Vgl. *Ganske,* S. 209.

Abschnitten als formwechselnde Umwandlung geregelten Umwandlungsmöglichkeiten von Aktiengesellschaften, Gesellschaften mit beschränkter Haftung und Kommanditgesellschaften auf Aktien (jeweils in wechselnden Richtungen) zusammen.

Dazu einige Bemerkungen für den Formwechsel einer Kapitalgesellschaft in eine Personengesellschaft:

1. Bedeutung des Unternehmensgegenstandes für die Umwandlung in eine Personengesellschaft

Ungeachtet der Regelung von § 191 UmwG, daß Rechtsträger neuer Rechtsformen Gesellschaften bürgerlichen Rechtes *oder* Personenhandelsgesellschaft sein können, ist die sich formwechselnde Kapitalgesellschaft beim Umwandlungsbeschluß nicht frei darin, welche Form der Personengesellschaft die neue Rechtsform sein wird. Die neue Rechtsform wird – wie sich bereits aus allgemeinen handelsrechtlichen Grundsätzen ergibt – vielmehr durch den Unternehmensgegenstand der Gesellschaft bestimmt. Entspricht dieser im Zeitpunkt des Wirksamwerdens des Formwechsels den Vorschriften über die Gründung einer OHG, so kann die Personengesellschaft *nur* in der Form einer Personenhandelsgesellschaft (OHG oder KG) errichtet werden. Entspricht der Unternehmensgegenstand diesen Erfordernissen nicht, muß die Gesellschaft in eine Gesellschaft bürgerlichen Rechts umgewandelt werden (vgl. § 228 Abs. 1 UmwG). Da es in Einzelfällen zu Abgrenzungsschwierigkeiten kommen kann, erlaubt das Gesetz es in § 228 Abs. 2 UmwG, daß im Umwandlungsbeschluß hilfsweise eine Umwandlung in eine Gesellschaft bürgerlichen Rechtes vorgesehen werden darf, wenn die in erster Linie beabsichtigte Umwandlung in eine Personenhandelsgesellschaft fehlschlägt.[9] Umgekehrt ist eine solche Hilfslösung nicht möglich (*Streck/Mack/Schwedhelm,* GmbHR 1995, 161, 175).

2. Zulässigkeit eines „Formwechsels" außerhalb des UmwG

Es ist anerkannt, daß ungeachtet der in § 1 Abs. 2 UmwG enthaltenen Beschränkung wirtschaftliche Umwandlungssachverhalte auch außerhalb der Regelungen des Umwandlungsgesetzes vollzogen werden können. Dabei handelt es sich nicht um „Umwandlungen i. S. des Absatzes 1" von § 1. Deshalb können beispielsweise durch das Um-

---

9 Vgl. hierzu *Ganske,* S. 248.

wandlungsgesetz primär nicht zugelassene Umwandlungsformen auf Umwegen, etwa durch Zwischenschaltung erlaubter Gestaltungen, erreicht werden (z. B. Formwechsel in eine „Partnerschaft" nach dem Partnerschaftsgesellschaftsgesetz durch Vorschaltung der Umwandlung einer Kapitalgesellschaft in eine Gesellschaft des bürgerlichen Rechtes). Auch die bisher außerhalb des Umwandlungsgesetzes 1969 gegebenen Möglichkeiten des Formwechsels bestehen weiterhin. Dabei ist insbesondere an Anwachsungsmodelle zu denken, die in der Praxis in aller Regel aber nur Bedeutung haben für den umgekehrten Fall der Umwandlung einer Personenhandelsgesellschaft in eine Kapitalgesellschaft. Allerdings sind sie auch in anderer Richtung denkbar. Schließlich sind – wie bisher – „Umwandlungen" auch durch Übertragungen der einzelnen Wirtschaftsgüter im Wege der Singularrechtsnachfolge möglich.

Die Entscheidung darüber, ob für einen Umwandlungssachverhalt von den Möglichkeiten des Umwandlungsgesetzes Gebrauch gemacht oder ein anderer Weg eingeschaltet werden soll, hängt in erster Linie von steuerlichen Erwägungen, aber auch von Fragen der zivilrechtlichen Haftung ab, auf die hier nicht näher eingegangen werden soll.

V. Zum Verfahren des Formwechsels

Aus den einleitend genannten Gründen können nicht alle Details erörtert werden, die in den beiden hier darzustellenden Fällen des Formwechsels beim Umwandlungsverfahren einzuhalten sind. Eingegangen werden soll lediglich auf eine Sonderfrage, die sich im Bereich der sonst erforderlichen Vorlage einer Vermögensaufstellung ergibt, ferner auf das Thema der Mehrheiten sowie auf einige Sonderfragen zum Inhalt eines Umwandlungsbeschlusses.

1. Vermögensaufstellung

Die Vorlage einer Vermögensaufstellung als Teil des Umwandlungsberichtes (§ 192 Abs. 2 UmwG) entfällt für den Formwechsel einer Kapitalgesellschaft in eine Kapitalgesellschaft anderer Rechtsform einschließlich des Formwechsels von und in *Kommanditgesellschaften auf Aktien.* Daraus ergeben sich einige Fragen:

a) Sowohl im Diskussionsentwurf (vgl. dort § 303 Abs. 1 S. 1) als auch im Referenten- und im Regierungsentwurf (vgl. dort jeweils § 238 S. 1) waren auch für die Fälle des Formwechsels einer Kapitalgesellschaft in eine Kapitalgesellschaft anderer Rechtsform die Vorlage einer Vermögensaufstellung vorgeschrieben. Lediglich für den Fall, daß an der formwechselnden Gesellschaft nur ein Gesellschafter oder Aktionär oder beim Formwechsel einer Kommanditgesellschaft auf Aktien neben den persönlich haftenden Gesellschaftern nur ein Kommanditaktionär beteiligt ist, hatte der Diskussionsentwurf von der Aufstellung einer Umwandlungsbilanz (die dort noch anstelle einer Vermögensaufstellung vorgesehen war) Dispens erteilt. Die Anhörung der Verbände, die auf die fehlende Notwendigkeit einer Vermögensaufstellung bei diesem Formwechsel mehrfach hingewiesen hatten, hat den Rechtsausschuß offenbar veranlaßt, die Vorschrift zu ändern. Es wurde ein neuer Satz 2 in § 238 UmwG eingefügt, welcher für *alle* Fälle des Formwechsels einer Kapitalgesellschaft in eine Kapitalgesellschaft anderer Rechtsform lautet: „§ 192 Abs. 2 ist nicht anzuwenden."

Dies bedeutet, daß auch für die Umwandlung einer Kommanditgesellschaft auf Aktien in eine Kapitalgesellschaft anderer Rechtsform, wie auch für eine Umwandlung einer Kapitalgesellschaft in eine Kommanditgesellschaft auf Aktien eine Vermögensaufstellung nicht vorgelegt werden muß. Es fragt sich, ob der Gesetzgeber im Endspurt des Gesetzgebungsverfahrens hier nicht doch etwas über das Ziel hinausgeschossen ist. Dazu ist auf folgendes hinzuweisen:

b) Beim Formwechsel einer Kapitalgesellschaft in eine Kapitalgesellschaft anderer Rechtsform ändert sich das Vermögen des Rechtsträgers nicht (etwa wie bei der Verschmelzung durch Vereinigung mit anderem Vermögen oder durch Aufteilung wie bei der Abspaltung). Es ändert sich nur die rechtliche Organisation des Unternehmensträgers. Der wirtschaftlichen Identität entspricht auch die rechtliche Identität.[10]

Einzige Ausnahme ist der Formwechsel von und in die Rechtsform einer Kommanditgesellschaft auf Aktien. Hier können im Zuge der Umwandlung Komplementäre eintreten bzw. ausscheiden. Das Prinzip der Identität der Gesellschafter gilt also nicht. Deshalb hatte die Umwandlungsbilanz nach altem Recht, die bei der Umwandlung einer Aktiengesellschaft in eine Kommanditgesellschaft auf Aktien (§ 362 AktG a.F.) und einer Kommanditgesellschaft auf Aktien in eine Aktiengesellschaft (§ 366 Abs. 3 AktG. a.F.) vorgesehen war, ihren Sinn. Durch die Umwandlungsbilanz sollte es er-

---

10 Vgl. *Ganske,* S. 209.

möglicht werden, die Angemessenheit der Bedingungen für den Beitritt der persönlich haftenden Gesellschafter und deren Gewinnbeteiligung beurteilen zu können. Außerdem sollten die persönlich haftenden Gesellschafter sich über die Vermögenslage der Gesellschaft informieren können. Eine andere Funktion hatte die Bilanz beim Ausscheiden als Abschichtungsbilanz für das Auseinandersetzungsguthaben der persönlich haftenden Gesellschafter. Durch den Fortfall der Pflicht zur Aufstellung eines Vermögensberichtes ist in dieser Hinsicht nunmehr eine Lücke entstanden.

Man wird zu prüfen haben, ob im Hinblick auf die Änderungen des Gesetzes die Funktionen einer Umwandlungsbilanz bzw. einer Vermögensaufstellung nicht auch im *Umwandlungsbericht* in gewissem Umfange erfüllt werden können. Richtschnur für den Inhalt des Umwandlungsberichtes könnte dabei die Vorschrift von § 229 UmwG sein, wonach im Falle des Formwechsels einer Kommanditgesellschaft auf Aktien in eine Personengesellschaft die Vermögensaufstellung nach den Grundsätzen aufzustellen ist, welche für die Auseinandersetzung mit den persönlich haftenden Gesellschaftern vorgesehen sind. Die praktische Relevanz der im Gesetzgebungsverfahren entstandenen Lücke dürfte allerdings nicht allzu groß sein. In aller Regel enthalten die Satzungen von Kommanditgesellschaften auf Aktien sehr detaillierte Bestimmungen über die Ermittlung des Ausscheidensguthabens ausscheidender Komplementäre. Im umgekehrten Fall der Umwandlung einer Kapitalgesellschaft in eine Kommanditgesellschaft auf Aktien könnten Defizite in der Berichterstattung im Umwandlungsbericht durch das Fragerecht der Anteilsinhaber weitgehend ausgeglichen werden, sofern nicht die Organe der Gesellschaft „freiwillig" eine den Erfordernissen von § 229 UmwG Rechnung tragende Vermögensaufstellung vorlegen. Im Hinblick auf die drohenden Anfechtungsverfahren, die bei nicht ordnungsgemäßer Beantwortung von Fragen begründet sind, sollten Organe der Gesellschaften bei der Auskunftserteilung nicht zurückhaltend sein. Für im Zuge der Umwandlung beitretende Komplementäre wirkt sich das Fehlen gesetzlicher Vorschriften praktisch nicht aus. Sie haben es in der Hand, sich bei den der Vorbereitung ihres Beitritts zu führenden Verhandlungen ausreichend Kenntnis über die Vermögenssituation der Gesellschaft zu verschaffen.

2. Erforderliche Mehrheiten

Gegenüber den Regelungen des alten Rechts im Bereich der erforderlichen Mehrheiten für die Umwandlungsbeschlüsse im Falle der sogenannten errichtenden Umwandlung alten Rechts bzw. der formwechselnden Umwandlung haben sich gegenüber der bisher bestehenden Rechtslage einige Änderungen ergeben.

a) Wechsel in OHG und GbR

Für den Formwechsel einer Kapitalgesellschaft in eine GbR oder OHG hat der Gesetzgeber – unter bewußter Inkaufnahme der sich hieraus ergebenden Erschwernisse[11] – die bisher mögliche Mehrheitsumwandlung beseitigt. Der Formwechsel in eine offene Handelsgesellschaft oder eine Gesellschaft bürgerlichen Rechts ist nur noch *einstimmig* möglich (§ 233 Abs. 1 UmwG). Zustimmen müssen sowohl alle in der Gesellschafterversammlung anwesenden Gesellschafter oder Aktionäre und auch die nicht erschienenen Anteilsinhaber. Demjenigen Anteilsinhaber, der aus Gründen des Unternehmenswohls für einen Formwechsel stimmen möchte, dem aber der Inhalt des neuen Gesellschaftsvertrages nicht paßt, kann nur mit „Nein" stimmen und damit den Formwechsel verhindern. Die für die Umwandlung stimmende Mehrheit kann den Widersprechenden nicht auf den Weg des Ausscheidens gegen eine Abfindung verweisen. Die von der Rechtsprechung in Ausnahmefällen als möglich angesehene Verpflichtung zur Zustimmung unter Treuegesichtspunkten dürfte für die Praxis so gut wie nicht relevant werden.

b) Wechsel in KG

Anders ist es jedoch beim Formwechsel einer Kapitalgesellschaft in eine Kommanditgesellschaft. Dieser kann – mit Zustimmung der künftigen persönlich haftenden Gesellschafter – mit drei Viertel-Mehrheit der *abgegebenen Stimmen,* bzw. des bei der Beschlußfassung vertretenen Grundkapitals beschlossen werden. Außerdem ist die Zustimmung derjenigen Anteilsinhaber erforderlich, die in der Kommanditgesellschaft die Stellung eines persönlich haftenden Gesellschafters haben sollen (§ 233 Abs. 2 UmwG).

Der Beschluß bedarf allerdings darüber hinaus der Zustimmung von Gesellschaftern, für die im Gesellschaftsvertrag Minderheitsrechte

---

11 Vgl. *Ganske*, S. 247.

begründet worden sind (§ 50 Abs. 2 UmwG). Beim Vorhandensein mehrerer Aktiengattungen bedarf der Beschluß zur Wirksamkeit ferner der Zustimmung der stimmberechtigten Aktionäre jeder Gattung (§ 65 Abs. 2 UmwG). Die vorgenannten Regelungen können durch Gesellschaftsvertrag/Satzung nur verschärft, nicht aber erleichtert werden.

c) Wechsel in Kapitalgesellschaft anderer Rechtsform

Für den Formwechsel in eine Kapitalgesellschaft anderer Rechtsform reicht ein mit Dreiviertel-Mehrheit zu fassender Beschluß der *abgegebenen Stimmen* bei einer Gesellschaft mit beschränkter Haftung und des vertretenen Grundkapitals bei einer Aktiengesellschaft oder Kommanditgesellschaft auf Aktien.

Die bisher geltenden Beschränkungen des Aktiengesetzes für die Umwandlung einer Aktiengesellschaft in eine Gesellschaft mit beschränkter Haftung (Zustimmung aller Aktionäre, es sei denn, daß der Umwandlungsbeschluß mit mindestens neun Zehntel des Grundkapitals gefaßt wurde und die Gesellschaft im Zeitpunkt der Beschlußfassung weniger als 50 Aktonäre hatte; vgl. § 369 Abs. 2 und 3 AktG a.F.) sind vom Gesetzgeber zugunsten einer einheitlichen Regelung aufgegeben worden, da die für diese strengen Voraussetzungen früher angeführten Gründe nicht mehr zutreffen.[12]

Eine Erleichterung der Umwandlung einer Aktiengesellschaft in eine Gesellschaft mit beschränkter Haftung besteht auch darin, daß das Gesetz über diesen Fall des Formwechsels (ähnlich wie im Falle des Formwechsels einer Genossenschaft in eine Aktiengesellschaft) von der Vorlage eines durch alle „Gründer" zu unterzeichnenden Umwandlungsberichtes Abstand nimmt (vgl. § 245 Abs. 4 UmwG).

d) Wechsel AG in GmbH

Beim Formwechsel einer Aktiengesellschaft in eine Gesellschaft mit beschränkter Haftung und einer Gesellschaft mit beschränkter Haftung in eine Aktiengesellschaft müssen unter bestimmten Voraussetzungen die Gesellschafter zustimmen, die sich nicht entsprechend dem Gesamtnennbetrag ihrer Aktien beteiligen können (§§ 241, 242 UmwG). Daraus können sich im Einzelfall Schwierigkeiten ergeben.

---

12 Vgl. *Ganske,* S. 257.

Zu diesen Vorschriften und sich daraus ergebenden Rechtsfragen ist zu bemerken:

Nach der vom geltenden Recht übernommenen Regel wird durch den Formwechsel das bisherige Stammkapital einer formwechselnden Gesellschaft mit beschränkter Haftung zum Grundkapital der Gesellschaft neuer Rechtsform oder umgekehrt (§ 247 UmwG). Diese Regelung ist unabdingbar.

Freiheit hingegen besteht bei der Aufteilung der Beteiligungsrechte der Gesellschafter am Kapital der Gesellschaft neuer Rechtsform. Hier setzen die § 241 und § 242 UmwG Grenzen, die ebenfalls dem alten Recht (§§ 369 und 376 AktG a.F.) entnommen sind. Die neue Stückelung der Beteiligungsrechte muß nach Möglichkeit so gewählt werden, daß jeder Gesellschafter in Höhe seiner alten Beteiligung auch am Stamm- bzw. Grundkapital der Gesellschaft neuer Rechtsform beteiligt war. Auf Einzelheiten soll hier nicht eingegangen werden.

Die Vorschriften von § 241 und § 242 UmwG sind noch an der Fassung des Aktienrechtes orientiert, die vor dem Inkrafttreten des Gesetzes für kleine Aktiengesellschaften und zur Deregulierung des Aktienrechtes[13] galten. Danach betrug der Mindestnennbetrag der Aktien DM 50,–. Hiermit korrespondiert die Bestimmung von § 243 UmwG, die in Abweichung von § 5 GmbHG einen Mindestnennbetrag von DM 50,– zuläßt. Es stellt sich die Frage, ob die Umwandlung Zustimmungserfordernisse der betroffenen Gesellschafter auslöst, wenn die Gesellschaft Aktien über DM 5,– ausgegeben hat, die Mindeststückelung der neuen Anteile aber bei DM 50,– liegt und sich dadurch ein Gesellschafter nicht am Rechtsträger neuer Rechtsform beteiligen kann, da seine Beteiligung diesen Betrag nicht erreicht. Diese durch die Parallelität zweier Gesetzgebungsverfahren entstandene Frage dürfte in naher Zukunft kaum praktische Bedeutung haben, da nicht damit zu rechnen ist, daß Aktiengesellschaften, die von den neuen Möglichkeiten der Stückelung des Grundkapitals Gebrauch machen, sich kurzfristig in Gesellschaften mit beschränkter Haftung umwandeln. Außerdem ist zu hoffen, daß der Gesetzgeber bei nächster Gelegenheit die entstandene Lücke schließt. Solange dies nicht der Fall ist, wird man vor der Frage stehen, wie sich die Praxis behelfen soll.

---

13 BGBl. 1994 I 1961.

Dem Umwandlungsgesetz kann kaum entnommen werden, daß Aktionäre mit einer Aktie von DM 5,– (die man unschwer vor der über die Umwandlung beschließenden Hauptversammlung erwerben oder durch Reduzierung des bestehenden Aktienbestandes schaffen könnte) einer Umwandlung nur deshalb widersprechen dürfen, weil auf ihre Aktien kein voller Geschäftsanteil entfällt. Es bleiben daher praktisch nur zwei Lösungsmöglichkeiten, nämlich die der Schaffung von GmbH-Geschäftsanteilen mit Nennbeträgen von DM 5,– oder die der Schaffung von Teilrechten.

Die erste Möglichkeit dürfte m.E. an § 5 Abs. 1 GmbHG scheitern. Diese strenge Regelung für die Stückelung des Mindestbetrages einer Stammeinlage kann nur in den gesetzlich ausdrücklich angeordneten Fällen (wie z.B. § 242 UmwG) aufgehoben werden. Vorzuziehen ist deshalb die Lösung, die auch an anderen Stellen des Umwandlungsgesetzes verwendet wird, wo „Mini-Anteile" von Anteilsinhabern bestehen können. Das ist beim Formwechsel von Vereinen und Genossenschaften der Fall. Für Vereine sieht § 273 UmwG die Möglichkeit des Formwechsels vor, wenn auf einen Aktionär mindestens ein Teilrecht im Nennbetrag von DM 10,– entfällt. Diese Regelung könnte allerdings nur nach ihrem gesetzgeberischen Grund, nicht aber nach ihrem Wortlaut herangezogen werden. Einschlägiger ist vielmehr die Vorschrift von § 263 Abs. 2 S. 2 UmwG, die keine Untergrenze für den Nennbetrag nennt, sondern verlangt, den Umwandlungsbeschluß so zu gestalten, daß auf jeden Genossen ein möglichst hoher Teil eines Geschäftsanteils (Teilrecht) entfällt. Auf die praktischen Schwierigkeiten, die sich bei der Entstehung von Teilrechten und der Geltendmachung der durch sie geschaffenen Rechte ergeben, soll hier nicht eingegangen werden.

3. Inhalt des Umwandlungsbeschlusses

Gegenüber den allgemeinen Vorschriften des Formwechsels, die für den Inhalt des Beschlusses vorgesehen sind (vgl. § 233 UmwG), ergeben sich für die hier darzustellenden Fälle keine nennenswerten Besonderheiten. Lediglich auf folgendes ist hinzuweisen:

a) Wechsel in Kapitalgesellschaft anderer Rechtsform

Beim Formwechsel einer Kapitalgesellschaft in eine Kapitalgesellschaft anderer Rechtsform sind etwa noch in der Satzung/dem Gesellschaftsvertrag enthaltene Festsetzungen über Sondervorteile, Gründungsaufwand, Sacheinlagen und Sachübernahmen in den Gesellschaftsvertrag bzw. die Satzung zu übernehmen (§ 243 Abs. 1 UmwG). Auf Einzelheiten dieser Bestimmungen, die im Zusammenhang stehen mit der „Gründerhaftung" der für die Umwandlung stimmenden Gesellschafter, soll hier nicht eingegangen werden. Das Thema der Gründerhaftung wird in anderem Zusammenhang angesprochen werden (vgl. dazu unten S. 241 f.).

b) Wechsel in Personengesellschaft

Für den Formwechsel einer Kapitalgesellschaft in eine Personengesellschaft bestimmt § 234 UmwG über die allgemeinen Regelungen von § 194 UmwG hinaus, daß der Umwandlungsbeschluß „auch" enthalten müsse die Bestimmung des Sitzes der Personengesellschaft und – beim Formwechsel in eine Kommanditgesellschaft – die Angabe der Kommanditisten sowie des Betrages der Einlage eines jeden von ihnen. Offen bleibt damit nach dem Gesetzeswortlaut, ob der Umwandlungsbeschluß über die zwingend vorgesehenen Angaben hinaus auch den Inhalt des über die vorstehenden Bestimmungen hinausgehenden künftigen Gesellschaftsvertrages enthalten *darf*.

Aus der Tatsache, daß der Gesetzgeber in § 234 UmwG mit Ausnahme der genannten beiden Regelungen keine Vorschriften über den sonstigen Inhalt des Gesellschaftsvertrages aufgenommen hat, darf nicht auf ein Verbot derartiger Festsetzungen im Umwandlungsbeschluß geschlossen werden. Die Bestimmung von § 234 UmwG ist insoweit verständlich, als der Gesellschaftsvertrag der Personengesellschaft nicht zum Handelsregister eingereicht werden muß und Änderungen des Vertrages auch möglich sind, ohne daß es der Anmeldung und Eintragung in das Handelsregister bedarf. Sie kann deshalb nur dahingehend verstanden werden, daß es sich um *Mindestanforderungen* handelt.[14] Damit ist es zulässig, daß die Gesellschafter den Gesellschaftsvertrag der neuen Personengesellschaft im Detail im Umwandlungsbeschluß regeln. Diese Möglichkeit ist insbesondere für den Fall der Mehrheitsumwandlung einer Kapitalgesellschaft in eine Kommanditgesellschaft von größter Bedeutung. Nicht zuletzt der Inhalt des neuen Gesellschaftsvertrages und der dort für die Kommanditisten vorgesehenen Rechte werden für die Anteilsinhaber ausschlaggebend dafür sein, ob sie beispielsweise der Umwandlung ihrer bisher fun-

---

14 Wie hier *Priester*, a.a.O. S. 431. Für das alte Recht vgl. z.B. *Zimmermann* in Rowedder, Anh. § 77 Rn. 269; *Dehmer*, § 16 UmwG Anm. 6.

giblen Aktienrechte in Kommanditbeteiligungen zustimmen sollen, die nach dem Gesellschaftsvertrag nur noch beschränkt (etwa abhängig von der Zustimmung eines Beirates) übertragbar sein sollen. Im Einzelfall können sich hier durchaus nach allgemeinem Recht Grenzen der Gestaltungsfreiheit eines mit Mehrheit gefaßten Beschlusses ergeben. Anderenfalls müßte aber die Verneinung der Möglichkeit, den Gesellschaftsvertrag im Umwandlungsbeschluß festzulegen, dazu führen, daß dieser von der Personengesellschaft zu fassen wäre, in der mangels entgegenstehender Regelung im Gesellschaftsvertrag das Einstimmigkeitsprinzip herrschen würde. Dies hätte praktisch die Konsequenz der Aufhebung der vom Gesetz ausdrücklich zugelassenen Mehrheitsumwandlung in eine Kommanditgesellschaft zur Folge.

c) Mehrere Aktien – mehrere GmbH-Geschäftsanteile?

Fraglich ist, ob bei der Umwandlung der Kapitalgesellschaft in die Rechtsform der Gesellschaft mit beschränkter Haftung entgegen § 5 Abs. 2 GmbHG mehrere Aktien auch in mehrere Geschäftsanteile umgewandelt werden können. Diese Rechtsfrage war bereits nach dem AktG 1937 streitig[15] und durch das AktG 1965 nicht entschieden. Rechtsprechung und Schrifttum neigten mehrheitlich dazu, auch im Falle der Umwandlung einer Aktiengesellschaft in eine Gesellschaft mit beschränkter Haftung den in § 5 Abs. 2 GmbHG zum Ausdruck kommenden Gedanken grundsätzlich einheitlicher Beteiligung jedes Gesellschafters zu folgen. Dies hat zur Konsequenz, daß für jeden Gesellschafter nur ein einziger Geschäftsanteil festgesetzt werden dürfte. Aus § 194 Abs. 1 Nr. 4 UmwG, nach der u.a. „Zahl, Art und Umfang der Anteile ..., welche die Anteilsinhaber durch den Formwechsel erlangen sollen" im Umwandlungsbeschluß bestimmt werden müssen, darf der Schluß gezogen werden, daß mehrere Aktien auch in mehrere Geschäftsanteile umgewandelt werden können.

VI. Der Schutz der Gesellschafter

Der Schutz der Anteilsinhaber beim Formwechsel besteht im wesentlichen in

– den durch das Gesetz vorgesehenen Mehrheiten und besonderen Zustimmungsvorbehalten (vgl. dazu oben S. 232 f.),

---

15 Vgl. z.B. *Böttcher/Meilicke,* § 263 AktG 1937.

- dem Recht auf „Beteiligungskontinuität" (vgl. dazu oben S. 233 ff.),
- dem Recht auf Abfindung sowie
- der sogenannten Registersperre.

Zu den letzten beiden Schutzbestimmungen soll in Ergänzung dessen, was bereits an anderer Stelle vorgetragen wurde,[16] lediglich auf folgendes hingewiesen werden:

1. Abfindung

Das Recht auf Abfindung ist ein besonderes Minderheitenrecht, das jedem Anteilsinhaber zusteht, der gegen den Umwandlungsbeschluß Widerspruch zur Niederschrift erklärt hat (§ 207 UmwG). Der Anwendungsbereich dieser Vorschrift ist für den Formwechsel einer Kapitalgesellschaft in eine Personengesellschaft aber auf den Formwechsel in eine Kommanditgesellschaft beschränkt. Nur dort ist eine Umwandlung gegen den Widerspruch eines Gesellschafters möglich. Umwandlungen in eine Gesellschaft bürgerlichen Rechts oder eine offene Handelsgesellschaft können nur einstimmig beschlossen werden (vgl. oben S. 232). Für sie ist dementsprechend ein Abfindungsangebot nicht zu unterbreiten. Dies ergibt sich eindeutig aus § 194 Abs. 1 Nr. 6 UmwG.

Im Bereich des Formwechsels einer Kapitalgesellschaft in eine Kapitalgesellschaft anderer Rechtsform gilt das Recht auf Abfindung uneingeschränkt für jeden widersprechenden Gesellschafter. Im Einzelfall können sich hier aber bei der Durchführung der Abfindung Konflikte mit den zugunsten der Gläubiger und der Allgemeinheit bestehenden Kapitalschutzregelungen ergeben. Hierauf wird in einem anderen Zusammenhang einzugehen sein.

2. Registersperre

Die „Registersperre" nach § 16 Abs. 2 UmwG (anwendbar über § 198 Abs. 3 UmwG)[17] gilt in jedem Fall des Formwechsels einer Kapitalgesellschaft.

Die Anmeldenden haben gegenüber dem Registergericht nach § 16 Abs. 2 UmwG die Erklärung abzugeben, daß eine Klage gegen die Wirksamkeit des Umwandlungsbeschlusses nicht oder nicht fristgemäß erhoben bzw. eine solche Klage rechtskräftig abgewiesen oder

---

16 Vgl. *Decher,* S. 217 ff.
17 Vgl. hierzu im einzelnen *Bork,* unten S. 261 ff.

zurückgenommen worden ist (§§ 235 Abs. 1 bzw. § 246 Abs. 1 i.V.m. § 198 Abs. 3 und § 16 Abs. 2 und 3 UmwG). Dadurch können sich also auch im Bereich des Formwechsels unliebsame Verzögerungen ergeben.

VII. Der Gläubigerschutz

Für beide Fälle des hier darzustellenden Formwechsels verbleibt es bei den durch §§ 204, 22 UmwG angeordneten allgemeinen Gläubigerschutzregelungen. Danach ist den Gläubigern des formwechselnden Rechtsträgers auch im Falle des Formwechsels einer Kapitalgesellschaft in eine Kapitalgesellschaft anderer Rechtsform Sicherheit zu leisten, wenn die gesetzlichen Voraussetzungen vorliegen.

Diese Voraussetzung dürfte im Falle der Umwandlung einer Kapitalgesellschaft in eine Kapitalgesellschaft anderer Rechtsform so gut wie nie gegeben sein. Es ist daher müßig, sich darüber Gedanken zu machen, daß die Anwendbarkeit von § 22 UmwG mit der im Gesetz zugrundeliegenden Identitätstheorie im Widerspruch steht. Etwas anderes gilt für den Fall des Formwechsels einer Kapitalgesellschaft in eine Personengesellschaft. Hier ist es jedenfalls theoretisch möglich, daß durch den Fortfall der bisherigen Kapitalschutzvorschriften des Aktiengesetzes bzw. des GmbH-Gesetzes im Einzelfall Gefährdungen auftreten, die allerdings dann auch konkret glaubhaft gemacht werden müßten.

VIII. Zum Kapitalschutz

Beim Formwechsel einer Kapitalgesellschaft in eine Kapitalgesellschaft anderer Rechtsform können sich im Einzelfall Probleme ergeben, wenn die einem widersprechenden Anteilsinhaber gemäß § 207 UmwG anzubietende Barabfindung nicht aus einer Rücklage für eigene Anteile gedeckt werden kann. Dabei ist zu unterscheiden, ob die Abfindung von einer Aktiengesellschaft oder einer Gesellschaft mit beschränkter Haftung zu leisten ist.

1. Abfindung durch AG

Die Vorschrift von § 71 Abs. 1 Nr. 3 des Aktiengesetzes in der durch das Umwandlungsgesetz beschlossenen Neufassung erlaubt es, daß die Gesellschaft von dem ausscheidenden Aktionär dessen Aktien als eigene Aktien erwirbt. Die Bestimmung von § 57 Abs. 1 S. 2 AktG bezeichnet die Zahlung des Erwerbspreises beim zugelassenen Erwerb eigener Aktien nicht als Rückgewähr von Einlagen. Jedoch folgt aus § 71 Abs. 2 S. 2 AktG, daß der Erwerbspreis für die eigenen Aktien nur aus der gemäß § 272 Abs. 4 HGB gebildeten Rücklage gezahlt werden darf. Ein Verstoß hiergegen macht allerdings den Erwerb weder hinsichtlich des Grundgeschäftes noch in der dinglichen Durchführung unwirksam (vgl. § 207 Abs. 1, 2 UmwG).

2. Abfindung durch GmbH

Bei der Gesellschaft mit beschränkter Haftung, die aus einer Aktiengesellschaft entstanden ist, sieht es ähnlich aus.

Durch die Neufassung von § 33 Abs. 3 GmbHG ist zwar der Erwerb eigener Anteile erlaubt zur Abfindung von Gesellschaftern, denen gemäß § 207 UmwG ein Abfindungsanspruch zusteht. Gleichzeitig hat das Änderungsgesetz aber analog § 71 Abs. 2 S. 2 AktG angeordnet, daß ein Erwerb eigener Geschäftsanteile nur dann zulässig ist, wenn die Gesellschaft die nach § 272 Abs. 4 des Handelsgesetzbuches vorgeschriebene Rücklage für eigene Anteile bilden kann, ohne das Stammkapital oder eine nach dem Gesellschaftsvertrag zu bildende Rücklage zu mindern (vgl. § 33 Abs. 3 GmbHG in der ab 1. 1. 1995 geltenden Neufassung). Dort, wo Aktiengesellschaften, die sich in eine Gesellschaft mit beschränkter Haftung umwandeln wollen, nicht über entsprechende Rücklagen verfügen, bleibt deshalb nichts anderes übrig, als noch *vor* der Umwandlung nach den allgemeinen Vorschriften eine Kapitalherabsetzung zu beschließen. Dies ist gemäß § 243 Abs. 2 UmwG zulässig. Eine *nach* der Umwandlung beschlossene Kapitalherabsetzung dürfte an der Neuregelung von § 33 Abs. 3 GmbHG scheitern. Danach ist der Erwerb eigener Geschäftsanteile nur zulässig, wenn er binnen 6 Monaten nach dem Wirksamwerden der Umwandlung erfolgt. Diese Frist wiederum kollidiert mit der bei einer Herabsetzung des Stammkapitals einer GmbH zu beachtenden 1-Jahres-Frist (§ 58 Abs. 1 Nr. 3 GmbHG).

IX. „Gründerhaftung"

Mit der Vorschrift von § 245 UmwG knüpft das Umwandlungsrecht an die Bestimmung von § 378 AktG a.F. an. Aus der neuen Vorschrift sind aber möglicherweise entgegen der Ansicht des Gesetzgebers Verschlechterungen in der Position der Anteilsinhaber gegenüber der bishesr geltenden, nicht unangefochtenen[18] Rechtslage entstanden. Das kommt beispielsweise bereits in den Überschriften der korrespondierenden Vorschriften zum Ausdruck. Die Gesetzesüberschrift von § 378 AktG a.f. lautete u.a.: „Verantwortlichkeit der Gesellschafter". In § 245 UmwG heißt es nunmehr an der entsprechenden Stelle: „Rechtsstellung als Gründer"!

Während sich bei dem Formwechsel einer Aktiengesellschaft in eine Gesellschaft mit beschränkter Haftung keine besonderen Probleme ergeben, weil das Gesetz diesen Fall wie eine Satzungsänderung behandelt (vgl. § 245 Abs. 4 UmwG),[19] ergeben sich Fragen im Falle des Formwechsels in umgekehrter Richtung.

1. Die Problematik bei der Umwandlung einer GmbH in eine AG

Die vom Gesetzgeber als Konkretisierung der Kapitalschutzvorschriften des § 197 UmwG[20] bezeichnete Bestimmung von § 245 UmwG ordnet an, daß im Falle des Formwechsels einer Gesellschaft mit beschränkter Haftung in eine Aktiengesellschaft oder Kommanditgesellschaft auf Aktien bei der Anwendung der Gründungsvorschriften des Aktiengesetzes an die Stelle der Gründer die Gesellschafter treten, die für den Formwechsel gestimmt haben. Der Gesetzgeber beruft sich zur Begründung hierfür einerseits darauf, daß Gründe der Vereinheitlichung des Umwandlungsverfahrens, aber auch die gemeinschaftsrechtliche Verpflichtung aus Art. 13 der zweiten gesellschaftsrechtlichen Richtlinie zu berücksichtigen seien, wonach für die Umwandlung einer Gesellschaft anderer Rechtsform in eine Aktiengesellschaft dieselben Garantien gelten müssen wie im Falle der Gesellschaftsgründung. Darüber hinaus folge der Entwurf auch dem geltenden Recht. Demgegenüber ist auf folgendes hinzuweisen:

Ausgehend von dem für den Formwechsel einer Kapitalgesellschaft in eine Kapitalgesellschaft anderer Rechtsform zutreffenden dogmatischen Ausgangspunkt der Identität des Rechtsträgers, der nur sein Rechtsformkleid wechselt, hätte es m.E. zunächst nahegelegen, die bisher im Aktiengesetz enthaltene Bestimmung, die schon nach altem

---

18 Vgl. hierzu beispielsweise *Zöllner* in KK, § 378 Rz. 17; *Semler/Grunewald* in G/H/E/K, § 378 Rz. 4 und 16; *Priester*, Kapitalausstattung und Gründungsrecht bei Umwandlung einer GmbH in eine AG, AG 1986, 29.
19 Vgl. *Ganske*, S. 261.
20 Vgl. *Ganske*, S. 261.

Recht zu Fragen Anlaß gegeben hatte,[21] inhaltlich und sprachlich zu überdenken. Die genannte zweite gesellschaftsrechtliche Richtlinie hätte dabei nicht im Wege gestanden, weil die Gründungsregelungen des Aktiengesetzes durch das 1980 in Kraft getretene Reformgesetz überwiegend bereits im Recht der Gesellschaft mit beschränkter Haftung verwirklicht worden sind und zum Teil sogar darüber hinausgehen. „Seriösitätsmängel"[22] der GmbH-Gründung können nach der GmbH-Novelle bereits weitgehend nach GmbH-Recht ausgeschlossen werden. Dort, wo der Gesetzgeber noch eine Lücke gelassen hatte, hätte man diese ausfüllen können. Es ist deshalb schade, daß der Gesetzgeber das Umwandlungsgesetz nicht zum Anlaß genommen hat, nach der durch das GmbH-Gesetz 1980 entstandenen Rechtslage auch das Thema der Haftung der für die Umwandlung stimmenden Gesellschafter neu zu überdenken und in einer klareren Regelung, als sie § 245 UmwG darstellt, zu ordnen. Damit wäre für die Praxis in einem wichtigen Bereich Klarheit geschaffen worden. Die durch § 245 Abs. 1 S. 2 UmwG angeordnete „entsprechende" Anwendung der für den Fall des Formwechsels einer Personengesellschaft in eine Kapitalgesellschaft (Fall der „errichtenden Umwandlung" nach altem Umwandlungsrecht) geltenden Bestimmung des § 220 UmwG schafft diese Klarheit nicht. Sie ist zwar vom dogmatischen Ausgangspunkt der Identität des Rechtsträgers in allen Fällen des Formwechsels stimmig. Sie führt aber zu unrichtigen Ergebnissen, weil die Sachverhalte eben nicht in allen Punkten identisch sind. Dazu mag beispielhaft auf das Problem der Umwandlung bei einer Unterbilanz hingewiesen werden.

2. Die Umwandlung einer GmbH in eine AG bei bestehender Unterbilanz

Nach altem Recht entsprach es allgemeiner Auffassung im Schrifttum, daß der Formwechsel einer Aktiengesellschaft in eine GmbH im Falle des Bestehens einer Unterbilanz nicht ausgeschlossen war.[23] Demgegenüber war es weniger eindeutig, ob beim Formwechsel in umgekehrter Richtung gleiches gelten sollte. Unter Hinweis auf den Identitätsgrundsatz und das Prinzip eines unbeendeten Fortbestandes

---

21 Vgl. das Schrifttum in Fn 17 und *Dehmer*, § 78 AktG Anm. 3 lit. e) m.w.N. auf das Schrifttum.
22 *Zöllner* in KK, § 378 Rz. 6.
23 Vgl. statt aller *Priester*, Kapitalausstattung und Gründungsrecht bei Umwandlung einer GmbH in eine AG m.w.H. auf das Schrifttum; *Semler/Grunewald* in G/H/E/K, § 376 Rz. 36 und § 378 Rz. 10.

des Rechtsträgers mit bloßer Änderung der anwendbaren Rechtsregeln wurde aber auch hier überwiegend die Auffassung vertreten, daß die Unterbilanz einer GmbH der Umwandlung in eine AG nicht im Wege stehe.[24] Diese Frage ist m.e. durch die Formulierung des Umwandlungsgesetzes wieder offen geworden.

Die Unklarheit ist dadurch entstanden, daß § 245 Abs. 1 S. 2 UmwG für die Umwandlung einer GmbH in eine AG die entsprechende Anwendung der gesamten Bestimmung von § 220 UmwG und damit auch die der Vorschrift des § 220 Abs. 1 UmwG anordnet. Die Parallelvorschrift des § 245 Abs. 4 UmwG enthält keine derartige Verweisung. Nach § 220 Abs. 1 UmwG darf der Nennbetrag des Grundkapitals einer Aktiengesellschaft das nach Abzug der Schulden verbleibende Vermögen der formwechselnden Gesellschaft nicht übersteigen. Diese Regelung ist für den Fall des Formwechsels einer Personengesellschaft in eine Kapitalgesellschaft sinnvoll und notwendig. Sie schafft dort auch keine Schwierigkeiten, weil die für die Umwandlung stimmenden Anteilsinhaber der Personengesellschaft frei sind, das Grundkapital der Aktiengesellschaft entsprechend dem vorhandenen Vermögen zu bestimmen. Eine derartige Freiheit haben die Gesellschafter einer für die Umwandlung in eine Aktiengesellschaft stimmenden Gesellschaft mit beschränkter Haftung nicht. Für sie gilt – entsprechend dem Grundsatz des § 381 Satz 2 AktG a.F. –, daß durch den Formwechsel das Stammkapital der Gesellschaft mit beschränkter Haftung zum Grundkapital der Aktiengesellschaft wird (§ 247 Abs. 1 UmwG). Die für die Umwandlung stimmenden Inhaber haben hier also keinen Einfluß auf die Höhe des Grundkapitals. Aus der durch den Wortlaut von § 245 Abs. 1 S. 2 AktG a.F. angeordneten entsprechenden Anwendung des § 220 Abs. 1 UmwG würde also folgen, daß im Falle des Bestehens einer Unterbilanz der Gesellschaft mit beschränkter Haftung ein Umwandlungsbeschluß nicht gefaßt werden dürfte. Vielmehr müßte zunächst nach den Regeln der Kapitalherabsetzung das Stammkapital (auch unter Berücksichtigung der Mindesthöhe des Grundkapitals einer Aktiengesellschaft) soweit herabgesetzt werden, daß das Stammkapital vom verbleibenden Nettovermögen gedeckt ist. Derartiges hat der Gesetzgeber aber nicht gewollt. In der Begründung des Regierungsentwurfes heißt es an zwei Stellen, daß ein Formwechsel bei Unterbilanz „wie bisher" nicht ausgeschlossen sei.[25] Im Gesetz

---

24 Vgl. wiederum *Priester,* a.a.O. m.w.H. auf das Schrifttum.
25 Vgl. die Regierungsbegründung zu § 246 und § 247 UmwG, *Ganske,* S. 387 und S. 388.

selbst kommt dies auch an anderer Stelle zum Ausdruck, nämlich in
§ 246 Abs. 3 UmwG. Danach haben die „Gründer" keine Angaben
über die Leistung der „Einlagen" zu machen (§ 37 Abs. 1 AktG), sie
brauchen also insbesondere nicht zu erklären, daß der Wert der
Sacheinlagen dem Nennbetrag der Aktien entspricht.

Meines Erachtens muß man im Hinblick auf den ganz eindeutig erklärten Willen des Gesetzgebers auf der Basis einer teleologischen
Reduktion die in § 245 Abs. 1 S. 2 UmwG angeordnete „entsprechende" Anwendung von § 220 UmwG dahingegend verstehen, daß für
den Formwechsel einer Gesellschaft mit beschränkter Haftung in eine
Aktiengesellschaft § 220 Abs. 1 UmwG nicht anzuwenden ist und
diese damit trotz des Bestehens einer Unterbilanz eine Umwandlung
möglich bleibt.

Formwechsel von Personenhandelsgesellschaften

Prof. Dr. Detlev Joost, Hamburg

I. Grundlinien der Neuregelung

Die Umwandlung von Personenhandelsgesellschaften in Kapitalgesellschaften ist bereits bisher in den §§ 40–49 UmwG 1969 vorgesehen gewesen. Die Neuregelung lehnt sich eng an die bisherigen Vorschriften an. Der juristisch-gedankliche Umstellungsaufwand hält sich daher in Grenzen. Änderungen bringt das neue Recht im wesentlichen in drei Bereichen:

– Es wird eine Vereinheitlichung und Zusammenfassung der Normen für alle Rechtsträger neuer Rechtsform vorgenommen und damit die bisherige gesetzestechnische Unterscheidung der Umwandlung in eine Aktiengesellschaft oder Kommanditgesellschaft auf Aktien einerseits und eine Gesellschaft mit beschränkter Haftung andererseits beseitigt;

245

– einige ungeschriebene Grundsätze des bisher geltenden Rechts werden im neuen Gesetz ausdrücklich ausgesprochen, so daß damit eine Klarstellung der Rechtslage herbeigeführt wird;

– das Verfahren des Formwechsels wird den allgemeinen Regeln des Verschmelzungsverfahrens angepaßt.

II. Betroffene Rechtsformen

1. Bisherige Rechtsträger

a) Nach §§ 40, 46 UmwG 1969 war die Möglichkeit der formwechselnden Umwandlung auf *offene Handelsgesellschaften* und *Kommanditgesellschaften* beschränkt. Dabei bleibt es nach § 191 Abs. 1 Nr. 1 und § 214 i.V. mit § 3 Abs. 1 Nr. 1 der neuen Regelung. Auch die GmbH & Co. KG sowie die Stiftung & Co. KG gehören dazu.

b) Die *Gesellschaft bürgerlichen Rechts* ist wie schon in die bisherige so auch in die neue Regelung nicht einbezogen worden. Dies entspricht der Rechtslage bei der Verschmelzung, der Vermögensübertragung und den drei Arten der Spaltung. Der Gesetzgeber sieht für einen derartigen Formwechsel kein praktisches Bedürfnis.[1] Das ist indessen zumindest zweifelhaft. Wenn Minderkaufleute ihr Gewerbe in Gesellschaftsform betreiben, so geschieht dies wegen § 4 Abs. 2 HGB als Gesellschaft bürgerlichen Rechts. Hier kann es durchaus Anlässe geben, in die Rechtsform einer GmbH überzuwechseln.

c) Im bisherigen Schrifttum wurde die Umwandlungsmöglichkeit für die *Europäische Wirtschaftliche Interessenvereinigung* verneint.[2] Gegen diese Ansicht spricht jedoch, daß die Europäische Wirtschaftliche Interessenvereinigung gem. § 1 des EWIV-Ausführungsgesetzes von 1988 als Handelsgesellschaft gilt, auf welche die Bestimmungen über die offene Handelsgesellschaft entsprechend anzuwenden sind. Sie ist in Deutschland eine besondere Form der offenen Handelsgesellschaft.[3] Teleologische Gründe, die Europäische Wirtschaftliche Interessenvereinigung von der Umwandlung auszunehmen, bestehen nicht. Damit gehört sie – auch unter Beachtung des Analogieverbotes nach § 1 Abs. 2 UmwG – zum Kreis der umwandlungsfähigen Rechtsträger.[4]

---

1 BT-Drs. 12/6699 S. 147.
2 *Widmann/Mayer,* Rz. 747.
3 *Baumbach/Hopt,* HGB, 29. Aufl. 1995, Anhang § 160 Rz. 1.
4 Der Gesetzgeber hat ausweislich der Materialien nicht die Absicht gehabt, die EWIV von der Umwandlung auszunehmen; vgl. BT-Drs. 12/6699 S. 81.

d) Das Partnerschaftsgesellschaftsgesetz v. 25. 7. 1994 ist zeitgleich mit dem Umwandlungsgesetz beraten worden. Dieser Umstand mag dafür verantwortlich sein, daß die *Partnerschaft* nicht mehr in das neue Umwandlungsrecht einbezogen worden ist. Da die Partnerschaft gem. § 1 Abs. 1 S. 2 Partnerschaftsgesellschaftsgesetz kraft Gesetzes kein Handelsgewerbe ausübt, ist sie keine Handelsgesellschaft. Sie gehört damit nicht zu den umwandlungsfähigen Rechtsträgern.

In Zukunft könnte sich durchaus ein Bedürfnis für die formwechselnde Umwandlung einer Partnerschaft in eine GmbH ergeben. Nach der neueren Rechtsprechung können freiberufliche Tätigkeiten wie etwa diejenigen der Zahnärzte[5] und der Rechtsanwälte[6] in einer GmbH ausgeübt werden. Setzt sich diese Auffassung durch, so wird über die legislatorische Zulassung des Formwechsels zwischen diesen Gesellschaftsformen neu zu entscheiden sein.

e) Nach § 191 Abs. 3 UmwG ist der Formwechsel allgemein auch noch bei *aufgelösten Rechtsträgern* möglich, wenn ihre Fortsetzung in der bisherigen Rechtsform beschlossen werden könnte. Für die aufgelöste Personenhandelsgesellschaft wird dies in § 214 Abs. 2 UmwG für den Fall ausgeschlossen, daß die Gesellschafter nach § 145 HGB eine andere Art der Auseinandersetzung als die Abwicklung oder als den Formwechsel vereinbart haben. Diese Einschränkung beruht darauf, daß bei einer anderen Art der Auseinandersetzung die Existenz des Vermögens der Gesellschaft im Zeitpunkt des Umwandlungsbeschlusses nicht gewährleistet ist.[7] Entgegen der bisherigen Regelung in §§ 40 Abs. 2, 46 S. 2 UmwG 1969 ist es jedoch nicht mehr erforderlich, daß eine Liquidation stattfindet. Die Gläubiger der Gesellschaft werden durch die Weiterhaftung des Rechtsträgers und die Nachhaftung der Gesellschafter gem. § 224 UmwG gesichert.

2. Rechtsträger neuer Rechtsform

Die neue Rechtsform kann gem. § 214 Abs. 1 UmwG nur eine Kapitalgesellschaft oder eine eingetragene Genossenschaft sein. Kapitalgesellschaften sind gem. § 3 Abs. 1 Nr. 2 UmwG die GmbH, die Aktiengesellschaft und die Kommanditgesellschaft auf Aktien. Der Formwechsel in eine Gesellschaft bürgerlichen Rechts ist dagegen in Abweichung zu § 191 Abs. 2 Nr. 1 UmwG für Personenhandelsgesell-

---

5 BGH NJW 1994, 786 ff.
6 BayObLG DB 1994, 2540 ff.
7 BT-Drs. 12/6699 S. 148.

247

schaften – im Gegensatz zu Kapitalgesellschaften – nicht möglich. Eine Personenhandelsgesellschaft, die ein vollkaufmännisches Gewerbe betreibt, ist kraft Gesetzes offene Handelsgesellschaft und bleibt dies, solange das vollkaufmännische Gewerbe besteht. Wird kein kaufmännisches Gewerbe mehr betrieben oder sinkt der Geschäftsbetrieb auf ein minderkaufmännisches Gewerbe ab, so wird die Handelsgesellschaft kraft Gesetzes zur Gesellschaft bürgerlichen Rechts unter Beibehaltung ihrer Identität.[8] Ein Bedürfnis für den Formwechsel in eine Gesellschaft bürgerlichen Rechts ist daher nicht gegeben.

III. Umwandlungsverfahren

Für das Verfahren zum Formwechsel gelten die allgemeinen Bestimmungen nach §§ 192 ff. UmwG. Es bedarf also eines Umwandlungsberichts, eines Umwandlungsbeschlusses und der Anmeldung zum Handelsregister bzw. Genossenschaftsregister. Dabei sind einige Besonderheiten zu beachten.

1. Umwandlungsbericht

Nach § 192 UmwG hat das Vertretungsorgan des formwechselnden Rechtsträgers einen ausführlichen schriftlichen Bericht zu erstatten, in dem der Formwechsel und die künftige Beteiligung der Anteilsinhaber an dem Rechtsträger rechtlich und wirtschaftlich erläutert und begründet werden.

a) Dieser Umwandlungsbericht ist gem. § 215 UmwG *entbehrlich*, wenn alle Gesellschafter der Personenhandelsgesellschaft zur Geschäftsführung berechtigt sind. Dies entspricht der Regelung in § 41 UmwG für den Verschmelzungsbericht. Der Grund für die Entbehrlichkeit liegt darin, daß der Umwandlungsbericht der Unterrichtung von Gesellschaftern dient, welche an der Geschäftsführung nicht beteiligt sind und sich deshalb nicht selbst unterrichten können.

b) Der Umwandlungsbericht bleibt danach im Hinblick auf die Gesellschafter *erforderlich* in zwei Fällen, nämlich

– bei einer offenen Handelsgesellschaft, wenn gem. § 114 Abs. 2 HGB Gesellschafter vertraglich von der Geschäftsführung ausgeschlossen sind,

---

8 *Karsten Schmidt*, Gesellschaftsrecht, 2. Aufl. 1991, § 44 II 3 S. 1074.

– und bei einer Kommanditgesellschaft, da die Kommanditisten von der Geschäftsführung kraft Gesetzes ausgeschlossen sind, § 164 HGB. Nach h.M. ist § 164 HGB – im Gegensatz zum gesetzlichen Ausschluß der organschaftlichen Vertretungsmacht in § 170 HGB – nicht zwingendes Recht.[9] Wird dem Kommanditisten gesellschaftsvertraglich die Geschäftsführungsbefugnis eingeräumt, so steht er einem geschäftsführungsberechtigten Gesellschafter gleich. Nach dem Zweck des § 215 UmwG ist ihm gegenüber der Umwandlungsbericht entbehrlich, da er sich selbst unterrichten kann. Die Erforderlichkeit des Umwandlungsberichts hängt dann davon ab, ob andere von der Geschäftsführung ausgeschlossene Gesellschafter vorhanden sind, z.B. Kommanditisten, für die § 164 HGB gilt.

Unberührt bleibt die Möglichkeit, daß alle Gesellschafter durch notariell beurkundete Erklärung gem. § 192 Abs. 3 UmwG auf die Erstattung des Umwandlungsberichts verzichten.

c) Zu beachten bleibt in allen Fällen, daß der im Umwandlungsbericht enthaltene Entwurf des Umwandlungsbeschlusses (§ 192 Abs. 1 S. 2 UmwG) der *Unterrichtung des Betriebsrats* gem. § 194 Abs. 2 UmwG dient. Aus arbeitsrechtlichen Gründen wird man daher diesen Entwurf auch dann für erforderlich halten müssen, wenn der Umwandlungsbericht aus gesellschaftsrechtlicher Sicht entbehrlich ist. Insofern stellt sich die uneingeschränkte Dispositivität in § 192 Abs. 3 UmwG als ein Redaktionsversehen dar, da die Gesetzesfassung mit dem durch § 194 Abs. 2 UmwG verfolgten und durch § 199 UmwG noch verstärkten Arbeitnehmerschutz gänzlich unvereinbar ist. Verzichtbar ist daher nur der Bericht; der Entwurf des Umwandlungsbeschlusses bleibt erforderlich. Besteht kein Betriebsrat, so greift der Schutzzweck des § 194 Abs. 2 UmwG nicht ein. In diesem Fall kann auch auf den Entwurf des Umwandlungsbeschlusses verzichtet werden.

2. Unterrichtung nichtgeschäftsführender Gesellschafter

Von der Geschäftsführung ausgeschlossene Gesellschafter sind gem. § 216 UmwG durch das Vertretungsorgan spätestens zusammen mit der Einberufung der Gesellschafterversammlung, die den Formwechsel beschließen soll, in folgender Weise zu unterrichten:

---

9 *Baumbach/Hopt* (Fn 3), § 164 Rz. 7.

a) Ankündigung der Beschlußfassung

Der Formwechsel ist als Gegenstand der Beschlußfassung schriftlich anzukündigen. Diese Ankündigung ist im bisherigen Recht in mehreren Umwandlungsfällen bereits vorgesehen. Sie ist geboten, weil der Umwandlungsbeschluß gem. § 193 Abs. 1 S. 2 UmwG nur in einer Gesellschafterversammlung gefaßt werden kann und die Gesellschafter darauf vorbereitet sein müssen.

b) Übersendung des Umwandlungsberichts

Den von der Geschäftsführung ausgeschlossenen Gesellschaftern ist der Umwandlungsbericht zu übersenden. Dies gilt nicht, wenn auf die Erstattung des Umwandlungsberichts gem. § 192 Abs. 3 UmwG wirksam verzichtet worden ist.

c) Abfindungsangebot

Gesellschaftern, die gegen den Umwandlungsbeschluß Widerspruch zur Niederschrift erklärt haben, hat der formwechselnde Rechtsträger den Erwerb seiner umgewandelten Anteile gegen eine angemessene Barabfindung anzubieten, § 207 UmwG. Dieses Abfindungsangebot ist gem. § 216 UmwG bereits spätestens zusammen mit der Einberufung der Gesellschafterversammlung zu übersenden, bezieht sich also zunächst nur auf einen potentiellen Widerspruchsfall.

Normalerweise kommt es allerdings bei Widerspruch eines Gesellschafters nicht zur Umwandlung, weil § 217 Abs. 1 S. 1 UmwG die Zustimmung aller Gesellschafter verlangt. Die Übersendung eines Abfindungsangebots ist daher nur dann notwendig, wenn der Gesellschaftsvertrag der Personenhandelsgesellschaft gem. § 217 Abs. 1 S. 2 UmwG eine Mehrheitsentscheidung der Gesellschafter vorsieht.

3. Gesellschafterbeschluß

Die formwechselnde Umwandlung erfolgt durch Beschluß der Gesellschafter, § 193 Abs. 1 S. 1 UmwG.

a) Zustimmungs- und Mehrheitserfordernisse

aa) Der Umwandlungsbeschluß bedarf kraft Gesetzes und entsprechend dem allgemeinen Grundsatz des Personengesellschaftsrechts der Zustimmung aller Gesellschafter. Auf der Gesellschafterversammlung nicht erschienene Gesellschafter müssen ebenfalls zustimmen, und zwar gem. § 193 Abs. 3 S. 1 UmwG durch notariell beurkundete Erklärung.

bb) Der Gesellschaftsvertrag kann aber gem. § 217 Abs. 1 S. 2 UmwG eine Mehrheitsentscheidung der Gesellschafter vorsehen. Dies ist schon für das bisherige Recht in der Rechtsprechung anerkannt gewesen.[10] Die Minderheit wird dadurch geschützt, daß sie das Recht hat, gegen Abfindung aus der Gesellschaft auszuscheiden (§ 207 UmwG). Die Mehrheit muß mindestens drei Viertel der Stimmen der Gesellschafter betragen, § 217 Abs. 1 S. 3 UmwG, wobei es nur auf die Zahl der Stimmen, nicht aber auf die Zahl der Gesellschafter ankommt. Dieses Erfordernis ist gem. § 1 Abs. 3 UmwG nicht abdingbar.

Nach dem Gesetzeswortlaut bezieht sich das Mehrheitserfordernis auf die Stimmen „der Gesellschafter". Zweifelhaft könnte sein, ob damit notwendig eine Mehrheit von drei Viertel aller Stimmen gemeint ist. In der Vertragspraxis finden sich häufig Klauseln, wonach es bei Gesellschafterbeschlüssen auf die Mehrheit der abgegebenen Stimmen ankommt. Da die qualifizierte Mehrheit mit Rücksicht auf die grundlegende Bedeutung des Beschlusses vorgesehen worden ist,[11] wird auf die Stimmen aller Gesellschafter abzustellen sein. Entsprechend dem in § 217 Abs. 1 S. 1 UmwG zum Ausdruck gelangten Grundgedanken braucht die qualifizierte Mehrheit aber nicht notwendig bereits auf der Gesellschafterversammlung erreicht zu werden. Es genügt, wenn abwesende Gesellschafter zustimmen und die Mehrheit auf diese Weise erreicht wird.

Bei einer Mehrheitsentscheidung sind in der Niederschrift über den gem. § 193 Abs. 3 S. 1 UmwG notariell zu beurkundenden Umwandlungsbeschluß die Gesellschafter, die für den Formwechsel gestimmt haben, namentlich aufzuführen, § 217 Abs. 2 UmwG. Damit soll sichergestellt werden, daß die als Gründer geltenden Gesellschafter feststehen. Stimmen Gesellschafter nachträglich zu, so wird diesem Klarstellungsbedürfnis ausreichend dadurch Rechnung getragen, daß die Zustimmungserklärung ebenfalls gem. § 193 Abs. 3 S. 1 UmwG notariell beurkundet werden muß.

cc) Für die gesellschaftsvertragliche Mehrheitsklausel ist die Rechtsprechung zum Bestimmtheitsgrundsatz zu beachten. Danach ist die

---

10 BGHZ 85, 350, 353 ff.
11 BT-Drs. 12/6699 S. 149.

Wirksamkeit eines Beschlusses mit ungewöhnlichem Inhalt davon abhängig, daß sich der Beschlußgegenstand unzweideutig aus dem Gesellschaftsvertrag ergibt.[12] Dies gilt auch für Umwandlungen.[13] Die Mehrheitsklausel des Gesellschaftsvertrages muß sich daher mindestens eindeutig auf Umwandlungen beziehen. Zweifelhaft ist, ob auch die Art der Umwandlung in der Klausel bezeichnet werden muß. Der Praxis ist jedenfalls zu raten, alle gemeinten Umwandlungsfälle aufzuführen, um spätere Streitigkeiten zu vermeiden. Der konkrete Inhalt des späteren Beschlusses, also z.b. die Satzung der GmbH (§ 218 Abs. 1 UmwG), braucht in der Mehrheitsklausel nicht angegeben zu werden.[14]

dd) Auch bei einer Mehrheitsentscheidung bedarf es bei einem Formwechsel in eine Kommanditgesellschaft auf Aktien stets der Zustimmung von Gesellschaftern, welche die Stellung eines persönlich haftenden Gesellschafters übernehmen sollen, § 217 Abs. 3 UmwG. Die Übernahme dieser Haftung kann keinem Gesellschafter ohne sein ausdrückliches Einverständnis zugemutet werden.

b) Inhalt des Beschlusses

Der notwendige Inhalt des Umwandlungsbeschlusses ergibt sich aus der allgemeinen Regelung in § 194 UmwG. Für den Formwechsel von Personenhandelsgesellschaften gelten folgende Besonderheiten:

aa) Der Umwandlungsbeschluß muß den Gesellschaftsvertrag der GmbH bzw. das Statut der Genossenschaft enthalten oder die Satzung der Aktiengesellschaft oder der Kommanditgesellschaft auf Aktien feststellen, § 218 Abs. 1 UmwG. Dies entspricht dem bereits bisher geltenden Recht (§ 42 Abs. 2 S. 1, § 48 Abs. 2 UmwG 1969). Die Regelung findet ihren Grund darin, daß zwischen der bisherigen Rechtsform als Personenhandelsgesellschaft und der neuen Rechtsform als Körperschaft gravierende strukturelle Unterschiede bestehen. Auf die nach § 11 Abs. 2 Nr. 1 GenG sonst erforderliche Unterzeichnung des Statuts durch jeden einzelnen Genossen wird bei der Umwandlung verzichtet, § 218 Abs. 1 S. 2 UmwG. Die Umwandlung soll dadurch erleichtert werden.

---

12 BGHZ 85, 350, 356 mit Abweichungen für eine Kommanditgesellschaft mit körperschaftlicher Verfassung.
13 BGHZ 85, 350, 357.
14 Vgl. dazu BGHZ 85, 350, 360, 361.

bb) Bei einer Umwandlung in eine Kommanditgesellschaft auf Aktien muß mindestens ein Gesellschafter die persönliche Haftung übernehmen. § 218 Abs. 2 UmwG verlangt deshalb, daß der Beschluß zur Umwandlung die Beteiligung mindestens eines Gesellschafters als persönlich haftender Gesellschafter vorsieht.

Über das bisher geltende Recht hinaus wird jedoch vorgesehen, daß der Personenkreis der Anteilsinhaber im Rahmen des Formwechsels durch den Beitritt persönlich unbeschränkt haftender Gesellschafter erweitert werden kann. Das gab es bisher nur bei der formwechselnden Umwandlung einer GmbH, einer Aktiengesellschaft oder einer Kommanditgesellschaft auf Aktien (§§ 362 Abs. 2 S. 1, 389 Abs. 2 S. 1 AktG). Der Beitritt des neuen Gesellschafters muß gem. § 221 UmwG notariell beurkundet werden. Außerdem ist die Satzung der Kommanditgesellschaft auf Aktien von jedem beitretenden persönlich haftenden Gesellschafter zu genehmigen.

cc) Der Beschluß zur Umwandlung in eine eingetragene Genossenschaft muß gem. § 218 Abs. 3 UmwG die Beteiligung jedes Genossen mit mindestens einem Geschäftsanteil vorsehen. Möglich ist darüber hinaus die Beteiligung mit meheren Geschäftsanteilen, damit die Kapitalgrundlage der Genossenschaft erhalten bleibt.

c) Abfindung

Nach § 207 UmwG hat der formwechselnde Rechtsträger jedem Gesellschafter, der gegen den Umwandlungsbeschluß Widerspruch zur Niederschrift erklärt, den Erwerb seiner umgewandelten Anteile oder Mitgliedschaften gegen eine angemessene Barabfindung anzubieten.

aa) Bei einer Personenhandelsgesellschaft kann dies nur praktisch werden, wenn der Gesellschaftsvertrag der formwechselnden Gesellschaft eine Mehrheitsentscheidung der Gesellschafter vorsieht. In allen anderen Fällen bedarf es der Zustimmung aller Gesellschafter, so daß es zu einem Widerspruch mit anschließender Barabfindung nicht kommen kann.

bb) Die Barabfindung ist gem. §§ 208, 30 UmwG normalerweise durch einen besonderen Prüfer zu prüfen. Dies beschräkt § 225 UmwG darauf, daß die Prüfung nur auf Verlangen eines Gesellschafters zu erfolgen hat, wobei die Kosten von der Gesellschaft zu tragen sind. Diese Beschränkung ist an die ähnliche Bestimmung in § 44 UmwG für die Verschmelzung durch Mehrheitsentscheidung angelehnt. Sie erleichtert die Durchführung einer Mehrheitsentscheidung.

cc) Die Abfindungszahlung betrifft die umgewandelten Anteile, also die Anteile an der Kapitalgesellschaft. Da zu diesem Zeitpunkt die Personenhandelsgesellschaft nicht mehr besteht, liegt darin im Falle der Zahlung an einen Kommanditisten keine Rückzahlung der Einlage i.S. von § 172 Abs. 4 HGB. Das Wiederaufleben der Haftung kommt aber in Betracht, wenn die Leistung vor der Umwandlung erfolgt. Eine derartige Zahlung wird durch das Gesetz nicht privilegiert.

Bei der Zahlung der Abfindung sind die Grundsätze über die Erhaltung des Stamm- bzw. Grundkapitals zu beachten (§§ 30 GmbHG, 57 AktG).[15] Die Zahlung darf also nur aus freiem Vermögen erfolgen, also aus Vermögen, das zur wertmäßigen Deckung des Stamm- bzw. Grundkapitals nicht erforderlich ist.

4. Registeranmeldung

Der Wechsel der Rechtsform wird durch die Eintragung im Register bewirkt, § 202 UmwG. Für die Anmeldung gilt das jeweilige Gründungsrecht des Rechtsträgers neuer Rechtsform, § 197 UmwG.

a) Person des Anmeldenden

Die Anmeldung hat wie bei einer Gründung durch alle Mitglieder des künftigen Vertretungsorgans zu erfolgen und, wenn der Rechtsträger neuer Rechtsform einen obligatorischen Aufsichtsrat hat, auch durch alle Mitglieder des Aufsichtsrats (§ 222 Abs. 1 S. 1 UmwG).

Ist der Rechtsträger neuer Rechtsform eine Aktiengesellschaft oder eine Kommanditgesellschaft auf Aktien, so ist die Anmeldung zusätzlich auch durch alle Gesellschafter vorzunehmen, welche der Umwandlung zugestimmt haben, § 222 Abs. 2 UmwG. Damit wird die Anmeldung der formwechselnden Umwandlung der Anmeldung einer gewöhnlichen aktienrechtlichen Gründung angepaßt, da im letzteren Falle gem. § 36 Abs. 1 AktG die Anmeldung auch von allen Gründern vorzunehmen ist. Die dem Umwandlungsbeschluß zustimmenden Gesellschafter gelten als Gründer, § 219 UmwG. Bei einem Formwechsel in eine Kommanditgesellschaft auf Aktien haben auch etwa neu beitretende persönlich haftende Gesellschafter die Anmeldung vorzunehmen, da sie gem. § 219 UmwG ebenfalls als Gründer gelten.

---

15 Vgl. BT-Drs. 12/6699 S. 146.

Bisher war für die Umwandlung in eine GmbH ebenfalls gesetzlich vorgesehen, daß der Umwandlungsbeschluß außer von den Geschäftsführern auch von allen Gesellschaftern anzumelden ist, § 49 Abs. 1 S. 1 UmwG 1969. Hierauf ist im neuen Umwandlungsrecht bewußt verzichtet worden. Der Grund dafür liegt darin, daß die Umwandlung weitestgehend dem jeweiligen Gründungsrecht angepaßt werden soll. Im Gründungsrecht der GmbH ist eine entsprechende Mitwirkung der Gesellschafter im Gegensatz zum Aktienrecht nicht vorgesehen (vgl. §§ 7 Abs. 1, 78 GmbHG).

b) Vorstandsmitglieder der Genossenschaft

Wird in eine eingetragene Genossenschaft umgewandelt, so sind gem. § 222 Abs. 1 S. 2 UmwG zugleich mit der Genossenschaft auch die Mitglieder ihres Vorstandes zur Eintragung in das Register anzumelden. Damit wird angestrebt, sofort Klarheit über die Vertretungsverhältnisse herzustellen.

c) Anmeldung zur Eintragung im bisherigen Register

Wenn sich durch den Formwechsel die Art des für den Rechtsträger maßgebenden Registers ändert oder wenn durch eine mit dem Formwechsel verbundene Sitzverlegung die Zuständigkeit eines anderen Registergerichts begründet wird, ist die Umwandlung gem. § 198 Abs. 2 S. 3 UmwG auch zur Eintragung in das bisherige Register anzumelden. Diese Anmeldung kann gem. § 222 Abs. 3 UmwG auch von den zur Vertretung der formwechselnden Gesellschaft ermächtigten Gesellschaftern vorgenommen werden. Hier besteht also eine Wahlmöglichkeit.

IV. Gründer und Gründerhaftung

Auf den Formwechsel sind gem. § 197 UmwG die für die neue Rechtsform geltenden Gründungsvorschriften anzuwenden. Damit wird dem Umstand Rechnung getragen, daß der Formwechsel materiell eine Sachgründung enthält. Der Formwechsel tritt an die Stelle der sonst nötigen Liquidation mit anschließender Neugründung.

1. Die Anwendung der Gründungsvorschriften bedeutet insbesondere, daß ggf. die Gründerhaftung eintritt. Als Gründer gelten gem. § 219 UmwG die bisherigen Gesellschafter der formwechselnden Gesell-

schaft. Das entspricht dem bisherigen Recht (vgl. § 41 Abs. 3 S. 2 UmwG).

Dies ist nicht gerechtfertigt für Gesellschafter, welche im Falle einer zulässigen Mehrheitsentscheidung dem Formwechsel nicht zugestimmt haben. Sie gelten daher, wie schon im bisherigen Recht (vgl. §§ 378 Abs. 1, 2. Halbs., 389 Abs. 4 S. 2 AktG), gem. § 219 S. 2 UmwG nicht als Gründer.

Beim Formwechsel in eine Kommanditgesellschaft auf Aktien werden auch neu beitretende persönlich haftende Gesellschafter als Gründer angesehen, § 219 S. 2 a.E. UmwG. Das entspricht ebenfalls dem bisherigen Recht (§ 389 Abs. 4 S. 2 AktG).

2. Zu Schwierigkeiten kann die nach dem Gesetz uneingeschränkte Gründerhaftung bei Kommanditgesellschaften führen. Der Kommanditist, der seine Einlage geleistet und nicht zurückerhalten hat, haftet den Gläubigern der Gesellschaft nicht, § 171 HGB. Der Sinn seiner Stellung als Gesellschafter der Kapitalgesellschaft ist ebenfalls der Ausschluß seiner Haftung. Der Kommanditist wird daher daran interessiert sein, daß der Formwechsel für ihn keine persönliche Haftung eintreten läßt.

Die Haftungsgefahr ist jedoch gegeben. Wird z.B. die Kommanditgesellschaft in eine GmbH formwechselnd umgewandelt, so trifft alle Gründer die Differenzhaftung nach § 9 GmbHG. Dies wurde schon nach bisherigem Recht auch für den Kommanditisten angenommen.[16] Eine Beschränkung auf die Haftungssumme gibt es nicht, so daß im Einzelfall ein beträchtliches Risiko bestehen kann. Dies widerspricht dem Identitätsprinzip der Neuregelung, wonach der Rechtsträger bisheriger und neuer Rechtsform derselbe ist, und zeigt dessen nur begrenzte Tragfähigkeit auf.

Die Haftung kann sich insbesondere dann realisieren, wenn bis zum Stichtag Verluste eintreten. Der von der Geschäftsführung ausgeschlossene Kommanditist wird dies nicht leicht beurteilen können. Zwar darf der Registerrichter bei einer Unterdeckung die Eintragung nicht vornehmen, § 220 Abs. 1 UmwG. Eine zuverlässige Beurteilung ist aber auch ihm nicht ohne weiteres möglich.

Es muß daher damit gerechnet werden, daß die Praxis zum Zwecke des Ausschlusses der Haftung nicht den Weg der formwechselnden Umwandlung geht, sondern – wie schon bisher – den Weg der Um-

---

16 *Priester* in Scholz[7], Anhang Umwandlung und Verschmelzung, § 47 UmwG 1969 Rz. 19; *Widmann/Mayer,* Rz. 901.29.

wandlung einer GmbH & Co. KG auf die Komplementär-GmbH wählt[17] und die damit verbundenen steuerlichen Nachteile in Kauf nimmt. Eine solche Entwicklung läge nicht im Sinne des Umwandlungsgesetzes, das die formwechselnde Umwandlung gerade erleichtern soll. Die Einbeziehung des Kommanditisten in die Haftung sollte deshalb weiter diskutiert werden. Jedenfalls hat der Berater den Kommanditisten ggf. auf das Haftungsrisiko hinzuweisen.

V. Kapitalschutz

Für das Kapitalgesellschaftsrecht ist der sog. Kapitalschutz hochbedeutsam. Darunter ist zu verstehen, daß der Betrag des Stammkapitals oder Grundkapitals durch Aktivreinvermögen wertmäßig gedeckt ist. Bei der GmbH dürfen gem. § 30 GmbHG keine Leistungen an Gesellschafter erfolgen, durch die eine Unterdeckung eintritt oder verstärkt wird (Unterbilanz). Bei der Aktiengesellschaft sind darüber hinaus außerhalb der Verteilung von Bilanzgewinn keine Leistungen an Gesellschafter zulässig, § 57 Abs. 3 AktG (früher § 58 Abs. 5 AktG). Das Umwandlungsrecht sieht für den Kapitalschutz drei Maßnahmen vor.

1. Kapitalaufbringung

Nach § 220 Abs. 1 UmwG muß das nach Abzug der Schulden verbleibende Vermögen der formwechselnden Gesellschaft mindestens den Nennbetrag des Stammkapitals einer GmbH oder des Grundkapitals einer Aktiengesellschaft bzw. einer Kommanditgesellschaft auf Aktien betragsmäßig erreichen. Die Umwandlung setzt daher eine sofortige Volldeckung des Stammkapitals bzw. Grundkapitals voraus. Die bei einer Bargründung bestehende Möglichkeit der zunächst nur teilweisen Leistung der Einlagen (§§ 7 Abs. 2 S. 1 GmbHG, 36a Abs. 1 AktG) besteht also nicht. Das war schon nach bisher geltendem Recht so (§§ 385m Abs. 4 S. 2, 385d Abs. 4 S. 1 AktG) und entspricht dem Grundsatz der Sachgründung.

Soweit in der Praxis ein Bedürfnis besteht, im Zuge der Umwandlung ein Stammkapital oder Grundkapital vorzusehen, welches das Aktivreinvermögen übersteigt, muß wegen der Unabdingbarkeit der Kapitalschutzbestimmungen der Weg einer Kapitalerhöhung beschritten werden. Möglich ist es aber auch, das Aktivreinvermögen der Perso-

---

17 Näher dazu *Priester* in Scholz[7], § 46 UmwG 1969 Rz. 12 ff.

nenhandelsgesellschaft durch Einlagen vor der Umwandlung entsprechend zu erhöhen, so daß diese Einlagen sich in dem neuen erhöhten Stammkapital bzw. Grundkapital wertmäßig ausdrücken können.

2. Gründungsbericht und Sachgründungsbericht

a) Im Falle des Formwechsels in eine Aktiengesellschaft waren nach bisherigem Recht in dem nach § 32 AktG zu erstattenden Gründungsbericht der Gesellschafter der Geschäftsverlauf und die Lage der Personenhandelsgesellschaft darzulegen (§ 43 Abs. 1 UmwG 1969), damit auf diese Weise eine erstmalige Kontrolle der Kapitalaufbringung erfolgen konnte. Dies wird in § 220 Abs. 2 UmwG nunmehr fortgeführt, indem beim Formwechsel in eine Aktiengesellschaft oder in eine Kommanditgesellschaft auf Aktien der bisherige Geschäftsverlauf und die Lage der formwechselnden Gesellschaft im Gründungsbericht darzulegen sind.

b) Dagegen fehlte im bisherigen Recht eine entsprechende Regelung für den Formwechsel in eine GmbH. Sie war in § 56d UmwG 1969 nur für die Umwandlung des Unternehmens eines Einzelkaufmanns durch Übertragung des Geschäftsvermögens auf eine GmbH vorgesehen. § 220 Abs. 2 UmwG erstreckt dies nunmehr konsequenterweise auf den Formwechsel einer Personenhandelsgesellschaft in eine GmbH, weil auch hier eine Kontrolle der Kapitalaufbringung vorher noch nicht stattgefunden hat.

3. Gründungsprüfung

In bestimmten Fällen hat bei der Aktiengesellschaft eine Gründungsprüfung durch besondere Gründungsprüfer zu erfolgen (§ 33 Abs. 2 AktG). Nach § 220 Abs. 3 S. 1 UmwG hat diese Prüfung darüber hinaus bei einer formwechselnden Umwandlung in eine Aktiengesellschaft oder Kommanditgesellschaft auf Aktien in jedem Fall stattzufinden. Das entspricht dem bereits bisher geltenden Umwandlungsrecht (§ 43 Abs. 2 UmwG 1969) und ist konsequent, da die Prüfung durch besondere Gründungsprüfer in § 33 Abs. 2 Nr. 4 AktG für alle Fälle einer Gründung mit Sacheinlagen oder Sachübernahmen vorgesehen ist. Dem steht die formwechselnde Umwandlung gleich.

VI. Haftung

1. Grundsatz

a) Nach allgemeinen gesellschaftsrechtlichen Grundsätzen führt die Auflösung einer Personenhandelsgesellschaft nicht zum Erlöschen der bereits begründeten persönlichen Haftung. Der Formwechsel ist zwar keine Auflösung, steht ihr aber nahe. Im bisherigen Recht war nämlich vorgesehen, daß die Umwandlung einer Personenhandelsgesellschaft in eine GmbH, eine Aktiengesellschaft oder eine Kommanditgesellschaft auf Aktien zur Auflösung der Personenhandelsgesellschaft führt (§§ 49 Abs. 2 S. 3, 44 Abs. 1 S. 3 UmwG 1969).

Das neue Recht geht dagegen von einer Identität des Rechtsträgers alter und neuer Rechtsform aus. Die Haftung muß daher erst recht erhalten bleiben. Deshalb bestimmt § 224 Abs. 1 UmwG, daß der Formwechsel die Ansprüche der Gläubiger der Gesellschaft gegen einen der Gesellschafter nach § 128 HGB nicht berührt. Der Formwechsel ist also nicht geeignet für eine Flucht aus der bereits bestehenden Haftung. Maßgeblicher Zeitpunkt für die persönliche Haftung gegenüber den Gläubigern ist der Zeitpunkt des Formwechsels, also gem. § 202 UmwG die Eintragung im Register.

b) Der Wortlaut des § 224 Abs. 1 UmwG ist insofern problematisch, als dort nur die Haftung gerade nach § 128 HGB angesprochen wird, also die Haftung der persönlich haftenden Gesellschafter der offenen Handelsgesellschaft. Es kann jedoch – wenn auch praktisch seltener relevant – eine unmittelbare persönliche Haftung des Kommanditisten nach §§ 171 Abs. 1, 172 Abs. 4, 176 HGB bestehen. Der Text enthält damit eine Abweichung zum bisherigen Recht, da in §§ 45 Abs. 1, 49 Abs. 4 UmwG 1969 die Ansprüche der Gläubiger gegen alle Gesellschafter der Personenhandelsgesellschaft als fortbestehend angesehen wurden.

Nach der Konzeption der Identitätstheorie muß die Kommanditistenhaftung ebenfalls weiterbestehen. Auch teleologisch ist kein rechtfertigender Anlaß für den Wegfall dieser Haftung gegeben, zumal der Kommanditist gem. § 176 HGB „gleich einem persönlich haftenden Gesellschafter" haftet. Man wird daher ein Redaktionsversehen des Gesetzgebers vermuten müssen.[18] Die Lücke ist durch eine entsprechende Anwendung des § 224 Abs. 1 UmwG zu schließen.

---

18 Die Materialien ergeben keinen Hinweis, daß die Kommanditistenhaftung ausgeschlossen werden sollte; vgl. BT-Drs. 12/6699 S. 151.

2. Begrenzung der Nachhaftung

Nach bisherigem Recht bestand für die Ansprüche der Gläubiger eine besondere Verjährungsfrist von fünf Jahren (§§ 45, 49 Abs. 4 UmwG 1969). Dieser Gedanke wird im neuen Recht zwar beibehalten, aber mit einer ganz anderen Konzeption verwirklicht, die dem für die Personenhandelsgesellschaften allgemein geschaffenen Nachhaftungsbegrenzungsgesetz entspricht (§ 160 HGB). Statt einer Verjährung wird eine zeitliche Begrenzung eingeführt (Befristung). Der Gesellschafter haftet nur für Verbindlichkeiten, die vor Ablauf von fünf Jahren nach dem Formwechsel fällig und ihm gegenüber gerichtlich geltend gemacht worden sind, § 224 Abs. 2 UmwG. Die Verjährungsvorschriften sind hierauf allerdings zu einem großen Teil entsprechend anzuwenden, § 224 Abs. 3 UmwG.

Das Unbedenklichkeitsverfahren nach § 16 Abs. 3 UmwG

Prof. Dr. Reinhard Bork, RiOLG Hamburg

I. Überblick

Die nachfolgenden Ausführungen befassen sich mit einer Vorschrift des neuen Umwandlungsrechts, die als „Waffe" im Kampf gegen „räuberische Aktionäre" gedacht ist. Um die Bedeutung dieser Norm richtig einordnen zu können, ist ein kurzer Rückblick erforderlich.

1. Die Registersperre als Waffe der räuberischen Aktionäre

Nach altem Recht[1] haben die „räuberischen Aktionäre" nicht unwesentlich davon profitiert, daß ein angefochtener Verschmelzungsbeschluß gemäß § 345 Abs. 2 AktG nicht in das Handelsregister eingetragen werden konnte. Die Eintragung setzte bisher ausnahmslos ein sog. „Negativattest" voraus: Der Vorstand mußte erklären, daß die Verschmelzungsbeschlüsse innerhalb der Anfechtungsfrist nicht angefochten worden sind oder daß die Anfechtung rechtskräftig zurückge-

---

1 Vgl. zum folgenden bereits die Darstellung bei *Bork*, ZGR 1993, 343, 356 ff.; *Hirte*, DB 1993, 77 ff.; *Kiem*, AG 1992, 430 ff.

261

wiesen worden ist. Konnte er eine solche Erklärung nicht abgeben, weil der Beschluß fristgerecht angefochten und die Anfechtungsklage noch nicht rechtskräftig entschieden war, konnte das Registergericht den Verschmelzungsbeschluß nicht eintragen. Es fehlte bereits an einer formellen Eintragungsvoraussetzung. Das hatte zur Folge, daß der Registerrichter das Eintragungsverfahren analog § 127 FGG bis zur Entscheidung des Anfechtungsverfahrens aussetzen mußte[2]. Dies wiederum führte dazu, daß die Verschmelzung bis zur rechtskräftigen Entscheidung über die Anfechtungsklage auf Eis lag und damit nicht selten gescheitert war, weil sich am Ende eines durch mehrere Instanzen geführten langjährigen Prozesses die Entscheidungsgrundlagen für den Verschmelzungsbeschluß geändert hatten und eine Umsetzung des Beschlusses jetzt in der beschlossenen Weise nicht mehr möglich oder jedenfalls nicht mehr sinnvoll war. Dieses Dilemma haben sich bekanntlich einige Aktionäre, die sich damit den Beinamen „die räuberischen" verdient haben, zunutze gemacht, indem sie Anfechtungsklagen erhoben haben nur mit dem Ziel, sich den „Lästigkeitswert" solcher Klagen abkaufen zu lassen.

Nachdem diese Problematik bekannt geworden ist, ist immer wieder nach einem rechtlichen Instrumentarium gerufen worden, das es ermöglichen sollte, das Vollzugsinteresse der Gesellschaften und ihrer Aktionäre gegen das Aufschubinteresse des Anfechtungsklägers abwägen zu können. Die bisherige Gesetzeslage schützte den Anfechtungskläger grundsätzlich absolut vor dem Risiko, durch die Eintragung des möglicherweise rechtswidrigen Beschlusses vor vollendete Tatsachen gestellt zu werden. Die Vollzugsinteressen der Gesellschaft spielten keine Rolle. Das bereitete im Hinblick auf die „räuberischen Aktionäre" Unbehagen. Auf der anderen Seite konnte aber auch nicht verkannt werden, daß es durchaus auch rechtswidrige Verschmelzungsbeschlüsse gab, deren Anfechtung durch die Eintragung und Vollziehung der Verschmelzung der Boden entzogen worden wäre. Es galt also, eine Lösung zu finden, die es ermöglichte, die Registersperre bei vorrangigem Unternehmensinteresse im Einzelfall zu überwinden, ohne gleich das Kind mit dem Bade auszuschütten und die Registersperre ganz abzuschaffen, was aus verschiedenen Gründen nicht wünschenswert wäre, insbesondere deshalb nicht, weil dann auch der regreßgefährdete Registerrichter die Wirksamkeit des angefochtenen Beschlusses prüfen müßte.

---

2 BGHZ 112, 9, 25 f.

2. Teilweise Abhilfe durch BGHZ 112, 9

Der BGH hat für solche Rufe im Rahmen des Machbaren ein offenes Ohr gehabt und in der bekannten „Hypothekenbank"-Entscheidung[3] eine Durchbrechung der Registersperre für den Fall zugelassen, daß die Klage gegen die Wirksamkeit des einzutragenden Beschlusses zweifelsfrei ohne Erfolgsaussicht ist. Das sollte dann der Fall sein, wenn die Klage von vornherein unzulässig, unschlüssig oder jedenfalls unbegründet ist, insbesondere deshalb, weil sie rechtsmißbräuchlich erhoben und die Rechtsmißbräuchlichkeit offensichtlich oder unschwer zu ermitteln ist. Damit war ein Anfang gemacht, aber noch keine endgültig befriedigende Lösung gefunden. Denn wie die Praxis gezeigt hat, waren die meisten der von den „räuberischen Aktionären" angefochtenen Beschlüsse nicht ganz einwandfrei zustande gekommen, so daß man nur unter großer Mühe sagen konnte, die Klage sei offensichtlich unbegründet[4]. Der BGH hat es aber im Hinblick auf Art. 20 Abs. 3 GG zu Recht abgelehnt, eine Durchbrechung der Registersperre auch in anderen Fällen als denen der zweifelsfreien Erfolglosigkeit zuzulassen, und den Ball insoweit dem Gesetzgeber zugespielt.

3. Die Lösung des neuen Rechts

Der Gesetzgeber hat die Vorlage, nach einigem Zögern, aufgenommen und jetzt in § 16 UmwG[5] eine Lösung vorgesehen, die zunächst nur kurz skizziert und dann etwas näher dargelegt werden soll. Zuerst also ein kurzer Überblick. § 16 Abs. 2 UmwG hält am Erfordernis des Negativattests sowie an der Registersperre fest: Die Vertretungsorgane haben bei der Registeranmeldung zu erklären, daß eine Klage gegen die Wirksamkeit des Verschmelzungsbeschlusses nicht oder nicht fristgemäß erhoben oder daß sie rechtskräftig abgewiesen oder zurückgenommen worden ist. Fehlt es an dieser Erklärung, dann darf die Verschmelzung nicht eingetragen werden, es sei denn, die klageberechtigten Anteilsinhaber verzichteten auf eine Klage. Das bewegt sich weitgehend in vertrauten Bahnen. Neu ist hingegen die in § 16 Abs. 3 UmwG vorgesehene Möglichkeit zur Durchbrechung der Regi-

---

3 BGHZ 112, 9 ff.
4 Vgl. auch *Kiem,* AG 1992, 430, 432; *Lutter,* EWiR 1990, 851, 852.
5 Die Vorschrift gilt – jedenfalls mit Abs. 2 und 3 – entsprechend für die Spaltung gemäß § 125 UmwG, für die Vermögensübertragung gemäß §§ 176 f. UmwG und für die formwechselnde Umwandlung gemäß § 198 Abs. 3 UmwG. Davon wird im folgenden abgesehen.

stersperre. Nach dieser Vorschrift kann das mit einer Anfechtungsklage befaßte Prozeßgericht auf Antrag des beklagten Rechtsträgers durch Beschluß feststellen, daß die Erhebung der Anfechtungsklage der Eintragung des angefochtenen Beschlusses in das Register nicht entgegensteht. Ein solcher Beschluß kann ergehen, wenn die Anfechtungsklage entweder unzulässig oder offensichtlich unbegründet ist oder – und jetzt kommt das wirklich Neue – wenn das alsbaldige Wirksamwerden der Verschmelzung nach der freien Überzeugung des Gerichts unter Berücksichtigung der Schwere der mit der Klage geltend gemachten Rechtsverletzungen zur Abwendung wesentlicher Nachteile für die an der Verschmelzung beteiligten Rechtsträger und ihre Anteilseigner vorrangig erscheint. Die Nachteile für die beteiligten Unternehmen und ihre Anteilseigner sind von dem beklagten Rechtsträger darzulegen und glaubhaft zu machen. Ist das Gericht vom Vorrang des Vollzugsinteresses überzeugt, so entscheidet es durch Beschluß, gegen den die sofortige Beschwerde statthaft ist. Ist der Beschluß rechtskräftig, so ersetzt er das Negativattest, so daß der Registerrichter nunmehr eintragen kann. Tut er das, so hat dies nach § 20 UmwG zur Folge, daß die Verschmelzung selbst dann vollzogen wird, wenn der Beschluß tatsächlich mangelhaft war. Entsprechend bestimmt § 16 Abs. 3 S. 6 UmwG, daß bei einem späteren Erfolg der Anfechtungsklage der Rechtsträger dem Anfechtungskläger zwar zum Schadensersatz verpflichtet ist, daß aber die Beseitigung der Wirkungen der Eintragung auch im Wege des Schadensersatzes nicht verlangt werden kann.

II. Einzelheiten

Man darf dies eine mutige Entscheidung des Gesetzgebers nennen, die freilich auch ihre Tücken hat.

1. Negativattest und Registersperre

Zunächst ist festzuhalten und zu begrüßen, daß in § 16 Abs. 2 UmwG an Negativattest und Registersperre festgehalten wird. Damit korrespondiert, daß die Entscheidung über den Unbedenklichkeitsbeschluß in den Händen des mit der Anfechtungsklage befaßten Prozeßgerichts liegt und nicht etwa dem Registergericht anvertraut ist. Das vermeidet nicht nur widersprüchliche Entscheidungen, sondern hält vor allem dem Registerrichter den Rücken frei, der sonst doch damit rechnen müßte, daß die Parteien (ich weiß, daß es regelmäßig nur eine Seite ist, die entsprechend vorgeht) versuchen, den Richter unter dezentem Hinweis auf andernfalls bestehende Amtshaftungsansprüche von der Notwendigkeit einer bestimmten Entscheidung zu überzeugen. Es ist vernünftig, diese Frage den Kammern für Handelssachen anzuvertrauen, die dafür als Spezialkammern in der Regel besser gerüstet sind und außerdem ohnehin mit dem Fall befaßt sind, so daß sie noch am ehesten beurteilen können, ob die Voraussetzungen des Unbedenklichkeitsbeschlusses vorliegen oder nicht.

2. Bindung des Registergerichts an den Unbedenklichkeitsbeschluß

Bevor auf diese Voraussetzungen näher eingegangen wird, soll, abweichend von der üblichen Systematik, ein Blick auf die Rechtsfolgen des Unbedenklichkeitsbeschlusses geworfen und hier als erstes die Frage gestellt werden, ob und wieweit der Beschluß eigentlich den Registerrichter bindet. Grundsätzlich muß das Registergericht alle Eintragungsvoraussetzungen prüfen. Dazu gehören zunächst die formellen Eintragungsvoraussetzungen, insbesondere die Vollständigkeit der Eintragungsunterlagen. Da der rechtskräftige Unbedenklichkeitsbeschluß gemäß § 16 Abs. 3 S. 1 UmwG das Negativattest ersetzt, bestehen insoweit keine Bedenken mehr. Der Registerrichter muß darüber hinaus aber auch prüfen, ob der angefochtene Beschluß nichtig ist, denn nichtige Beschlüsse darf er keinesfalls eintragen. Außerdem ist nach richtiger, wenn auch umstrittener Auffassung auch noch zu prüfen, ob der Hauptversammlungsbeschluß nach seinem Inhalt zwingende Vorschriften verletzt, die öffentliche Interessen schützen sollen. Denn in diesem Fall müßte ein eingetragener Beschluß – gleich, ob der Mangel zur Nichtigkeit oder nur zur Anfechtbarkeit führt – gemäß § 144 Abs. 2 FGG sofort wieder gelöscht werden, so daß es richtig ist, vom Registerrichter die Prüfung zu verlangen, ob nicht die Eintragung aus einem solchen Grund von vornherein zu unterbleiben hat[6]. An der so beschriebenen Prüfungspflicht ändert sich durch den Unbedenklichkeitsbeschluß grundsätzlich nichts, mit einer – freilich wichtigen – Ausnahme: Solche Mängel, die Gegenstand des Anfechtungsprozesses sind, können die Eintragung nicht mehr hindern.

---

6 Vgl. nur *Lüke*, ZGR 1990, 657, 669; *Lutter*, NJW 1969, 1873, 1878 f.; weitergehend *Bokelmann*, DB 1994, 1341, 1344 f., der im Anschluß an GroßKomm./*Wiedemann*, § 181 Rz. 7c) die Auffassung vertritt, auch bei einer Verletzung von Rechtsnormen, die nur Individualinteressen schützen sollen, dürfe nicht eingetragen werden.

Denn nach dem erklärten Willen des Gesetzgebers bindet der Unbedenklichkeitsbeschluß das Registergericht. Wenn also das Prozeßgericht erklärt, daß die mit der Anfechtung geltend gemachten Mängel
wegen des überwiegenden Vollzugsinteresses der Gesellschaften der
Eintragung nicht entgegenstehen, dann kann der Registerrichter die
Eintragung aus diesen Gründen nicht verweigern. Im übrigen bleiben
Prüfungsrecht und Prüfungspflicht des Registergerichts aber unberührt; auch das entspricht dem Willen des Gesetzgebers[7].

3. Irreversibilität der eingetragenen Verschmelzung

Dieses Ergebnis ist deshalb nicht ganz unwichtig, weil der Gesetzgeber die Eintragung der Verschmelzung in § 20 Abs. 2 UmwG auch bei
fehlerhaften Verschmelzungsbeschlüssen für irreversibel erklärt hat.
Diese Vorschrift des § 20 Abs. 2 UmwG entspricht dem alten § 352a
AktG und ist in einem größeren Zusammenhang zu sehen: Der Gesetzgeber hat an verschiedenen Stellen Vorsorge dafür getroffen, daß
die Verschmelzung bestimmten Mängeln zum Trotz durchgeführt
werden kann, wenn dies angesichts der Art und der Schwere des
Mangels vertretbar erscheint. Zu nennen ist hier zunächst § 14 Abs. 1
UmwG, der für Anfechtungs- wie für Nichtigkeitsklagen eine Ausschlußfrist von einem Monat vorsieht, ferner § 14 Abs. 2 UmwG, der
bestimmt, daß eine Anfechtungsklage gegen den Verschmelzungsbeschluß nicht auf ein unangemessenes Umtauschverhältnis gestützt
werden kann. Hier wird der Anteilsinhaber auf das Spruchverfahren
verwiesen, über das Ihnen gleich *Krieger* berichten wird, S. 275. (Nur
in Parenthese sei bemerkt, daß sich der Bundesrat mit seinem Vorschlag, die Anfechtungsklage auch bei unzureichender Erläuterung
des Umtauschverhältnisses auszuschließen, nicht durchsetzten konnte.) Weitergehend sieht § 20 Abs. 1 Nr. 4 UmwG vor, daß Formmän-
gel durch die Eintragung geheilt werden. Wenn dazu nun § 20 Abs. 2
UmwG ergänzend bestimmt, daß Mängel der Verschmelzung die Eintragungswirkungen unberührt lassen, dann ist das wohl so zu verstehen, daß die Beschlußmängel nicht geheilt werden, aber auch nicht
auf den Vollzug der Verschmelzung durchschlagen. Die Gesetzesmaterialien sprechen hier von einer „Einschränkung der Nichtigkeit", einer
„allgemeinen Tendenz, gesellschaftsrechtliche Akte möglichst zu erhalten" und der praktischen Unmöglichkeit einer „Entschmelzung"[8], so daß

---

7 Vgl. Begr. RegE § 16 S. 67; abgedruckt auch bei *Neye*, S. 142.
8 Begr. RegE § 16 S. 77 = *Neye*, S. 151.

man wohl annehmen darf, daß damit auch die in der Literatur zu § 352a AktG bisher noch für möglich gehaltene[9] Rückabwicklung der auf einer fehlerhaften Grundlage vollzogenen Verschmelzung ausgeschlossen sein soll. Dazu paßt, daß nach § 16 Abs. 3 S. 6, 2. Halbs. UmwG auch die Rückabwicklung im Wege der Naturalrestitution versagt wird, wenn die Eintragung auf einem Unbedenklichkeitsbeschluß beruht und sich später herausstellt, daß die Anfechtungsklage Erfolg hat[10].

Es läßt sich nicht verhehlen, daß diese Wirkung der Registereintragung nicht ganz unbedenklich ist[11], denn weder § 14 Abs. 1 noch § 20 Abs. 2 UmwG fragt nach der Schwere des Beschlußmangels. Das Gesetz läßt es offensichtlich zu, daß die Verschmelzung auch dann Bestand hat, wenn der Verschmelzungsbeschluß nicht nur anfechtbar, sondern nichtig ist, also an ganz gravierenden Mängeln leidet. Es ist deshalb sogar denkbar, daß ein Mehrheitsaktionär einen „Geheimbeschluß" herbeiführt, dessen Nichtigkeit die Eintragungswirkungen unberührt läßt. Um so wichtiger ist es, daß der Registerrichter seine Prüfungspflicht ernst nimmt und den einzutragenden Beschluß in den genannten Grenzen auf Mängel untersucht. Und natürlich kann diese Rechtsfolge auch bei der Entscheidung des Prozeßgerichts über den Unbedenklichkeitsbeschluß nicht unberücksichtigt bleiben. Darauf ist zurückzukommen.

4. Konsequenzen der Eintragung für das Anfechtungsverfahren

Natürlich wirft die Irreversibilität der eingetragenen Verschmelzung sofort die Frage auf, ob sich nicht das Anfechtungsverfahren durch die vollzogene Eintragung in der Hauptsache erledigt hat[12]. Erledigt hat sich sicher das Anliegen „räuberischer Aktionäre". Vom Anfechtungsprozeß wird man das nur sagen können, wenn er infolge der Eintra-

---

9 Vgl. *Martens,* AG 1986, 57, 63 f.; *K. Schmidt,* AG 1991, 131, 133; *ders.,* ZGR 1991, 373, 391 ff.; für die gegenteilige Auffassung der h.M., die bereits zum alten Recht von der Irreversibilität ausging, s. nur *Grunewald* in G/H/E/K, § 352a Rz. 19; *Krieger,* ZHR 158 [1994], 35, 44, je m.w.N.

10 Deutlich in diesem Sinne *Neye,* ZIP 1994, 165, 167 f.

11 Vgl. zur Kritik *Bork,* ZGR 1993, 343, 355 f.; *Hirte,* DB 1993, 77, 78 f.

12 Diese Frage ist in der Gesetzesbegründung übersehen worden, wo nur darauf abgestellt wird, daß Unbedenklichkeitsverfahren und Anfechtungsprozeß unterschiedliche Streitgegenstände haben; vgl. Begr. RegE § 16 S. 71 = *Neye,* S. 143.

gung nachträglich unzulässig oder unbegründet geworden ist[13]. Das kann, muß aber nicht so sein. Ist wegen formeller Mängel angefochten worden, so werden diese nach § 20 Abs. 1 Nr. 4 UmwG durch die Eintragung geheilt, was ohne weiteres zur Erledigung des Anfechtungsprozesses führt. Andere Mängel werden nicht geheilt, sondern sie schlagen nur nicht auf die Eintragungswirkungen durch (§ 20 Abs. 2 UmwG). Das könnte freilich zur Folge haben, daß für die Fortsetzung des Anfechtungsprozesses das Rechtsschutzbedürfnis entfällt, weil der Anfechtungskläger mit dem angestrebten Urteil nichts mehr anfangen kann. Immerhin ist insoweit aber zu berücksichtigen, daß der Anfechtungsbeklagte dem Kläger gemäß § 16 Abs. 3 S. 6 UmwG auch nach der Eintragung noch zum Schadensersatz verpflichtet sein kann, wenn sich die Klage als begründet erweist. Man wird daher in diesen Fällen weder das Rechtsschutzbedürfnis für die Anfechtungsklage verneinen noch vom Kläger verlangen können, gleich auf den Schadensersatzprozeß umzuschwenken. Allerdings ist ein gegen den übertragenden Rechtsträger gerichteter Prozeß jetzt gemäß § 28 UmwG gegen den übernehmenden Rechtsträger fortzusetzen.

5. Die Voraussetzungen des Unbedenklichkeitsbeschlusses

Vor diesem Hintergrund empfiehlt es sich, die Voraussetzungen für den Unbedenklichkeitsbeschluß genauer unter die Lupe zu nehmen. § 16 Abs. 3 S. 2 UmwG läßt einen solchen Beschluß nur zu, wenn die Anfechtungsklage entweder unzulässig oder offensichtlich unbegründet ist oder wenn ein vorrangiges Vollzugsinteresse besteht. Die ersten beiden Möglichkeiten – Unzulässigkeit oder offensichtliche Unbegründetheit – entsprechen der bereits behandelten Rechtsprechung des BGH und sollen deshalb hier nicht näher verfolgt werden. Neu ist hingegen der dritte Grund für einen Unbedenklichkeitsbeschluß, das *vorrangige Vollzugsinteresse*. Dieser Beschlußgrund war im Referentenentwurf noch nicht enthalten, was zu dem Vorwurf geführt hat, daß es wenig hilfreich sei, nur die BGH-Rechtsprechung zu kodifizieren und die Praxis mit ihrem Wunsch nach einer weitergehenden sachgerechten Möglichkeit zur Durchbrechung der Registersperre im Regen stehen zu lassen[14].

---

13 Vgl. zum Begriff der Erledigung nur BGH NJW 1992, 2235, 2236; *Bork* in Stein/Jonas, ZPO, 21. Aufl., Bd. 2, 1994, § 91a Rz. 5.
14 Vgl. *Bork*, ZGR 1993, 343, 362 f.

Die Forderungen nach einer weitergehenden Lösung sind letztlich vor dem Hintergrund der „räuberischen Aktionäre" zu sehen, die noch aus kleinsten Fehlern bei der Beschlußfassung Kapital schlagen wollen. Zur Bewältigung des Problems waren drei Wege denkbar: Der erste Weg bestand darin, die Anfechtung bei bestimmten Beschlußmängeln generell auszuschließen, sie also insoweit für unerheblich zu erklären und den Anteilsinhaber auf Schadensersatz zu verweisen[15]; dieser Weg ist für das fehlerhafte Umtauschverhältnis in § 14 Abs. 2 UmwG beschritten worden. Der zweite Weg bestand darin, bei vorrangigem Vollzugsinteresse ohne Prüfung der Erfolgsaussichten eine vorläufige Eintragung zu ermöglichen, nach erfolgreicher Anfechtungsklage aber eine Rückabwicklung vorzusehen[16]. Der dritte Weg wäre ein einstweiliger Rechtsschutz im klassischen Sinne gewesen, was bedeutet hätte, nach wenigstens kursorischer Prüfung der Erfolgsaussichten eine (notfalls auch irreversible) Eintragung zu ermöglichen[17]. Schaut man sich den Gesetzeswortlaut und die Materialien näher an, so muß man den Eindruck gewinnen, daß der Gesetzgeber sich für eine Mischung aus den beiden zuletzt genannten Möglichkeiten entschieden und damit faktisch die erste Möglichkeit verwirklicht hat.

Das Gesetz läßt den Unbedenklichkeitsbeschluß in § 16 Abs. 3 S. 2 UmwG zu, wenn „das alsbaldige Wirksamwerden der Verschmelzung nach freier Überzeugung des Gerichts unter Berücksichtigung der Schwere der mit der Klage geltend gemachten Rechtsverletzungen zur Abwendung der vom Antragsteller dargelegten wesentlichen Nachteile für die an der Verschmelzung beteiligten Rechtsträger und ihre Anteilsinhaber[18] vorrangig erscheint. Die „Gretchenfrage" ist zunächst die, ob und inwieweit das Prozeßgericht bei seiner Entscheidung über den Unbedenklichkeitsbeschluß auch die *Erfolgsaussichten für die Anfechtungsklage* zu prüfen und bei seiner Ermessensentscheidung zu berücksichtigen hat. Nach dem Gesetzeswortlaut wäre es sicher möglich, auch die Erfolgsaussichten zu berücksichtigen. Das Gesetz erwähnt zwar als Abwägungskriterien nur die durch den Auf-

---

15 Vgl. dazu den Überblick bei *Zöllner* in Semler (Hrsg.), Reformbedarf im Aktienrecht (ZGR-Sonderheft 12), 1994, S. 147, 148 ff.

16 In diesem Sinne vor allem *Hommelhoff*, ZGR 1990, 447, 461 ff. und ZGR 1993, 452, 468 f.; *Kiem*, AG 1992, 430, 432.

17 In diese Richtung, freilich kritisch zur Irreversibilität, *Bork*, ZGR 1993, 343, 363 f.; vgl. ferner *Bokelmann*, DB 1994, 1341, 1349.

18 Es verdient hervorgehoben zu werden, daß es dem Gesetzgeber auch darum geht, Schaden von den übrigen Aktionären abzuwenden; vgl. auch Begr. RegE § 16 S. 68 = *Neye*, S. 142.

schub drohenden Nachteile einerseits und die Schwere der geltend gemachten Rechtsverletzung andererseits. Aber da das Gericht nach freier Überzeugung entscheiden soll, ist es immerhin vorstellbar, auch die Erfolgsaussichten in die Überzeugungsbildung mit einfließen zu lassen. Man muß freilich sehen, daß dies nach der Begründung zum Regierungsentwurf offensichtlich nicht gewollt ist. Es wird dort darauf hingewiesen, daß eine Entscheidung über die Zulässigkeit und Begründetheit der Klage häufig eine Beweisaufnahme und schwierige rechtliche Wertungen voraussetze, die in einem beschleunigten Verfahren nur schwer vorgenommen werden könnten. Es solle daher das Interesse des Klägers gegen das der Gegenseite abgewogen werden, wobei auf seiten des Klägers neben wirtschaftlichen Gesichtspunkten (insbesondere der Möglichkeit anderweitigen Ausgleichs) die Schwere der von ihm behaupteten Rechtsverletzung, deren Vorliegen unterstellt, ins Gewicht fielen, während auf der Gegenseite wirtschaftliche Gesichtspunkte im Vordergrund stehen müßten[19]. Das Gericht soll also im Unbedenklichkeitsverfahren unterstellen, daß der Kläger Recht hat, der behauptete Beschlußmangel mithin vorliegt, und dann prüfen, ob die mit weiterem Aufschub verbundenen Nachteile so schwer wiegen, daß es gerechtfertigt ist, über den unterstellten Mangel hinwegzusehen, die Verschmelzung also trotzdem einzutragen und den Kläger auf Schadensersatzansprüche zu veweisen.

Das ist eine Lösung von außerordentlicher Tragweite, bei der man erst einmal schlucken muß. Sie ist deshalb so brisant, weil, wie bereits erläutert wurde, einmal eingetragene Verschmelzungen nach der Konzeption des Gesetzes nicht mehr rückgängig gemacht werden können. Es handelt sich daher auf keinen Fall mehr um den im Gesetzgebungsverfahren diskutierten einstweiligen Rechtsschutz[20]. Vielmehr ist hier unter verfahrensrechtlichem Deckmantel stillschweigend ein tiefgrei-

---

19 Begr. RegE § 16 S. 68 ff. = *Neye*, S. 142 f.
20 Wenn ich recht sehe, ist diese Kombination – Eilverfahren, keine Prüfung der Erfolgsaussichten, Ausschluß der Rückabwicklung – in der das Gesetzgebungsverfahren begleitenden Diskussion von keiner Seite vorgeschlagen worden, auch nicht von *Hommelhoff*, der sich zwar für eine „offene Eilentscheidung" ausgesprochen, aber seinen Überlegungen stets die Möglichkeit zur Rückabwicklung der aufgrund eines Unbedenklichkeitsbeschlusses eingetragenen Verschmelzung zugrunde gelegt hat (vgl. ZGR 1990, 447, 464 ff. sowie ZGR 1993, 452, 468 f. und ZHR 158 [1994] 11, 33; ebenso *Kiem*, AG 1992, 430, 432 f.). Allenfalls die Ausführungen von *Röhricht* in Institut der Wirtschaftsprüfer (Hrsg.), Reform des Umwandlungsrechts, 1993, S. 64, 72 könnten in dem jetzt dem Gesetz zugrundeliegenden Sinne verstanden werden.

fender Einschnitt in das materielle Recht vorgenommen worden. Das soll unter zwei Aspekten beleuchtet werden.

Zum einen wird man sagen müssen, daß jetzt mit § 16 Abs. 3 S. 2 UmwG das *Verhältnismäßigkeitsprinzip* in das Anfechtungsrecht eingeführt worden ist. Um nichts anderes handelt es sich, wenn das Gesetz der Sache nach sagt, daß auch ein rechtswidriger Beschluß – und das Gericht hat ja die Rechtswidrigkeit im Unbedenklichkeitsverfahren zu unterstellen – eingetragen werden kann, wenn die Vollzugsinteressen überwiegen, also ein Aufschub unter Berücksichtigung der berechtigten Interessen aller Beteiligten unverhältnismäßig wäre. Es wird zwar nicht, wie es zuletzt wohl *Zöllner* vorgeschlagen hat, die Anfechtungsklage selbst als unverhältnismäßig abgewiesen[21], aber es wird der Kläger doch im Ergebnis auf Sekundäransprüche verwiesen. Das ist eine Neuerung von außerordentlicher Tragweite, denn die Einschränkung der Anfechtbarkeit durch das Verhältnismäßigkeitsprinzip war bisher nicht anerkannt. Daß dabei das Schlachtfeld mit den „räuberischen Aktionären" längst verlassen ist, sei nur am Rande erwähnt.

Zum anderen, und das dürfte noch wichtiger sein, wird § 16 Abs. 3 S. 2 UmwG auf längere Sicht gesehen möglicherweise zur Folge haben, daß bestimmte materiell-rechtliche Beschlußvoraussetzungen leerlaufen, weil sie nicht mehr wirksam sanktioniert sind; sie werden zu *leges imperfectae.* Der Gesetzgeber hat nämlich im Umwandlungsrecht, freilich durch die Hintertür, die Unterscheidung zwischen erheblichen und unerheblichen Beschlußmängeln eingeführt. Man muß hier zunächst sehen, daß die Verzögerung der Eintragung bei der heute üblichen professionell vorbereiteten Verschmelzung fast *immer* mit wesentlichen Nachteilen für die beteiligten Unternehmen und ihre Anteilseigner verbunden ist, so daß es der Beklagtenseite nicht schwerfallen wird, diese Voraussetzung glaubhaft zu machen. Im Grunde genommen gibt daher im Ergebnis immer die *Schwere der behaupteten Rechtsverletzung* den Ausschlag. Bei schweren Rechtsverletzungen wird der Unbedenklichkeitsbeschluß in der Regel erlassen werden, bei weniger schweren nicht.

Die Frage ist natürlich: Was sind schwere, was weniger schwere Rechtsverletzungen? Sicher wird man etwa sagen müssen, daß behauptete Nichtigkeitsgründe einem Unbedenklichkeitsbeschluß immer entgegenstehen werden, während man bei den Anfechtungsgrün-

---

21 Vgl. etwa *Zöllner* (Fn 15) S. 158 f.

den differenzieren kann. In den Gesetzesmaterialien heißt es beispielsweise, daß die Behauptung, das Umtauschverhältnis sei nicht
ausreichend begründet und erläutert worden, im Einzelfall als gering-
fügig angesehen werden könne. Das steht in bemerkenswertem Gegensatz zu der bereits referierten Entscheidung, Informationsmängel
über das Umtauschverhältnis in § 14 Abs. 2 UmwG nicht generell als
Anfechtungsgrund auszuscheiden. Offenbar meint man, hier noch
nach dem Grad des Informationsmangels unterscheiden und dem Prozeßgericht die Entscheidung offen lassen zu müssen, ob der Informa-
tionsmangel *im Einzelfall* schwer genug ist, um einen Unbedenklichkeitsbeschluß zu hindern. Aber eine solche Differenzierung ist Spie-
gelfechterei. In der Praxis wird sich alles auf die Frage konzentrieren,
ob eine unzureichende Begründung oder Erläuterung des Umtauschverhältnisses ein schwerer oder ein leichter Mangel ist, und die Umstände des Einzelfalles können allenfalls noch Randkorrekturen bewirken. Faktisch wird durch § 16 Abs. 3 UmwG erreicht, daß bestimmte Mängel die Eintragung im Ergebnis auch dann nicht mehr
hindern können, wenn ihretwegen Anfechtungsklage erhoben worden
ist, sondern daß allenfalls noch Schadensersatz verlangt werden kann.

Daran ist nicht nur zu bemängeln, daß nun in mühsamer Kleinarbeit
die Rechtsprechung herauszufinden haben wird, welche Mängel erheblich sein sollen und welche nicht. Es wäre im Interesse der Rechtssicherheit eigentlich Sache des Gesetzgebers gewesen, diese Grund-
entscheidung selbst zu fällen. Sorgen bereitet vielmehr auch, daß die
Systematik des § 16 Abs. 3 UmwG die Gefahr in sich birgt, daß
letztlich die verletzten Vorschriften selbst leerlaufen. Denn daß die
Verwaltung bei der Verletzung von Informationspflichten oder anderen den Verschmelzungsbeschluß betreffenden Normen nicht mehr
mit einer Blockade der Verschmelzung, sondern nur noch mit –
schwer zu substantiierenden[22] – Schadensersatzansprüchen einzelner
Aktionäre rechnen muß, wird sie möglicherweise kaum noch als Dro-
hung empfinden, die sie zu einer besonders sorgfältigen Beachtung der
einschlägigen Vorschriften anhalten könnte[23]. Das ist ein Nebenef-

---

22 Ein Schaden des Aktionärs ist in den meisten Fällen nur schwer vorstellbar. Denkbar ist immerhin, daß das verschmolzene Unternehmen insol-
   vent wird, während das übertragende Unternehmen allein gute Überlebens-
   chancen gehabt hätte.
23 Daß eine vorsichtige Verwaltung auch diese Normen sorgfältig beachten
   wird, um es gar nicht erst zu einem Anfechtungsprozeß kommen zu lassen,
   steht auf einem anderen Blatt.

fekt, der weit über das hinausgeht, was zur Abwehr räuberischer Aktionäre erforderlich gewesen wäre.

6. Analogiefähigkeit des § 16 Abs. 3 UmwG?

Dieses Ergebnis muß sich auch auf die Frage nach der Analogiefähigkeit der Vorschrift auswirken. Es ist im Gesetzgebungsverfahren von verschiedenen Seiten die Hoffnung geäußert worden, man könne die vom Anwendungsbereich auf die Anfechtung von Umwandlungsbeschlüssen beschränkte Vorschrift auf andere Verfahren analog anwenden, bei denen die Gefahr besteht, daß eine Anfechtungsklage die Umsetzung des Beschlusses hindert und damit zu erheblichen Nachteilen für die Gesellschaft führt[24]. Diese Hoffnung ging freilich davon aus, daß es sich um einen echten einstweiligen Rechtsschutz handeln würde. Das ist indessen bei § 16 Abs. 3 UmwG nicht der Fall. Vielmehr relativiert diese Vorschrift in ganz erheblichem Maße die Bedeutung der materiell-rechtlichen Normen, die die Voraussetzungen für Verschmelzungsbeschlüsse aufstellen. Eine solche Relativierung, etwa von Berichtspflichten, kann auch in anderen Bereichen, kann generell sinnvoll sein[25]. Aber das kann nicht im Wege der analogen Anwendung eines beschleunigten Verfahrens herbeigeführt werden. Vielmehr wird man dazu im materiellen Recht ansetzen müssen, was hier nicht weiter ausgelotet werden kann und Gegenstand eines weiteren Beitrages sein muß.

III. Zusammenfassung

1. § 16 Abs. 2 UmwG beläßt es beim Grundsatz der Registersperre und bei der damit verbundenen Entlastung des Registergerichts. Das ist zu begrüßen.

2. Der Unbedenklichkeitsbeschluß nach § 16 Abs. 3 UmwG bindet das Registergericht. Dieses kann und muß aber noch prüfen, ob nicht weitere Beschlußmängel vorliegen, die nicht Gegenstand des Anfechtungsprozesses sind und die Eintragung hindern können.

3. Die Rückabwicklung der auf fehlerhafter Grundlage eingetragenen Verschmelzung ist auch dann ausgeschlossen, wenn die Eintragung

---

24 Vgl. *Bork*, ZGR 1993, 343, 364; weitergehend hat *Hirte*, DB 1993, 77, 79 gleich die Einführung eines alle Fälle erfassenden Instruments verlangt.
25 Vgl. auch insoweit den Überblick bei *Zöllner* (Fn 15) S. 151 ff.

auf einem Unbedenklichkeitsbeschluß beruht (§§ 20 Abs. 2; 16 Abs. 3 S. 6, 2. Halbs. UmwG).

4. Die Eintragung führt in der Regel nicht zur Erledigung des Anfechtungsprozesses.

5. Ein Unbedenklichkeitsbeschluß setzt voraus, daß die Anfechtungsklage unzulässig oder offensichtlich unbegründet ist oder daß ein vorrangiges Vollzugsinteresse besteht. Für letzteres sind auf seiten des Klägers neben wirtschaftlichen Gesichtspunkten (insbesondere der Möglichkeit anderweitigen Ausgleichs) die Schwere der von ihm behaupteten Rechtsverletzung, deren Vorliegen unterstellt, auf der Gegenseite die durch den Aufschub drohenden wirtschaftlichen Nachteile abzuwägen. Die Erfolgsaussichten der Anfechtungsklage sollen nach dem Willen des Gesetzgebers keine Rolle spielen.

6. Die Systematik des § 16 Abs. 3 UmwG hat zur Folge, daß das Verhältnismäßigkeitsprinzip in das Recht der Beschlußanfechtung eingeführt worden ist. Sie begründet zugleich die Besorgnis, daß die materiellen Beschlußvoraussetzungen relativiert werden.

7. § 16 Abs. 3 UmwG ist nicht analogiefähig.

Spruchverfahren (§§ 305–312 UmwG)

Rechtsanwalt Dr. Gerd Krieger, Düsseldorf

1. Anwendungsfälle

In allen Fällen einer Umwandlung, bei denen es zu einem Tausch von Anteilen oder zu einem Wechsel der Mitgliedschaft kommen kann, haben die Gesellschafter des übertragenden bzw. formwechselnden Rechtsträgers Anspruch auf einen angemessenen Gegenwert für die bisherige Beteiligung; widersprechenden Anteilsinhabern ist darüber hinaus der Erwerb ihrer Anteile oder Mitgliedschaften gegen eine angemessene Barabfindung anzubieten. Das Gesetz schließt es jedoch aus, daß die Gesellschafter des übertragenden bzw. formwechselnden Rechtsträgers wegen einer zu niedrigen Bemessung des Gegenwerts für die bisherige Beteiligung oder wegen eines fehlenden oder nicht ausreichenden Angebots einer Barabfindung den Umwandlungsbeschluß anfechten.[1] Zum Ausgleich gibt es ihnen die Möglichkeit, in einem gerichtlichen Verfahren – dem sogenannten Spruchverfahren – eine Verbesserung des Umtauschverhältnisses oder die angemessene Barabfindung festsetzen zu lassen.

Es geht also um zwei Fallgruppen, die im Umwandlungsgesetz in verschiedenen Stellen geregelt und in § 305 UmwG noch einmal zusammenfassend aufgeführt sind:

---

[1] Vgl. §§ 14 Abs. 2, 32, 125 S. 1, 176–181, 184, 186, 188, 189, 195 Abs. 2, 210 UmwG.

- zum einen um Anträge auf Festsetzung einer baren Zuzahlung zur Verbesserung des Umtauschverhältnisses (bzw. der Gegenleistung bei Vermögensübertragungen und des Beteiligungsverhältnisses beim Formwechsel) wenn der Gegenwert für die bisherigen Beteiligung zu niedrig bemessen ist; ein solcher Antrag kann in den Fällen der Verschmelzung (§ 15 UmwG), der Auf- und Abspaltung (§ 125 UmwG), der Vermögensübertragung (§§ 176–181, 184, 186, 188, 189 UmwG) und des Formwechsels (§ 196 UmwG) gestellt werden;
- zum anderen dient das Spruchverfahren der gerichtlichen Nachprüfung der Barabfindung, die den widersprechenden Anteilsinhabern in den Fällen der Verschmelzung (§§ 29, 34 UmwG), der Auf- und Abspaltung (§ 125 UmwG), der Vermögensübertragung (§§ 176–181, 184, 186, 188, 189 UmwG) und des Formwechsels (§ 212 UmwG) anzubieten ist.

Damit ist eine andere Form der gerichtlichen Überprüfung des Umtauschverhältnisses und des Abfindungsangebots – etwa im Rahmen einer Zahlungsklage – ausgeschlossen. Das hat für die betroffenen Unternehmen den Vorteil, daß nur ein einziges Verfahren zu führen ist und für alle Anteilsinhaber eine einheitliche Entscheidung ergeht; der Vorteil für die betroffenen Anteilsinhaber liegt darin, daß die Entscheidung auch dann zu ihren Gunsten wirkt, wenn sie sich an dem Verfahren nicht beteiligt haben.

Das neue Umwandlungsgesetz übernimmt mit den Vorschriften über das Spruchverfahren im wesentlichen Regelungen, die bereits das alte Umwandlungsgesetz kannte (§§ 30 ff. UmwG a.F.) und die letztlich auf Vorläufer in der 3. DVO vom 2. 12. 1936 zum Gesetz über die Umwandlung von Kapitalgesellschaften v. 5. 7.1934 und Nachfolgeregelungen in §§ 30 ff. UmwG 1956 zurückgehen.[2] Im Rahmen des Verschmelzungsrichtlinie-Gesetzes von 1982 wurde das Spruchverfahren in das Verschmelzungsrecht des Aktiengesetzes und des Kapitalerhöhungsgesetzes übernommen (§ 352c AktG, § 31a KapErhG). Parallelvorschriften finden sich im Aktienkonzernrecht hinsichtlich der Festsetzung des den außenstehenden Aktionären bei Abschluß von Beherrschungs- und Gewinnabführungsverträgen und bei Eingliederungen geschuldeten Ausgleichs bzw. der Abfindung (§§ 304 Abs. 3–5, 305 Abs. 5, 306, 320 Abs. 6 u. 7 AktG).

Die neuen Regelungen gelten nicht für Umwandlungen, zu denen bereits vor dem 1. 1. 1995 ein Vertrag oder eine Erklärung beurkundet

---

2 Vgl. zur historischen Entwicklung etwa *Dehmer*, § 30 UmwG Anm. 2.

oder notariell beglaubigt oder eine Versammlung der Anteilseigner einberufen wurde. Für solche Umwandlungen bleibt es bei dem alten Recht (§ 318 UmwG).

Die praktische Bedeutung des Spruchverfahrens kann für die betroffenen Unternehmen naturgemäß enorm sein, da sich damit je nach der Zahl der entschädigungsberechtigten Aktionäre erhebliche Zahlungsverpflichtungen verbinden können. Die Verfahren sind darüber hinaus teuer und in aller Regel durch eine ungewöhnlich lange Verfahrensdauer gekennzeichnet. Ihre Gesamtzahl ist eher überschaubar. Die Deutsche Schutzvereinigung für Wertpapierbesitz e.V. hat in ihrem Jahresbericht 1993[3] die per 31. 12. 1993 schwebenden Spruchstellenverfahren aufgelistet. Die Liste umfaßt 51 laufende Verfahren, von denen die ältesten aus dem Jahre 1982 stammten, also im 12. Jahr anhängig waren, und zwar eines davon noch in erster Instanz. Eine empirische Untersuchung des Zeitraums von 1980–1992 hat ergeben, daß in mehr als 40% der in Frage kommenden Fälle ein Spruchverfahren eingeleitet worden war und daß diese Verfahren den Gesellschaftern eine durchschnittliche Aufbesserung ihrer Abfindung um ca. 48% gebracht hatten.[4]

Ob das neue Umwandlungsgesetz zu einer Erhöhung der Zahl der Spruchverfahren führt, bleibt abzuwarten. Man braucht allerdings kein Prophet zu sein um vorherzusagen, daß je mehr die Unternehmen von den neuen Möglichkeiten der Umwandlung Gebrauch machen auch ihre Gesellschafter von der Möglichkeit Gebrauch machen werden, die Angemessenheit der Entschädigung oder Abfindung im Spruchverfahren prüfen zu lassen.

2. Verfahrensvoraussetzungen

a) Antrag und Antragsberechtigung

aa) Das Spruchverfahren wird nur auf Antrag eingeleitet. Der Antrag ist gegen die übernehmenden oder neuen Rechtsträger oder im Falle des Formwechsels gegen den Rechtsträger neuer Rechtsform (im Falle einer Gesellschaft bürgerlichen Rechts gegen deren Gesellschafter) zu richten (§ 307 Abs. 2 UmwG).

---

3 Abgedruckt in Wertpapier 25/93, S. 53.
4 *Dörfler/Gahler/Unterstraßer/Wirichs,* BB 1994, 156, 159 f.

Die Antragsberechtigung hängt davon ab, ob es um die Überprüfung des Umtauschverhältnisses geht oder um die Überprüfung einer Barabfindung:

Ein Spruchverfahren zur Verbesserung des Umtauschverhältnisses kann jeder Anteilsinhaber des übertragenden bzw. formwechselnden Rechtsträgers einleiten, dessen Recht zur Erhebung einer Anfechtungsklage wegen eines unzureichenden Umtauschverhältnisses ausgeschlossen ist (§§ 15 Abs. 1, 176–181, 184, 186, 188, 189, 196 S. 1 UmwG). Das Antragsrecht setzt nicht voraus, daß der antragstellende Anteilsinhaber gegen den Umwandlungsbeschluß gestimmt oder gar Widerspruch zu Protokoll erklärt hat. Letzteres ist für Aktiengesellschaften aus dem Gesetzeswortlaut zwar nicht eindeutig zu entnehmen, weil § 15 Abs. 1 UmwG die Antragsbefugnis solchen Anteilsinhabern zubilligt, deren Recht zur Erhebung einer Anfechtungsklage nach § 14 Abs. 2 UmwG ausgeschlossen ist, die Anfechtungsbefugnis im Aktienrecht aber einen Protokollwiderspruch gegen den gefaßten Beschluß voraussetzt (§ 245 Nr. 1 AktG). Es ergibt sich jedoch aus der Gesetzesbegründung, daß die Antragsbefugnis im Spruchverfahren zur Verbesserung des Umtausch- bzw. Beteiligungsverhältnisses nicht von einem Widerspruch abhängen soll.[5] Selbst eine ausdrückliche Zustimmung zu dem Umwandlungsbeschluß wird man als unschädlich anzusehen haben.[6] Insofern unterscheidet sich die neue Regelung von § 352c Abs. 2 AktG a.F. und § 31a KapErhG, die einen Widerspruch gegen den Umwandlungsbeschluß voraussetzten.

Anders verhält es sich hingegen bei Einleitung eines Spruchverfahrens zur Nachprüfung der Barabfindung. Die Barabfindung wird nur solchen Anteilsinhabern des übertragenden bzw. formwechselnden Rechtsträgers geschuldet, die gegen den Umwandlungsbeschluß Widerspruch zur Niederschrift erklärt haben (§§ 29 Abs. 1 S. 1, 176–180, 184, 186, 188, 189, 207 Abs. 1 S. 1 UmwG); dementsprechend sind auch nur solche Anteilsinhaber antragsbefugt.

Nicht antragsberechtigt sind hingegen andere Personen, wie namentlich Vorstand und Aufsichtsrat des übertragenden bzw. formwechselnden Rechtsträgers. Ebenfalls nicht antragsberechtigt sind Anteils-

---

5 BegrRegE, abgedruckt bei *Neye*, S. 139.
6 Ebenso für die Antragsbefugnis im aktienrechtlichen Spruchstellenverfahren *Koppensteiner* in KK, § 70 Rz. 84; *Hüchting*, Abfindung und Ausgleich im aktienrechtlichen Beherrschungsvertrag, 1972, S. 72 f.; *Krieger*, Münchener Handbuch des Gesellschaftsrechts, Band 4, Aktiengesellschaft, 1988, § 70 Rz. 84; aA *Dehmer*, § 31a KapErhG Anm. 5.

inhaber des übernehmenden Rechtsträgers, obgleich diese natürlich auch in ihren Rechten beeinträchtigt werden können, wenn das Umtauschverhältnis zu hoch bemessen ist. Es ist deshalb zum alten Umwandlungsrecht verschiedentlich kritisiert worden, daß nicht auch die Gesellschafter der übernehmenden Gesellschaft einen vergleichbaren Schutz besaßen.[7] Der Gesetzgeber hat dies jedoch im neuen Umwandlungsrecht nicht aufgegriffen, sondern es auf der Ebene der übernehmenden Gesellschaft bei der Möglichkeit der Anfechtung des Umwandlungsbeschlusses belassen.[8] In der Praxis hat es allerdings Fälle gegeben, wo im Rahmen einer Anfechtung des Umwandlungsbeschlusses bei der übernehmenden Gesellschaft durch Vergleich vereinbart wurde, das Umtauschverhältnis in einem Schiedsverfahren überprüfen zu lassen. Dabei hatte sich der Großaktionär der übernehmenden Gesellschaft verpflichtet, deren außenstehende Aktionäre durch unentgeltliche Aktien zu entschädigen, falls sich in dem Schiedsverfahren eine Benachteiligung der außenstehenden Aktionäre der übernehmenden Gesellschaft durch ein unangemessenes Umtauschverhältnis ergab.[9]

bb) Problematisch ist die Frage, zu welchem Zeitpunkt die Beteiligung erlangt worden sein muß, damit das Antragsrecht besteht. Kann beispielsweise ein Aktionär das Spruchverfahren einleiten, der seine Aktien erst zeitlich nach der Hauptversammlung erworben hat, in welcher die Verschmelzung beschlossen wurde, oder ist gar ein Aktionär antragsbefugt, der Aktien an der übertragenden Gesellschaft erst nach Eintragung der Umwandlung in das Handelsregister erworben hat?

Die Frage ist für die Fälle der Gesamtrechtsnachfolge klar: hier besteht das Antragsrecht ohne weiteres, unabhängig vom Zeitpunkt der Gesamtrechtsnachfolge. Schwierig ist die Frage hingegen für die Fälle einer Einzelrechtsnachfolge. Sowohl zum Konzernrecht als auch zum alten Umwandlungsrecht gab und gibt es Stimmen, die das Antragsrecht davon abhängig machen, daß der Antragsteller bereits im Zeitpunkt der Beschlußfassung[10] oder jedenfalls im Zeitpunkt der Eintragung des Beschlusses[11] Anteilsinhaber war. Demgegenüber will die heute wohl überwiegende Meinung das Antragsrecht jedem Anteilsin-

---

7 *Timm*, JZ 1982, 403, 410; *Kraft* in KK, § 352c Rz. 3.

8 Vgl. hierzu BegrRegE, *Neye*, S. 137.

9 Vgl. z.B. den Fall Pfälzische Hypothekenbank/Deutsche Hypothekenbank, AG 1992, R 103; weitere Hinweise bei *Seetzen*, WM 1994, 45 Fn 7.

10 So z.B. KG DB 1971, 613; Großkomm./*Würdinger*, § 304 Anm. 31; *Baumbach/Hueck*, AktG, § 304 Rz. 3.

11 So z.B. OLG Frankfurt NJW 1972, 641.

haber zugestehen, gleichgültig, wann er seine Beteiligung erworben hat.[12] Dem ist zuzustimmen. Das Antragsrecht ist ein Annex zu dem materiell-rechtlichen Zahlungsanspruch. Wer einen Anteil erworben hat, mit dem sich das Recht auf Barabfindung verbindet, muß auch die Möglichkeit haben, die Angemessenheit der gebotenen Barabfindung überprüfen zu lassen, und wer einen Anspruch auf bare Zuzahlung erwirbt, muß damit auch das Recht zur gerichtlichen Überprüfung dieses Anspruchs erwerben. Andernfalls stünde der Erwerber des Rechts vermögensmäßig schlechter als der Veräußerer, was sachlich nicht zu rechtfertigen wäre.

Veräußert ein Anteilsinhaber seine Beteiligung während eines laufenden Spruchverfahrens, ist wiederum umstritten, ob das Antragsrecht mit der Veräußerung untergeht,[13] der Rechtsnachfolger an seiner Stelle Partei des Verfahrens wird[14] oder ob der frühere Anteilsinhaber das Verfahren entsprechend §§ 265, 325 ZPO fortführt.[15] Richtigerweise wird man von einer Fortführung des Verfahrens durch den alten Anteilsinhaber entsprechend § 265 ZPO ausgehen müssen. Es ist in Rechtsprechung und Literatur anerkannt, daß diese Vorschrift im echten Streitverfahren des FGG analog anwendbar ist,[16] und es ist nicht zu erkennen, warum dies ausgerechnet im Spruchverfahren nicht gelten sollte.

cc) Die Berechtigung zur Einleitung eines Spruchverfahrens ist nicht von der Darlegung eines besonderen Rechtsschutzbedürfnisses abhängig. Insbesondere kommt es nicht auf die Größe des Anteils an, sondern jeder Anteilsinhaber des übertragenden bzw. formwechselnden Rechtsträgers ist ohne weiteres antragsberechtigt, wobei der Besitz eines noch so kleinen Anteils genügt. Antragsberechtigt ist also auch der Aktionär, der nur eine einzige Aktie besitzt.[17] Man erlebt es in der

---

12 Vgl. z.B. *Dehmer,* § 32 UmwG Anm. 4; *Widmann/Mayer,* § 32 UmwG Rz. 651 ff.; zum Konzernrecht ebenso *Koppensteiner* (Fn 6) § 304 Rz. 63; *Hüchting* (Fn 6) S. 73; *U. H. Schneider,* NJW 1971, 1109, 1110 ff.; *Meilike/Holfeldt,* DB 1972, 1249.

13 So KG DB 1971, 613; *Würdinger* (Fn 10), § 304 Anm. 31 u. 305 Anm. 19.

14 *Geßler* in G/H/E/K, § 304 Rz 134; *Koppensteiner* (Fn 6) § 304 Rz 63 m.w.N.

15 So z.B. *Dehmer,* § 32 UmwG Anm. 4; *Schilling* in Hachenburg[7], § 32 UmwG (Anh. § 77 GmbHG) Rz. 1.

16 BGH NJW 1984, 612; BayObLGZ 1984, 15; *Keidel/Kuntze/Winkler,* Freiwillige Gerichtsbarkeit, Teil A, 13. Aufl. 1992, Vorb. §§ 8–18 Rz. 4.

17 KG DB 1971, 613; *Geßler* (Fn 14) § 304 Rz. 137; *Koppensteiner* (Fn 6) § 304 Rz. 62.

Praxis immer wieder, daß beispielsweise Aktionäre mit einer Aktie ein Spruchverfahren betreiben, in welchem für die Gesellschaft fünf- oder sechsstellige Kostenbeträge entstehen, obwohl der betreibende Aktionär höchstens mit einer Aufbesserung seiner Abfindung um wenige DM rechnen kann. Aber selbst solche offensichtlichen Mißverhältnisse zwischen dem wirtschaftlichen Interesse des betreibenden Anteilsinhabers und den Aufwendungen für das Verfahren ändern an dessen Zulässigkeit im allgemeinen nichts.

Allerdings kann die Antragsberechtigung ausnahmsweise wegen Rechtsmißbrauchs ausgeschlossen sein. Hier gelten die gleichen Überlegungen, die in den letzten Jahren von Rechtsprechung und Literatur zur Frage des Rechtsmißbrauchs von Anfechtungsklagen im Aktienrecht entwickelt worden sind. Danach kann in Ausnahmefällen eine eigensüchtige Interessenverfolgung den Vorwurf des Rechtsmißbrauchs begründen. Bei Anfechtungsklagen spielen hier insbesondere die Fälle eine Rolle, in denen der Kläger seine Klage mit dem Ziel erhebt, sich auskaufen zu lassen.[18] In Spruchverfahren hatten solche Auskaufsfälle wohl schon in der Vergangenheit geringere Bedeutung, und künftig werden sie wohl kaum eine Rolle mehr spielen, nachdem – worauf gleich noch zurückzukommen ist – nach neuem Recht der besondere Vertreter das Spruchverfahren aus eigenem Recht fortführen kann, auch wenn die Antragsteller ihren Antrag zurücknehmen.

b) Antragsfrist

Der Antrag kann nur innerhalb einer Frist von zwei Monaten gestellt werden. Die Frist berechnet sich nach den allgemeinen Vorschriften der §§ 186 ff. BGB (§ 17 FGG) und beginnt mit dem Tag, an dem die Eintragung der Umwandlung nach den Vorschriften des Umwandlungsgesetzes als bekanntgemacht gilt (§ 305 UmwG). Das ist jeweils der Ablauf des Tages, an dem das letzte der die Bekanntmachung der Eintragung der Umwandlung enthaltenden Veröffentlichungsblätter erschienen ist (§§ 19 Abs. 3 S. 2, 201 UmwG). Für die teilweise vertretene Auffassung, bei einer Anfechtungs- oder Nichtigkeitsklage gegen den Umwandlungsbeschluß beginne die Frist erst mit Beendigung dieses Verfahrens zu laufen,[19] ist eine rechtliche Grundlage nicht zu

---

18 Vgl. hierzu etwa BGH WM 1989, 1128, 1132 ff.; BGH WM 1990, 2073; BGH WM 1992, 1404 u. 1184; OLG Düsseldorf WM 1994, 337, 339 ff.
19 *Dehmer*, § 32 UmwG Anm. 5; *Schilling* in Hachenburg, (Fn 15), § 32 UmwG Rz 2.

erkennen. Wenn trotz Klageerhebung eingetragen wird, läuft ab der Bekanntmachung auch die Antragsfrist.

Die Frist ist eine Ausschlußfrist. Ob es bei schuldloser Fristversäumnis die Möglichkeit einer Wiedereinsetzung in den vorherigen Stand gibt, ist umstritten. Teilweise wird dafür plädiert, diese Möglichkeit analog § 22 Abs. 2 FGG anzuerkennen.[20]

Die Frist ist gewahrt, wenn der Antrag vor Fristablauf beim zuständigen Landgericht eingegangen ist. Die Antragstellung bei einem unzuständigen Gericht ist zur Fristwahrung nicht genügend.[21]

c) Inhalt und Form des Antrags

aa) Der Inhalt des Antrags hängt davon ab, ob eine Verbesserung des Umtauschverhältnisses oder eine Nachprüfung der Barabfindung begehrt wird.

Ein Anspruch auf Verbesserung des Umtauschverhältnisses richtet sich auf einen Ausgleich durch bare Zuzahlung. Es ist dementsprechend die Festsetzung der Zuzahlung zu beantragen, was etwa wie folgt formuliert werden kann:

„Es wird beantragt, zu dem Verschmelzungsvertrag zwischen der X-Gesellschaft und der Y-Gesellschaft vom . . . einen von der Y-Gesellschaft als übernehmendem Rechtsträger zu zahlenden Ausgleich durch bare Zuzahlung festzusetzen."

In den Fällen der Spaltung, der Vermögensübertragung und des Formwechsels ist die Formulierung entsprechend anzupassen.

Richtet sich der Antrag auf Nachprüfung der Barabfindung, hat das Gericht die angemessene Barabfindung zu bestimmen (§§ 34, 212 UmwG). Dementsprechend ist der Antrag etwa wie folgt zu formulieren:

„Es wird beantragt, die auf Grund des Verschmelzungsvertrages zwischen der X-AG und der Y-AG vom . . . von der Y-AG als übernehmendem Rechtsträger geschuldete angemessene Barabfindung zu bestimmen."

Die Zuzahlung ist kraft Gesetzes mit 2% über dem jeweiligen Diskontsatz der Deutschen Bundesbank zu verzinsen (§ 15 Abs. 2 S. 1

---

20 So OLG Düsseldorf DB 1991, 2181 zu § 306 Abs. 3 AktG; *Widmann/Mayer*, § 32 UmwG Rz. 656; *Meilicke/Meilicke*, ZGR 1974, 236, 312; aA *Böttcher/Meilicke*, UmwG 1956, § 32 Rz. 6; *Geßler* (Fn 14), § 304 Rz. 140; *Koppensteiner* (Fn 6), § 304 Rz. 62; *Krieger* (Fn 6), § 70 Rz. 85.

21 *Dehmer*, § 31 UmwG Anm. 2 lit d); *Widmann/Mayer*, § 31 UmwG Rz. 636.1.

UmwG). Auch dieser Anspruch auf die gesetzlichen Zinsen ist Gegenstand des Spruchverfahrens. Eines besonderen Antrags bedarf es insoweit nicht, sondern der Zinsanspruch ist bereits mit dem Antrag auf Festsetzung der Zuzahlung bzw. der angemessenen Barabfindung mit umfaßt.[22]

Das Gesetz stellt weiterhin klar, daß über den gesetzlichen Zinsanspruch hinaus die Geltendmachung eines weiteren Schadens nicht ausgeschlossen ist (§ 15 Abs. 2 S. 2 UmwG). Ein solcher weiterer Schaden gehört hingegen nicht ins Spruchverfahren, sondern ist ggfs. durch Klage im ordentlichen Verfahren geltend zu machen.[23]

bb) Eine Begründung des Antrags ist nicht erforderlich. Der Antragsteller muß also nicht etwa darlegen, warum er die Gegenleistung oder die angebotene Barabfindung nicht für angemessen ansieht, und er muß auch keine eigenen Vorstellungen zur Höhe der angemessenen Zahlungen vortragen. Vielmehr hat das Gericht gem. § 12 FGG von Amts wegen zu ermitteln und sich eine Meinung zu bilden.

Eine besondere Form ist für die Antragstellung ebenfalls nicht vorgeschrieben, und es besteht in der ersten Instanz auch kein Anwaltszwang. Der Antrag wird in der Regel schriftlich bei Gericht eingereicht, er kann aber auch zu Protokoll der Geschäftsstelle des zuständigen Gerichts oder der Geschäftsstelle irgendeines Amtsgerichts gestellt werden (§ 11 FGG), im letztgenannten Fall bedarf es dann aber zur Fristwahrung des rechtzeitigen Eingangs bei dem zuständigen Landgericht.[24]

d) Bekanntmachung des Antrags und Folgeanträge

Das Landgericht hat den Antrag unverzüglich[25] bekanntzumachen, und zwar in jedem Fall im Bundesanzeiger und daneben in weiteren Veröffentlichungsblättern, sofern der Gesellschaftsvertrag des übertragenden oder formwechselnden Rechtsträgers solche bestimmt (§ 307 Abs. 3 UmwG).

---

22 BayObLG DB 1983, 333; *Dehmer,* § 30 UmwG Anm. 7; *Zimmermann* in Rowedder, Anh. § 77 Rz. 231; Großkomm./*Meyer-Landrut,* § 30 UmwG (Anh. § 393 AktG) Anm. 2.

23 Ebenso *Dehmer,* § 30 UmwG Anm. 7 lit. c); *Widmann/Mayer,* § 30 UmwG Rz. 634.1; offengelassen von BayObLG DB 1983, 333.

24 Vgl. etwa *Bumiller/Winkler,* Freiwillige Gerichtsbarkeit, 5. Aufl. 1992, § 11 Anm. 2e.

25 OLG Düsseldorf AG 1986, 293, 294.

Innerhalb einer Frist von 2 Monaten nach dieser Bekanntmachung können andere Antragsberechtigte sich dem Verfahren selbst als Antragsteller anschließen und eigene Anträge stellen (§ 307 Abs. 3 S. 2 UmwG). Damit sollen Anteilsinhaber, die innerhalb der eigentlichen Antragsfrist keinen Antrag gestellt hatten, die Möglichkeit erhalten, sich an dem ansonsten ohne ihre Mitwirkung durchzuführenden Verfahren doch noch selbst aktiv zu beteiligen.[26]

Ungeregelt ist in diesem Zusammenhang die Frage, wann die Zweimonatsfrist für Folgeanträge beginnt, wenn innerhalb der ersten Antragsfrist mehrere Anträge gestellt wurden: Beginnt die Folgeantragsfrist mit der ersten oder der letzten Bekanntmachung? Die herrschende Meinung stellt auf die erste Bekanntmachung ab[27] und hat damit Recht: Dem Zweck, den das Gesetz mit der Möglichkeit des Folgeantrags erreichen will, ist genügt, wenn die Folgeantragsfrist ab der erstmaligen Bekanntmachung läuft, denn dann hat jeder Anteilsinhaber ausreichend Gelegenheit, sich zu entscheiden, ob er sich aktiv an diesem Verfahren beteiligen will oder nicht.

Auf das Recht zur Stellung von Folgeanträgen ist in der Bekanntmachung hinzuweisen (§ 307 Abs. 3 S. 3 UmwG). Das Recht beschränkt sich auf den konkreten Verfahrensgegenstand. Ist Verfahrensgegenstand nur die Verbesserung des Umtausch- bzw. Beteiligungsverhältnisses, kann nicht durch Folgeantrag auch die Bestimmung einer angemessenen Barabfindung beantragt werden.[28] Zulässig ist es aber, durch Folgeanträge das Verfahren auch auf andere Anteilsgattungen auszudehnen. Ist also beispielsweise zunächst nur die Verbesserung des Umtauschverhältnisses für Stammaktien beantragt worden, kann ein Folgeantragsteller das Verfahren auch auf Vorzugsaktien ausdehnen.[29]

Die Folgeantragsteller haben die Stellung von selbständigen Verfahrensbeteiligten. Das hat zu Folge, daß sie ihre Anträge auch weiterverfolgen können, wenn die ursprünglichen Antragsteller den Antrag

---

26 *Dehmer*, § 32 UmwG Anm. 6.
27 Vgl. z. B. *Dehmer*, § 32 UmwG Anm. 6; *Widmann/Mayer*, § 32 UmwG Rz. 655; *Zimmermann* in Rowedder (Fn 22) § 32 UmwG Rz. 231.
28 So zu der gleichgelagerten Fragestellung des konzernrechtlichen Spruchstellenverfahrens und ob Festsetzung des angemessenen Ausgleichs durch Folgeanträge auch die Festsetzung der angemessenen Abfindung beantragt werden kann (bzw. umgekehrt) *Geßler* (Fn 14) § 306 Rz. 17; *Koppensteiner* (Fn 6) § 306 Rz. 8; *Krieger* (Fn. 6) § 70 Rz. 88.
29 Ebenso zum konzernrechtlichen Spruchstellenverfahren *Geßler* (Fn 14) § 306 Rz. 17; *Koppensteiner* (Fn 6) § 306 Rz. 8; *Krieger* (Fn 6) § 70 Rz. 88.

zurücknehmen.[30] Nehmen die ursprünglichen Antragsteller den Antrag allerdings zurück, bevor sich ein Folgeantragsteller angeschlossen hat, wird man annehmen müssen, daß das Recht auf Stellung von Folgeanträgen entfällt.[31] Denn die Möglichkeit des Folgeantrags soll den vom Verfahren betroffenen, bislang aber nicht beteiligten Anteilsinhabern die Möglichkeit geben, sich an dem Verfahren doch noch selbst zu beteiligen; dieser Zweck hat sich jedoch erledigt, wenn der verfahrenseinleitende Antrag zurückgenommen ist, bevor sich weitere Antragsteller angeschlossen haben.

Eine Sonderfrage stellt sich in diesem Zusammenhang, wenn der Antrag schon vor der Bekanntmachung durch das Landgericht zurückgenommen worden ist, die Bekanntmachung aber gleichwohl noch erfolgt. Ob in einem solchen Fall die Bekanntmachung die Möglichkeit zur Stellung von Folgeanträgen eröffnet, ist vom Bundesgerichtshof in Zweifel gezogen, im Ergebnis aber offengelassen worden.[32] Konsequent ist es, auch in einem solchen Fall einen Folgeantrag nicht mehr zuzulassen. Entfällt das Recht zur Stellung von Folgeanträgen mit der Rücknahme des ursprünglichen Antrags, gibt es keinen Grund, anders zu entscheiden, wenn der bereits zurückgenommene Antrag überflüssigerweise noch bekanntgemacht wird.

3. Gerichtliche Zuständigkeit

Zuständig für das Spruchverfahren ist das Landgericht, in dessen Bezirk der Rechtsträger, dessen Anteilsinhaber antragsberechtigt sind, seinen Sitz hat (§ 306 Abs. 1 UmwG). Die Länder können die Zuständigkeit für mehrere Landgerichtsbezirke bei einem der Landgerichte zentralisieren (§ 306 Abs. 3 UmwG). Das haben verschiedene Länder getan. In Nordrhein-Westfalen beispielsweise ist die Zuständigkeit erstinstanzlich auf die Landgerichte Düsseldorf, Dortmund und Köln konzentriert worden. Wenn man der Meinung folgt, daß zur Fristwahrung die Einreichung des Antrags beim zuständigen Gericht nötig

---

30 BayObLG DB 1973, 1290, 1291; *Geßler* (Fn 14) § 306 Rz. 19; *Koppensteiner* (Fn 6) § 306 Rz. 8; *Krieger* (Fn 6) § 70 Rz. 88; wohl auch BGH AG 1986, 291, 292.

31 Ebenso *Geßler* (Fn 14) § 306 Rz. 20; *Koppensteiner* (Fn 6) § 306 Rz. 8; *Krieger* (Fn 6) § 70 Rz. 8; aA *Dehmer,* § 32 UmwG Anm. 6; offengelassen *Meilicke,* ZGR 1974, 310.

32 BGH AG 1986, 291, 293.

ist,[33] kann diese Zuständigkeitskonzentration – die in der Praxis gelegentlich übersehen wird – tückisch sein.

Ist bei dem Landgericht eine Kammer für Handelssachen gebildet, entscheidet diese an Stelle der Zivilkammer. Auf Grund einer Anregung des Bundesrats ist im Gesetzgebungsverfahren in § 306 Abs. 2 UmwG ein Katalog von Fällen eingeführt worden, in denen der Vorsitzende der Kammer für Handelssachen allein entscheidet, nämlich

– über die Abgabe von Verfahren,
– im Zusammenhang mit öffentlichen Bekanntmachungen,
– über Fragen, welche die Zulässigkeit des Antrags betreffen,
– über alle vorbereitenden Maßnahmen für die Beweisaufnahme,
– in den Fällen des § 308 UmwG, d.h. im Zusammenhang mit der Bestellung des gemeinsamen Vertreters,
– über Geschäftswert, Kosten, Gebühren und Auslagen, über die einstweilige Einstellung der Zwangsvollstreckung.

Dahinter steht die Überlegung, nur die eigentliche Entscheidung der Hauptsache der ganzen Kammer zuzuweisen, Entscheidungen, die vor oder nach der Entscheidung der Hauptsache anfallen, jedoch zur Verfahrensvereinfachung, als Beitrag für ein zügiges Verfahren und zur Entlastung des Gerichts dem Vorsitzenden allein zu überlassen.[34]

Darüber hinaus sieht § 306 Abs. 2 S. 3 UmwG ausdrücklich vor, daß der Vorsitzende im Einverständnis der Beteiligten auch im übrigen an Stelle der Kammer allein entscheiden kann. Ob es sich empfiehlt, von dieser Möglichkeit Gebrauch zu machen, läßt sich nicht allgemein, sondern nur in Kenntnis der Umstände des Einzelfalls entscheiden, ist aber auch in einem gewissen Umfang „Geschmackssache".

4. Verfahrensablauf

a) Allgemeine Regeln

Das Verfahren untersteht den Vorschriften des FGG, soweit nicht in den §§ 307 ff. UmwG Sondervorschriften enthalten sind (§ 307 Abs. 1 UmwG). Das Gericht hat daher insbesondere nach dem im FGG geltenden Offizialgrundsatz von Amts wegen zu ermitteln (§ 12 FGG). Es hat jeden verpflichteten Rechtsträger zu hören (§ 307 Abs. 4 UmwG); eine Anhörung ist allerdings entbehrlich, solange in dem Verfahren

---

33 Vgl. oben bei Fn 21.
34 Vgl. BegrRegE, *Neye,* S. 440.

nur über die Antragsberechtigung des Antragstellers zu entscheiden ist.[35]

Bei der Überprüfung des Umtauschverhältnisses ist eine Bewertung des übertragenden und des übernehmenden Rechtsträgers erforderlich, bei der Überprüfung der Angemessenheit der Barabfindung muß der Beteiligungswert der abfindungsberechtigten Anteilsinhaber ermittelt werden. Für diese Unternehmensbewertungen ist in aller Regel die Einholung von Sachverständigengutachten unumgänglich. Die bereits vorliegenden Gutachten werden von den Antragstellern vielfach mit der Begründung nicht akzeptiert, es handele sich um Parteigutachten mit der Folge, daß sich die Gerichte im allgemeinen gehalten sehen, neue Gutachten einzuholen. Das muß aber nicht so sein, und man kann nur an die Gerichte appellieren, sich stets kritisch zu fragen, ob die Einholung weiterer Gutachten wirklich unumgänglich ist. Das Gericht kann auf die Verschmelzungsberichte, die Verschmelzungsprüfungsberichte und die Unterlagen der Verschmelzungsprüfer zurückgreifen. Die in der Literatur vertretene Auffassung, daß der Amtsermittlungsgrundsatz das Gericht zwinge, in bezug auf Einzelbewertungen durch die Verschmelzungsprüfer zumindest Stichproben zu machen[36] überzeugt nicht, sondern es muß reichen, wenn das Gericht die Bewertungsmethoden kritisch überprüft, konkreten Einwendungen der Antragsteller nachgeht, bei Zweifelsfragen eine Erläuterung oder Ergänzung des Prüfungsberichts herbeiführt und sich im übrigen mit einer Plausibilitätsprüfung begnügt. Soweit das Gericht in diesem Rahmen zu bestimmten Fragen noch einmal einen Sachverständigen hinzuziehen muß, geht auch die in der Literatur vertretene Auffassung zu weit, es müsse in jedem Fall ein Sachverständiger bestellt werden, der nicht Verschmelzungsprüfer war, weil es ja gerade darum gehe, noch einmal eine neutrale Prüfung durchzuführen.[37] Soweit das Gericht nur eine Ergänzung oder Erläuterung des Prüfungsberichts braucht, ist nichts näherliegend, als damit den Verschmelzungsprüfer zu beauftragen.

b) Gemeinsamer Vertreter

aa) Für die außenstehenden Anteilsinhaber, die nicht selbst Antragsteller oder Folgeantragsteller sind, hat das Landgericht einen gemein-

---

35 OLG Frankfurt NJW 1972, 641, 644.
36 So z.B. *Grunewald* in G/H/E/K, § 352c Rz. 17.
37 Vgl. *Grunewald* (Fn 36) § 352c Rz. 18.

samen Vertreter zu bestellen, dessen Aufgabe die Wahrung der Rechte der außenstehenden Anteilsinhaber ist (§ 308 Abs. 1 S. 1 UmwG). Ist sowohl die Festsetzung eines Ausgleichs durch bare Zuzahlung zur Nachbesserung des Umtausch- bzw. Beteiligungsverhältnisses als auch die Festsetzung einer angemessenen Barabfindung beantragt, ist je ein gemeinsamer Vertreter für jeden der beiden Anträge zu bestellen (§ 308 Abs. 1 S. 3 UmwG). Ob darüber hinaus für Anteilsinhaber mit verschiedenen Anteilsgattungen auch je ein besonderer gemeinsamer Vertreter bestellt werden muß, ist zum Aktienkonzernrecht umstritten; richtigerweise wird man dies weder dort noch hier verlangen können.[38]

bb) Die Bestellung des gemeinsamen Vertreters erfolgt für die „außenstehenden" Anteilsinhaber. Die Bestellung unterbleibt daher, wenn es neben den Antragstellern keine außenstehenden Anteilsinhaber mehr gibt. Den Begriff des außenstehenden Anteilsinhabers hat das Gesetz aus der für konzernrechtliche Spruchstellenverfahren geltenden Vorschriften des § 306 Abs. 4 AktG übernommen. Im Konzernrecht bezeichnet dieser Begriff diejenigen Aktionäre einer abhängigen Gesellschaft, die – etwas untechnisch gesprochen – nicht zum herrschenden Unternehmen gehören.[39]

Welche Bedeutung der Begriff im Umwandlungsrecht haben soll, ist unklar und aus den Gesetzesmaterialien nicht zu erschließen. Vermutlich handelt es sich hier um einen Redaktionsfehler. In der Begründung des Regierungsentwurfs heißt es, die Vorschrift übernehme die für Umwandlungen im Konzern nach früherem Umwandlungsrecht geltende Regelung über den gemeinsamen Vertreter; in dieser früheren Regelung aber war nicht von den „außenstehenden", sondern von den „ausscheidenden" Aktionären die Rede. Es fällt auch schwer, in dieser Regelung einen Sinn zu erkennen. Soll sie einen Sinn habe, muß sie auf eine Differenzierung innerhalb der Gruppe der zuzahlungs- bzw. ausgleichsberechtigten Anteilsinhaber hinauslaufen. Man könnte dann daran denken, in Verschmelzungs- und Spaltungsfällen als nicht außenstehend solche Anteilsinhaber anzusehen, die dem übernehmenden Rechtsträger zuzurechnen sind mit der Folge, daß ein gemeinsamer Vertreter nicht zu bestellen wäre, wenn es nur solche Anteilsinhaber gäbe. Besonders plausibel erschiene eine solche Lö-

---

38 *Koppensteiner* (Fn 6) § 306 Rz. 9; *Krieger* (Fn 6) § 70 Rz. 90; aA *Geßler* (Fn 14) § 306 Rz. 28.

39 Näher zum Begriff des außenstehenden Aktionärs z.B. *Koppensteiner* (Fn 6) § 295 Rz. 19 f.; *Krieger* (Fn 6) § 70 Rz. 41.

sung jedoch nicht, denn sie liefe – anders als im Konzernrecht – darauf hinaus, daß solche außenstehenden Anteilsinhaber zwar den materiell-rechtlichen Anspruch auf Zuzahlung bzw. Barabfindung hätten, verfahrensrechtlich jedoch schlechter gestellt wären als die anderen Anteilsinhaber, obgleich die ergehende Entscheidung genauso für und gegen sie wirkt, wie für und gegen die anderen Anteilsinhaber.

cc) Die Bestellung eines gemeinsamen Vertreters kann ausnahmsweise unterbleiben, wenn die Wahrung der Rechte der Anteilsinhaber auf andere Weise sichergestellt ist (§ 308 Abs. 1 S. 4 UmwG). Dazu ist allgemein zu lesen, dies komme nur in seltenen Ausnahmefällen in Betracht.[40] Gedacht wird dabei etwa an Fälle, in denen sich der übernehmende Rechtsträger bereits mit sämtlichen außenstehenden Anteilsinhabern geeinigt hat oder in denen die außenstehenden Anteilsinhaber den Antragsteller mit der Wahrnehmung ihrer Interessen beauftragt haben.[41] Das Bayerische Oberste Landesgericht hat darüber hinaus in einem Spruchstellenverfahren die Bestellung eines gemeinsamen Vertreters für entbehrlich angesehen, weil sich die Deutsche Schutzvereinigung für Wertpapierbesitz als Antragstellerin beteiligt hatte.[42] Die Bestellung kann jedoch nicht schon deshalb unterbleiben, weil die außenstehenden Anteilsinhaber offensichtlich kein Interesse an dem Verfahren haben.[43] Solange es in dem Verfahren allerdings nur um die Antragsberechtigung des Antragstellers geht, braucht ein gemeinsamer Vertreter noch nicht bestellt zu werden; denn dieser soll die Interessen der außenstehenden Anteilsinhaber im Verfahren wahrnehmen und hat keine Funktion, solange noch offen ist, ob es überhaupt zur Durchführung des Verfahrens kommt.[44]

dd) Das Gericht hat die Bestellung des gemeinsamen Vertreters im Bundesanzeiger und etwaigen anderen Gesellschaftsblättern bekanntzumachen (§§ 308 Abs. 1 S. 4, 307 Abs. 3 S. 1 UmwG).

Gegen die Bestellung des gemeinsamen Vertreters kann Beschwerde erhoben werden (§ 19 Abs. 1 FGG). Beschwerdebefugt sind die außenstehenden Anteilsinhabern, für die der gemeinsame Vertreter bestellt

---

40 OLG Düsseldorf AG 1971, 121; *Koppensteiner* (Fn 6) § 306 Rz. 12; *Geßler* (Fn 14) § 306 Rz. 29.

41 *Koppensteiner* (Fn 6) § 306 Rz. 12; für den letzteren Fall ablehnend *Dehmer,* § 33 UmwG Anm. 3.

42 BayObLG EWiR § 306 AktG 1/92, 5 mit ablehnender Stellungnahme von *Hommelhoff.*

43 KG WM 1972, 738; *Dehmer,* § 33 UmwG Anm. 3.

44 OLG Frankfurt NJW 1972, 641, 644; *Koppensteiner* (Fn 6) § 306 Rz. 12; *Krieger* (Fn 6) § 70 Rz. 90.

wird und daneben der übernehmende Rechtsträger bzw. in Fällen des Formwechsels der Rechtsträger neuer Rechtsform, weil dieser die Kosten des gemeinsamen Vertreters zu tragen hat.[45]

Eine Abberufung des besonderen Vertreters ist gesetzlich nicht geregelt, wird von der Rechtsprechung aber zugelassen, wenn dies im Interesse der von ihm vertretenen Anteilsinhaber geboten ist oder die Notwendigkeit, einen gemeinsamen Vertreter zu bestellen, entfällt.[46] Auch hiergegen findet das Rechtsmittel der Beschwerde statt.

ee) Der gemeinsame Vertreter hat im Rahmen des Verfahrens die Rechtsstellung eines gesetzlichen (Prozeß-) Vertreters der außenstehenden Anteilsinhaber, für die er bestellt ist. Er hat deren Rechte wahrzunehmen und kann in ihrem Namen Anträge stellen, wobei er an Weisungen von seiten der außenstehenden Anteilsinhaber nicht gebunden ist. Vermögensrechtliche Verpflichtungen kann er mit Wirkung für die außenstehenden Anteilsinhaber jedoch nicht eingehen.[47]

Ein Novum ist die Vorschrift des § 308 Abs. 3 UmwG, die dem gemeinsamen Vertreter das Recht gibt, das Verfahren auch nach Rücknahme eines Antrags weiterzuführen. Bislang wurde ein solches Recht des gemeinsamen Vertreters von der herrschenden Meinung verneint, obwohl die Frage heftig umstritten war.[48] Der Gesetzgeber hat dem gemeinsamen Vertreter jetzt ausdrücklich das Recht zur Weiterführung des Antrags eingeräumt, weil er im Interesse der Gleichbehandlung der Anteilsinhaber verhindern wollte, daß Unternehmen Antragsteller auskaufen, um dadurch das Verfahren zu beenden.[49] Die Regelung war im Gesetzgebungsverfahren sehr umstritten. Der Bundesrat hatte sich in seiner Stellungnahme zunächst gegen sie ausgesprochen, weil sie zum Schutz der Anteilsinhaber nicht erforderlich sei und außerdem die Befristung der Antragstellung aushöhlen würde.[50] Der Handelsrechtsausschuß des Deutschen Anwaltsvereins hat in seiner Stellungnahme zum Referentenentwurf des Gesetzes von einem prozeßrechtlichen „Monstrum" eines Rechtsschutzes für unbekannte

---

45 *Dehmer,* § 33 Anm. 5.
46 OLG Düsseldorf DB 1988, 1108; BayObLG EWiR § 306 AktG 1/92, 5.
47 *Dehmer,* § 33 UmwG, Anm. 6; *Koppensteiner* (Fn 6) § 306 Rz. 14.
48 Gegen ein Fortführungsrecht bislang z.B. OLG Düsseldorf DB 1977, 763; OLG Hamburg AG 1980, 163; *Koppensteiner* (Fn 6) § 306 Rz. 20; *Krieger* (Fn 6) § 70 Rz. 91 mwN; aA etwa *Geßler* (Fn 14) § 306 Rz. 36; *Meilikke/Meilicke,* ZGR 1974, 296.
49 Vgl. BegrRegE, *Neye,* S. 443 f.
50 Vgl. die Stellungnahme des Bundesrats, abgedruckt bei *Neye,* S. 443.

Dritte gesprochen.[51] Es ist gleichwohl bei der Regelung geblieben, und man wird jetzt abwarten müssen, wie sie sich in der Praxis bewährt. Zu betonen ist, daß der gemeinsame Vertreter zwar berechtigt, aber keinesfalls verpflichtet ist, das Verfahren nach Rücknahme eines Antrags weiterzuführen. Vielmehr ist schon in der Begründung des Regierungsentwurfs ausdrücklich darauf hingewiesen, daß der gemeinsame Vertreter die Möglichkeit haben soll, auch seinerseits das Verfahren zu beenden, wenn etwa die Antragsrücknahme auf einem Vergleich beruht und entweder – wie es heute verbreitete Praxis ist – bereits der Verschmelzungsvertrag (oder die entsprechenden Willenserklärungen in den anderen Umwandlungsarten) eine Erstreckung der in diesem Vergleich gewährten Begünstigungen auch auf die übrigen Anteilsinhaber vorsieht, oder wenn sich der betroffene Rechtsträger in dem Vergleich zu einer solchen Erstreckung verpflichtet.[52] In einem solchen Fall wird man den gemeinsamen Vertreter allerdings auch nicht ohne weiteres für verpflichtet ansehen können, das Verfahren ebenfalls zu beenden. Die Begründung des Regierungsentwurfs spricht zwar davon, daß die Fortführung des Verfahrens durch den gemeinsamen Vertreter in einem solchen Fall „ein bloßer Formalismus" wäre,[53] aber so pauschal kann man das wohl nicht sehen, sondern der gemeinsame Vertreter hat die Konditionen eines solchen Vergleichs zu prüfen und in deren Lichte zu entscheiden, ob es im Interesse der von ihm vertretenen Anteilsinhaber gerechtfertigt ist, das Verfahren ebenfalls zu beenden.

5. Entscheidung, Rechtsmittel und Rechtskraft

a) Inhalt der Entscheidung

Die Entscheidung des Gerichts ergeht durch Beschluß, der zu begründen und den Beteiligten zuzustellen ist. Sie besteht in der Festsetzung der beantragten baren Zuzahlung bzw. der beantragten höheren Abfindung oder in der Abweisung des Antrags als unzulässig oder unbegründet. Eine Herabsetzung der im Umwandlungsverfahren angebotenen Barabfindung ist hingegen nicht möglich, weil das Spruchverfahren nur auf Antrag und im Interesse der umtausch- bzw. abfindungsbe-

---

51 WM 1993, Sonderbeilage, 2 Rz. 192.
52 BegrRegE, *Neye*, S. 443.
53 BegrRegE, *Neye*, S. 443.

rechtigten Anteilsinhaber stattfindet.[54] Daneben kann das Verfahren durch Antragsrücknahme und Vergleich enden, sofern sich alle Antragsteller und der gemeinsame Vertreter daran beteiligen.

b) Rechtsmittel

Gegen die Entscheidung des Landgerichts findet die sofortige Beschwerde statt (§ 303 Abs. 1 S. 1 UmwG). Sie muß innerhalb einer Frist von zwei Wochen seit der Bekanntmachung der Entscheidung an den Beschwerdeberechtigten (§ 22 Abs. 1 FGG) durch Einreichung einer von einem Rechtsanwalt unterzeichneten Beschwerdeschrift eingelegt werden (§ 309 Abs. 1 S. 2 UmwG).

Über die Beschwerde entscheidet das Oberlandesgericht (§ 309 Abs. 2 S. 1 UmwG). Die Länder können die Zuständigkeit für die Bezirke mehrerer Oberlandesgerichte bei einem der Oberlandesgerichte zentralisieren (§ 309 Abs. 3 UmwG). Von dieser Möglichkeit haben in der Vergangenheit Bayern, Niedersachsen und Nordrhein-Westfalen Gebrauch gemacht. In Nordrhein-Westfalen beispielsweise liegt die zentrale Zuständigkeit beim Oberlandesgericht Düsseldorf.

Beschwerdeberechtigt sind alle Beteiligten des Spruchverfahrens. Das sind unzweifelhaft die Antragsteller und der Rechtsträger, gegen den sich der Antrag richtet. Die zum konzernrechtlichen Spruchstellenverfahren umstrittene Frage, ob auch der gemeinsame Vertreter beschwerdebefugt ist, war schon bislang richtigerweise zu bejahen,[55] und kann jetzt schon gar nicht mehr zweifelhaft sein, nachdem § 308 Abs. 3 UmwG dem gemeinsamen Vertreter sogar die Möglichkeit gibt, das Verfahren nach Rücknahme eines Antrags selbständig weiterzuführen.

Die Beschwerdeinstanz ist eine weitere Tatsacheninstanz, in der das Oberlandesgericht also noch einmal selbst über die Angemessenheit des Umtausch- bzw. Beteiligungsverhältnisses und der angebotenen Barabfindung zu entscheiden hat.

Gegen die Entscheidung des Oberlandesgerichts ist eine weitere Beschwerde ausgeschlossen (§ 309 Abs. 2 S. 3 UmwG).

---

54 *Dehmer*, § 34 UmwG Anm. 2 lit. b); *Schilling* in Hachenburg (Fn 15) § 33 UmwG Rz 1; *Widmann/Mayer*, § 34 UmwG Rz 680.1.

55 Ebenso z.B. BayObLG WM 1973, 1030, 1031; ausführlich *Koppensteiner* (Fn 6) § 306 Rz. 25; aA OLG Celle AG 1979, 230, 231; OLG Hamburg AG 1980, 163.

c) Rechtskraft

Die Entscheidung wird erst mit ihrer Rechtskraft wirksam (§ 311 S. 1 UmwG). Sie ist unverzüglich nach ihrer Rechtskraft von den gesetzlichen Vertretern jedes übernehmenden oder neuen Rechtsträgers oder im Falle des Formwechsels des Rechtsträger neuer Rechtsform – ohne die Entscheidungsgründe – im Bundesanzeiger und etwaigen anderen Gesellschaftsblättern bekanntzumachen (§ 310 UmwG).

Die rechtskräftige Entscheidung wirkt inter omnes, also für und gegen alle (§ 311 S. 2 UmwG). Insoweit unterscheidet sich die Neuregelung von den früheren Bestimmungen in § 352c AktG und § 31a KapErhG, die nur den antragstellenden Gesellschaftern Rechte aus der Entscheidung zuerkannten, während in § 35 UmwG a.F. auch früher schon die inter omnes-Wirkung vorgesehen war.

Setzt das Gericht eine bare Zuzahlung zur Verbesserung des Umtausch- bzw. Beteiligungsverhältnisses fest, kann jeder Anteilsinhaber des übertragenden Rechtsträgers diese bare Zuzahlung beanspruchen. Setzt das Gericht die angemessene Barabfindung fest, tritt die gerichtliche Bestimmung an die Stelle der im Rahmen der Umwandlung getroffenen Regelung. Dabei ist problematisch, ob auch diejenigen Anteilsinhaber eine Nachzahlung beanspruchen können, die bereits das ursprüngliche Abfindungsangebot angenommen hatten. Die herrschende Meinung bejaht einen solchen Nachzahlungsanspruch.[56] Das ist im Interesse eines wirksamen Schutzes der Anteilsinhaber rechtspolitisch zu begrüßen, rechtsdogmatisch aber doch mit einigen Fragezeichen zu versehen. Denn immerhin haben sich die betreffenden Anteilsinhaber freiwillig entschieden, zu dem ihnen gebotenen Abfindungsbetrag auszuscheiden.[57] In der Praxis entschärft sich das Problem dadurch, daß vielfach im Verschmelzungsvertrag (bzw. den entsprechenden Willenserklärungen bei den anderen Umwandlungsformen) vorgesehen wird, daß eine durch das Spruchverfahren erhöhte Anfindung auch bereits abgefundene Anteilsinhabern zur Nachzahlung berechtigt.

---

56 OLG Celle DB 1979, 1031, 1033; LG Berlin AG 1979, 207; aus der Literatur z.B. *Geßler* (Fn 14) § 305 Rz. 74; *Kübler*, FS Goerdeler, 1987, S. 279, 293; *Würdinger* (Fn 10) § 305 Anm. 21.

57 Ebenso *Koppensteiner* (Fn 6) § 305 Rz. 56; *ders.*, BB 1978, 769; *Hüchting* (Fn 6) S. 85 ff.; *Krieger* (Fn 6) § 70 Rz. 94.

6. Kosten des Verfahrens

a) Schuldner der Gerichtskosten sind grundsätzlich die übernehmenden oder neuen Rechtsträger bzw. im Falle des Formwechsels der Rechtsträger neuer Rechtsform (§ 312 Abs. 4 S. 1 UmwG). Die Kosten können jedoch ganz oder zum Teil einem anderen Beteiligten – allerdings nicht dem gemeinsamen Vertreter und den von diesem vertretenen Anteilsinhabern – auferlegt werden, wenn dies der Billigkeit entspricht (§ 312 Abs. 4 S. 2 UmwG). Dies wird nur ausnahmsweise der Fall sein, etwa bei einem unzulässigen oder offensichtlich unbegründeten Antrag.[58]

Ob für die Verteilung der außergerichtlichen Kosten der Beteiligten ebenfalls § 312 Abs. 4 UmwG[59] oder § 13a Abs. 1 FGG anzuwenden ist,[60] ist nicht ganz klar, wird aber im praktischen Ergebnis keinen Unterschied machen. Auch nach § 13a Abs. 1 FGG wird die Erstattung der notwendigen außergerichtlichen Kosten der Antragsteller in aller Regel den übernehmenden oder neuen Rechtsträgern bzw. dem Rechtsträger neuer Rechtsform aufzuerlegen sein.[61]

Der gemeinsame Vertreter schließlich hat gemäß § 308 Abs. 2 UmwG Anspruch auf Auslagenersatz und eine angemessene Vergütung. Der Anspruch richtet sich gegen die Antragsgegner, wobei mehrere Antragsgegner als Gesamtschuldner haften.

b) Die Höhe der Gerichtskosten regelt sich nach den Vorschriften der KostO (§ 312 Abs. 2 UmwG). Der für die Kostenberechnung maßgebliche Geschäftswert ist nach freiem Ermessen festzusetzen. Die Gerichte orientieren sich dabei üblicherweise an dem Betrag, der sich für den verpflichteten Rechtsträger auf Grund der festgesetzten Zuzahlung und der Differenz zwischen der angebotenen und der festgesetzten Abfindung als Gesamtzahlungsverpflichtung ergibt.[62] Das führt zu Problemen, wenn keine bare Zuzahlung festgesetzt und die angebotene Abfindung nicht erhöht wird, weil dann der Geschäftswert an sich

---

58 BayObLG DB 1975, 1788, 1789; OLG Düsseldorf WM 1973, 1085, 1087; OLG Frankfurt NJW 1972, 641, 644; *Koppensteiner* (Fn 6) § 306 Rz. 27.

59 So für den Parallelfall des § 306 Abs. 7 AktG OLG Düsseldorf WM 1973, 1087; OLG Frankfurt AG 1971, 369.

60 So mit Recht OLG Celle WM 1974, 530; LG Frankfurt AG 1985, 310, 311; *Koppensteiner* (Fn 6) § 306 Rz. 28; *Geßler* (Fn 14) § 306 Rz. 49.

61 Vgl. zu der parallelen Fragestellung im Konzernrecht etwa OLG Celle BB 1981, 1234, 1235; LG Frankfurt AG 1985, 310, 311; *Koppensteiner* (Fn 6) § 306 Rz. 28; *Geßler* (Fn 14) § 306 Rz. 49.

62 Vgl. näher *Koppensteiner* (Fn 6) § 306 Rz. 27.

Null sein müßte. In solchen Fällen versuchen die Gerichte, für die Bewertung andere Hilfsgrößen zu finden, etwa die Differenz zwischen einer angebotenen Abfindung und dem Börsenkurs u.a.[63]

Für die Berechnung der zu erstattenden Anwaltskosten soll nach der Rechtsprechung einiger Oberlandesgerichte der volle Geschäftswert der gerichtlichen Tätigkeit zugrunde gelegt werden, unabhängig davon, wie hoch das wirtschaftliche Interesse des einzelnen Mandanten ist[64]. Diese Praxis kann zu einer völlig unzumutbaren Kostenbelastung der Unternehmen führen. Sie wird damit begründet, daß die gerichtliche Entscheidung für und gegen alle wirke und es andernfalls für Antragsteller schwierig sein könne, einen Anwalt zu finden, der bereit sei, ihre Vertretung zu übernehmen. Aber die inter omnes-Wirkung ändert nichts daran, daß der Anwalt nur für seinen einzelnen Mandanten tätig ist, und das Problem, daß ein niedriger Streitwert für einen beteiligten Anwalt möglicherweise zu einem nichtauskömmlichen Honorar führt, stellt sich bei jeder Rechtsangelegenheit mit niedrigem Gegenstandswert und läßt sich nicht durch eine künstliche Heraufsetzung der Werte lösen. Für den Gegenstandswert der anwaltlichen Tätigkeit kann es allein auf die Höhe der Ansprüche des jeweils anwaltlich vertretenen Anteilsinhabers ankommen.[65]

Gelegentlich versuchen Antragsteller auch, sich im Rahmen des Spruchstellenverfahrens die Kosten für ein von ihnen eingeholtes Privatgutachten erstatten zu lassen. Darauf besteht in aller Regel kein Anspruch, weil es Sache des Gerichts ist, den notwendigen sachverständigen Rat zu beschaffen. Die Einholung eines Privatgutachtens wird von der Rechtsprechung nur ganz ausnahmsweise als notwendig angesehen, wenn der Beteiligte andernfalls nicht in der Lage ist, Fragen an den gerichtlichen Sachverständigen zu formulieren oder wenn ein Privatgutachten nötig ist, um das gerichtliche Gutachten zu widerlegen.[66]

Die Höhe der Auslagen und der Vergütung des gemeinsamen Vertreters schließlich setzt das Gericht fest, das den Antragsgegnern auch Vorschußzahlungen aufgeben kann. Die Berechnung ist für Rechtsan-

---

63 Vgl. OLG Düsseldorf DB 1978, 1586 f.
64 So z.B. BayObLG AG 1974, 223 f.; OLG Hamburg DB 1980, 631; w.N. bei *Koppensteiner*, (Fn 6) § 306 Rz. 28.
65 Ebenso z.B. OLG Zweibrücken DB 1994, 624; OLG Celle BB 1981, 1235, 1236; OLG Frankfurt BB 1986, 1062; KG AG 1986, 80.
66 OLG Düsseldorf WM 1992, 418.

wälte in Anlehnung an die Vorschriften der BRAGO vorzunehmen,[67] wobei auch hier richtigerweise als Gegenstandswert nicht derselbe Betrag wie für die gerichtliche Tätigkeit, sondern ein nach den Ansprüchen der von dem besonderen Vertreter repräsentierten außenstehenden Anteilsinhaber zu bemessender Betrag zugrundezulegen ist.

---

67 OLG Celle WM 1974, 555; OLG Hamburg AG 1980, 282; OLG Düsseldorf DB 1984, 2188 m.w.N.

Umwandlungsrecht und Arbeitsrecht

Prof. Dr. Detlev Joost, Hamburg

I. Überblick

Gesellschaftsrecht und Arbeitsrecht sind in vielen Bereichen miteinander verwoben und insoweit Teile eines als Einheit verstehbaren – aber keineswegs immer so verstandenen – Unternehmensrechts. Nicht selten ist die Einführung gesellschaftsrechtlicher Konzeptionen sogar davon abhängig, daß eine Übereinstimmung mit mitbestim-

297

mungsrechtlichen Anforderungen erreicht wird – also mit eigentlich eher außergesellschaftsrechtlichen Zwecken und Zielen. Dies führt häufig zu Friktionen wie etwa bei der Schaffung einer Europäischen Aktiengesellschaft, die wegen der fehlenden Konsensfähigkeit deutscher Mitbestimmungskonzeptionen trotz vieler Anläufe nach wie vor auf Eis liegt.

Dasselbe Schicksal hätte auch das neue Umwandlungsrecht erleiden können. Über die Notwendigkeit und Zweckmäßigkeit eines mitbestimmungsrechtlichen Flankenschutzes bestanden nämlich bis zuletzt unterschiedliche Auffassungen. Der arbeitsrechtliche Teil des Gesetzentwurfs der Bundesregierung hat im Gesetzgebungsverfahren erhebliche Veränderungen erfahren. § 325 UmwG über die Beibehaltung der Unternehmensmitbestimmung ist buchstäblich erst in letzter Minute durch den Vermittlungsausschuß in das Gesetz aufgenommen worden und hat den Weg für die Verabschiedung erst frei gemacht.

Die sich nun darbietende und hier zu erläuternde Regelung arbeitsrechtlicher Fragen ist umfangreich und kompliziert. Sie betrifft im wesentlichen

– die Schaffung eines sog. Übergangsmandats für den Betriebsrat;
– eine Erweiterung der betriebsverfassungsrechtlichen Mitbestimmung und die Einführung weiterer Unterrichtungspflichten;
– eine sehr unklare Regelung für den sog. gemeinsamen Betrieb;
– Regelungen über die Beibehaltung der betriebsverfassungsrechtlichen Stellung des Betriebsrats und der Unternehmensmitbestimmung;
– die Einordnung von Verschmelzung, Spaltung und Vermögensübertragung als Fälle des Betriebsübergangs nach § 613a BGB;
– die Sicherung der kündigungsrechtlichen Stellung des Arbeitnehmers.

Den arbeitsrechtlichen Begleitregelungen kommt – trotz ihrer technischen Einstellung unter die Übergangs- und Schlußvorschriften – wesentliche Bedeutung zu. In der Praxis wird die gesellschaftsrechtliche Umwandlung nicht mehr ohne genaue Berücksichtigung der arbeitsrechtlichen Folgewirkungen und insbesondere der damit verbundenen Kosten für das Unternehmen beurteilt werden können. Die Regelung verdient also jede Aufmerksamkeit.

II. Betriebsverfassungsrecht

Am bedeutsamsten sind die Änderungen des Betriebsverfassungsrechts, die zum Teil grundsätzlicher Art sind.

1. Übergangsmandat des Betriebsrats

Der Betrieb verliert seine Betriebsratsfähigkeit, wenn er seine Selbständigkeit durch Eingliederung in einen anderen Betrieb oder durch
Zusammenlegung mit einem anderen Betrieb durch Bildung eines
neuen Betriebes verliert. Die Amtszeit des bisherigen Betriebsrats
endet.[1] Wird ein Betriebsteil ausgegliedert und von einem anderen
Betrieb oder Unternehmen übernommen, so verliert der Betriebsrat
die Zuständigkeit für die in dem bisherigen Betriebsteil beschäftigten
Arbeitnehmer.[2] Dadurch kann für die Arbeitnehmer eine mehr oder
weniger lange betriebsratslose Zeit eintreten. Ein Übergangsmandat
des bisher zuständigen Betriebsrats zur Überbrückung einer betriebsratslosen Zeit war im bisherigen Recht nicht allgemein vorgesehen.
Das Bundesarbeitsgericht hat ein derartiges allgemeines Übergangsmandat für den Fall der Betriebsteilveräußerung sogar ausdrücklich
abgelehnt.[3]

Diese Frage ist scharf zu unterscheiden von der Problematik des sog.
Restmandats des Betriebsrats im Falle der Stillegung des Betriebs,
solange noch Beteiligungsbefugnisse für den stillgelegten Betrieb
selbst auszuüben sind. Ein derartiges Restmandat ist in der Rechtsprechung anerkannt.[4] Es betrifft nur Abwicklungsangelegenheiten, nicht
aber den Übergang zu einer neuen betriebsverfassungsrechtlichen Repräsentation.

Im Zusammenhang mit der deutschen Wiedervereinigung ist vom
Gesetzgeber für zwei Fälle ein Übergangsmandat des Betriebsrats geschaffen worden, nämlich einmal gem. § 13 SpTrUG bei der Spaltung
und Zusammenlegung von Betrieben bzw. Betriebsteilen der Treuhandanstalt und gem. § 6b VermG bei der Aufteilung in verschiedene
Gesellschaften oder Vermögensmassen bei Rückgabeansprüchen. Damit sollte einem besonderen Schutzbedürfnis der Arbeitnehmer bei

---

1 *Joost*, Münchener Handbuch zum Arbeitsrecht, Bd. 3, 1993, § 297 Rz. 16
   m.w.N.
2 BAG v. 23. 11. 1988 AP Nr. 77 zu § 613a BGB; *Joost* (Fn 1), § 297 Rz. 16.
3 BAG v. 23. 11. 1988 AP Nr. 77 zu § 613a BGB.
4 BAG v. 16. 6. 1987 AP Nr. 20 zu § 111 BetrVG 1972; vgl. *Joost* (Fn 1), § 297
   Rz. 15 m.w.N.

diesen neuartigen Vorgängen entsprochen werden. An diese bisher singulären Regelungen knüpft nunmehr das Umwandlungsgesetz in § 321 an.

a) Voraussetzungen

Das Übergangsmandat setzt voraus, daß die bisherige betriebliche Einheit verändert wird und die neue Einheit selbst betriebsratsfähig ist. Es entsteht danach in drei Fällen:

aa) Die erste Möglichkeit betrifft die Betriebsspaltung. Bei einer Spaltung oder Teilübertragung eines Rechtsträgers nach dem Dritten oder Vierten Buch kann zugleich eine Spaltung des Betriebes erfolgen, d.h. der betrieblichen Einheit als Anknüpfungspunkt der betriebsverfassungsrechtlichen Organisation. Das muß allerdings nicht so sein. Die Spaltung bzw. Teilübertragung betrifft zunächst nur den Rechtsträger des Unternehmens und damit den Rechtsträger des Betriebes. Wenn z.B. nach § 123 Abs. 2 UmwG durch Abspaltung ein Teil des Vermögens auf eine Besitzgesellschaft übertragen wird, liegt eine Spaltung des Betriebes nicht vor. Unter einem Betrieb versteht man die im Arbeitsrecht h.M. eine organisatorische Einheit von Arbeitsmitteln, die auf einen arbeitstechnischen Zweck ausgerichtet ist. Die organisatorische Einheit wird dabei im wesentlichen in der einheitlichen Ausübung von Leitungsmacht, und zwar arbeitsrechtlicher Leitungsmacht, gesehen.[5] Die Übertragung von Vermögensteilen ohne Einschränkung des Betriebszwecks und der Betriebstätigkeit und ohne Änderung der Organisation ändert an der Einheit des Betriebes nichts. Das Übergangsmandat bezieht sich also nur auf diejenigen Fälle, in denen die Spaltung des Rechtsträgers bzw. die Teilübertragung Auswirkungen auf die betriebliche Organisationseinheit hat.

Es müssen also die Ebenen des Rechtsträgers und des Betriebes genau unterschieden werden. Das wird leider nicht immer beachtet. Die eingebürgerte Bezeichnung „Betriebsaufspaltung" ist z.B. stark mißverständlich. Sie ist als solche gerade keine Betriebsaufspaltung, sondern eine Unternehmensaufspaltung, die Vermögensteile aus dem Unternehmen auf einen anderen Rechtsträger verlagert (Besitzgesellschaft); die betriebliche Einheit bleibt dabei in aller Regel unberührt.

Bei einer Betriebsspaltung wird weiter vorausgesetzt, daß der abgespaltene Betriebsteil überhaupt betriebsratsfähig ist, also gem. § 1

---

5 BAG v. 23. 9. 1982 u. v. 17. 2. 1983 AP Nr. 3 u. 4 zu § 4 BetrVG 1972.

BetrVG mindestens fünf Arbeitnehmer hat, von denen drei wählbar sind. Fehlt es daran, so hat das Übergangsmandat keinen Sinn, weil der frühere Betriebsteil und nunmehr selbständige Betrieb keinen Betriebsrat mehr bilden kann.

bb) Statt einer Betriebsspaltung kann es auch so liegen, daß Betriebe, die bisher selbständig waren und jeweils eigene Betriebsräte hatten, zu einem neuen Betrieb zusammengefaßt werden. Hier nimmt der Betriebsrat das Übergangsmandat wahr, dessen bisherigem Betrieb die größte Zahl wahlberechtigter Arbeitnehmer zugeordnet war, § 321 Abs. 2 S. 2 UmwG.

cc) Gleiches gilt, wenn Betriebsteile, die bisher verschiedenen Betrieben zugeordnet waren, zu einem Betrieb zusammengefaßt werden. Hier hat der Betriebsrat das Übergangsmandat, dem der nach der Zahl der wahlberechtigten Arbeitnehmer größte Betriebsteil zugeordnet war, § 321 Abs. 2 S. 1 UmwG.

dd) Demnach ist nicht in allen Fällen der Umwandlung Raum für ein Übergangsmandat. In vielen Fällen ändert sich die betriebliche Organisation nicht, so daß es nur zu einem Wechsel des Rechtsträgers oder zu einem Wechsel der Rechtsform wie bei der formwechselnden Umwandlung kommt. Hier wird die Identität des Betriebes nicht geändert, so daß der Betriebsrat ohnehin im Amt bleibt.

Das Übergangsmandat besteht ferner nicht, wenn ein bisheriger bloßer Betriebsteil in einen anderen Betrieb eingegliedert wird, in dem bereits ein Betriebsrat besteht, § 321 Abs. 1 S. 1 a.E. UmwG. Im Falle der Eingliederung von Betriebsteilen in einen anderen Betrieb bleibt dessen Identität erhalten, während der bisherige Betriebsteil seine Selbständigkeit verliert. Der Betriebsrat des aufnehmenden Betriebes vertritt die neuen Arbeitnehmer mit, so daß ein Übergangsmandat entbehrlich ist. Sofern mit Ablauf von 24 Monaten, vom Tage der Wahl an gerechnet, die Zahl der regelmäßig beschäftigten Arbeitnehmer in dem aufnehmenden Betrieb unter Einschluß der eingegliederten Arbeitnehmer um die Hälfte, mindestens aber um fünfzig, gestiegen (oder aus anderen Gründen gesunken) ist, hat eine außerordentliche neue Betriebsratswahl gem. § 13 Abs. 2 Nr. 1 BetrVG stattzufinden.

b) Kompetenzen des Übergangsmandats

Der Betriebsrat hat im Übergangsmandat grundsätzlich alle Kompetenzen, die er vor der Betriebsspaltung bzw. Zusammenlegung hatte.

Er ist in der Mitbestimmung also nicht auf Abwicklungsangelegenheiten beschränkt;[6] hierin unterscheidet sich das Übergangsmandat wesentlich von dem sog. Restmandat. Insofern kann man das Übergangsmandat inhaltlich als Vollmandat bezeichnen.

Die Hauptaufgabe des Betriebsrats im Übergangsmandat besteht allerdings darin, unverzüglich einen Wahlvorstand für die neue betriebliche Einheit bzw. mehrere Wahlvorstände für die mehreren betrieblichen Einheiten zu bestellen. Das ist im bisherigen Recht in den Fällen der §§ 13 SpTrUG, 6b Abs. 9 VermG ebenso, aber in diesen Gesetzen nicht ausdrücklich ausgesprochen. § 321 Abs. 1 S. 2 UmwG hebt diese Aufgabe des Betriebsrats im Übergangsmandat nunmehr besonders hervor. Die Regelung weicht insofern vom allgemeinen Betriebsverfassungsrecht ab, als gewöhnlich in einem betriebsratslosen Betrieb die Arbeitnehmer selbst und unmittelbar in einer Betriebsversammlung einen Wahlvorstand zu wählen haben, § 17 Abs. 1 BetrVG.

c) Befristung

Das Übergangsmandat ist gem. § 321 Abs. 1 S. 3 UmwG befristet bis zur Bekanntgabe des Wahlergebnisses in den neuen betrieblichen Einheiten, längstens jedoch bis zu sechs Monaten nach Wirksamwerden der Spaltung oder der Teilübertragung des Rechtsträgers, also gem. §§ 130, 131, 176 Abs. 3, 177 Abs. 2 UmwG seit der Eintragung im Handelsregister.

Die Frist von sechs Monaten bedeutet eine Verdoppelung der dreimonatigen Frist nach §§ 13 Abs. 1 S. 2 SpTrUG, 6b Abs. 9 S. 2 VermG. Die Verlängerung ist erst durch den Vermittlungsausschuß eingeführt worden.[7] Wenn innerhalb der Frist kein neuer Betriebsrat gewählt worden ist, bleibt der Betrieb ohne betriebsverfassungsrechtliche Repräsentation, so daß die Mitbestimmung nicht mehr ausgeübt werden kann.

d) Wettbewerbsklausel

Nach §§ 13 Abs. 3 SpTrUG, 6b Abs. 9 S. 4 VermG besteht eine Wettbewerbsklausel. Wenn die an der Spaltung oder an der Teilübertragung beteiligten Rechtsträger im Wettbewerb zueinander stehen, sind die Vorschriften über die Beteiligungsrechte des Betriebsrats nicht

---

6 *Oetker/Busche,* NZA 1991, Beil. Nr. 1 S. 23.
7 BR-Drs. 843/94 Anlage Nr. 1. a).

anzuwenden, soweit sie Angelegenheiten betreffen, die den Wettbewerb zwischen den Gesellschaften beeinflussen können. Dadurch wird das Übergangsmandat des Betriebsrats inhaltlich nicht unwesentlich beschränkt. Eine gleiche Einschränkung sah § 321 Abs. 3 des Regierungsentwurfs zum Umwandlungsgesetz noch vor. Der Vermittlungsausschuß hat die Regelung – als Teil des notwendigen Kompromisses – gestrichen,[8] so daß sie in der endgültigen Gesetzesfassung nicht mehr enthalten ist. Man war der Meinung, daß die Betriebsräte die Wettbewerbssituation ausreichend berücksichtigen könnten.

e) Allgemeines Übergangsmandat

Die Frage, ob das neue Umwandlungsrecht dazu führen wird, ganz generell ein Übergangsmandat im Betriebsverfassungsrecht anzunehmen, greift über das neue Umwandlungsrecht hinaus und ist deshalb hier nicht vertieft zu behandeln. Sie ist aber doch für viele Unternehmen interessant und deshalb einige Bemerkungen wert. Wie bereits dargestellt gibt es ein allgemeines Übergangsmandat nach der herrschenden Lehre und der Rechtsprechung des Bundesarbeitsgerichts bisher nicht. Bereits unter der Geltung des Spaltungsgesetzes und des Vermögensgesetzes ist indessen in der Literatur erörtert worden, ob diese Einzelregelungen als Ausprägung eines allgemeinen Rechtsgedankens verstanden werden müssen bzw. einer Analogie zugänglich sind. Von einem Teil des Schrifttums wird dies bejaht und ein allgemeines Übergangsmandat schon jetzt angenommen.[9] Dem ist aber im Schrifttum auch schon energisch widersprochen worden.[10]

Hier wie so oft in der Rechtswissenschaft zeigt sich, daß man mit logischen Argumenten nicht allzu weit kommt. Einerseits läßt sich zwar sehr plausibel argumentieren, daß der Gesetzgeber gerade kein allgemeines Übergangsmandat geschaffen hat, sondern dieses eben nur in den Fällen der Spaltung bzw. Teilübertragung nach dem Spaltungsgesetz, dem Vermögensgesetz und dem Umwandlungsgesetz anerkennt, also nur in Einzelfällen. Die Gelegenheit zur gesetzlichen Schaffung eines allgemeinen Übergangsmandats hat er gerade nicht ergriffen, obwohl sogar formelle Änderungen des Betriebsverfassungsgesetzes vorgenommen worden sind (Art. 13 UmwBerG). Andererseits

---

8 BR-Drs. 843/94 Anlage Nr. 1 b).
9 *Fitting/Auffarth/Kaiser/Heither,* BetrVG, 17. Aufl. 1992, § 21 Rz. 56 f.
10 *Bauer/Lingemann,* NZA 1994, 1058 ff.

läßt sich genauso plausibel argumentieren, daß diese Einzelregelungen angesichts ihrer Bedeutung eben doch Ausdruck eines nunmehr gewandelten Verständnisses sind und sie schon wegen der Geltung des allgemeinen Gleichheitssatzes nicht ohne Auswirkungen auf das allgemeine Betriebsverfassungsrecht bleiben können, wenn es keine einleuchtenden Gründe für eine unterschiedliche Behandlung gibt. Solche einleuchtenden Gründe sind in der Tat nicht zu erkennen. Das allgemeine Übergangsmandat ist bereits seit einiger Zeit in der literarischen Diskussion. Wenn der Gesetzgeber nunmehr für alle relevanten Fälle der Umwandlung ein Übergangsmandat anerkennt und damit das dem Übergangsmandat zugrunde liegende Schutzbedürfnis der Arbeitnehmer, so läßt sich vor dem Hintergrund der bisherigen Erfahrungen mit der Entwicklung des Arbeitsrechts unschwer vorhersagen, daß der Trend mit großer Sicherheit in die Richtung zur Anerkennung eines allgemeinen Übergangsmandats gehen wird. Darauf sollten sich die Unternehmen und die Beratungspraxis frühzeitig einstellen.

2. Erweiterung der Mitbestimmung

Durch Art. 13 Nr. 2 UmwBerG wird die Mitbestimmung des Betriebsrats erweitert, was im Zusammenhang mit der neueren Rechtsprechung des Bundesarbeitsgerichts zu beträchtlichen Folgewirkungen führt.

a) Betriebsänderung

Die Bestimmung erweitert § 111 S. 2 Nr. 3 BetrVG. Dort wird bisher als Betriebsänderung nur der nicht allzu häufige Zusammenschluß von Betrieben als Betriebsänderung erfaßt. Nunmehr gilt auch die Betriebsspaltung als Betriebsänderung. Dies hat mitbestimmungsrechtlich drei unmittelbare Auswirkungen:

– Der Unternehmer hat in Betrieben mit in der Regel mehr als 20 wahlberechtigten Arbeitnehmern den Betriebsrat über die geplante Betriebsspaltung rechtzeitig und umfassend zu unterrichten und die geplante Spaltung mit ihm zu beraten, § 111 S. 1 BetrVG.
– Der Unternehmer hat – bei Vermeidung des Nachteilsausgleichs gem. § 113 Abs. 3 BetrVG – mit dem Betriebsrat über einen Interessenausgleich zu beraten und zu verhandeln. Der Interessenausgleich betrifft die Frage, ob überhaupt und ggf. wann und in welcher Weise die Betriebsänderung durchgeführt werden soll, also die Modalitä-

ten der geplanten Betriebsänderung.[11] Zu dem Abschluß eines derartigen Interessenausgleichs kann der Unternehmer gegen seinen Willen nicht gezwungen werden; der Interessenausgleich ist für eine Einigungsstelle also nicht spruchfähig.

– Der Unternehmer hat mit dem Betriebsrat über den Abschluß eines Sozialplans zu verhandeln, § 112 Abs. 1 S. 2 BetrVG. Der Sozialplan enthält Regelungen über den Ausgleich oder die Milderung der wirtschaftlichen Nachteile, die den Arbeitnehmern infolge der geplanten Betriebsänderung entstehen. Dieser Sozialplan ist erzwingbar, d.h. der Betriebsrat kann den Abschluß des Sozialplans über die Einigungsstelle gegen den Willen des Unternehmers durchsetzen, § 112 Abs. 4 BetrVG. Der Spruch der Einigungsstelle ersetzt die Einigung zwischen dem Arbeitgeber und dem Betriebsrat.

b) Unterlassungsanspruch

Besondere praktische Brisanz erhält die Mitbestimmungserweiterung durch die neueste Rechtsprechung des Bundesarbeitsgerichts zu den Unterlassungsansprüchen des Betriebsrats. Überwiegend wurde in der bisherigen Rechtslehre die Meinung vertreten, daß der Betriebsrat Pflichtverletzungen des Arbeitgebers bzw. Unternehmers nicht ohne weiteres mit Unterlassungsansprüchen begegnen kann, sondern vornehmlich auf die Geltendmachung der Rechte aus § 23 Abs. 3 BetrVG beschränkt ist.[12] Danach kann der Betriebsrat nur bei groben Verstößen des Arbeitgebers gegen seine Verpflichtungen beim Arbeitsgericht beantragen, dem Arbeitgeber aufzugeben, eine Handlung zu unterlassen. Diese Ansicht hatte zunächst auch der 1. Senat des BAG vertreten.[13] Davon war aber der 5. Senat des BAG abgewichen; nach seiner Ansicht sollten Unterlassungsansprüche nach § 23 Abs. 3 BetrVG allgemeine Unterlassungsansprüche nicht ausschließen.[14] Nunmehr hat der 1. Senat mit Beschluß vom 3. 5. 1994 wohl abschließend entschieden, daß dem Betriebsrat bei Verletzung seiner Mitbestimmungsrechte aus § 87 BetrVG ein allgemeiner Anspruch auf Unterlassung der

---

11 *Matthes,* Münchener Handbuch zum Arbeitsrecht, Bd. 3, 1993, § 352 Rz. 11 f.

12 *Joost* (Fn 1), § 302 Rz. 55 ff. m.w.N.

13 BAG v. 22. 2. 1983 AP Nr. 2 zu § 23 BetrVG 1972 m. Anm. *von Hoyningen-Huene.*

14 BAG v. 18. 4. 1985 AP Nr. 5 zu § 23 BetrVG 1972 m. Anm. *von Hoyningen-Huene.*

mitbestimmungswidrigen Maßnahme zusteht, auch wenn keine grobe Pflichtverletzung gegeben ist.[15]

Die neueste Entscheidung des Bundesarbeitsgerichts betrifft ausdrücklich nur den Fall des § 87 BetrVG, also die sozialen Angelegenheiten, und das Bundesarbeitsgericht hebt eigens hervor, daß für jeden Mitbestimmungstatbestand selbständig zu prüfen sei, ob der Unterlassungsanspruch bestehe. Die vom Gericht dafür genannten Gründe (Ausschluß auch nur zeitweiliger betriebsverfassungswidriger Zustände; Vermeidung der Schaffung von schwer zu beseitigenden Fakten; Abwendung von Rechtsnachteilen für den Betriebsrat) können bei formaler Betrachtung auch bei § 111 BetrVG gegeben sein.[16] Unter dieser Annahme würde der Betriebsrat die Betriebsspaltung als unternehmerische Maßnahme mit einem Unterlassungsanspruch verhindern können, wenn und solange er nicht ausreichend unterrichtet worden ist.

Für die Praxis würden dadurch gravierende Probleme entstehen, weil über die Frage der rechtzeitigen und insbesondere vollständigen Information naturgemäß leicht Streit bestehen kann. Wenn man berücksichtigt, daß § 112 BetrVG – anders als § 87 Abs. 2 BetrVG – den Interessenausgleich nicht als erzwingbar ausgestaltet hat und daß die Betriebsänderung als solche vom Betriebsrat nicht verhindert werden kann, liegt es fern, die für § 87 BetrVG vom Bundesarbeitsgericht angenommenen Grundsätze auf §§ 111, 112 BetrVG zu erstrecken.

Die Instanzrechtsprechung der Landesarbeitsgerichte ist allerdings in der Vergangenheit im Zusammenhang mit § 87 BetrVG recht großzügig mit dem Erlaß einstweiliger Unterlassungsverfügungen auf Antrag des Betriebsrats gewesen.[17] Die Kosten von dadurch verursachten Verzögerungen können beträchtlich sein. Es ist daher zu raten, den Betriebsrat entsprechend dem neugefaßten § 111 BetrVG frühzeitig und umfassend über die Betriebsänderung zu informieren – was auch ohne jeden Unterlassungsanspruch allein dem Recht entspricht.

---

15 BAG v. 3. 5. 1994, BB 1994, 2273 ff.
16 Grundsätzlich dafür bereits *Derleder,* ArbuR 1995, 16 ff. m.N. zum Streitstand vor der Entscheidung des 1. Senats des BAG v. 3. 5. 1994.
17 Zur grundsätzlichen Möglichkeit einer einstweiligen Verfügung zur Sicherung des Unterlassungsanspruchs s. BAG v. 3. 5. 1994, BB 1994, 2273, 2275.

3. Weitere Unterrichtungspflichten

Zwei weitere Unterrichtungspflichten betriebsverfassungsrechtlicher Art seien hier nur kurz gestreift.

a) Zuleitung des Umwandlungsvertrages bzw. Umwandlungsberichts

Gem. § 5 Abs. 3 UmwG ist der Verschmelzungsvertrag oder sein Entwurf spätestens einen Monat vor dem Tage der Versammlung der Anteilsinhaber jedes beteiligten Rechtsträgers, die über die Zustimmung zum Verschmelzungsvertrag beschließen soll, dem zuständigen Betriebsrat des Rechtsträgers zuzuleiten. In dem Vertrage selbst bzw. seinem Entwurf müssen die Folgen der Verschmelzung für die Arbeitnehmer und ihre Vertretungen sowie die insoweit vorgesehenen Maßnahmen angegeben werden, § 5 Abs. 1 Nr. 9 UmwG. Der Anmeldung zur Eintragung im Handelsregister ist ein Nachweis über die rechtzeitige Zuleitung des Verschmelzungsvertrages oder seines Entwurfs an den zuständigen Betriebsrat beizufügen, § 17 Abs. 1 UmwG. Für die Spaltung gilt gem. § 126 Abs. 3 UmwG die gleiche Regelung. Beim Formwechsel ist der im Umwandlungsbericht enthaltene Entwurf des Umwandlungsbeschlusses gem. § 194 Abs. 2 UmwG zuzuleiten.[18]

Das Unterbleiben der Zuleitung ist gem. §§ 17 Abs. 1, 199 UmwG ein Eintragungshindernis. Betriebsverfassungsrechtlich ist das Versäumnis gleichbedeutend mit einer nicht vollständigen Information des Betriebsrats i.S.d. § 111 BetrVG, so daß die dazu gemachten Ausführungen auch hier zu beachten sind. Ob andererseits die Zuleitung für eine ordnungsgemäße Unterrichtung nach § 111 BetrVG bereits genügt, sagt das Gesetz nicht. Im Regelfall wird das nicht der Fall sein, da die Angaben nicht die nach § 111 BetrVG vorausgesetzte Dichte erreichen werden. In jedem Falle bleibt die Pflicht des Unternehmers zur Beratung über die geplante Betriebsänderung davon unberührt.

b) Unterrichtung des Wirtschaftsausschusses

Gem. Art. 13 Nr. 1 UmwBerG wird § 106 Abs. 3 Nr. 8 BetrVG dahin erweitert, daß der Wirtschaftsausschuß auch über die Spaltung von Unternehmen oder Betrieben zu unterrichten ist und der Unternehmer diese Angelegenheiten mit dem Wirtschaftsausschuß zu beraten

---

18 Zu den vielfältigen damit verbundenen Anwendungsfragen s. die Beiträge von *Grunewald, Hommelhoff* und *Decher* in diesem Band S. 19 ff., 117 ff., 201 ff.

hat. Der Wirtschaftsausschuß ist kein selbständiges Organ der Betriebsverfassung mit eigenen Rechten und Pflichten. Er ist nach herrschender Lehre nur ein unselbständiges Hilfsorgan des Betriebsrats[19] und den Ausschüssen des Betriebsrats vergleichbar.[20] Verstößt der Unternehmer gegen seine Informations- und Beratungspflicht, so hat der Wirtschaftsausschuß kein eigenes Antragsrecht. Dieses steht vielmehr nur dem Betriebsrat bzw. dem Gesamtbetriebsrat zu.[21]

Eigenartigerweise soll der Wirtschaftsausschuß über die Spaltung von Unternehmen unterrichtet werden, obwohl das Umwandlungsgesetz die Spaltung von Unternehmen gerade nicht regelt, sondern die Spaltung von Rechtsträgern. Möglicherweise liegt insoweit ein Redaktionsversehen vor. Sicher ist das aber nicht, da der Aufgabenkreis des Wirtschaftsausschusses durchweg auf das Unternehmen bezogen ist und die gesellschaftsrechtlichen Grundlagen des Unternehmensträgers, also des Rechtsträgers in der Terminologie des Umwandlungsgesetzes, gerade nicht erfaßt.[22]

4. Gemeinsamer Betrieb

Eine interessante, inhaltlich ganz neue Norm enthält § 322 Abs. 1 UmwG. Danach wird vermutet, daß bei einer Betriebsspaltung, wenn die Organisation des gespaltenen Betriebes nicht geändert wird, der Betrieb von den an der Spaltung beteiligten Rechtsträgern gemeinsam geführt wird. Diese Bestimmung ist in Voraussetzungen und Wirkungen höchst unklar und kann daher künftig Anlaß zu vielen Streitigkeiten geben.

a) Voraussetzungen

aa) Die Formulierung der Norm ist nicht gut durchdacht. Zunächst ist schon zweifelhaft, unter welcher Voraussetzung ein gemeinsamer Betrieb vermutet werden soll. § 322 Abs. 1 UmwG geht von einer Betriebsspaltung ohne Organisationsänderung aus. So etwas kann streng genommen nicht vorkommen. Da der Betrieb nach h.M. als einheitliche Organisation verstanden wird, muß die Betriebsspaltung

---

19 Ständige Rechtsprechung; BAG v. 5. 2. 1991, AP Nr. 10 zu § 106 BetrVG 1972.
20 *Wiese,* FS Molitor, 1988, S. 365, 369; *Joost* (Fn 1), § 311 Rz. 2.
21 BAG v. 22. 1. 1991 AP Nr. 9 zu § 106 BetrVG 1972; *Joost* (Fn 1), § 311 Rz. 125 m.w.N.
22 *Joost,* FS Kissel, 1994, S. 433, 439 ff.

eine Spaltung der einheitlichen Organisation sein. Dies ist immer eine Organisationsänderung, und zwar eine der wesentlichsten. Bei einem solchen Verständnis hätte § 322 Abs. 1 UmwG überhaupt keinen Anwendungsbereich.

Nun ist eine Auslegung, die der neuen, vom Gesetzgeber doch als sinnhaft gedachten Norm von vornherein keinen Anwendungsbereich beläßt, ziemlich indiskutabel. Um dieses Ergebnis zu vermeiden, lassen sich drei Wege denken:

- Entweder wird in § 322 Abs. 1 UmwG ein ganz anderer Betriebsbegriff verwandt, der nicht maßgeblich auf die Organisationseinheit abstellt. Zu denken ist etwa daran, daß der Betrieb i.s.d. § 613a BGB vom Bundesarbeitsgericht in ständiger Rechtsprechung mit den Betriebsmitteln als sachlichem Substrat identifiziert wird.[23]
- Oder es geht überhaupt nicht um den Betrieb und dessen Spaltung, sondern nur um die Spaltung des Rechtsträgers und dessen bisher einheitlicher Inhaberstellung zum Betrieb unter Zuordnung der Arbeitsverhältnisse der Arbeitnehmer zu nunmehr verschiedenen Rechtsträgern ohne Organisationsänderung. Dann wäre der Ausdruck Betriebsspaltung im Gesetzestext zu streichen.
- Schließlich kann man die Bestimmung auch dahin verstehen, daß die Organisationsspaltung ex lege nicht als Organisationsänderung angesehen wird, wenn die mehreren Rechtsträger die arbeitsrechtliche Leitungsmacht – nunmehr zusammen – so ausüben, wie dies vor der Spaltung der Fall war. Bei dieser Gestaltung würde dann widerlegbar vermutet, daß die beteiligten Rechtsträger den Betrieb gemeinsam führen, also eine Betriebseinheit weiterhin vorliegt.

Richtigerweise wäre also das Gesetz besser anders gefaßt worden. Es hätte zum Ausdruck gebracht werden müssen, daß die bloße Spaltung des Rechtsträgers die betriebsverfassungsrechtliche Einheit des Betriebes nicht berühre, wenn die jetzt mehreren Rechtsträger ohne sonstige Organisationsänderung den Betrieb gemeinsam weiterführten, und daß diese gemeinsame Führung außerdem bei Fehlen einer sonstigen Organisationsänderung vermutet werde. Eine Betriebsspaltung läge dann wegen der immer noch vorhandenen betriebsverfassungsrechtlichen Einheit gerade nicht vor.

Die Quintessenz ist also, daß der bisher einheitliche Betrieb eines Rechtsträgers ein einheitlicher gemeinsamer Betrieb der mehreren

---

23 BAG v. 21. 2. 1990, AP Nr. 85 zu § 613a BGB; BAG 14. 7. 1994, NZA 1995, 27 f.; BAG v. 22. 9. 1994, ZIP 1995, 59 f.

Rechtsträger bleibt und dies im Falle der Rechtsträgerspaltung ohne sonstige Organisationsänderung des Betriebes vermutet wird.

bb) Nach der bisherigen Rechtsprechung des Bundesarbeitsgerichts,[24] die allerdings im Schrifttum umstritten ist,[25] liegt ein gemeinsamer Betrieb vor, wenn die mehreren Arbeitgeber als Rechtsträger des Betriebes eine rechtliche Vereinbarung über die gemeinsame Leitung getroffen haben, wobei sich dies jedoch auch konkludent aus den tatsächlichen Umständen des Einzelfalls ergeben können soll. Es wird also von einer den Tatsachen zu entnehmenden konkludenten Führungsvereinbarung ausgegangen.

§ 322 Abs. 1 UmwG läßt sich als Anwendungsfall dieses Verständnisses einordnen. Die bisherige Führung durch einen Rechtsträger wird ohne sonstige Organisationsänderung auf zwei Rechtsträger verteilt, so daß die tatsächliche Ausübung arbeitsrechtlicher Leitungsmacht unverändert bleibt. Auf dieser Grundlage wird das Vorhandensein einer entsprechenden Führungsvereinbarung vermutet. Zwingend ist diese Annahme allerdings nicht. Nach dem Gesetzestext wird nämlich nicht das Vorliegen einer rechtlichen Führungsvereinbarung vermutet, sondern nur die gemeinsame Führung. Die tatsächliche gemeinsame Führung ist aber eigentlich Voraussetzung der Vermutung und nicht deren Folge. Der Gesetzestext ist hier also wiederum unklar gefaßt.

cc) Die Vermutung für die gemeinsame Führung ist widerlegbar. Das Gesetz sagt allerdings nicht, auf welche Weise der Gegenbeweis geführt werden soll. Da das Gesetz sich darüber ausschweigt, unter welchen Voraussetzungen überhaupt von einer gemeinschaftlichen Führung auszugehen ist, wird man insoweit an die h.M. anzuknüpfen haben. Danach ist eine rechtliche Führungsvereinbarung notwendig. Der Gegenbeweis muß also darauf abzielen, daß eine rechtliche Führungsvereinbarung unter den neuen Rechtsträgern nicht besteht.

b) Wirkungen

Besonders eigenartig ist § 322 Abs. 1 UmwG insofern, als danach zwar vermutet wird, daß die mehreren Rechtsträger den gespaltenen Betrieb gemeinsam führen, aber nichts darüber gesagt wird, welche betriebsverfassungsrechtlichen Auswirkungen damit verbunden sein

---

24 BAG v. 7. 8. 1986, NZA 1987, 131 ff. m.w.N.
25 Nachweise bei *Joost,* Betrieb und Unternehmen als Grundbegriffe im Arbeitsrecht, 1988, S. 258 ff.

sollen. Es gibt bisher keine gesetzliche Norm, welche den gemeinsam geführten Betrieb, das heißt den gemeinsamen Betrieb oder Gemeinschaftsbetrieb, rechtlich regelt. Es wird also jetzt etwas gesetzlich vermutet, was bisher nur in der Rechtslehre und in der Rechtsprechung als gedachte Rechtsfigur existiert – und dort natürlich umstritten ist.

Im großen und ganzen kann man sagen, daß nach h.M. der von mehreren Arbeitgebern geführte Betrieb als eine betriebsverfassungsrechtliche Einheit angesehen wird, die einen einheitlichen Betriebsrat erhält.[26] Der Betriebsrat des Gemeinschaftsbetriebs kann sich an der Bildung der beiden, für die verschiedenen Unternehmen der beiden Arbeitgeber zu bildenden Gesamtbetriebsräte beteiligen, was aber streitig ist.[27]

Da der gespaltene Betrieb weiterhin als betriebsverfassungsrechtliche Einheit in Form des Gemeinschaftsbetriebs anzusehen ist, bleibt der gewählte Betriebsrat unverändert im Amt. Das Übergangsmandat nach § 321 UmwG besteht in diesem Falle nicht.

5. Weitergeltung von Betriebsvereinbarungen

a) Die Weitergeltung bestehender Betriebsvereinbarungen[28] hängt davon ab, ob und wie sich die Umwandlung auf die jeweilige betriebsverfassungsrechtliche Einheit auswirkt. Bleibt sie in ihrer Identität erhalten, so gilt die Betriebsvereinbarung unverändert weiter. Das ist etwa der Fall, wenn es nicht zu einer Betriebsspaltung kommt. Auch die Führung eines gemeinsamen Betriebes nach § 322 Abs. 1 UmwG läßt die betriebsverfassungsrechtliche Einheit unberührt, so daß die bisherigen Betriebsvereinbarungen fortbestehen.

Zweifelhaft ist die Rechtslage bei einem durch die Umwandlung erfolgenden Betriebsübergang, also dem Eintritt eines anderen Rechtsträgers als Arbeitgeber. Nach § 613a Abs. 1 S. 2 BGB werden die bisherigen Betriebsvereinbarungen Inhalt der Arbeitsverhältnisse, verlieren also ihre normative Kraft. Die Bestimmung beruht auf der Vorstellung, daß der Betriebsübergang zur Beendigung der Betriebsvereinba-

---

26 BAG v. 14. 9. 1988, AP Nr. 9 zu § 1 BetrVG 1972.
27 *Säcker,* Die Wahlordnungen zum Mitbestimmungsgesetz, 1978, S. 108; *Joost,* Betrieb und Unternehmen als Grundbegriffe im Arbeitsrecht, 1988, S. 264. A.A. *Richardi,* Münchener Handbuch zum Arbeitsrecht, Bd. 1, 1992, § 30 Rz. 43; *Dietz/Richardi,* BetrVG, 6. Aufl. 1981, § 1 Rz. 86.
28 S. dazu *Berscheid,* WPrax 1994, 7, 9.

rung führt, weil der Erwerber die Betriebsvereinbarung nicht abgeschlossen hat. § 613a Abs. 1 S. 2 BGB soll die damit entstehende Lücke schließen und den Arbeitnehmern einen entsprechenden befristeten Schutz auf individualrechtlicher Grundlage bieten.

Die Konzeption der gesetzlichen Bestimmung ist jedoch nicht richtig. Bleibt die betriebsverfassungsrechtliche Einheit erhalten, so besteht kein Grund, den Betriebsvereinbarungen die Wirksamkeit zu versagen. Der Erwerber rückt zugleich in die kollektivrechtliche Arbeitgeberstellung ein. Die negative Koalitionsfreiheit, die eine Tarifbindung bei einem Verbandstarifvertrag verhindert, wenn der neue Rechtsträger kein Mitglied des Verbandes ist, besteht hier nicht. Es ist daher bei Wahrung der betriebsverfassungsrechtlichen Identität von der normativen Weitergeltung der Betriebsvereinbarungen auszugehen.[29]

b) Die Gesamtbetriebsvereinbarung wird, jedenfalls im originären Zuständigkeitsbereich des Gesamtbetriebsrats, auf Unternehmensebene geschlossen. Verliert das Unternehmen durch die Umwandlung des Rechtsträgers seine betriebsverfassungsrechtliche Identität, z.B. durch Spaltung, so führt dies zur Beendigung der Gesamtbetriebsvereinbarung. Es gilt ggf. § 613a Abs. 1 S. 2 BGB.[30]

6. Beibehaltung der betriebsverfassungsrechtlichen Stellung

a) Wenn im Falle der Spaltung oder Teilübertragung eines Rechtsträgers und einer damit einhergehenden Betriebsspaltung kein Gemeinschaftsbetrieb vorliegt, kann die Betriebsspaltung dazu führen, daß Mitbestimmungsrechte oder sonstige Rechte des Betriebsrats entfallen. In zahlreichen Einzelfällen hängt die betriebsverfassungsrechtliche Stellung nämlich von der Zahl der in der betrieblichen Einheit beschäftigten Arbeitnehmer ab. Dies gilt z.B. für

- die Zahl der von ihrer beruflichen Tätigkeit vollständig freizustellenden Betriebsratsmitglieder gem. § 38 BetrVG (z.B. bei fünfhundert Arbeitnehmern ein Betriebsratsmitglied und bei zweitausendfünfhundert Arbeitnehmern vier Betriebsratsmitglieder);
- die Mitbestimmung bei personellen Einzelmaßnahmen gem. § 99 Abs. 1 BetrVG, insbesondere bei Einstellungen (nur in Betrieben mit in der Regel mehr als zwanzig wahlberechtigten Arbeitnehmern);

---

29 Ebenso die h.M., BAG v. 5. 2. 1991, AP Nr. 89 zu § 613a BGB m.w.N.
30 Denkbar ist auch eine Nachwirkung nach § 77 Abs. 6 BetrVG.

– die Bildung eines Wirtschaftsausschusses gem. § 106 Abs. 1 BetrVG (nur in Unternehmen mit in der Regel mehr als einhundert ständig beschäftigten Arbeitnehmern).

Sofern die Umwandlung bzw. die Betriebsspaltung dazu führt, daß die neuen betriebsverfassungsrechtlichen Einheiten die jeweiligen Arbeitnehmerzahlen nicht mehr erreichen, entfallen die entsprechenden Mitbestimmungsrechte oder sonstigen Rechte jedenfalls nach Ablauf des Übergangsmandats.

b) Aus diesem Grunde sieht der vom Vermittlungsausschuß eingeführte § 325 Abs. 2 S. 1 UmwG vor, daß die Fortgeltung dieser Beteiligungsrechte und sonstigen Rechte durch Betriebsvereinbarung oder Tarifvertrag vereinbart werden kann. Das ist insofern eine Neuerung, als im Betriebsverfassungsgesetz bisher eine derartige allgemeine Dispositivität nicht vorgesehen ist. Die gesetzliche Betriebsverfassung ist vielmehr weitgehend zwingenden Rechts. Immerhin hat das Bundesarbeitsgericht in der Entscheidung zum sog. Leberkompromiß über die Verkürzung der Wochenarbeitszeit ausgesprochen, daß die Mitbestimmungsrechte durch Tarifvertrag erweitert werden können.[31] Die Entscheidung ist im Schrifttum allerdings sehr stark umstritten und eher abzulehnen. Vermutlich wird § 325 Abs. 2 S. 1 UmwG zukünftig daraufhin diskutiert werden, ob die dortige Zulassung von Tarifverträgen zur Beibehaltung – und damit für den neuen Rechtsträger zur Erweiterung – der Beteiligungsrechte ein Einzelfall ist oder Ausprägung eines allgemeinen Rechtsverständnisses. In jedem Falle kann aber von dieser Möglichkeit nur mit Einverständnis des Arbeitgebers bzw. des Rechtsträgers des Unternehmens Gebrauch gemacht werden.

c) In § 325 Abs. 2 S. 2 UmwG wird ausdrücklich hervorgehoben, daß die §§ 9 und 27 BetrVG unberührt bleiben. In diesen Bestimmungen werden die Zahl der Betriebsratsmitglieder abhängig von der Zahl der im Betrieb beschäftigten Arbeitnehmer und die Bildung eines die laufenden Geschäfte führenden Betriebsausschusses für Betriebsräte mit mindestens neun Mitgliedern festgelegt. Diese Regelungen sollen also zwingend gelten.

---

31 BAG v. 18. 8. 1987, AP Nr. 23 zu § 77 BetrVG 1972.

III. Unternehmensmitbestimmung

1. Zusammensetzung des Aufsichtsrates

Die Verzögerungen bei der endgültigen Verabschiedung des Umw-BerG beruhten u.a. auf Bedenken im Hinblick darauf, daß die Möglichkeiten zur Umwandlung eine Einbuße an Unternehmensmitbestimmung herbeiführen könnten. Allerdings sind keineswegs alle oder die meisten Umwandlungsfälle mitbestimmungsrelevant bzw. mitbestimmungsreduzierend.[32] Aber es gibt natürlich Gestaltungen, bei denen die gesetzlichen Voraussetzungen für die Unternehmensmitbestimmung entfallen. Diese Voraussetzungen sind im Betriebsverfassungsgesetz 1952 in der Fassung des Gesetzes für kleine Aktiengesellschaften und zur Deregulierung des Aktienrechts v. 2. 8. 1994,[33] im Mitbestimmungsgesetz 1976 und in den Montan-Mitbestimmungsgesetzen enthalten. Sie stellen auf die Rechtsform und die Zahl der Arbeitnehmer ab, bei den Montan-Mitbestimmungsgesetzen auch auf den Gegenstand des Unternehmens.

a) Die potentielle Mitbestimmungsrelevanz zeigt sich deutlich am Beispiel der Spaltung einer Kapitalgesellschaft. Wird z.B. eine Aktiengesellschaft mit dreitausend Arbeitnehmern gem. § 123 Abs. 1 UmwG in drei GmbH mit jeweils eintausend Arbeitnehmern aufgespalten, so entfällt die bisherige paritätische Aufsichtsratsmitbestimmung gem. § 1 MitbestG, weil die neuen Rechtsträger nicht mehr die Schwelle der Beschäftigung von in der Regel mehr als zweitausend Arbeitnehmern erreichen. Zugleich entfällt die Verpflichtung zur Bestellung des Arbeitsdirektors nach § 33 MitbestG. In den obligatorischen Aufsichtsräten der GmbH besteht nur noch die Drittelparität gem. §§ 76, 77 BetrVG 1952, da die GmbH jeweils mehr als fünfhundert Arbeitnehmer haben. Würde die Aktiengesellschaft gleich auf sechs GmbH mit jeweils gleicher Arbeitnehmerzahl aufgespalten, entfiele die Unternehmensmitbestimmung ganz.

Während der Regierungsentwurf mitbestimmungsmindernde Ergebnisse hinnehmen wollte,[34] hat der Vermittlungsausschuß[35] nunmehr § 325 Abs. 1 UmwG eingefügt. Diese Bestimmung schafft allerdings keine allgemeine Regelung für alle Fälle von Umwandlungen, bei denen es im Ergebnis zu einer Mitbestimmungseinschränkung oder

---

32 Ausführlich dazu *Bartodziej*, ZIP 1994, 580 ff.
33 BGBl. I S. 1961.
34 BT-Drs. 12/6699 S. 76.
35 BR-Drs. 843/94 Anlage Nr. 3.

einem Wegfall der Unternehmensmitbestimmung kommt. Geregelt ist vielmehr nur der Fall der Spaltung durch Abspaltung oder Ausgliederung gem. § 123 Abs. 2 und 3 UmwG. Die in obigem Beispiel genannte Aufspaltung gem. § 123 Abs. 1 UmwG wird also von vornherein nicht erfaßt.

b) Nach § 325 Abs. 1 S. 1 UmwG wird vorausgesetzt, daß durch Abspaltung oder Ausgliederung bei einem übertragenden Rechtsträger die gesetzlichen Voraussetzungen für die Beteiligung der Arbeitnehmer im Aufsichtsrat entfallen. Diese Formulierung ist ungenau. Sie läßt offen, ob die gesetzlichen Voraussetzungen für die bisherige Beteiligung der Arbeitnehmer im Aufsichtsrat gemeint sind oder ob die Bestimmung nur Anwendung finden soll, wenn überhaupt keine gesetzlichen Voraussetzungen für die Arbeitnehmerbeteiligung im Aufsichtsrat nach irgendeinem Gesetz mehr gegeben sind. Das macht insofern einen bedeutenden Unterschied, als die Voraussetzungen für die paritätische Mitbestimmung nach dem Mitbestimmungsgesetz 1976 entfallen, die Voraussetzungen für die drittelparitätische Mitbestimmung nach dem Betriebsverfassungsgesetz 1952 aber noch erhalten geblieben sein können. Nach dem Schutzzweck des Gesetzes wird anzunehmen sein, daß bereits der Wegfall des bisherigen Mitbestimmungsstatuts für die Anwendung der Norm genügt.

Dazu ein Beispiel: Eine Aktiengesellschaft außerhalb des Montanbereichs hat zweitausendfünfhundert Arbeitnehmer und demzufolge einen paritätisch besetzten Aufsichtsrat nach dem Mitbestimmungsgesetz 1976. Sie spaltet gem. § 123 Abs. 2 Nr. 1 UmwG einen Teil ab zur Aufnahme durch Übertragung dieses Teils auf eine GmbH. Dabei gehen eintausend Arbeitnehmer auf die GmbH über. Damit ist die Voraussetzung einer Arbeitnehmerzahl von mehr als zweitausend gem. § 1 MitbestG für die Aktiengesellschaft entfallen und folglich auch deren bisheriges Mitbestimmungsstatut. Der Aufsichtsrat unterläge nur noch der Drittelparität nach § 76 BetrVG 1952.

Hierzu ordnet nun § 325 Abs. 1 S. 1 UmwG an, daß die vor der Spaltung geltenden Vorschriften noch für einen Zeitraum von fünf Jahren nach dem Wirksamwerden der Abspaltung oder Ausgliederung Anwendung finden. Das Gesetz sagt nicht ausdrücklich, für welchen Rechtsträger dies gelten soll. Gemeint ist aber natürlich: für den übertragenden Rechtsträger, was sich mittelbar auch aus § 325 Abs. 1 S. 2 UmwG ergibt. Das bisher geltende Mitbestimmungsstatut wird also befristet beibehalten. Diese legislatorische Konzeption ist den neueren Regelungen über die Beibehaltung der Montanmitbestimmung entlehnt. Bekanntlich droht der Montanmitbestimmung schon seit langem eine Auszehrung dadurch, daß die Gesellschaften die gesetzlichen Voraussetzungen nach § 1 Montan-MitbestG insofern nicht mehr erfüllen, als der überwiegende Betriebszweck der Unternehmen nicht mehr in der Förderung von Kohle und Erz etc. bzw. der Erzeugung von Eisen und Stahl besteht. Nach dem zur Sicherung der Montanmitbestimmung 1981 eingefügten § 1 Abs. 3 Montan-MitbestG sind die Vorschriften dieses Gesetzes über das Mitbestimmungsrecht bei Wegfall der Voraussetzungen erst dann nicht mehr anzuwenden, wenn in sechs aufeinanderfolgenden Geschäftsjahren eine der Voraussetzungen nicht mehr vorgelegen hat – es besteht also eine Auslauffrist. Gleiches sieht nun § 325 Abs. 1 S. 1 UmwG mit einer fünfjährigen Frist für alle Fälle der Unternehmensmitbestimmung vor.

c) § 325 Abs. 1 S. 2 UmwG enthält noch eine Ausnahmeregelung für den Fall, daß das bisherige Mitbestimmungsstatut wegen Nichterreichens der Mindestzahl von Arbeitnehmern entfällt. Die befristete Beibehaltung des bisherigen Mitbestimmungsstatuts findet nicht statt, wenn die Zahl der Arbeitnehmer des übertragenden Rechtsträgers durch die Abspaltung oder Ausgliederung auf weniger als in der Regel ein Viertel der Mindestzahl absinkt.

Auch dazu ein Beispiel: Eine Aktiengesellschaft mit zweitausendfünfhundert Arbeitnehmern hat einen Aufsichtsrat nach dem Mitbestimmungsgesetz 1976. Sie spaltet in der Weise Vermögensteile ab, daß sie nur noch vierhundert Arbeitnehmer behält. Das ist deutlich weniger als ein Viertel der gesetzlichen Mindestzahl von mehr als zweitausend Arbeitnehmern. Die Beibehaltung des Mitbestimmungsstatuts findet nicht statt.

2. Amtsdauer

§ 203 UmwG enthält eine Spezialregelung für die Amtsdauer von Aufsichtsratsmitgliedern. Bei einem Formwechsel bleiben die bisherigen Aufsichtsratsmitglieder im Amt, wenn bei dem Rechtsträger neuer Rechtsform in gleicher Weise wie bei dem formwechselnden Rechtsträger ein Aufsichtsrat zu bilden ist. Die Regelung wird vom Gedanken der Kontinuität der Mitbestimmung getragen (vgl. auch § 31 Abs. 5 AktG). Für die Aufsichtsratsmitglieder der Anteilsinhaber kann im Umwandlungsbeschluß die Beendigung des Amtes vorgesehen werden, § 203 Satz 2 UmwG.

IV. Tarifrecht

Soweit durch die Umwandlung ein Rechtsträger erlischt und durch einen neuen Rechtsträger ersetzt wird, hängt die Weitergeltung der Verbandstarifverträge von der Verbandszugehörigkeit des neuen Rechtsträgers ab. Nach der Rechtsprechung des Bundesarbeitsgerichts geht die Verbandszugehörigkeit bei einer Gesamtrechtsnachfolge nicht ohne weiteres mit über; dies würde der negativen Koalitionsfreiheit widersprechen. Es ist danach bei fehlender Verbandszugehörigkeit § 4 Abs. 5 TVG entsprechend anzuwenden.[36] Dies bedeutet, daß der Tarifvertrag weitergilt, aber seine zwingende Kraft verliert; er kann daher durch Vereinbarung – auch zum Nachteil des Arbeitnehmers – geändert werden.

Bei einer durch Verschmelzung bewirkten Gesamtrechtsnachfolge hat schon die bisherige Rechtsprechung[37] § 613a Abs. 1 S. 2 BGB analog angewandt.[38] Die Bestimmung ist nunmehr gem. § 324 UmwG unmittelbar anzuwenden (s. sogleich).

V. Betriebsübergang

Eine praktisch bedeutsame Neuerung findet sich in § 324 UmwG, die durch den Rechtsausschuß[39] auf Wunsch der Gewerkschaften[40] eingeführt worden ist. Danach bleibt § 613a Abs. 1 und 4 BGB durch die Wirkungen der Eintragung einer Verschmelzung, Spaltung oder Vermögensübertragung unberührt. Die Bestimmung bietet insbesondere in zwei Richtungen Verständnisschwierigkeiten.

1. Rechtsgeschäft und Gesamtrechtsnachfolge

Der Übergang der Arbeitsverhältnisse nach § 613a BGB setzt voraus, daß ein Betrieb oder Betriebsteil durch Rechtsgeschäft übergeht. Den Ausdruck „durch Rechtsgeschäft" hat das Bundesarbeitsgericht dahin interpretiert, daß damit einmal ein Vorgang aufgrund eines Rechtsge-

---

36 BAG v. 5. 10. 1993, AP Nr. 42 zu § 1 BetrAVG Zusatzversorgungskassen; BAG v. 13. 7. 1994, AP Nr. 14 zu § 3 TVG Verbandszugehörigkeit.
37 BAG v. 5. 10. 1993, AP Nr. 42 zu § 1 BetrAVG Zusatzversorgungskassen.
38 Anders BAG v. 13. 7. 1994, AP Nr. 14 zu § 3 TVG Verbandszugehörigkeit für Gesamtrechtsnachfolge und Betriebsübergang kraft Gesetzes.
39 BR-Drs. 599/94 S. 59.
40 *Neye*, ZIP 1994, 919.

schäfts – also nicht unbedingt durch ein Rechtsgeschäft – gemeint sei und daß andererseits dazu alles gehöre, was keine Gesamtrechtsnachfolge sei.[41] Bei einer Gesamtrechtsnachfolge soll nach h.M. § 613a BGB nicht unmittelbar anwendbar sein.[42] Zur Gesamtrechtsnachfolge durch Verschmelzung oder Umwandlung bisherigen Rechts wurde angenommen, daß die bestehenden Arbeitsverhältnisse unabhängig von § 613a BGB automatisch auf den Rechtsnachfolger übergehen.[43]

Die h.M. beruht weitgehend auf unzureichenden Vorstellungen über das Verhältnis von Rechtsgeschäft und Gesamtrechtsnachfolge.[44] Der Erwerb durch Gesamtrechtsnachfolge beruht zwar häufig auf dem Gesetz wie z.B. beim Eintritt der gesetzlichen Erbfolge. Es muß sich aber nicht notwendig um einen gesetzlichen und damit außerrechtsgeschäftlichen Erwerb handeln. Im Gegenteil: Die hier interessierenden Umwandlungen erfolgen durchaus aufgrund von Rechtsgeschäften. Verschmelzung und Spaltung beruhen auf einem Vertrag. So ist z.B. gem. § 126 Abs. 1 Nr. 9 UmwG in den Spaltungsvertrag die genaue Bezeichnung und Aufteilung der Gegenstände des Aktivvermögens aufzunehmen, die an jeden der übernehmenden Rechtsträger übertragen werden. Gleiches gilt für die übergehenden Betriebe und Betriebsteile unter Zuordnung zu den übernehmenden Rechtsträgern. Der Übergang beruht also unverkennbar auf einem Rechtsgeschäft ungeachtet dessen, daß gem. § 131 Abs. 1 Nr. 1 UmwG das Vermögen mit der Eintragung der Spaltung in das Register als Gesamtheit auf den übernehmenden Rechtsträger übergeht.

Die Auffassung, § 613a BGB betreffe von vornherein nicht die Gesamtrechtsnachfolge, ist gerade für Umwandlungen höchst bedenklich. Die Richtlinie des Rates v. 14. 2. 1977,[45] deren Vorgaben § 613a BGB enthält, gilt ausdrücklich auch für den Betriebsübergang aufgrund einer Verschmelzung. Davon kann das deutsche Recht schon

---

41 BAG v. 24. 2. 1981, AP Nr. 24 zu § 613a BGB m. Anm. *Lüke; Wank,* Münchener Handbuch zum Arbeitsrecht, Bd. 2, 1993, § 120 Rz. 67 m.w.N. Ablehnend *Willemsen,* RdA 1993, 134 ff.

42 *Wank* (Fn 41), § 120 Rz. 68; *Staudinger/Richardi,* BGB, 12. Aufl. 1989, § 613a Rz. 83, 190–192; *Seiter,* Betriebsinhaberwechsel, 1980, S. 42; *Kallmeyer,* ZIP 1994, 1757.

43 *Staudinger/Richardi* (Fn 42), § 613a Rz. 190; ebenso allgemein zur Gesamtrechtsnachfolge BAG v. 13. 7. 1994, AP Nr. 14 zu § 3 TVG Verbandszugehörigkeit.

44 Eingehend dazu *Karsten Schmidt,* AcP 1991, 495 ff., 515 ff.

45 Richtlinie des Rates 77/187/EWG v. 14. 2. 1977, ABl. Nr. L 61/26; auch abgedruckt in RdA 1977, 162.

im Hinblick auf das Gebot der richtlinienkonformen Auslegung nicht abweichen.

Wie dem auch sei: In § 324 UmwG stellt sich der Gesetzgeber jedenfalls offenkundig auf den Standpunkt, daß Verschmelzung, Spaltung und Vermögensübertragung auf einem Rechtsgeschäft beruhen.[46] Denn anders läßt sich die Anordnung, § 613a Abs. 1 BGB solle unberührt bleiben, nicht verstehen. Würden sich die Fälle einer Gesamtrechtsnachfolge in Form von Verschmelzung, Spaltung oder Vermögensübertragung nicht als Rechtsgeschäfte verstehen lassen, bliebe für eine Anwendung von § 613a Abs. 1 BGB kein Raum, so daß die Bestimmung auch nicht unberührt bleiben könnte. Sie müßte vielmehr außer Anwendung gelassen werden.

Nach neuem Umwandlungsrecht ist also § 613a Abs. 1 und 4 BGB auf die Verschmelzung, die Spaltung und die Vermögensübertragung anzuwenden, soweit diese Vorgänge den Übergang eines Betriebes oder Betriebsteils enthalten. Dagegen gilt § 613a BGB für den Formwechsel nicht. Nach neuem Umwandlungsrecht läßt der Formwechsel die rechtliche Identität des Rechtsträgers als Betriebsinhaber unverändert. Der Betriebsinhaber bleibt also derselbe unter Änderung seiner Rechtsform. Damit fehlt es an einem Übergang des Betriebes bzw. Betriebsteils von einem Rechtsträger auf einen anderen Rechtsträger.

2. Zuordnung von Betrieben, Betriebsteilen und Arbeitnehmern

Hinsichtlich der Frage, wer neuer Arbeitgeber eines Arbeitnehmers ist, gibt es nunmehr drei Regelungen. Einmal muß im Spaltungsvertrag gem. § 126 Abs. 1 Nr. 9 UmwG angegeben werden, welchen Rechtsträgern die Betriebe und Betriebsteile zugeordnet werden; gleiches gilt gem. § 184 UmwG für die Teilübertragung. Gem. § 324 UmwG ist sodann § 613a BGB anzuwenden, so daß mit dem Betrieb bzw. Betriebsteil die insoweit bestehenden Arbeitsverhältnisse auf den neuen Rechtsträger übergehen. Schließlich bestimmt der ebenfalls neu eingefügte § 323 Abs. 2 UmwG für Verschmelzung, Spaltung oder Vermögensübertragung, daß die Zuordnung in einem mit dem Betriebsrat vereinbarten Interessenausgleich unter namentlicher Be-

---

46 Ebenso *Boecken,* ZIP 1994, 1089 f.; *Hennrichs,* Formwechsel und Gesamtrechtsnachfolge bei Umwandlungen, F. I. 1. b) (im Druck); außerdem *Neye,* ZIP 1994, 166, der allgemein von einer rechtsgeschäftlichen Grundlage bei der Umwandlung ausgeht. Zweifelnd *Bauer/Lingemann,* NZA 1994, 1061. A.A. *Berscheid,* WPrax 1994, 6, 8.

zeichnung der Arbeitnehmer durch das Arbeitsgericht – auf Antrag des einzelnen Arbeitnehmers – nur auf „grobe Fehlerhaftigkeit" überprüft werden kann.[47] Zu dem Verhältnis dieser Bestimmungen zueinander ist folgendes zu sagen:

a) Nach § 126 Abs. 1 Nr. 9 UmwG wird durch die Angabe im Spaltungs- und Übernahmevertrag festgestellt, ob überhaupt ein Betrieb oder Betriebsteil übergeht und auf welchen Rechtsträger. Hierin liegt die rechtsgeschäftliche Grundlage für den Betriebsübergang. Die Folgen für die Arbeitsverhältnisse ergeben sich aus § 324 UmwG i.V.m. § 613a Abs. 1 BGB. Die in dem Betrieb bzw. Betriebsteil bestehenden Arbeitsverhältnisse gehen kraft Gesetzes auf den in dem Spaltungsvertrag angegebenen Rechtsträger zu unveränderten Bedingungen über. Über das „Ob" des Betriebsübergangs wird also rechtsgeschäftlich entschieden; die Folgen für die Arbeitsverhältnisse ergeben sich sodann aus dem Gesetz.

b) Anderweitige Vereinbarungen im Spaltungsvertrag sind nicht zulässig, weil § 324 UmwG und § 613a Abs. 1 S. 1 BGB zwingenden Rechts sind. Die in § 126 des Referentenentwurfs vom 15. 4. 1992 enthaltene Möglichkeit, die Zuordnung der Arbeitsverhältnisse in dem Spaltungs- und Übernahmevertrag zu regeln,[48] ist nicht Gesetz geworden. Die Zulassung einer Zuordnung im Spaltungs- und Übernahmevertrag hätte Mißbrauchsmöglichkeiten eröffnet.[49] Die Einzelzuordnung kann daher nicht im Spaltungs- und Übernahmevertrag erfolgen.[50]

Zweifelhaft ist, ob eine Zuordnung nach sachlichen Kriterien im Spaltungs- und Übernahmevertrag bei Arbeitsverhältnissen erfolgen kann, die nach § 613a BGB keinem Betriebsteil objektiv zugeordnet werden können, weil sie auf den ganzen Betrieb übergreifend ausgerichtet waren.[51] Für Betriebe ohne Betriebsrat wird dies die einzige praktisch sinnvolle Lösung sein. Besteht jedoch ein Betriebsrat, so ist die in § 323 Abs. 2 UmwG zum Ausdruck gelangte Wertung vorrangig. Die Zuordnung kann hier nur in einem Interessenausgleich erfolgen.

c) Weniger klar ist das Verhältnis zwischen § 324 UmwG und § 613a BGB einerseits sowie § 323 Abs. 2 UmwG andererseits. Nach § 324

---

47 Die Bestimmung ist § 125 Abs. 1 Nr. 2 der neuen Insolvenzordnung v. 5. 10. 1994 (BGBl. I S. 2866) nachgebildet.
48 Vgl. *Willemsen,* RdA 1993, 135.
49 Vgl. *Willemsen,* RdA 1993, 135 f.
50 *Kallmeyer,* ZIP 1994, 1757; *Boecken,* ZIP 1994, 1091.
51 So *Boecken,* ZIP 1994, 1091.

UmwG ergibt sich die Zuordnung der Arbeitnehmer objektivrechtlich und zwingend aus dem Gesetz, nämlich daraus, welchem Betrieb oder Betriebsteil der Arbeitnehmer vor dem Betriebsübergang objektiv zugeordnet gewesen ist. Der Sinn des § 613a Abs. 1 BGB besteht darin, daß sich an dieser Zuordnung durch den Betriebsübergang oder Betriebsteilübergang nichts ändert.

Die Verlagerung in den Interessenausgleich führt zu einer Beteiligung des Betriebsrats, so daß auf diese Weise die Interessen der Arbeitnehmer gewahrt werden. Demzufolge wird § 323 Abs. 2 UmwG als lex specialis zu § 324 UmwG anzusehen sein. Die Zuordnung im Interessenausgleich geht also der objektivrechtlichen Zuordnung nach § 613a Abs. 1 BGB vor.

Damit verlagert sich das Problem auf die Frage, welche Zuordnungen im Interessenausgleich vorgenommen werden dürfen und wann diese i.S.d. Gesetzes grob fehlerhaft sind. Da die Zuordnung gerichtlich überprüft werden kann, steht den Betriebsparteien im Interessenausgleich kein freies Ermessen zu. Das Gesetz sagt freilich nicht, wonach sich die Zuordnung zu richten hat. Die Fehlerhaftigkeit der Zuordnung läßt sich aber ohne Festlegung der Zuordnungskriterien nicht beurteilen.

Die Schwierigkeiten lassen sich am ehesten lösen, wenn man davon ausgeht, daß die Betriebsparteien grundsätzlich an § 613a BGB gebunden sind,[52] also die Zuordnung so vorzunehmen haben, wie sie der bisherigen Rechtslage entspricht. Wenn sie einen Arbeitnehmer anders einsetzen möchten, als dies bisher der Fall war, so dürfen sie dies ohne Zustimmung des Arbeitnehmers im Interessenausgleich nicht bestimmen, weil sie ein derartiges Ermessen nicht haben. Dagegen ist ihre Zuordnung dann maßgeblich, wenn nach der bisherigen Rechtslage die richtige Zuordnung des Arbeitnehmers zweifelhaft ist. Das ist insbesondere dann der Fall, wenn bei dem Übergang einer Einheit fraglich ist, ob diese einen selbständigen Betrieb oder nur einen Betriebsteil darstellt bzw. allgemein bei dem Übergang von Betriebsteilen. In vielen Fällen läßt sich nicht abschließend sagen, ob ein Arbeitnehmer ausschließlich einem bestimmten Betriebsteil angehört. Schon die genaue Abgrenzung des Betriebsteils kann zu großen Schwierigkeiten führen. Darüber hinaus werden Arbeitnehmer häufig übergreifend eingesetzt, so daß die genaue Zuordnung zweifelhaft ist.

---

52 Eine andere Auffassung wird schwerlich mit der Richtlinie der EG v. 14. 2. 1977, 77/187/EWG (ABl. L 61, S. 26) vereinbar sein; s. die entsprechenden Bedenken bei *Bauer/Lingemann,* NZA 1994, 1061.

In solchen Fällen kann die Zuordnung im Interessenausgleich vorgenommen werden.

Der Interessenausgleich ist für den einzelnen Arbeitnehmer grundsätzlich maßgeblich. Er kann die Zuordnung gerichtlich nur angreifen, wenn sie grob fehlerhaft ist. Da die Betriebsparteien an § 613a Abs. 1 BGB gebunden sind, ist die grobe Fehlerhaftigkeit so zu verstehen, daß die Zuordnung offensichtlich der bisherigen Rechtslage nicht entspricht. Bestanden insoweit aber Zweifel, so können diese im Interessenausgleich verbindlich entschieden werden. Hieran haben Arbeitgeber und Betriebsrat ein beträchtliches Interesse, damit über die Zuordnung der Arbeitsverhältnisse von vornherein endgültig Klarheit besteht.

Dagegen können die Betriebsparteien auch bei bisher zweifelhafter Rechtslage die Zuordnung nicht so vornehmen, daß sie von § 613a BGB abweichen und nach ganz anderen Kriterien entscheiden, etwa danach, wo der Arbeitnehmer nach der Spaltung zweckmäßigerweise einzusetzen ist.[53] Das ergibt sich daraus, daß die Betriebsparteien an die objektivrechtlichen Vorgaben in § 613a BGB gebunden sind und die Zuordnung nicht unabhängig davon, wenn auch nach sachlichen Erwägungen, vornehmen dürfen.

3. Widerspruch des Arbeitnehmers

a) Nach der Rechtsprechung des Bundesarbeitsgerichts hat der Arbeitnehmer bei einem Betriebsübergang bzw. Betriebsteilübergang ein aus der Verfassung ableitbares Widerspruchsrecht dergestalt, daß der Übergang seines Arbeitsverhältnisses nicht stattfindet und es zu dem bisherigen Arbeitgeber bestehen bleibt.[54] Der Europäische Gerichtshof hat diese Rechtsprechung im Hinblick auf die einschlägige Richtlinie der EG[55] als mit dem Recht der EU vereinbar erklärt und sogar ein entsprechendes europäisches Grundrecht des Arbeitnehmers auf freie Arbeitsplatzwahl anerkannt.[56] Dieses Widerspruchsrecht wird vom Gesetzgeber nicht angesprochen. Infolge der pauschalen Verweisung in § 324 UmwG auf § 613a Abs. 1 BGB, die für das Umwandlungsrecht keine Besonderheiten einführt, können daher die Arbeitnehmer

---

53 Anders wohl *Bauer/Lingemann,* NZA 1994, 1061, wonach die Zuordnung nur nicht völlig sachfremd sein darf; ähnlich *Berscheid,* WPrax 1994, 9.

54 Ständige Rechtsprechung seit BAG v. 2. 10. 1974, AP Nr. 1 zu § 613a BGB m. Anm. *Seiter.*

55 Richtlinie des Rates 77/187/EWG v. 14. 2. 1977, ABl. Nr. L 61/26; auch abgedruckt in RdA 1977, 162.

56 EuGH v. 16. 12. 1992, ZIP 1993, 221 ff.; s. dazu *Joost,* ZIP 1993, 178 ff.

dem Übergang ihres Arbeitsverhältnisses in allen Fällen widersprechen.[57] Eines Grundes oder sogar eines rechtfertigenden sachlichen Grundes bedarf es dafür nicht. Eine anderweitige Zuordnung im Interessenausgleich (§ 323 Abs. 2 UmwG) ist oder wird durch die Erklärung des Widerspruchs gegenstandslos.

Erlischt durch die Umwandlung der bisherige Arbeitgeber als Rechtsperson, kann allerdings das Arbeitsverhältnis zu ihm nicht bestehen bleiben. Daraus könnte gefolgert werden, daß ein Widerspruch hier nicht in Betracht kommt. Dabei gilt es aber zu beachten, daß der Europäische Gerichtshof seine Rechtsprechung nicht an die Voraussetzung geknüpft hat, daß der Widerspruch den Fortbestand, des alten Arbeitsverhältnisses bewirkt oder bewirken soll. Er geht vielmehr davon aus, daß ein Widerspruchsrecht kraft europäischen Rechts bestehe und es dem nationalen Recht obliege, die Folgen seiner Ausübung zu regeln einschließlich der Anordnung, daß das bisherige Arbeitsverhältnis erlischt.[58] Eine Beseitigung des Widerspruchsrechts durch die Rechtsprechung ist daher nicht wahrscheinlich.

b) Bleibt infolge der Ausübung des Widerspruchs das Arbeitsverhältnis zu dem bisherigen Rechtsträger bestehen, so kann es nach den allgemeinen Grundsätzen betriebsbedingt gekündigt werden. Die Einbeziehung in die Sozialauswahl nach § 1 Abs. 3 KSchG setzt nach der Rechtsprechung voraus, daß ein sachlicher Grund für den Widerspruch bestanden hatte.[59]

4. Haftung

Die Haftung des bisherigen Arbeitgebers bei einem Betriebsübergang ist im Gesetz nicht eindeutig geregelt. Sicher ist lediglich, daß diese Haftung entfällt, wenn der bisherige Arbeitgeber durch die Umwandlung erlischt. Bleibt er indessen als Rechtsträger bestehen, konkurrieren zwei recht verschiedene Haftungskonzeptionen miteinander:

– Arbeitsrechtlich haftet nach § 613a Abs. 2 BGB der bisherige Arbeitgeber als Gesamtschuldner für vor dem Übergang entstandene Verbindlichkeiten, die binnen eines Jahres fällig werden.[60]

---

57 Ebenso *Bauer/Lingemann*, NZA 1994, 1061; *Mertens*, AG 1994, 73; *Boekken*, ZIP 1994, 1091 ff.; *Willemsen*, RdA 1993, 137. A.A. *Berscheid*, WPrax 1994, 7 f.; *Hennrichs*, Fn 46, F. I. 1. b) bb).
58 EuGH v. 16. 12. 1992, ZIP 1993, 221, 223.
59 BAG v. 21. 5. 1992, AP Nr. 96 zu § 613a BGB.
60 Dafür *Kallmeyer*, ZIP 1994, 1757. Ebenso schon *ders.*, DB 1993, 368.

– Umwandlungsrechtlich liegen die Dinge anders. Nach § 133 Abs. 1 und 3 UmwG haften die an der Spaltung beteiligten Rechtsträger als Gesamtschuldner, wobei sich die Haftung von Rechtsträgern, denen die Verbindlichkeit nicht zugewiesen worden ist, auf Ansprüche beschränkt, die vor Ablauf von fünf Jahren fällig werden.[61]

Das Umwandlungsrecht stellt den Gläubiger also besser als das Arbeitsrecht. Zu den Gläubigern gehören auch die Arbeitnehmer. Für das Konkurrenzverhältnis der Normen ergeben sich aus dem Gesetzestext[62] die folgenden Anhaltspunkte.

Nach § 613a Abs. 3 BGB i.d.F. des Art. 2 UmwBerG gilt § 613a Abs. 2 BGB nicht, wenn eine juristische Person oder eine Personenhandelsgesellschaft durch Umwandlung erlischt. Es liegt nahe, hieraus im Wege eines argumentum e contrario zu folgern, daß die Bestimmung anzuwenden ist, wenn der Rechtsträger nicht erlischt. Diese Annahme ist aber fragwürdig. § 613a Abs. 3 BGB ist in der früheren und jetzigen Fassung inhaltsleer und überflüssig, weil sich die Nichthaftung eines nicht bestehenden Rechtsträgers von selbst versteht. Die Vorschrift hat also allenfalls eine marginale klarstellende Funktion, so daß weiterreichende Schlüsse nicht angezeigt sind.

Wichtiger erscheint, daß § 324 UmwG ausdrücklich nur die Absätze 1 und 4 des § 613a BGB unberührt läßt, nicht aber Absatz 2. Hieraus wird zu entnehmen sein, daß die Haftungsregelung nach Absatz 2 keine Geltung beanspruchen soll. Die dann mögliche Diskrepanz zu § 613a Abs. 3 BGB erklärt sich unschwer daraus, daß Art. 2 UmwBerG schon im ursprünglichen Gesetzentwurf enthalten war,[63] § 324 UmwG aber erst später durch den Rechtsausschuß des Bundestages eingefügt wurde.[64] Dabei ist das Problem der Abstimmung beider Normen aufeinander nicht bedacht worden.

Entscheidend sind jedenfalls, wie auch sonst, Sinn und Zweck der Bestimmungen. Der Eintritt des Erwerbers in die Rechte und Pflichten aus dem Arbeitsverhältnis gem. § 613a Abs. 1 S. 1 BGB bedeutet, daß der Veräußerer von der Haftung frei wird. Besser gelangt dies in Art. 3 Abs. 1 S. 1 der Richtlinie 77/187/EWG[65] zum Ausdruck, wo-

---

61 Dafür *Boecken,* ZIP 1994, 1094.
62 Die Regelung ist nicht hinreichend durchdacht, obwohl *Willemsen,* RdA 1993, 138 auf die Problematik bereits hingewiesen hatte.
63 BT-Drs. 12/6699 S. 61.
64 BR-Drs. 599/94, S. 59.
65 Richtlinie des Rates 77/187/EWG v. 14. 2. 1977, ABl. Nr. L 61/26; auch abgedruckt in RdA 1977, 162.

nach die Pflichten des Veräußerers auf den Erwerber übergehen.
§ 613a Abs. 2 BGB enthält eine Besserstellung des Arbeitnehmers, die
nach Art. 3 Abs. 1 S. 2 der Richtlinie zulässig ist. Der Sinn der Mithaftung des Veräußerers ist also eine Privilegierung des Arbeitnehmers,
nicht aber seine Schlechterstellung verbunden mit einer Privilegierung des bisherigen Arbeitgebers. Damit ist eine nunmehrige Schlechterstellung des Arbeitnehmers gegenüber anderen Gläubigern bei der
Umwandlung nicht vereinbar. Wenn der Gesetzgeber für diese eine
Frist von fünf Jahren vorsieht, ist nicht ersichtlich, weshalb Gläubi-
geransprüche der Arbeitnehmer davon ausgenommen sein sollen.
Schließlich ist darauf hinzuweisen, daß eine Normenkonkurrenz ohnehin nur insoweit in Betracht kommt, als es um das Verhältnis zu
einem weiterbestehenden übertragenden Rechtsträger geht. Die mithaftenden neuen Rechtsträger werden von § 613a BGB ohnehin nicht
erfaßt, so daß für sie § 133 UmwG allein gilt. Dies spricht um so mehr
dafür, die gleiche Haftung für den weiterbestehenden Rechtsträger
anzunehmen. Ebenso liegt es, wenn die Spaltung überhaupt nicht zu
einem Betriebsübergang führt.

VI. Aufspaltung in Betriebs- und Anlagegesellschaft

Eine haftungsrechtliche Sonderregelung sieht § 134 UmwG für Fälle
der sog. Betriebsaufspaltung (besser: Unternehmensaufspaltung) in
eine Besitzgesellschaft und eine Anlagegesellschaft vor. Ein solcher
Vorgang gefährdet den Vollstreckungszugriff der Gläubiger durch die
Verlagerung von haftendem Vermögen. § 134 UmwG normiert hierfür
eine besondere Haftung der Anlagegesellschaft auch für neu entstehende Ansprüche der Arbeitnehmer der Betriebsgesellschaft nach
§§ 111 bis 113 BetrVG und aus Versorgungsverpflichtungen.[66]

VII. Kündigungsrecht

Für Kündigungen des Arbeitsverhältnisses im Zusammenhang mit der
Umwandlung oder dieser nachfolgend sind drei Regelungen von Bedeutung.

---

66 Dazu näher *Bauer/Lingemann,* NZA 1994, 1062.

1. Kündigungsverbot

Soweit die Umwandlung mit einem Betriebsübergang oder einem Betriebsteilübergang einhergeht, ist nach § 324 UmwG das in § 613a Abs. 4 BGB enthaltene Kündigungsverbot anwendbar. Wegen des Übergangs darf daher weder der bisherige Arbeitgeber noch der neue Arbeitgeber kündigen. Das Arbeitsverhältnis ist vielmehr von dem neuen Rechtsträger zu unveränderten Bedingungen fortzusetzen. Dies entspricht der schon bisher geltenden Rechtsauffassung, da § 613a Abs. 4 BGB bei Umwandlungen analog angewandt wurde.[67]

Das Verbot betrifft allerdings nur Kündigungen aus Anlaß der Umwandlung bzw. des Betriebsübergangs. Kündigungen aus anderen Gründen bleiben möglich, und zwar, wie § 613a Abs. 4 S. 2 BGB ausdrücklich hervorhebt, auch anläßlich der Umwandlung bzw. des Betriebsübergangs. Führt z.B. eine Spaltung dazu, daß aus betriebsbedingten Gründen ein Arbeitsplatz wegfällt, so kann durchaus gekündigt werden. Diese Kündigung beruht nicht auf dem Betriebsübergang, sondern auf einer betriebsorganisatorischen Maßnahme, die auch ohne Betriebsübergang möglich wäre.

2. Beibehaltung der kündigungsrechtlichen Stellung

Nach § 323 Abs. 1 UmwG verschlechtert sich die kündigungsrechtliche Stellung eines Arbeitnehmers bei einer Spaltung oder Teilübertragung für die Dauer von zwei Jahren nicht. Die bisherige kündigungsrechtliche Stellung wird dem Arbeitnehmer also gewährleistet, wenn auch nur befristet. Der bedeutsamste Anwendungsfall dieser Bestimmung ist die sog. Kleinbetriebsklausel nach § 23 Abs. 1 Satz 1 KSchG.[68] Danach finden die allgemeinen Kündigungsschutzvorschriften keine Anwendung auf Arbeitnehmer von Betrieben, in denen in der Regel fünf oder weniger Arbeitnehmer ausschließlich der zu ihrer Berufsbildung Beschäftigten beschäftigt werden.

Beispiel:

Ein Arbeitnehmer ist vor der Spaltung in einem Betrieb mit dreißig Arbeitnehmern beschäftigt. Nach der Spaltung hat der Betrieb nur noch fünf Arbeitnehmer.

Nach allgemeinem Kündigungsschutzrecht führt die Reduzierung der Arbeitnehmerzahl unter die Schwelle von sechs Arbeitnehmern zum

---

67 *Berscheid,* WPrax 1994, 7. Vgl. auch *Willemsen,* RdA 1993, 138.
68 Vgl. die Begründung des Gesetzentwurfs BT-Drs. 12/6699 S. 175.

Verlust des Kündigungsschutzes. Davon weicht § 323 Abs. 1 UmwG ab, indem der Kündigungsschutz für die Dauer von zwei Jahren gewährleistet wird. Wenn der neue Betrieb innerhalb dieser Zeit wieder auf mehr als fünf Arbeitnehmer anwächst, erhält der Arbeitnehmer erneut den gesetzlichen Kündigungsschutz über den Ablauf der Frist hinaus.

§ 323 Abs. 1 UmwG läßt sich nur auf kündigungsrechtliche Bestimmungen im engeren Sinne anwenden.[69] Wenn z.B. die Spaltung dazu führt, daß die neue betriebliche Einheit nicht mehr betriebsratsfähig ist – auch das Übergangsmandat nach § 321 Abs. 1 S. 1 UmwG besteht dann nicht –, können die betriebsverfassungsrechtlichen Mitwirkungsrechte des Betriebsrats nicht ausgeübt werden. Nach § 102 Abs. 1 BetrVG ist der Betriebsrat vor jeder Kündigung zu hören. Bei Wegfall des Betriebsrats entfällt dieses Mitwirkungsrecht. Daran vermag § 323 Abs. 1 UmwG trotz seines umfassenden Wortlauts nichts zu ändern.

§ 323 Abs. 1 UmwG ist zwingenden Rechts. Der Arbeitnehmer kann daher auf den Schutz durch diese Bestimmung nicht im voraus wirksam verzichten. Dagegen werden die privatautonomen Regelungsmöglichkeiten der Arbeitsvertragsparteien nach der Umwandlung von § 323 Abs. 1 UmwG nicht eingeschränkt. Eine Verschlechterung der kündigungsrechtlichen Stellung durch einen nachfolgenden Änderungsvertrag ist also möglich; dies stellt sich nicht als unzulässige Verschlechterung aufgrund der Spaltung dar.

3. Gemeinsamer Betrieb

a) Insbesondere für die bereits angesprochene Kleinbetriebsklausel, aber auch darüber hinaus ist § 322 Abs. 2 UmwG besonders zu beachten. Wenn die an einer Spaltung oder an einer Teilübertragung beteiligten Rechtsträger nach Wirksamwerden der Spaltung oder der Teilübertragung einen Betrieb gemeinsam führen, so gilt dieser als Betrieb i.S.d. Kündigungsschutzrechts. Für die Anwendung des allgemeinen Kündigungsschutzes kommt es also auf die Gesamtzahl der Arbeitnehmer dieses gemeinsamen Betriebes an, unabhängig davon, welchem Rechtsträger sie arbeitsvertraglich zugeordnet sind. Auch weitere, mit dem Betrieb zusammenhängende Rechtsfragen sind bezogen auf die gesamte Einheit zu beurteilen, also z.B. Umsetzungsmöglich-

---

69 Vgl. dazu auch *Bauer/Lingemann*, NZA 1994, 1060 f.

keiten oder die Sozialauswahl bei der betriebsbedingten Kündigung nach § 1 Abs. 3 KSchG.

b) Die an der Umwandlung beteiligten Rechtsträger sind in ihrer Entscheidung frei, ob sie einen Betrieb gemeinsam weiterhin als Einheit führen.[70] Dies ist Ausübung ihrer unternehmerischen Privatautonomie. § 322 Abs. 2 UmwG setzt die Ausübung dieser Autonomie voraus.

Zweifelhaft ist, ob die nach § 322 Abs. 1 UmwG bestehende, bereits dargestellte Vermutung für die gemeinsame Führung des Betriebs auch für das Kündigungsschutzrecht gilt. Nach dem Wortlaut des Gesetzes ist das nicht der Fall, weil die Vermutung in § 322 Abs. 1 UmwG nur „für die Anwendung des Betriebsverfassungsgesetzes" gilt. Danach würde § 322 Abs. 1 UmwG über die Bedeutung einer Klarstellung nicht hinausgelangen;[71] diese wäre allerdings völlig entbehrlich. Es ist jedoch nicht ersichtlich, weshalb die Vermutung für das Betriebsverfassungsrecht sinnvoll sein soll, für das Kündigungsschutzrecht dagegen nicht. Man wird daher mit einer analogen Anwendung von § 322 Abs. 1 UmwG auf das Kündigungsschutzrecht zu rechnen haben.

---

70 A.A. *Kallmeyer,* ZIP 1994, 1757, der § 323 Abs. 1 UmwG einen Zwang entnimmt, zumindest für die Dauer von zwei Jahren einen gemeinsamen Betrieb zu vereinbaren, damit der Arbeitnehmer größere Umsetzungschancen hat.
71 So *Neye,* ZIP 1994, 169; *Bauer/Lingemann,* NZA 1994, 1060; *Kallmeyer,* ZIP 1994, 1757.

Steuerliche Besonderheiten der Umwandlung von Kapitalgesellschaften und Personengesellschaften

Rechtsanwalt Prof. Dr. Harald Schaumburg, Bonn

I. Einführung

1. Bisherige Rechtslage

Das bisherige Umwandlungssteuergesetz hat sich in der Vergangenheit weitgehend als Umwandlungsbremse erwiesen. Das galt insbesondere für die Verschmelzung von Kapitalgesellschaften auf Personengesellschaften, die nach altem Recht steuerneutral nicht möglich war. Auf der Ebene der übernehmenden Personengesellschaft mußte stets der Übernahmegewinn versteuert werden[1]. Demgegenüber war die Verschmelzung von Kapitalgesellschaften auf Kapitalgesellschaften steuerneutral in dem Sinne möglich, daß sowohl die übertragende als auch die übernehmende Kapitalgesellschaft von der Pflicht entbunden waren, stille Reserven zu realisieren[2]. Darüber hinaus waren in tatsächlicher Hinsicht Umstrukturierungen auch dadurch steuerliche Grenzen gesetzt, daß ein Verlusttransfer im Zuge der Umstrukturierung ausgeschlossen war. Mit steuerlichen Verlustvorträgen belastete Kapitalgesellschaften konnten daher nur als aufnehmende Rechtsträger eingesetzt werden. Dies führte nicht selten zu gekünstelten Umwegkonstruktionen. Schließlich wurden in der Vergangenheit Umstrukturierungen zusätzlich noch dadurch erschwert, daß im Rahmen der Umwandlung übergehende Grundstücke eine Grunderwerbsteuer auslösten[3].

Die begrenzte Reichweite der rechtlich möglichen Umstrukturierung von Unternehmen wurde in der Vergangenheit insbesondere durch fehlende Spaltungsvorschriften deutlich. Hier hat das Steuerrecht immerhin eine Vorreiterrolle insoweit gespielt, als die spaltungsähnliche Umstrukturierung von Kapitalgesellschaften unter engen Voraussetzungen aus Billigkeitsgründen steuerneutral gestaltet werden konnte[4].

Während dem Umwandlungsgesetz eine in sich geschlossene gesetzgeberische Konzeption zugrundeliegt[5], ist das Umwandlungssteuergesetz in Anpassung an das Umwandlungsgesetz lediglich partiell geändert worden. Für die Umwandlung von Kapital- und Personengesellschaften sind folgende gesetzliche Änderungen von besonderer Bedeutung:

– Neuregelung des Vermögensübergangs von Kapitalgesellschaften auf Personengesellschaften;

– Erhaltung des Verlustabzugs bei Verschmelzungen von Kapitalgesellschaften auf Kapitalgesellschaften, wenn die übertragende Kapitalgesellschaft ihren Geschäftsbetrieb noch nicht eingestellt hatte;

1 §§ 5, 18 UmwStG 1977; zu Einzelheiten *Dehmer*, § 5 UmwStG Anm. 22 ff.
2 §§ 14 ff. UmwStG 1977.
3 Das hat sich freilich auch nach dem neuen Umwandlungssteuergesetz nicht grundsätzlich geändert.
4 BMF-Schreiben vom 9. 1. 1992, BStBl. 1992 I 47; Einzelheiten bei *Herzig* (Hrsg.), Besteuerung der Spaltung von Kapitalgesellschaften, Köln 1992.
5 Hierzu *Dörrie*, WiB 1995, 1 (9).

- Gesetzliche Verankerung der unter bestimmten Voraussetzungen steuerneutralen und den Verlustabzug erhaltenden Spaltung von Kapitalgesellschaften.

Trotz dieser Änderungen verbleiben wesentliche steuerliche Umwandlungsbremsen: Nach wie vor unterliegt der Übergang von Grundstücken im Zuge einer Umwandlung der Grunderwerbsteuer; ein Verlusttransfer bei rechtsformübergreifenden Umwandlungen ist unverändert ausgeschlossen.

2. Zeitlicher Anwendungsbereich

Die Übergangs- und Schlußvorschriften des Umwandlungsgesetzes einerseits und des Umwandlungssteuergesetzes andererseits sind nicht aufeinander abgestimmt. Hieraus ergibt sich eine normative Anwendungslücke: Während nach § 318 UmwG das Umwandlungsgesetz nicht eingreift, wenn bestimmte die Umwandlung vorbereitende Handlungen bereits vor dem 1. 1. 1995 vorgenommen worden sind, findet das neue Umwandlungssteuergesetz gemäß § 27 Abs. 1 UmwStG auf den Übergang von Vermögen Anwendung, der auf Rechtsakten beruht, die nach dem 31. 12. 1994 wirksam werden, ohne daß es darauf ankommt, ob die in § 318 UmwG angesprochenen qualitativen Vorbereitungshandlungen bereits im Jahre 1994 vollzogen worden sind oder nicht. Da gemäß § 1 Abs. 1 S. 1 UmwStG der 2. bis 7. Teil des Umwandlungssteuergesetzes nur auf Umwandlungen nach Maßgabe des Umwandlungsgesetzes anwendbar ist, werden derartige Umwandlungen nicht vom Umwandlungssteuergesetz erfaßt, wenn der Vermögensübergang zwar auf Rechtsakten beruht, die in 1995 wirksam werden, denen aber Vorbereitungshandlungen zugrunde liegen, die von der Reichweite des § 318 UmwG erfaßt werden. Wird etwa ein Ende 1994 notariell beurkundeter Verschmelzungsvertrag[6] dadurch wirksam, daß ihm im Jahre 1995 durch Verschmelzungsbeschluß zugestimmt[7] wird, unterliegt die Umwandlung gemäß § 1 Abs. 1 S. 1 UmwStG nicht den Vorschriften des 2. bis 7. Teils. Da indessen das Umwandlungssteuergesetz 1977 gemäß Art. 7 des Gesetzes zur Änderung des Umwandlungssteuergesetzes am 1. 1. 1995 außer Kraft getreten ist, werden Umwandlungen der vorgenannten Art von überhaupt keinen umwandlungssteuerrechtlichen Vorschrif-

---

6 §§ 5, 6 UmwG.
7 § 13 Abs. 1 UmwG.

ten[8] erfaßt. Die vorstehend dargestellte legislative Panne sollte zwar durch das BMF-Schreiben vom 19. 12. 1994[9] für exekutive Zwecke durch eine Klarstellung behoben werden, aber auch dieser Versuch ist fehlgeschagen: Das BMF-Schreiben regelt lediglich, daß das neue Umwandlungssteuergesetz nicht auf solche Umwandlungen anzuwenden sei, zu deren Vorbereitung bereits vor dem 1. 1. 1995 qualitative Vorbereitungshandlungen i.s. von § 318 UmwG erfolgt seien. Es erklärt sich aber nicht dazu, ob auf derartige Umwandlungen noch das Umwandlungssteuergesetz 1977 in Anwendung bleibt. Im Hinblick auf die offenkundige Divergenz zwischen Gesetzeszweck einerseits und Gesetzeswortlaut andererseits ist es daher geboten, auf Umwandlungen, die wegen § 318 UmwG gemäß § 1 Abs. 1 S. 1 UmwStG nicht unter die Reichweite des neuen Umwandlungssteuergesetzes fallen, aus Billigkeitsgründen (§§ 163, 227 AO)[10] die Vorschriften des Umwandlungssteuergesetzes 1977 anzuwenden.

3. Sachlicher Anwendungsbereich

Das Umwandlungssteuergesetz erfaßt die Umwandlung von Kapital- und Personengesellschaften, die nach Maßgabe des Umwandlungsgesetzes aufgrund Gesamtrechtsnachfolge, partieller Gesamtrechtsnachfolge oder durch Formwechsel erfolgen. Darüber hinaus regelt das Umwandlungssteuergesetz aber auch Umstrukturierungen, in deren Rahmen Vermögen im Wege der Einzelrechtsnachfolge übergeht. § 1 Abs. 1 S. 1 UmwStG bestimmt in diesem Zusammenhang, daß der 2. bis 7. Teil des Umwandlungssteuergesetzes (§§ 2 bis 19) nur für Umwandlungen i.s. des § 1 UmwG gilt. Diese Teile gelten freilich nicht für die ebenfalls im § 1 UmwG geregelte Ausgliederung (§ 1 Abs. 1 S. 2 UmwStG): Die Ausgliederung nach Maßgabe des Umwandlungsgesetzes wird im Umwandlungssteuergesetz als Einbringung behandelt mit der Folge, daß die §§ 20 ff., 24 UmwStG hierauf ebenso Anwendung finden wie auf Umstrukturierungen im Wege der Einzelrechtsnachfolge[11].

---

8 Zu Einzelheiten *Schaumburg/Rödder*, § 27 UmwStG Rz. 4 ff.; ferner *Wochinger/Dötsch*, DB 1994, Beilage 14, 1 (3 f.).

9 BStBl. 1995 I 42.

10 Hierzu im einzelnen *Tipke/Kruse*, AO § 227 Tz. 33 ff.; so auch im Ergebnis die Finanzverwaltung, vgl. *Dötsch* in Dötsch/Eversberg/Jost/Witt, KStG Anh. UmwStG, Tz. 5a.

11 Zu Einzelheiten *Schaumburg/Rödder*, Einführung UmwStG, Rz. 41 ff.

In welchen Regelungsbereichen die im Umwandlungsgesetz normierten Umwandlungen von Kapital- und Personengesellschaften dem Umwandlungssteuergesetz unterliegen, ergibt sich aus der folgenden Aufstellung[12].

Umwandlungs-art	von	in/auf	§§ des UmwG	§§ des UmwStG
Verschmelzung	Kapges.	Persges.	⎫	3 ff., 18
	Kapges.	Kapges.	⎬ 2 ff.,	11 ff., 19
	Persges.	Kapges.	⎨ 39 ff.	20 ff.
	Persges.	Persges.	⎭	24
Spaltung				
– Aufspaltung	Kapges.	Persges.	⎫ 123 ff.,	16, 18
	Kapges.	Kapges.	⎬ 138 ff.	16, 19
	Persges.	Kapges.	⎭	20 ff.
	Persges.	Persges.	123 ff.	24
– Abspaltung	Kapges.	Persges.	⎫ 123 ff.,	16, 18
	Kapges.	Kapges.	⎬ 138 ff.	15, 19
	Persges.	Kapges.	⎭	20 ff.
	Persges.	Persges.	123 ff.	24
– Ausgliederung	Kapges.	Persges.	⎫ 123 ff.,	24
	Kapges.	Kapges.	⎬ 138 ff.	20 ff.
	Persges.	Kapges.	⎭	20 ff.
	Persges.	Persges.	123 ff.	24
Formwechsel	Kapges.	Persges.	190 ff., 228 ff.	14, 18
	Kapges.	Kapges.	190 ff., 238 ff.	–
	Persges.	Kapges.	190 ff., 214 ff.	25

Der Formwechsel von Personengesellschaften in Personengesellschaften ist weder im Umwandlungsgesetz noch im Umwandlungssteuergesetz geregelt. Eine Regelung ist auch entbehrlich, weil ein derartiger Formwechsel bereits nach den Vorschriften des HGB und BGB möglich und darüber hinaus steuerrechtlich ohne jede Relevanz ist[13].

---

12 Entnommen aus *Schaumburg/Rödder*, a.a.O. Rz. 43.
13 Hierzu unten S. 380.

Da die steuerlichen Wirkungen von Unternehmensumstrukturierungen im Umwandlungssteuergesetz nicht abschließend geregelt sind, bleiben anderweitige Vorschriften, die insbesondere eine Steuerneutralität derartiger Umstrukturierungen ermöglichen, weiterhin anwendbar. Hierzu zählen insbesondere folgende den im Umwandlungsgesetz geregelten Spaltungen vergleichbare Vorgänge:

– Anteilstausch aufgrund des sog. Tauschgutachtens[14]
– Vermögensübertragung im Zuge einer Betriebsaufspaltung[15]
– Einbringung von Wirtschaftsgütern gegen Gewährung von Gesellschaftsrechten nach dem sog. Mitunternehmererlaß[16]
– Vermögensübertragung durch Realteilung[17].

Das Umwandlungssteuergesetz regelt lediglich die steuerlichen Wirkungen der Umstrukturierung von Unternehmen für Zwecke der Körperschaft-, Einkommen-, Gewerbe- und Vermögensteuer. Unter die Reichweite des Umwandlungssteuergesetzes fallen daher insbesondere nicht die Umsatzsteuer und die Grunderwerbsteuer, so daß etwa die sich aus §§ 2, 20 Abs. 8 UmwStG ergebende steuerliche Rückbeziehung nicht auch für die Umsatzsteuer und Grunderwerbsteuer gilt. Hieraus folgt weiter, daß die in § 14 UmwStG für die Fälle des Formwechsels verankerte Übertragungsfiktion[18] weder für die Umsatzsteuer noch für die Grunderwerbsteuer Bedeutung erlangt. Im Hinblick darauf ist der Formwechsel etwa von einer Kapitalgesellschaft in eine Personengesellschaft kein grunderwerbsteuerbarer Vorgang.

Demgegenüber vertritt die Finanzverwaltung die Ansicht[19] der Formwechsel von Kapitalgesellschaften in Personengesellschaften und umgekehrt sei ein grunderwerbsteuerbarer Vorgang, wenn zum Gesellschaftsvermögen des formwechselnden Rechtsträgers Grundstücke i.S. des § 2 GrEStG gehörten. Den §§ 5 bis 7 GrEStG könne entnommen werden, daß für Zwecke der Grunderwerbsteuer zum Gesellschaftsvermögen der Personengesellschaft gehöriges Grundvermögen nicht der Gesellschaft selbst, sondern den Gesellschaftern als gesamthänderisch gebundenes Sondervermögen zuzurechnen sei. Aus dieser Zuordnung folge, daß auch bei einem Formwechsel der Rechtsträger wechsle, so daß ein Erwerbsvorgang i.S. von § 1 Abs. 1 Nr. 3 GrEStG anzunehmen sei.

---

14 BFH v. 16. 12. 1958, BStBl. 1959 III 30.
15 BMF-Schreiben v. 22. 1. 1985, BStBl. 1985 I 97; Vfg. OFD Münster v. 16. 8. 1990, DB 1990, 1797.
16 BMF-Schreiben v. 20. 12. 1977, BStBl. 1978 I 8.
17 BFH v. 10. 2. 1972, BStBl. 1972 II 419; BFH v. 10. 12. 1991, BStBl. 1992 II 385.
18 Zu Einzelheiten unten S. 378.
19 FinMin Baden-Württemberg, Erlaß v. 12. 12. 1994, DB 1994, 2592 f.

Diese Ansicht ist indessen unzutreffend. Dies deshalb, weil § 1 Abs. 1 Nr. 3 GrEStG ebenso wie die übrigen Tatbestände des Grunderwerbsteuergesetzes stets auf einen Vermögensübergang gerichtete Rechtsvorgänge voraussetzt[20]. Ein derartiger Vermögensübergang ist mit einem Formwechsel aber gerade nicht verbunden. Aus den §§ 5 bis 7 GrEStG kann ein derartiger Vermögens-übergang aufgrund eines angenommenen Rechtsträgerwechsels ebenfalls nicht hergeleitet werden. Das Gegenteil ist richtig: Aus den §§ 5 bis 7 GrEStG ergibt sich, daß auch nicht rechtsfähige Personengesellschaften Steuersubjekte i.S. des Grunderwerbsteuergesetzes sind. Mit den vorgenannten Vorschriften wird lediglich den Besonderheiten der gesamthänderischen Bindung insoweit Rech-nung getragen, als eine partielle Steuerbefreiung ausgesprochen wird. Daß für grunderwerbsteuerliche Zwecke bei einer Gesamthand gerade nicht auf die Gesellschafter abzustellen ist, entspricht auch der ständigen Rechtsprechung des Bundesfinanzhofs[21].

II. Verschmelzung

1. Verschmelzung von Kapital- auf Personenhandelsgesellschaften

a) Grundlagen

Im Gegensatz zu Kapitalgesellschaften, die als juristische Personen im Ertragsteuerrecht[22] und Vermögensteuerrecht[23] als eigenständige Steuersubjekte eingestuft werden, unterliegen Personenhandelsgesell-schaften nicht selbst, sondern nur ihre Gesellschafter der Einkom-men-/Körperschaftsteuer. Trotz dieser fehlenden Steuersubjektseigen-schaft sind Personenhandelsgesellschaften gleichwohl eigenständige Gewinnerzielungs- und Gewinnermittlungssubjekte[24]. Hieraus folgt: Es ist die Personenhandelsgesellschaft selbst, die den Gewinn erzielt. Auf Gesellschaftsebene ist im Ausgangspunkt[25] auf der Grundlage nur

---

20 Vgl. § 1 Abs. 2 GrEStG.
21 BFH v. 7. 6. 1989, BStBl. 1989 II 803; BFH v. 6. 3. 1990, BStBl. 1990 II 446; zur Nichtsteuerbarkeit des Wechsels im Personenbestand einer Gesamt-hand; zu weiteren grunderwerbsteuerrechtlichen Fragen im Zusammen-hang mit Umwandlungen *Grotherr*, BB 1994, 1970 ff.
22 Z.B. §§ 1 Abs. 1 Nr. 1, Nr. 4; 3 Abs. 1 KStG; §§ 2 Abs. 2, 5 Abs. 1 S. 2 GewStG.
23 Z.B. § 1 Abs. 1 Nr. 2a VStG.
24 Zu dieser begrenzten Steuerrechtssubjektivität BFH v. 25. 6. 1984, BStBl. 1984 II 751; BFH v. 25. 2. 1991, BStBl. 1991 II 691; weitere Einzelheiten bei *Knobbe-Keuk*, Bilanz- und Unternehmenssteuerrecht, 9. Aufl. Köln 1993, 361 ff.
25 Sog. erste Gewinnermittlungsstufe; hierzu *Knobbe-Keuk*, Bilanz- und Un-ternehmenssteuerrecht, 9. Aufl. Köln 1993, 365 f.

des Gesamthandsvermögens[26] der Gewinn der Gesellschaft zu ermitteln, der sodann – grundsätzlich – entsprechend dem vertraglichen Gewinn- und Verlustverteilungsschlüssel auf die Gesellschafter zu verteilen ist und dort zu Einkünften aus Gewerbebetrieb führt (§ 15 Abs. 1 S. 1 Nr. 2 EStG). Demgegenüber unterliegt die Kapitalgesellschaft selbst unmittelbar der Körperschaftsteuer. Der Anteilseigner erzielt erst Einkünfte im Falle der Ausschüttung mit der Maßgabe, daß er die auf der Ausschüttung lastende, von der Kapitalgesellschaft gezahlte Körperschaftsteuer bei der eigenen Steuerschuld zur Anrechnung bringen kann[27]. Im Hinblick auf diese für Kapitalgesellschaften einerseits und Personenhandelsgesellschaften und ihren Gesellschaftern andererseits bestehenden unterschiedlichen Besteuerungsprinzipien hat eine Verschmelzung von Kapitalgesellschaften auf Personenhandelsgesellschaften stets einen Systemwechsel zur Folge. Und weiter: Da Personenhandelsgesellschaften eigenständige Gewinnerzielungs- und Gewinnermittlungssubjekte sind, treten die verschmelzungsbedingten Steuerfolgen stets auf drei unterschiedlichen Ebenen ein, und zwar auf der Ebene der übertragenden Kapitalgesellschaft, auf der Ebene der Personenhandelsgesellschaft sowie schließlich auf Gesellschafterebene. Das Umwandlungssteuergesetz folgt dieser systembedingten Dreiteilung und regelt dementsprechend die Steuerwirkungen auf den drei vorgenannten Ebenen.

b) Steuerliche Auswirkungen bei der übertragenden Kapitalgesellschaft

Gem. § 3 UmwStG wird der übertragenden Kapitalgesellschaft ein Wahlrecht dahingehend eingeräumt, die im Rahmen der Verschmelzung auf die übernehmende Personenhandelsgesellschaft übergehenden Wirtschaftsgüter in der steuerlichen Schlußbilanz mit dem Buchwert oder einem höheren Wert anzusetzen. Die Buchwerte können mithin fortgeführt oder aber bis zu den höheren Teilwerten aufgestockt werden (§ 3 S. 4 UmwStG), so daß auch ein Zwischenwert angesetzt werden darf[28].

---

26 Auf einer zweiten Gewinnermittlungsstufe erfolgt sodann die Gewinnermittlung unter Einbeziehung von Sonderbetriebsvermögen und unter Berücksichtigung von Sondervergütungen (§ 15 Abs. 1 S. 1 Nr. 1 EStG); zu Einzelheiten *Knobbe-Keuk,* Bilanz- und Unternehmenssteuerrecht, 9. Aufl. Köln 1993, 366 ff.; 437 ff.

27 Bei Einkünften aus Kapitalvermögen: §§ 20 Abs. 1 Nr. 1, 3, 36 Abs. 2 Nr. 3 EStG.

28 So die Regierungsbegründung bei *Schaumburg/Rödder,* § 3 UmwStG Rz. 12.

Dieses durch § 3 UmwStG der übertragenden Kapitalgesellschaft ein-geräumte Wahlrecht hat keine Parallele im Umwandlungsgesetz. Ein Bewertungswahlrecht wird dort lediglich dem übernehmenden Rechtsträger eingeräumt (§ 24 UmwG). Der übertragende Rechtsträ-ger hat gem. § 17 Abs. 2 S. 2 UmwG zwingend die Werte anzusetzen, die den Vorschriften über die Jahresbilanz[29] entsprechen müssen[30]. Diese Divergenz zwischen dem Umwandlungsgesetz einerseits und dem Umwandlungssteuergesetz andererseits führt zu einer Durchbre-chung des in § 5 Abs. 1 S. 1 EStG normierten Grundsatzes der Maß-geblichkeit der Handelsbilanz für die Steuerbilanz[31].

Das steuerbilanzielle Wahlrecht umfaßt freilich nur „die Wirtschafts-güter in der steuerlichen Schlußbilanz" mit der Folge, daß die originär erworbenen immateriellen Wirtschaftsgüter, insbesondere der Fir-menwert, in das Wahlrecht nicht mit einbezogen und somit auch nicht anzusetzen sind[32].

Die im Rahmen des durch § 3 UmwStG eingeräumten Bewertungswahlrechts mögliche Buchwertfortführung steht nicht unter dem Vorbehalt, daß eine spätere Versteuerung der stillen Reserven gesichert ist. § 8 UmwStG enthält zwar eine sog. Entstrickungsklausel für den Fall, daß die übernehmende Perso-nengesellschaft kein Betriebsvermögen hat, diese Regelung ordnet aber nur eine Versteuerung auf der Ebene der Gesellschafter der übernehmenden Perso-nengesellschaft an. Geht daher etwa das Vermögen der übertragenden Kapital-gesellschaft auf eine ausländische Betriebsstätte der übernehmenden Personen-handelsgesellschaft über, kann die übertragende Kapitalgesellschaft das überge-hende Vermögen in ihrer Schlußbilanz dennoch mit den Buchwerten ansetzen. In der Regierungsbegründung wird zwar unterstellt, daß eine Buchwertfortfüh-rung in der steuerlichen Schlußbilanz der übertragenden Kapitalgesellschaft nur unter der Voraussetzung möglich sei, daß die spätere Besteuerung der stillen Reserven bei den Gesellschaftern der übernehmenden Personenhandels-gesellschaft sichergestellt sei[33], eine diesbezügliche Entstrickungsklausel ent-hält § 3 UmwStG aber nicht. Eine entsprechende Entstrickungsklausel ist

---

29 §§ 242 ff. HGB.

30 Zum vergleichbaren § 27 Abs. 1 KapErhG *Dehmer*, § 27 KapErhG Anm. 3; *Widmann/Mayer*, Rz. 2440; *Schilling/Zutt* in Hachenburg[7], GmbHG, § 77 Anhang II, § 27 KapErhG. Rz. 3.

31 Andernfalls wäre das Bewertungswahlrecht gem. § 3 UmwStG weitgehend obsolet; zu Einzelheiten *Schaumburg/Rödder*, § 3 UmwStG Rz. 17; zum bisherigen Recht *Dehmer*, § 3 UmwStG Anm. 4.

32 *Schaumburg/Rödder*, § 3 UmwStG Rz. 16; unentschieden *Dötsch* in Dötsch/Eversberg/Jost/Witt, KStG, Anh. UmwStG Tz. 57.

33 So die Regierungsbegründung bei *Schaumburg/Rödder*, § 3 UmwStG Rz. 3; ebenso *Dötsch* in Dötsch/Eversberg/Jost/Witt, KStG, Anh. UmwStG Tz. 56, 58; so auch die herrschende Meinung zum alten Recht, vgl. Nach-weise bei *Dehmer*, § 7 UmwStG Anm. 7c.

allerdings für die Verschmelzung von Kapitalgesellschaften auf Kapitalgesellschaften in § 11 Abs. 1 Nr. 1 UmwStG verankert. Eine analoge Anwendung dieser Vorschrift ist freilich ausgeschlossen, weil es keinen allgemeinen Rechtsgrundsatz der Gewinnrealisierung durch Steuerentstrickung gibt[34]. Eine Besteuerung der stillen Reserven im Falle der Buchwertfortführung ist im vorgenannten Fall daher nur dann sichergestellt, wenn man davon ausgeht, daß das Vermögen zunächst auf eine inländische Betriebsstätte und danach erst auf eine ausländische Betriebsstätte[35] der übernehmenden Personenhandelsgesellschaft übergeht. Bei einem derartigen „Durchgangserwerb" wäre die Besteuerung der stillen Reserven entsprechend der weitgehend anerkannten Methode der aufgeschobenen Gewinnrealisierung[36] gewährleistet.

Die steuerliche Umwandlungsbilanz (Übertragungsbilanz), für die das Bewertungswahlrecht gem. § 3 UmwStG gilt, ist auf den Übertragungsstichtag aufzustellen, der gem. § 2 Abs. 1 UmwStG i.V. mit §§ 5 Abs. 1 Nr. 6, 17 Abs. 2 UmwG auf einen höchstens acht Monate vor der Anmeldung zur Verschmelzung zum Handelsregister liegenden Stichtag auch mit steuerlicher Wirkung zurückbezogen werden kann. Mit Ablauf dieses Stichtags gilt das Vermögen der übertragenden Kapitalgesellschaft als auf die übernehmende Personenhandelsgesellschaft übergegangen und die übertragende Kapitalgesellschaft als aufgelöst. Damit endet die Steuerpflicht für die Körperschaftsteuer[37], für die Gewerbesteuer[38] und für die Vermögensteuer[39] mit Ablauf des Übertragungsstichtages. Im Hinblick darauf bedarf es für den Rückwirkungszeitraum einer umfassenden subjekts- und objektsbezogenen steuerlichen Umqualifikation[40]. Die vorstehenden, für die Körperschaftsteuer maßgeblichen Auswirkungen der Verschmelzung bei der übertragenden Kapitalgesellschaft gelten gem. § 18 Abs. 1 UmwStG auch für die Gewerbeertragsteuer.

---

34 Zu Einzelheiten *Schaumburg*, Internationales Steuerrecht, Köln 1993, 161 ff. m.w.N.
35 Soweit diese in einem Staat gelegen ist, mit dem die Bundesrepublik Deutschland ein Doppelbesteuerungsabkommen abgeschlossen hat; hierzu die Abkommensübersicht bei *K. Vogel*, DBA, Art. 7 Rz. 37.
36 BMF-Schreiben v. 12. 2. 1990, BStBl. 1990 I 72; zu Einzelheiten *Schaumburg*, Internationales Steuerrecht, Köln 1993, 783 ff.
37 Vgl. *Hübl* in Herrmann/Heuer/Raupach, EStG, § 2 UmwStG Anm. 17; *Dehmer*, § 2 UmwStG Anm. 9.
38 Vgl. *Widmann/Mayer*, Rz. 4526, 4536; *Glade/Steinfeld*, UmwStG, Tz. 332.
39 Vgl. *Dehmer*, § 2 UmwStG Anm. 11.
40 Zu Einzelheiten *Schaumburg/Rödder*, § 2 UmwStG Rz. 4 ff.; *Dötsch* in Dötsch/Eversberg/Jost/Witt, KStG, Anh. UmwStG Tz. 83 zum insoweit nicht veränderten alten Recht; *Dehmer*, § 2 UmwStG Anm. 7 ff.; *Hübl* in Herrmann/Heuer/Raupach, EStG, § 2 UmwStG Anm. 17 ff.

c) Steuerliche Auswirkungen bei der übernehmenden Personenhandelsgesellschaft

Die übernehmende Personenhandelsgesellschaft hat gem. § 4 Abs. 1 UmwStG die in der steuerlichen Umwandlungsbilanz (Übertragungsbilanz) der übertragenden Kapitalgesellschaft angesetzten Buchwerte zu übernehmen. Insoweit versagt das Umwandlungssteuergesetz dem Umwandlungsgesetz die Gefolgschaft: Im Gegensatz zu § 24 UmwG wird gem. § 4 Abs. 1 UmwStG der Personenhandelsgesellschaft kein Bewertungswahlrecht eingeräumt. Die Buchwertverknüpfung ist zwingend. Ob die übernehmende Personenhandelsgesellschaft nach § 24 UmwG handelsrechtlich andere Wertansätze in der Übernahmebilanz wählt, ist steuerlich daher ohne Bedeutung, so daß auch insoweit der sich aus § 5 Abs. 1 S. 1 EStG ergebende Grundsatz der Maßgeblichkeit der Handelsbilanz für die Steuerbilanz suspendiert ist[41].

Die Regelung in § 4 Abs. 1 S. 1 und 3 UmwStG knüpft an die in § 20 Abs. 1 Nr. 1 und 2 UmwG verankerte Gesamtrechtsnachfolge insoweit an, als die übernehmende Personenhandelsgesellschaft bezüglich z.B. der AfA, der erhöhten Absetzungen und Sonderabschreibungen sowie hinsichtlich steuerlich relevanter Besitzzeiten in die Rechtsstellung der übertragenden Kapitalgesellschaft eintritt, wobei es keine Rolle spielt, in welcher Weise die übertragende Kapitalgesellschaft ihr Wahlrecht in der Übertragungsbilanz gem. § 3 UmwStG ausgeübt hat[42]. § 4 Abs. 3 UmwStG bestimmt allerdings für den Fall, daß seitens der übertragenden Kapitalgesellschaft eine Buchwertaufstockung vorgenommen worden ist, daß die AfA nach § 7 Abs. 4 S. 1 bzw. 7 Abs. 5 EStG (degressive AfA) nach der bisherigen Bemessungsgrundlage zuzüglich des Aufstockungsbetrages und in allen anderen Fällen nach dem aufgestockten Buchwert zu bemessen ist. Dem Prinzip der Gesamtrechtsnachfolge entspricht es ebenfalls, daß der im Rahmen der Verschmelzung bewirkte Vermögensübergang auch steuerlich nicht als Anschaffung gewertet wird mit der Folge, daß insoweit z.B. keine Investitionszulage und keine Rücklage gem. § 6b EStG beansprucht werden kann[43].

In Abweichung von diesem dem Umwandlungsgesetz als Konzeption zugrundeliegenden Prinzip der Gesamtrechtsnachfolge versagt das Umwandlungssteuergesetz indessen die Rechtsfolge in den bei der

---

41 *Schaumburg/Rödder,* § 4 UmwStG Rz. 20.
42 *Schaumburg/Rödder,* § 4 UmwStG Rz. 29.
43 *Schaumburg/Rödder,* § 4 UmwStG Rz. 30.

übertragenden Kapitalgesellschaft verbleibenden Verlustabzug i.S.d. § 10d Abs. 3 S. 2 EStG (Verlustvortrag). Mit dieser in § 4 Abs. 2 S. 2 UmwStG getroffenen Regelung soll verhindert werden, daß ein und derselbe Verlust steuerlich zweifach berücksichtigt wird: Der vor dem steuerlichen Übertragungsstichtag entstandene Verlust hat das Vermögen der übertragenden Kapitalgesellschaft vermindert und wirkt sich damit auch bei der Ermittlung des Übernahmegewinns bzw. -verlusts[44] aus. Die Möglichkeit einer derartigen doppelten Berücksichtigung des Verlustvortrages gilt indessen nur dann, wenn die Anteile an der übertragenden Kapitalgesellschaft am Übertragungsstichtag zu einem Betriebsvermögen gehören. Ist das nicht der Fall, führt die Regelung des § 4 Abs. 2 S. 2 UmwStG dazu, daß der bei der übertragenden Kapitalgesellschaft zum Übertragungsstichtag vorhandene Verlustvortrag steuerlich unberücksichtigt bleibt[45] Im Hinblick darauf werden sich bei Kapitalgesellschaften verbleibende Verlustvorträge als mit der Zielsetzung des Umwandlungs- und des Umwandlungssteuergesetzes nicht zu vereinbarende Umwandlungsbremsen insbesondere in den Fällen erweisen, in denen nicht wesentlich beteiligte Anteilseigner ihre Anteile im Privatvermögen halten[46]. Das vorstehende Übernahmeverbot von Verlustvorträgen gilt auch für Zwecke der Gewerbeertragsteuer (§ 18 Abs. 1 S. 2 UmwStG), obwohl hier von der Möglichkeit einer doppelten Berücksichtigung dieser Verluste keine Rede sein kann.

Der im Rahmen der Verschmelzung bewirkte Übergang des Vermögens von der übertragenden Kapitalgesellschaft auf die übernehmende Personenhandelsgesellschaft beeinflußt den Gewinn der übernehmenden Personenhandelsgesellschaft unter anderem dann, wenn durch die Verschmelzung eine Vereinigung von Forderungen und Verbindlichkeiten erfolgt (Konfusion)[47]. Ein derartiger Übernahmefolgegewinn[48] entsteht bei einer inkongruenten Bewertung auszubuchender Forde-

---

44 Zur Regierungsbegründung *Schaumburg/Rödder*, § 4 UmwStG Rz. 11, 31, 40.

45 Hierzu *Schaumburg/Rödder*, § 4 UmwStG Rz. 40.

46 Auf eine den vorgenannten steuerlichen Nachteil vermeidende Aufstockung auf Teilwerte in der Übertragungsbilanz der übertragenden Kapitalgesellschaft wird dieser Kreis von Anteilseignern kaum Einfluß ausüben können; hierzu *Schaumburg/Rödder*, § 3 UmwStG Rz. 18, § 4 UmwStG Rz. 40.

47 §§ 425 Abs. 2, 429 Abs. 2 BGB.

48 Auch Übernahmegewinn der zweiten Stufe oder Umwandlungsfolgegewinn bezeichnet, ggf. kommt auch ein Übernahmefolgeverlust in Betracht.

rungen und Verbindlichkeiten. Dieser Übernahmefolgegewinn hat in § 6 UmwStG eine eigenständige Regelung erfahren[49], die mit der früheren Regelung in § 8 UmwStG weitgehend identisch ist[50].

Die vorstehend dargestellten steuerlichen Auswirkungen bei der übernehmenden Personenhandelsgesellschaft gelten auch für Zwecke der Gewerbeertragsteuer (§ 18 Abs. 1 UmwStG).

d) Steuerliche Auswirkungen bei den Gesellschaftern

Da die übernehmende Personenhandelsgesellschaft als solche nicht der Einkommen- oder Körperschaftsteuer unterliegt, sind die steuerlichen Wirkungen insoweit im wesentlichen auf Gesellschafterebene angesiedelt. Soweit die Gesellschafter im Zuge der Verschmelzung keine baren Zuzahlungen oder im Falle ihres Ausscheidens keine Barabfindung erhalten[51], geht es insbesondere darum, ob und ggf. welche Einkünfte bei den Gesellschaftern als Folge des verschmelzungsbedingten Vermögensübergangs zu versteuern sind. Die §§ 4 Abs. 4, 7 UmwStG stellen hierbei auf die steuerliche Qualifikation der Anteile an der übertragenden Kapitalgesellschaft wie folgt ab:

– Zu einem inländischen Betriebsvermögen gehörende Anteile,
– zum Privatvermögen gehörende Anteile wesentlich beteiligter Gesellschafter sowie einbringungsgeborene Anteile und
– zum Privatvermögen gehörende Anteile nicht wesentlich beteiligter Gesellschafter.

aa) Zu einem inländischen Betriebsvermögen gehörende Anteile

§ 4 Abs. 4 UmwStG zielt darauf ab, den infolge des Vermögensübergangs von der übertragenden Kapitalgesellschaft auf die übernehmende Personenhandelsgesellschaft entstehenden Übernahmegewinn bei den Gesellschaftern als Einkünfte aus Gewerbebetrieb der Besteuerung zuzuführen. Übernahmegewinn bzw. Übernahmeverlust ist hierbei der Unterschiedsbetrag zwischen dem Wert, mit dem die überge-

---

49 Weitere Hinweise bei *Dötsch* in Dötsch/Eversberg/Jost/Witt, KStG, Anh. UmwStG Tz. 116 ff.; vgl. auch die Mißbrauchsklausel des § 26 Abs. 1 UmwStG.
50 Einzelheiten zum alten Recht bei *Dehmer*, § 8 UmwStG Anm. 1–18.
51 Für die Besteuerung gelten abgesehen von § 17 UmwStG keine Besonderheiten; hierzu *Dötsch* in Dötsch/Eversberg/Jost/Witt, KStG, Anh. UmwStG Tz. 101; zur Berechnung des auf die baren Zuzahlungen entfallenden Gewinns *Widmann/Mayer*, Rz. 6318.

henden Wirtschaftsgüter zu übernehmen sind, und dem Buchwert der (untergehenden) Anteile an der Kapitalgesellschaft (§ 4 Abs. 4 S. 1 UmwStG). Dieser als Übernahmegewinn (Übernahmeverlust) definierte Unterschiedsbetrag kann mit Wirkung für alle Gesellschafter nur auf der Ebene der übernehmenden Personenhandelsgesellschaft ermittelt werden[52]. Das setzt voraus, daß die Anteile an der übertragenden Kapitalgesellschaft zum Betriebsvermögen der aufnehmenden Personenhandelsgesellschaft gehören. Soweit die Anteile an der übertragenden Kapitalgesellschaft einem anderweitigen Betriebsvermögen der Gesellschafter zuzuordnen sind, gelten diese Anteile zum Übertragungsstichtag in das Betriebsvermögen der übernehmenden Personenhandelsgesellschaft als eingelegt. Durch diese Einlagefiktion wird somit die Ermittlung des Übernahmegewinns bzw. Übernahmeverlustes auf der Ebene der übernehmenden Personenhandelsgesellschaft sichergestellt.

Diese Einlagefiktion gilt nur dann, wenn die Anteile an der übertragenden Kapitalgesellschaft zu einem inländischen Betriebsvermögen gehören. Sind sie einem ausländischen Betriebsvermögen zuzuordnen, gelten sie nicht als eingelegt in das Betriebsvermögen der übernehmenden Personenhandelsgesellschaft mit der Folge, daß insoweit ein entsprechender Anteil am von der übertragenden Kapitalgesellschaft auf die übernehmende Personenhandelsgesellschaft übergehenden Betriebsvermögen bei der Berechnung des Übernahmegewinns außer Betracht bleibt (§ 4 Abs. 4 S. 3 UmwStG)[53].

Die Begrenzung der Einlagefiktion auf zu einem inländischen Betriebsvermögen gehörende Anteile ist indessen dann nicht gerechtfertigt, wenn der Gesellschafter unbeschränkt steuerpflichtig ist und mit den Gewinnen aus der Veräußerung dieser Anteile ohne Einschränkung der deutschen Besteuerung unterliegt[54]. Eine Rechtfertigung ergibt sich auch nicht aus § 10 UmwStG, weil die Körperschaftsteuer auch dann angerechnet werden kann, wenn die Anteile zu einem ausländischen Beetriebsvermögen gehören[55].

Die fiktive Einlage der Anteile zum Übertragungsstichtag erfolgt entweder zum Buchwert oder zu den Anschaffungskosten, wenn die An-

---

52 Zur einheitlichen Ermittlung des Übernahmegewinns bzw. -verlusts und dessen Aufteilung auf die Gesellschafter *Dötsch* in Dötsch/Eversberg/Jost/Witt, KStG, Anh. UmwStG Tz. 67a, 76, 81, 94.

53 Andernfalls käme es zu einer doppelten Besteuerung der übergehenden offenen Rücklagen; hierzu *Dötsch* in Dötsch/Eversberg/Jost/Witt, KStG, Anh. UmwStG Tz. 94.

54 Etwa dann, wenn kein Doppelbesteuerungsabkommen eingreift.

55 Vgl. § 36 Abs. 2 Nr. 3e EStG.

teile innerhalb der letzten fünf Jahre vor dem steuerlichen Übertragungsstichtag in ein Betriebsvermögen eingelegt worden sind. Hiermit korrespondiert auch die Regelung in § 5 Abs. 3 S. 2 UmwStG, wonach Anteile an der übertragenden Kapitalgesellschaft, die innerhalb der letzten fünf Jahre vor dem steuerlichen Übertragungsstichtag in das Betriebsvermögen der übernehmenden Personenhandelsgesellschaft eingelegt worden sind, ebenfalls als mit den Anschaffungskosten eingelegt gelten.

Der Ansatz der Einlagen mit den Anschaffungskosten dient der Vermeidung der Umgehung der Besteuerung der offenen stillen Reserven dadurch, daß kurz vor der Verschmelzung auf die Personenhandelsgesellschaft die Anteile an der übertragenden Kapitalgesellschaft zum Teilwert (§ 6 Abs. 1 Nr. 5 EStG) eingelegt werden[56]. Die beiden in § 5 Abs. 3 S. 1 Buchst. b, S. 2 UmwStG verankerten Mißbrauchsregeln sind indessen mißlungen: Eine Steuerumgehungsmöglichkeit wird nämlich nur dann verhindert, wenn zum Übertragungsstichtag der Teilwert, zu dem die Anteile an der übertragenden Kapitalgesellschaft in das Betriebsvermögen eingelegt worden sind, über den ursprünglichen Anschaffungskosten liegt. Ist indessen der Teilwert zwischenzeitlich unter die Anschaffungskosten abgesunken, so führt der über dem Teilwert liegende Ansatz mit den Anschaffungskosten zu einer Minderung des Übernahmegewinns (§ 4 Abs. 4 S. 1 und 2 UmwStG)[57].

Im Hinblick darauf, daß der Übernahmegewinn (Übernahmeverlust) sich in Höhe des Unterschiedsbetrags zwischen dem Wert, mit dem die übergegangenen Wirtschaftsgüter zu übernehmen sind, und dem Buchwert der Anteile an der übertragenden Kapitalgesellschaft errechnet, hängen die Besteuerungsfolgen bei den Gesellschaftern letztlich davon ab, in welcher Weise die übertragende Kapitalgesellschaft ihr Wahlrecht gem. § 3 UmwStG ausgeübt hat: Werden die Wirtschaftsgüter in der Übertragungsbilanz der übertragenden Kapitalgesellschaft zu über den Buchwerten liegenden Werten angesetzt, so wird hierdurch bei den Gesellschaftern der Übernahmegewinn erhöht bzw. ein Übernahmeverlust entsprechend gemindert. Oder anders: Ein höherer Übertragungsgewinn führt stets auch zu einem höheren Übernahmegewinn (geringeren Übernahmeverlust). Darüber hinaus hängt die Frage, ob ein Übernahmegewinn oder -verlust entsteht, auch von der Höhe der Anschaffungskosten für die Anteile an der übertragenden

---

56 Hierzu die Regierungsbegründung bei *Schaumburg/Rödder,* § 5 UmwStG Rz. 8.

57 Weitere Einzelheiten zu dieser mißlungenen Vorschrift *Wochinger/Dötsch,* DB 1994, Beilage 14, 1 ff. (9 f.).

Kapitalgesellschaft ab. Hieraus folgt: Im Fall der Buchwertfortführung und der Anschaffung der Anteile bei Gründung der übertragenden Kapitalgesellschaft drückt der Übernahmegewinn die in der übertragenden Kapitalgesellschaft gebildeten offenen Rücklagen aus. Wurden die Anteile an der übertragenden Kapitalgesellschaft später erworben und wurden keine stillen Reserven mitbezahlt, so ist der Übernahmegewinn im Falle der Buchwertfortführung mit den nach der Anschaffung gebildeten offenen Rücklagen identisch. Wurden dagegen bei Erwerb stille Reserven mitbezahlt, kann sich ein Übernahmeverlust ergeben. Hat die übertragende Kapitalgesellschaft dagegen einen über dem Buchwert liegenden Ansatz gewählt, wird ein Übernahmeverlust nur in selten Fällen in Betracht kommen[58].

Der auf der Grundlage des § 4 Abs. 4 S. 1 und 2 UmwStG zu berechnende Übernahmegewinn erhöht sich und ein Übernahmeverlust verringert sich um den Gesamtbetrag der in der übertragenden Kapitalgesellschaft „gespeicherten" anrechnungsfähigen Körperschaftsteuer sowie um einen Sperrbetrag i.s.d. § 50c EStG (§ 4 Abs. 5 UmwStG). Angesprochen ist damit zunächst die gem. § 10 UmwStG anrechenbare Körperschaftsteuer, die auf den Teilbeträgen des verwendbaren Eigenkapitals i.s.d. § 30 Abs. 1 Nr. 1 und 2 KStG, also auf dem EK 50, auf dem EK 45[59] und dem EK 30 lastet. Diese anrechenbare Körperschaftsteuer errechnet sich mit 50/50 des EK 50, 45/55 des EK 45 und 30/70 des EK 30, weil aus Vereinfachungsgründen auf die Herstellung der Ausschüttungsbelastung verzichtet wird. § 4 Abs. 5 UmwStG steht damit in einem untrennbaren Zusammenhang mit § 10 UmwStG: Trotz des steuerlichen Systemwechsels infolge der Verschmelzung der übertragenden Kapitalgesellschaft auf die übernehmende Personenhandelsgesellschaft soll die Anrechnung der Körperschaftsteuer und somit die Vermeidung der wirtschaftlichen Doppelbelastung von Körperschaftsteuer einerseits und Einkommensteuer andererseits gesichert bleiben. Konkret: Da die Gesellschafter die auf dem vewendbaren Eigenkapital der übertragenden Kapitalgesellschaft lastende Körperschaftsteuer gem. § 10 Abs. 1 UmwStG anrechnen können, ist der Übernahmegewinn folgerichtig um die anrechenbare Körperschaftsteuer zu erhöhen und der Übernahmeverlust um diesen Betrag zu mindern. Insoweit entspricht § 4 Abs. 5 UmwStG dem § 20

---

58 Zu Einzelheiten und zu Beispielen *Schaumburg/Rödder*, Vor §§ 3 ff. UmwStG Rz. 8 ff.; *dies.*, WiB 1995, 10 ff. (14); *Wochinger/Dötsch*, DB 1994, Beilage 14, 1 ff. (8).

59 Einschließlich eines etwaigen Zugangs aufgrund eines Übertragungsgewinns gem. § 3 UmwStG.

Abs. 1 Nr. 3 EStG, wonach die anzurechnende Körperschaftsteuer (§ 36 Abs. 2 Nr. 3 EStG) zu den Einkünften aus Kapitalvermögen zählt.

Der Übernahmegewinn erhöht sich und der Übernahmeverlust vermindert sich schließlich noch um einen Sperrbetrag i.S.d. § 50c EStG. Angesprochen sind damit die Fälle, in denen die Anteile an der übertragenden Kapitalgesellschaft von nicht anrechnungsberechtigten Personen stammen. In diesem Fall wird der Unterschiedsbetrag zwischen den Anschaffungskosten dieser Anteile und dem Nennwert derselben[60] außerbilanziell hinzugerechnet. § 4 Abs. 5 UmwStG dient insoweit der Schließung einer Regelungslücke in § 50c EStG, der bei Umwandlungen nicht eingreift[61].

Verbleibt nach Berücksichtigung der anrechenbaren Körperschaftsteuer und eines Sperrbetrages i.S.d. § 50c EStG ein positiver Betrag, so ist dieser gem. § 180 Abs. 1 Nr. 2 AO bei der übernehmenden Personenhandelsgesellschaft gesondert festzustellen[62] und bei deren Gesellschaftern als Einkünfte aus Gewerbebetrieb unter Anrechnung der Körperschaftsteuer gem. § 10 UmwStG der Besteuerung zu unterwerfen. Soweit es sich bei den Gesellschaftern um natürliche Personen handelt, sind die entsprechenden Einkünfte dem einkommensteuerlichen Spitzensteuersatz von 53% ausgesetzt, ohne daß die Tarifbegrenzung auf 47% (§ 32c EStG) eingreift[63]. Hieraus folgt im Ergebnis, daß eine steuerneutrale Verschmelzung von Kapitalgesellschaften auf Personenhandelsgesellschaften selbst dann nicht gewährleistet ist, wenn in der Übertragungsbilanz der übertragenden Kapitalgesellschaft die Buchwerte fortgeführt worden sind (§ 3 UmwStG). Eine „Nachversteuerung" erfolgt nämlich stets dann, wenn der individuelle Einkommensteuersatz höher ist als der maßgebliche Körperschaftsteuersatz der übertragenden Kapitalgesellschaft. Und weiter: Wurden die offenen Rücklagen der übertragenden Kapitalgesellschaft, soweit diese den Übernahmegewinn repräsentieren[64], etwa aus steuerfreien Aus-

---

60 Sperrbetrag gem. § 50c Abs. 4 EStG.

61 Zu Einzelheiten zu dem insoweit unverändert gebliebenen alten Recht *Dehmer*, § 5 UmwStG Anm. 21 ff.; *Förster*, RIW 1986, 794 ff.

62 *Wochinger/Dötsch*, DB 1994, Beilage 14, 1 ff. (7).

63 Begründung: Der Übernahmegewinn ist gem. § 18 Abs. 2 UmwStG nicht mit Gewerbesteuer belastet; hierzu *Schaumburg/Rödder*, § 4 UmwStG Rz. 37; *Wochinger/Dötsch*, DB 1994, Beilage 14, 1 ff. (7).

64 Hierzu *Schaumburg/Rödder*, WiB 1995, 10 ff. (11).

landsgewinnen gespeist, so ist eine Nachversteuerung dieses EK 01[65] unvermeidbar[66].

Verbleibt trotz der gem. § 4 Abs. 5 UmwStG gebotenen außerbilanziellen Hinzurechnung ein negativer Betrrag, was insbesondere dann der Fall ist, wenn die Gesellschafter die Anteile an der übertragenden Kapitalgesellschaft kurze Zeit vor der Verschmelzung erworben und hierfür die stillen Reserven einschließlich des Firmenwertes und des Körperschaftsteuerguthabens mitbezahlt haben, so wird den Gesellschaftern die anrechenbare Körperschaftsteuer in Anwendung des § 10 Abs. 1 UmwStG zwar erstattet, negative Einkünfte aus Gewerbebetrieb werden für sie aber dennoch nur ausnahmsweise festgestellt. § 4 Abs. 6 UmwStG sieht nämlich vor, daß die Wertansätze der übergehenden Wirtschaftsgüter (§ 4 Abs. 1 UmwStG) in der Bilanz der übernehmenden Personenhandelsgesellschaft einschließlich der Ergänzungsbilanzen für ihre Gesellschafter erfolgsneutral bis zu den Teilwerten der Wirtschaftsgüter aufzustocken und in den Folgeperioden nach Maßgabe des § 4 Abs. 3 UmwStG abzuschreiben sind. In Höhe eines hiernach noch verbleibenden negativen Betrages werden Anschaffungskosten übernommener originärer immaterieller Wirtschaftsgüter einschließlich eines Firmenwertes aktiviert. Verbleibt auch danach – ausnahmsweise – noch ein negativer Betrag, so kann dieser unmittelbar gewinnmindernd geltend gemacht werden[67]. Im Ergebnis wird damit der gem. § 4 Abs. 4 UmwStG geminderte Übernahmeverlust über die Restnutzungsdauer der aufgestockten Wirtschaftsgüter steuerlich nutzbar gemacht.

Dieses für die Aufstockung durch § 4 Abs. 6 UmwStG vorgegebene stufenförmige Vorgehen führt zur Generierung von Abschreibungspotential, das in der Praxis des Unternehmenskaufs als „Umwandlungsmodell" Bedeutung erlangen wird, zumal diese Vorgehensweise im Unterschied zu dem herkömmlich bekannten „Kombinationsmodell" nicht mit Gewerbesteuer belastet[68] ist[69].

Für Zwecke der Gewerbeertragsteuer enthält § 18 Abs. 2 UmwStG eine vereinfachende Regelung: Der Übernahmegewinn ist nicht zu erfassen. Diese Regelung hat deshalb weitreichende Folgen, weil eine etwaige spätere Veräußerung der übernommenen Wirtschaftsgüter als

---

65 § 30 Abs. 2 Nr. 1 KStG.
66 Hierzu *Schaumburg/Rödder,* § 4 UmwStG Rz. 37.
67 Zu Einzelheiten *Schaumburg/Rödder,* § 4 UmwStG Rz. 38.
68 Vgl. § 18 Abs. 2 UmwStG einerseits und § 8 Nr. 10 GewStG bei ausschüttungsbedingter Teilwertabschreibung andererseits.
69 Zu Einzelheiten *Rödder/Hötzel,* FR 1994, 285 ff.; *Otto,* DB 1994, 2121 ff.; *Blumers/Marquart,* DStR 1994, 1869 ff.

Ganzes durch die übernehmende Personenhandelsgesellschaft nicht der Gewerbesteuer unterliegt[70]. Da die Veräußerung dieser Wirtschaftsgüter durch die übertragende Kapitalgesellschaft selbst dagegen mit Gewerbesteuer belastet gewesen wäre, enthält § 18 Abs. 4 UmwStG eine Mißbrauchsregelung dahingehend, daß ein Auflösungs- oder Veräußerungsgewinn der Gewerbesteuer zu unterwerfen ist, wenn der Betrieb der übernehmenden Personenhandelsgesellschaft innerhalb von fünf Jahren nach dem Vermögensübergang aufgegeben oder veräußert wird.

Auch diese Mißbrauchsregelung ist mißlungen: Einerseits erfaßt sie nicht die Veräußerung von übergegangenen Teilbetrieben und Mitunternehmeranteilen an anderen Personenhandelsgesellschaften[71], andererseits werden durch die Gewerbesteuer hiernach aber auch jene stillen Reserven erfaßt, die erst nach dem Vermögensübergang entstanden sind. Insoweit geht die Mißbrauchsregelung über das durch den Sinn und Zweck des § 18 Abs. 4 UmwStG gebotene Maß hinaus. Im Hinblick darauf ist eine teleologische Reduktion dahingehend gerechtfertigt, daß die nach dem Vermögensübergang entstandenen stillen Reserven bei der Berechnung des gewerbesteuerpflichtigen Auflösungs- oder Veräußerungsgewinns außer Betracht bleiben.

bb) Anteile wesentlich Beteiligter im Privatvermögen sowie einbringungsgeborene Anteile

Obwohl zu einem Privatvermögen gehörende wesentliche Beteiligungen an Kapitalgesellschaften (§ 17 EStG) sowie zu einem Privatvermögen gehörende einbringungsgeborene Anteile (§ 21 UmwStG) ertragsteuerlich anders behandelt werden als zu einem Betriebsvermögen gehörende Anteile, führt die Einlagefiktion des § 5 Abs. 2 und 4 UmwStG für Zwecke der Berechnung des Übernahmegewinns zu einer Gleichbehandlung. Im Zuge der Verschmelzung erfolgt daher keine Besteuerung einer Anteilsveräußerung bei den eigentlichen Anteilsinhabern nach Maßgabe der §§ 17 EStG, 21 UmwStG i.V.m. § 34 EStG. Statt dessen gelten die vorbezeichneten Anteile an der übertragenden Kapitalgesellschaft zum steuerlichen Übertragungsstichtag und des Betriebsvermögens der übernehmenden Personenhandelsgesellschaft als mit den Anschaffungskosten eingelegt. Die Gleichstellung mit zu einem Betriebsvermögen gehörenden Anteilen an der übertragenden Kapitalgesellschaft führt im Ergebnis zu einer Umqualifizierung von gem. § 34 EStG tarifermäßigten Veräußerungsgewin-

---

70 Vgl. Abschn. 40 Abs. 1 GewStR.

71 Deren Veräußerung unterliegt ebenfalls nicht der Gewerbesteuer; vgl. Abschn. 40 Abs. 1 Nr. 1 S. 1 und 8 GewStR.

nen (§ 17 EStG, § 21 UmwStG) in laufende Einkünfte aus Gewerbebetrieb mit der Besonderheit, daß ein etwaiger Übernahmeverlust nur über die Generierung von Abschreibungspotential bei der übernehmenden Personenhandelsgesellschaft steuerlich wirksam wird[72]. Die für wesentliche Beteiligungen gem. § 17 EStG maßgebliche Einlagefiktion des § 5 Abs. 2 UmwStG gilt auch für beschränkt steuerpflichtige Anteilseigner. Einer Einschränkung bedurfte es für diesen Gesellschafterkreis im Grundsatz deshalb nicht, weil die sie treffende Nichtanrechnungsberechtigung (§ 50 Abs. 5 S. 2 EStG, § 51 KStG) durch die Erhöhung des Übernahmegewinns bzw. Minderung des Übernahmeverlustes um einen Sperrbetrag i.S.v. § 50c EStG (§ 4 Abs. 5 UmwStG) einerseits und durch den Ausschluß der Körperschaftsteueranrechnung (§ 10 Abs. 2 UmwStG) andererseits auch im Zuge der Verschmelzung im Ergebnis sichergestellt bleibt[73].

cc) Zum Privatvermögen gehörende nicht wesentliche Beteiligungen

Im Hinblick darauf, daß die Veräußerung von Anteilen an der übertragenden Kapitalgesellschaft, an der Anteilseigner nicht wesentlich i.S.v. § 17 EStG beteiligt sind, außerhalb des Regelungsbereichs der §§ 22 Nr. 2, 23 EStG nicht der Besteuerung unterliegt, wird insoweit auch kein Übernahmegewinn oder Übernahmeverlust ermittelt. Dies wird dadurch sichergestellt, daß einerseits die Einlagefiktion für derartige Anteile nicht gilt[74] und andererseits bei der Ermittlung des Übernahmegewinns oder des Übernahmeverlustes der Wert der übergehenden Wirtschaftsgüter insoweit außer Ansatz bleibt, als er auf Anteile an der übertragenden Kapitalgesellschaft entfällt, die am steuerlichen Übertragungsstichtag nicht zum Betriebsvermögen der übernehmenden Personenhandelsgesellschaft gehören (§ 4 Abs. 4 S. 3 UmwStG). Hieraus folgt indessen nicht, daß jegliche Besteuerung zu unterbleiben hätte. Gem. § 7 UmwStG werden, um das körperschaftsteuerliche Anrechnungsverfahren auch für diesen Fall sicherzustellen, dem Gesellschafter das auf seine Anteile entfallende verwendbare Eigenkapital der übertragenden Kapitalgesellschaft mit Ausnahme des EK 04 und die anteilige nach § 10 UmwStG anzurechnende Körperschaftsteuer als Einkünfte aus Kapitalvermögen zugerechnet. Es handelt sich hierbei um die gleiche Regelung, die § 20 Abs. 1 Nr. 1 und 2 EStG

---

72 Hierzu vorstehend S. 342.

73 Hierzu auch *Schaumburg/Rödder*, § 5 UmwStG Rz. 12; a.A *Dötsch* in Dötsch/Eversberg/Jost/Witt, KStG, Anh. UmwStG Tz. 94, 113 f., der davon ausgeht, die Einlagefiktion des § 5 Abs. 2 UmwStG gelte nicht für beschränkt steuerpflichtige und steuerbefreite Anteilseigner.

74 Vgl. § 5 UmwStG.

für die Fälle der Liquidation einer Kapitalgesellschaft enthält[75]. Diese dem § 7 UmwStG zugrunde liegende Besteuerungskonzeption führt im Ergebnis dazu, daß die Körperschaftsteuerbelastung der offenen Rücklagen der übertragenden Kapitalgesellschaft durch die individuelle Einkommensteuerbelastung auf Gesellschafterebene ersetzt wird[76]. Diese Besteuerungskonzeption gilt allerdings nicht uneingeschränkt: Im Falle der Buchwertfortführung seitens der übernehmenden Personenhandelsgesellschaft unterbleibt einstweilen eine Versteuerung stiller Reserven. Diese müssen von den Gesellschaftern erst dann versteuert werden, wenn sie bei der übernehmenden Personenhandelsgesellschaft aufgelöst werden[77].

Die vorstehende Besteuerungskonzeption bewirkt auf Gesellschafterebene eine Nachversteuerung. Die Nachversteuerung betrifft insbesondere diejenigen Fälle, in denen dem nicht wesentlich beteiligten Gesellschafter anteiliges EK 01[78] als Einkünfte aus Kapitalvermögen gem. § 7 Nr. 1 UmwStG zugerechnet wird.

Dieser Nachversteuerung werden die betroffenen Gesellschafter dadurch zu entgehen versuchen, daß sie ihre Anteile an der einbringenden Kapitalgesellschaft bereits im Vorfeld der Verschmelzung den übrigen Gesellschaftern zum Kauf anbieten. Eine derartige Anteilsrotation hat den steuerlichen Vorteil, daß einerseits die Gewinne aus der Veräußerung dieser Anteile außerhalb des Anwendungsbereichs der §§ 22 Nr. 2, 23 EStG keiner Besteuerung unterliegen und andererseits, soweit die stillen Reserven mitbezahlt worden sind, im Falle eines Übernahmeverlustes steuerwirksames Abschreibungspotential generiert wird. Im Hinblick auf diese zukünftig zu erwartende Gestaltung wird die praktische Bedeutung des § 7 UmwStG nur begrenzt sein.

§ 7 UmwStG qualifiziert die dort genannten Einkünfte zwar als Einkünfte aus Kapitalvermögen, eine konkrete Zuordnung unterbleibt aber. In den Fällen der beschränkten Steuerpflicht bleibt damit eine Subsumtion unter § 49 Abs. 1 Nr. 5 EStG versagt mit der Folge, daß für beschränkt steuerpflichtige Gesellschafter eine Nachversteuerung unterbleibt[79].

75 Hierzu die Regierungsbegründung bei *Schaumburg/Rödder*, § 7 UmwStG Rz. 3.
76 *Schaumburg/Rödder*, § 7 UmwStG Rz. 6.
77 *Dötsch* in Dötsch/Eversberg/Jost/Witt, KStG, Anh. UmwStG Tz. 110; *Schaumburg/Rödder*, WiB 1995, 10 ff. (13 f.).
78 § 30 Abs. 2 Nr. 1 KStG.
79 Hierzu *Schaumburg/Rödder*, § 7 UmwStG Rz. 8; zum alten Recht: *Hübl* in Herrmann/Heuer/Raupach, EStG, § 9 UmwStG Anm. 3; *Dötsch* in Dötsch/Eversberg/Jost/Witt, KStG, § 20 EStG Rz. 32a; *Widmann/Mayer*, Rz. 5615; *Dehmer*, § 9 UmwStG Anm. 6.

2. Verschmelzung von Kapital- auf Kapitalgesellschaften

a) Überblick

Die Regelungen über die Verschmelzung von Kapitalgesellschaften auf Kapitalgesellschaften (§§ 11–13 UmwStG) sind im Kern unverändert geblieben[80]. Das bedeutet insbesondere, daß

– die übertragende Kapitalgesellschaft in ihrer Schlußbilanz unter bestimmten Voraussetzungen die Buchwerte beibehalten kann mit der Folge, daß ein Übertragungsgewinn nicht entsteht,

– Übernahmegewinne und -verluste steuerlich grundsätzlich außer Ansatz bleiben,

– auf der Ebene der Gesellschafter der übertragenden Kapitalgesellschaft ein steuerneutraler Anteiltausch erfolgt und

– die betroffenen Teilbeträge des verwendbaren Eigenkapitals nach Maßgabe des § 38 KStG zusammengeführt werden.

In Abweichung zum bisherigen Recht erfolgt indessen ein Verlusttransfer, so daß ein bei der übertragenden Kapitalgesellschaft verbleibender Verlustvortrag bei der übernehmenden Kapitalgesellschaft steuerlich berücksichtigt werden kann.

b) Steuerliche Auswirkungen bei der übertragenden Kapitalgesellschaft

In der steuerlichen Schlußbilanz für das letzte Wirtschaftsjahr der übertragenden Kapitalgesellschaft (Übertragungsbilanz) können die übergehenden Wirtschaftsgüter entweder mit dem bisherigen Buchwert, dem höheren Teilwert oder einem Zwischenwert angesetzt werden[81]. Damit wird auch hier dem § 24 UmwG die Gefolgschaft verweigert: Für steuerliche Zwecke wird nicht der übernehmenden, sondern allein der übertragenden Kapitalgesellschaft ein Bewertungswahlrecht eingeräumt. Im Hinblick darauf enthält § 11 Abs. 1 UmwStG eine Ausnahme von dem in § 5 Abs. 1 S. 1 EStG verankerten Grundsatz der Maßgeblichkeit der Handelsbilanz für die Steuerbilanz[82].

---

80 Vgl. §§ 14–16 UmwStG 1977.

81 Originäre immaterielle Wirtschaftsgüter sowie ein Firmenwert sind nicht aufzudecken; *Dötsch* in Dötsch/Eversberg/Jost/Witt, KStG, Anh. UmwStG Tz. 136.

82 Hierzu oben S. 337.

Das in § 11 Abs. 1 UmwStG eingeräumte Wahlrecht steht unter dem Vorbehalt, daß die Besteuerung der in dem übergehenden Vermögen enthaltenen stillen Reserven bei der übernehmenden Kapitalgesellschaft zukünftig gewährleistet ist[83]. Dieser Vorbehalt hat freilich in jenen Fällen keine Bedeutung, in denen übergehendes Vermögen bereits bei der übertragenden Kapitalgesellschaft dem deutschen Besteuerungszugriff entzogen war.

Denn sichergestellt werden kann nur, was nicht bereits dem deutschen Steuerzugriff entzogen ist[84]. Geht daher etwa im Zuge der Verschmelzung ausländisches Betriebsstättenvermögen über, dessen Besteuerung nach Maßgabe des in Betracht kommenden Doppelbesteuerungsabkommens ausschließlich dem Betriebsstättenstaat zusteht[85], bleibt die Rechtslage auch nach Verschmelzung unverändert, so daß der übertragenden Kapitalgesellschaft das Bewertungswahlrecht gem. § 11 Abs. 1 UmwStG erhalten bleibt[86].

Schließlich hängt das der übertragenden Kapitalgesellschaft eingeräumte Bewertungswahlrecht auch davon ab, daß eine Gegenleistung nicht gewährt wird oder in Gesellschaftsrechten besteht[87]. Ist hiernach das Wahlrecht nicht möglich, sind gem. § 11 Abs. 2 UmwStG die übergehenden Wirtschaftsgüter entweder mit dem Wert der gewährten Gegenleistung oder aber mit dem Teilwert anzusetzen. Ist demgegenüber das Wahlrecht zulässig, so werden in aller Regel die Buchwerte in der Übertragungsbilanz fortgeführt mit der Folge, daß ein Übertragungsgewinn nicht entsteht. Dies gilt auch für die Gewerbesteuer (§ 19 Abs. 1 UmwStG).

c) Steuerliche Auswirkungen bei der übernehmenden Kapitalgesellschaft

Die übernehmende Kapitalgesellschaft hat die übergehenden Wirtschaftsgüter mit den in der steuerlichen Übertragungsbilanz der übertragenden Kapitalgesellschaft ausgewiesenen Werten zu übernehmen (§§ 12 Abs. 1, 4 Abs. 1 UmwStG). Eine Ausnahme hiervon macht § 12 Abs. 1 S. 2 UmwStG für den Fall des Vermögensübergangs von einer

---

83 Eine derartige Entstrickungsklausel fehlt in § 3 UmwStG; hierzu oben S. 337.

84 Zum alten Recht: *Dehmer*, § 14 UmwStG Anm. 10b; *Widmann/Mayer*, Rz. 5895.

85 Zu Einzelheiten *Schaumburg*, Internationales Steuerrecht, Köln 1993, 635 ff., 768 ff.

86 Zu weiteren Einzelheiten *Dehmer*, § 14 UmwStG Anm. 10c.

87 Zu Einzelheiten *Dehmer*, § 14 UmwStG Anm. 11.

steuerfreien auf eine steuerpflichtige Kapitalgesellschaft. In diesem Fall sind die übergegangenen Wirtschaftsgüter ohne Rücksicht auf den in der steuerlichen Übertragungsbilanz ausgewiesenen Wertansatz in der Übernahmebilanz mit dem Teilwert anzusetzen[88].

Soweit die übernehmende Kapitalgesellschaft an der übertragenden Kapitalgesellschaft beteiligt ist, gehen die Anteile im Zuge der Verschmelzung unter. § 12 Abs. 2 UmwStG vermeidet für diesen Fall, daß neben die Besteuerung des Gewinns der übertragenden Kapitalgesellschaft die Besteuerung der in den untergehenden Anteilen an dieser Kapitalgesellschaft ruhenden stillen Reserven tritt[89]. Mit anderen Worten: Ein etwa entstehender Übernahmegewinn bzw. Übernahmeverlust bleibt steuerlich außer Ansatz. Das bedeutet, daß zunächst der bilanziell zu erfassende Übernahmegewinn/Übernahmeverlust außerbilanziell im Zuge der Ermittlung des steuerpflichtigen Einkommens der übernehmenden Kapitalgesellschaft zu neutralisieren ist[90].

Ein Übernahmegewinn ist indessen insoweit ausnahmsweise der Besteuerung zuzuführen, als die tatsächlichen Anschaffungskosten der Anteile an der übertragenden Kapitalgesellschaft den Buchwert derselben übersteigen (§ 12 Abs. 2 S. 2 UmwStG]. Das führt im Ergebnis zur Nachversteuerung zuvor steuerlich wirksam vorgenommener Teilwertabschreibungen oder von Übertragungen gem. § 6b EStG[91].

Ein Übernahmegewinn entsteht ausnahmsweise schließlich auch dann, wenn eine in der Rechtsform einer Kapitalgesellschaft geführte Unterstützungskasse auf die Trägerkapitalgesellschaft verschmolzen wird. Hierdurch soll sichergestellt werden, daß die übernehmende Trägerkapitalgesellschaft nicht zweimal die Alterssicherungsleistungen steuerlich geltend machen kann, d.h. einmal durch Zuführung an die Unterstützungskasse nach § 4d EStG und zum zweitenmal durch eine Pensionsrückstellung nach § 6a EStG. Dies wird dadurch gewährleistet, daß gem. § 12 Abs. 2 S. 2 Hs. 2 UmwStG die tatsächlichen Anschaffungskosten der Anteile an der übertragenden in der Rechts-

---

88 Diese Vorschrift entspricht § 13 KStG.
89 So die Regierungsbegründung bei *Schaumburg/Rödder*, § 12 UmwStG Rz. 5.
90 Zum alten Recht *Dötsch* in Dötsch/Eversberg/Witt/Jost, KStG, Anh. UmwStG Tz. 142; *Widmann/Mayer*, Rz. 6038 f.; *Hübl* in Herrmann/Heuer/Raupach, EStG, § 15 UmwStG Anm. 5; *Dehmer*, § 15 UmwStG Anm. 4b, d.
91 *Dötsch* in Dötsch/Eversberg/Jost/Witt, KStG, Anh. UmwStG Tz. 146; Einzelheiten zu dem auch als Beteiligungskorrekturgewinn bezeichneten Übernahmegewinn nach altem Recht bei *Dehmer*, § 15 UmwStG, Anm. 8.

form einer Kapitalgesellschaft geführten Unterstützungskasse um die Zuwendungen an dieselbe erhöht wird[92].

In Anlehnung an das in § 20 Abs. 1 Nr. 1 und 2 UmwG verankerte Prinzip der Gesamtrechtsnachfolge bestimmt § 12 Abs. 3 UmwStG, daß die übernehmende Kapitalgesellschaft bezüglich der AfA, der erhöhten Absetzungen, der Sonderabschreibungen, der Inanspruchnahme einer Bewertungsfreiheit oder eines Bewertungsabschlages usw. in die Rechtsposition der übertragenden Kapitalgesellschaft eintritt. Dies gilt auch für einen bei der übertragenden Kapitalgesellschaft verbleibenden Verlustabzug i.S.d. § 10d Abs. 3 S. 2 EStG (§ 12 Abs. 3 S. 2 UmwStG). Angesprochen ist hierbei der nach einem Verlustrücktrag verbleibende Verlust der übertragenden Kapitalgesellschaft. Da insoweit bei der übertragenden Kapitalgesellschaft ein Verlustrücktrag nicht mehr möglich war, ist er auch der übernehmenden Kapitalgesellschaft versagt mit der Folge, daß insoweit nur noch ein Verlustvortrag zur Verfügung steht[93]. Allerdings erlaubt § 12 Abs. 3 S. 2 UmwStG den Übergang des Verlustvortrags von der übertragenden Kapitalgesellschaft auf die übernehmende Kapitalgesellschaft nur dann, wenn die übertragende Kapitalgesellschaft ihren Geschäftsbetrieb im Zeitpunkt der Eintragung des Vermögensübergangs im Handelsregister noch nicht eingestellt hatte. Diese Einschränkung soll ebenso wie § 8 Abs. 4 KStG der Verlustmantelverwertung entgegentreten. Obwohl beide Vorschriften unterschiedliche Regelungsgegenstände betreffen, stehen sie doch in einem Zusammenhang: Hat die übertragende Kapitalgesellschaft ihren Geschäftsbetrieb bereits eingestellt, geht der Verlustvortrag gem. § 12 Abs. 3 S. 2 UmwStG nicht über. War dagegen der Geschäftsbetrieb bei der übertragenden Kapitalgesellschaft noch nicht eingestellt, wird aber die Einstellung des Geschäftsbetriebs nach der Verschmelzung seitens der übernehmenden Kapitalgesellschaft vorgenommen, so liegt zwar kein Fall des § 12 Abs. 3 S. 2 UmwStG vor, der Verlustvortrag kann in diesem Falle dann aber an § 8 Abs. 4 KStG scheitern[94]. Für die Gewerbeertragsteuer gilt gem. § 19 Abs. 2 UmwStG das Entsprechende.

Im Zuge der Verschmelzung kann sich der Gewinn der übernehmenden Kapitalgesellschaft dadurch erhöhen, daß der Vermögensübergang

---

92 Zu Einzelheiten der Bericht des Finanzausschusses bei *Schaumburg/Rödder*, § 12 UmwStG Rz. 11 ff.

93 Ebenso *Wochinger/Dötsch*, DB 1994, Beilage 14, 1 ff. (10); *Dötsch* in Dötsch/Eversberg/Jost/Witt, KStG, Anh. UmwStG Tz. 149.

94 *Schaumburg/Rödder*, § 12 UmwStG Rz. 19.

zum Erlöschen von Forderungen und Verbindlichkeiten zwischen der übertragenden und der übernehmenden Kapitalgesellschaft führt. Die für einen derartigen Übernahmefolgegewinn vorgesehene Steuervergünstigung des § 6 Abs. 1 bis 5 UmwStG gilt für den Teil des Gewinns aus der Vereinigung von Forderungen und Verbindlichkeiten, der der Beteiligung der übernehmenden Kapitalgesellschaft am Kapital der übertragenden Kapitalgesellschaft entspricht (§ 12 Abs. 4 S. 2 UmwStG)[95].

Während die vorstehend dargestellten steuerlichen Auswirkungen auf der Ebene der übernehmenden Kapitalgesellschaft auch für Zwecke der Gewerbeertragsteuer Geltung haben (§ 19 Abs. 2 S. 1 UmwStG), ergeben sich in körperschaftsteuerrechtlicher Hinsicht im Zusammenhang mit der Gliederung des verwendbaren Eigenkapitals einige spezifische Besonderheiten, die in § 38 Abs. 1 KStG geregelt sind. Hiernach hat eine Zusammenführung der betroffenen verwendbaren Eigenkapitalien so zu erfolgen, daß auch nach der Verschmelzung eine Körperschaftsteueranrechnung uneingeschränkt gewährleistet ist. Im Hinblick darauf sind im wesentlichen die folgenden drei Maßnahmen erforderlich, und zwar die

– Addition der Teilbeträge der verwendbaren Eigenkapitalien,
– Angleichung der Nennkapitalsphäre,
– Angleichung der Rücklagensphäre[96].

d) Steuerliche Auswirkungen bei den Gesellschaftern der übertragenden Kapitalgesellschaft

Im Gegensatz zu §§ 4 Abs. 4–6, 7 UmwStG[97] liegt dem § 13 UmwStG als Besteuerungskonzeption die Veräußerung zugrunde. Hieraus folgt: Gehören die Anteile an der übertragenden Kapitalgesellschaft zu einem Betriebsvermögen, so gelten diese gem. § 13 Abs. 1 UmwStG als zum Buchwert veräußert und die an ihre Stelle tretenden Anteile an der übernehmenden Kapitalgesellschaft als zu diesem Wert angeschafft[98]. § 13 Abs. 1 UmwStG gewährleistet damit auf Gesellschafterebene einen steuerneutralen Anteilstausch. Dies setzt freilich voraus, daß auch die eingetauschten Anteile an der übertragenden Kapitalge-

---

95 Vgl. allerdings die Mißbrauchsklausel in § 26 Abs. 1 UmwStG.
96 Zu Einzelheiten *Schaumburg/Rödder*, § 12 UmwStG Rz. 23 ff.; *Wochinger/Dötsch*, DB 1994, Beilage 14, 1 ff. (17 ff.).
97 Hierzu oben S. 342.
98 Insoweit ist kein Wahlrecht gegeben.

sellschaft zum Betriebsvermögen gehören. Ist das nicht der Fall, so erfolgt insoweit eine Entnahme der Anteile an der übernehmenden Kapitalgesellschaft im Zeitpunkt der Eintragung der Verschmelzung in das Handelsregister[99].

Handelt es sich um wesentliche Beteiligungen gem. § 17 EStG, um einbringungsgeborene Anteile (§ 21 UmwStG) oder um Anteile, bei denen der Veräußerungsgewinn gem. § 22 Nr. 2, 23 EStG steuerpflichtig ist, gewährleistet § 13 Abs. 2 und 3 UmwStG ebenfalls einen steuerneutralen Anteilstausch.

Während für wesentliche Beteiligungen i.s.v. § 17 EStG und für einbringungsgeborene Anteile (§ 21 UmwStG) die künftige Besteuerung dadurch erhalten bleibt, daß die Qualifikation dieser Anteile auf die erworbenen Anteile an der übernehmenden Kapitalgesellschaft (verschmelzungsgeborene Anteile) ohne Rücksicht auf die Beteiligungshöhe übergehen (§ 13 Abs. 2 S. 2, Abs. 3 UmwStG)[100], geht die Besteuerung für die unter §§ 22 Nr. 2, 23 EStG fallenden Anteile nach Ablauf der Spekulationsfrist verloren[101]. Diese Rechtsfolge findet ihre Rechtfertigung indessen darin, daß die untergegangenen Anteile an der übertragenden Kapitalgesellschaft art-, wert- und funktionsgleich mit den eingetauschten Anteilen an der übernehmenden Kapitalgesellschaft sind[102].

Während die Steuerneutralität des Anteilstauschs auch für Zwecke der Gewerbeertragsteuer Geltung hat (§ 19 Abs. 1 S. 1 UmwStG), bedurfte es für nicht steuerverhaftete Anteile keiner besonderen Regelung, weil deren Veräußerung unter keine Einkunftsart fällt.

Soweit Gesellschafter im Rahmen der Verschmelzung bare Zuzahlungen oder bei Ausscheiden eine Barabfindung erhalten, richtet sich die Besteuerung – abgesehen von der Sonderregelung des § 17 UmwStG – nach allgemeinen Grundsätzen[103].

---

99 Wie im alten Recht, BFH v. 10. 7. 1974, BStBl. 1974 II 736; *Widmann/Mayer*, Rz. 6325; *Dehmer*, § 16 UmwStG Anm. 2d.

100 *Dötsch* in Dötsch/Eversberg/Jost/Witt, KStG, Anh. UmwStG Tz. 156; zum alten Recht *Dehmer*, § 16 UmwStG Anm. 3a, d.

101 Hierzu *Schaumburg/Rödder*, § 13 UmwStG Rz. 7.

102 Zum alten Recht *Dehmer*, § 16 UmwStG Anm. 3c; *Widmann/Mayer*, Rz. 6338; *Glade/Steinfeld*, UmwStG, Tz. 877.

103 *Dötsch* in Dötsch/Eversberg/Jost/Witt, KStG, Anh. UmwStG Tz. 160; zur Berechnung des auf die baren Zuzahlungen entfallenden Gewinns *Widmann/Mayer*, Rz. 6318.

3. Verschmelzung von Personenhandels- auf Kapitalgesellschaften

a) Überblick

Für die Verschmelzung von Personenhandels- auf Kapitalgesellschaften enthält das UmwStG keine eigenständigen spezifischen Regelungen. Erfaßt wird diese Verschmelzung vielmehr von den §§ 20 bis 23 UmwStG. Dieser Teil des Umwandlungssteuergesetzes entbehrt einer strengen Anknüpfung an das Umwandlungsgesetz (§ 1 Abs. 1 UmwStG), so daß von der Reichweite der §§ 20 bis 23 UmwStG Umstrukturierungen durch Gesamtrechtsnachfolge und Einzelrechtsnachfolge gleichermaßen erfaßt werden. Mit anderen Worten: Die Verschmelzung von Personenhandelsgesellschaften auf Kapitalgesellschaften (§§ 39 ff. UmwG) ist im Umwandlungssteuergesetz dem Regime der Vorschriften über die Einbringung in Kapitalgesellschaften unterstellt[104]. Die entsprechenden §§ 20 bis 23 UmwStG sind im wesentlichen unverändert geblieben mit der Folge, daß die handelsrechtlichen Verschmelzungsvorschriften (§§ 39 ff. UmwG) einerseits und die entsprechenden steuerrechtlichen Einbringungsvorschriften (§§ 20 bis 23 UmwStG) inkongruent sind. Dies führt zu erheblichen Anwendungsproblemen.

b) Steuerliche Auswirkungen bei der übertragenden Personenhandelsgesellschaft

Die steuerlichen Wirkungen der Verschmelzung bei der übertragenden Personenhandelsgesellschaft werden letztlich dadurch bestimmt, mit welchem Wert die übernehmende Kapitalgesellschaft das übergehende Vermögen in ihrer Übernahmebilanz ansetzt (§ 20 Abs. 4 UmwStG). Insoweit besteht ein Gleichklang mit der in § 24 UmwG verankerten Regelung, wonach der übernehmende Rechtsträger das Bewertungswahlrecht ausübt.

Als Rechtsfolge schreibt § 20 Abs. 4 UmwStG vor, daß der von der übernehmenden Kapitalgesellschaft in der Übernahmebilanz für das übergehende Vermögen angesetzte Wert für den Einbringenden als Veräußerungspreis und als Anschaffungskosten der Gesellschaftsanteile zu gelten hat.

Einbringender gem. § 20 Abs. 1 UmwStG ist aber nur derjenige, der das dort näher bezeichnete Vermögen auf die aufnehmende Kapitalgesellschaft überträgt und hierfür Gesellschaftsanteile erhält. Diese Konzeption – Einbringung

---

[104] *Dötsch* in Dötsch/Eversberg/Jost/Witt, KStG, Anh. UmwStG Tz. 176.

gegen Gewährung von Gesellschaftsrechten – stimmt mit der Verschmelzungs-
konzeption des Umwandlungsgesetzes nicht überein. Das Vermögen wird hiernach von der Personenhandelsgesellschaft gegen Gewährung von Gesellschaftsrechten an die Gesellschafter übertragen. Da indessen, wie sich aus § 20
Abs. 8 UmwStG ergibt, auch die Verschmelzung von Personenhandelsgesellschaften auf Kapitalgesellschaften dem Regelungsbereich der Einbringungsvorschriften unterworfen sein sollte, ist im Wege der teleologischen Extension
§ 20 Abs. 1 UmwStG dahingehend anzuwenden, daß als Einbringende des in
§ 20 Abs. 1 UmwStG näher bezeichneten Vermögens die Gesellschafter der
übertragenden Personenhandelsgesellschaft zu gelten haben[105].

Das Wahlrecht der übernehmenden Kapitalgesellschaft geht dahin,
das übergehende Vermögen mit dem Buchwert, dem höheren Teilwert
oder einem Zwischenwert anzusetzen (§ 20 Abs. 2 S. 1 UmwStG).
Wird der Buchwert angesetzt, so entsteht infolge der sich aus § 20
Abs. 4 S. 4 UmwStG ergebenden Buchwertverknüpfung bei der übertragenden Personenhandelsgesellschaft kein Übertragungsgewinn
(Einbringungsgewinn). Wird dagegen von der übernehmenden Kapitalgesellschaft ein höherer Wert angesetzt, tritt eine Realisierung des
Gewinns ein, der auf den steuerlichen Übertragungsstichtag[106] zu
berechnen ist. Eine Gewerbesteuer entsteht nicht[107].

c) Steuerliche Auswirkungen bei der übernehmenden Kapitalgesell-schaft

In Übereinstimmung mit § 24 UmwG räumt § 20 Abs. 2 UmwStG der
übernehmenden Kapitalgesellschaft ein Wahlrecht ein, das von der
übertragenden Personenhandelsgesellschaft übergehende Betriebsvermögen mit seinem Buchwert oder mit einem höheren Wert[108], der den
Teilwert nicht überschreiten darf, anzusetzen. Soweit die überneh-

---

105 *Schaumburg/Rödder*, § 20 UmwStG Rz. 44; *dies.*, WiB 1995, 10 ff. (15);
    dieses Problem ist nicht neu und hätte daher einer klaren Regelung
    bedurft; im vorgenannten Sinne zum alten Recht BMF-Schreiben v. 16. 6.
    1978, BStBl. 1978 I 235. Tz. 8; *Söffing* in Lademann/Söffing/Brockhoff,
    EStG, § 20 UmwStG Anm. 19; *Loos*, BB 1971, 304; ausführlich zu dieser
    Problematik *Dehmer*, § 20 UmwStG Anm. 36b.
106 Rückbeziehung bis zu acht Monaten vor der Anmeldung der Verschmel-
    zung zur Eintragung in das Handelsregister (§ 20 Abs. 8 S. 1 UmwStG).
107 Da im Wege der Verschmelzung das Vermögen als Ganzes und damit stets
    ein Betrieb übergeht, ist der Einbringungsgewinn dem Veräußerungsge-
    winn gleichgestellt; vgl. Abschn. 39 Abs. 3, 40 GewStR; ferner *Dehmer*,
    § 20 UmwStG Anm. 68.
108 Zur Frage der Aufdeckung auch originärer immaterieller Wirtschaftsgüter
    und eines Firmenwertes *Dehmer*, § 20 UmwStG, Anm. 58c.

mende Kapitalgesellschaft in ihrer Übernahmebilanz die von der übertragenden Personenhandelsgesellschaft angesetzten Buchwerte fortführt (Buchwertverknüpfung), wird ein Übertragungsgewinn bei der
Personenhandelsgesellschaft vermieden[109].
Das Wahlrecht gem. § 20 Abs. 2 S. 1 UmwStG setzt einen qualifizierten Vermögensübergang voraus, also den Übergang eines Betriebes[110],
Teilbetriebes, Mitunternehmeranteils[111] sowie von Anteilen an einer
Kapitalgesellschaft, die unmittelbar die Mehrheit der Stimmrechte
vermitteln (§ 20 Abs. 1 S. 2 UmwStG)[112]. Mit diesem der übernehmenden Kapitalgesellschaft eingeräumten Bewertungswahlrecht wird
ebenfalls der sich aus § 5 Abs. 1 S. 1 EStG ergebende Grundsatz der
Maßgeblichkeit der Handelsbilanz für die Steuerbilanz durchbrochen[113]. Im Hinblick darauf bestimmt § 20 Abs. 2 S. 2 UmwStG, daß
der Ansatz mit dem Buchwert auch dann zulässig ist, wenn in der
Handelsbilanz das eingebrachte Betriebsvermögen nach handelsrechtlichen Vorschriften mit einem höheren Wert angesetzt werden
muß[114].

Das vorstehende Wahlrecht ist indessen Einschränkungen unterworfen: Gem. § 20 Abs. 2 S. 4 UmwStG hat die übernehmende Kapitalgesellschaft, für den Fall, daß die Passivposten des eingebrachten Betriebsvermögens die Aktivposten übersteigen, das eingebrachte Betriebsvermögen mindestens so anzusetzen, daß sich Aktiv- und Passivposten ausgleichen. Infolge dieser Aufstockung ist ein Übertragungsgewinn (Einbringungsgewinn) bei der übertragenden Personenhandelsgesellschaft vorhanden. Entsprechendes gilt auch bei der Übertragung von Mitunternehmeranteilen mit negativem Kapitalkonto[115].
Das Wahlrecht wird ferner auch dadurch eingeschränkt, daß neben der
Gewährung von Gesellschaftsrechten andere Wirtschaftsgüter als Ge-

---

109 Hierzu oben S. 340.
110 Im Rahmen der Verschmelzung geht das Vermögen als ganzes und damit
    stets ein Betrieb über.
111 Auch ein Bruchteil desselben; hierzu *Widmann/Mayer*, Rz. 6828; *Hübl* in
    Herrmann/Heuer/Raupach, EStG, § 20 UmwStG Anm. 34; *Dehmer*, § 20
    UmwStG Anm. 17; BMF-Schreiben v. 16. 6. 1978, BStBl. 1978 I 235 Tz. 7.
112 Zu den vorstehenden Begriffen *Dehmer*, § 20 UmwStG Anm. 5 (Betrieb),
    10 (Teilbetrieb), 16, 17 (Mitunternehmeranteil), 22 (Anteil an einer Kapi-
    talgesellschaft).
113 Hierzu *Patt/Rasche*, DStR 1994, 841 ff.
114 Einzelheiten zu dem insoweit unverändert gebliebenen Recht *Dehmer*,
    § 20 UmwStG Anm. 51.
115 Einzelheiten zu dem insoweit unverändert gebliebenen alten Recht *Deh-
    mer*, § 20 UmwStG Anm. 52b.

genleistung gewährt werden (§ 20 Abs. 2 S. 5 UmwStG). Angesprochen sind hiermit insbesondere bare Zuzahlungen (§ 15 UmwG). In diesem Fall muß die übernehmende Kapitalgesellschaft das eingebrachte Betriebsvermögen mindestens mit dem gemeinen Wert der gewährten Gegenleistung ansetzen. Schließlich wird das Wahlrecht gem. § 20 Abs. 2 S. 1 UmwStG ausgeschlossen, wenn das Besteuerungsrecht der Bundesrepublik Deutschland hinsichtlich des Gewinns aus einer Veräußerung der dem Einbringenden gewährten Gesellschaftsanteile im Zeitpunkt der Sacheinlage ausgeschlossen ist (§ 20 Abs. 3 UmwStG). Das ist in den Fällen, in denen Doppelbesteuerungsabkommen eingreifen und die Anteile an der übernehmenden Kapitalgesellschaft nicht zu einem inländischen Betriebsvermögen gehören, durchweg der Fall: Nach der Grundkonzeption der von der Bundesrepublik Deutschland abgeschlossenen Doppelbesteuerungsabkommen steht das alleinige Besteuerungsrecht dem Wohnsitzstaat zu[116].

Setzt die übernehmende Kapitalgesellschaft das übernommene Betriebsvermögen mit den Buchwerten an (Buchwertverknüpfung), so tritt die übernehmende Kapitalgesellschaft hinsichtlich der Besitzzeitenanrechnung (§§ 22 Abs. 1, 4 Abs. 2 S. 3 UmwStG), der AfA usw. (§§ 22 Abs. 1, 12 Abs. 3 S. 1 UmwStG) in die Rechtsfolge der übertragenden Personenhandelsgesellschaft ein.

Hinsichtlich der Rechtsfolgen verweist § 22 Abs. 1 UmwStG uneingeschränkt auf § 12 Abs. 3 UmwStG mit der Folge, daß hiernach bei der übernehmenden Kapitalgesellschaft ein bei der Personenhandelsgesellschaft verbliebener Verlustvortrag berücksichtigungsfähig wäre. Da indessen der Verlustabzug gem. § 10d Abs. 3 S. 2 EStG[117] nicht auf der Ebene der Personenhandelsgesellschaft, sondern allein auf Gesellschafterebene wirkt und somit auch durch die Verschmelzung keine Veränderung erfährt, käme es infolge dieser Verweisung zu einer mit dem Sinn und Zweck des § 22 Abs. 1 UmwStG nicht zu vereinbarenden Doppelberücksichtigung der Verluste. Im Hinblick darauf ist eine teleologische Reduktion dieser Vorschrift i.S. einer ausschließlichen Verweisung auf § 12 Abs. 3 S. 1 UmwStG geboten[118].

Wird das seitens der übertragenden Personenhandelsgesellschaft eingebrachte Betriebsvermögen bei der übernehmenden Kapitalgesell-

---

116 *K. Vogel*, DBA, Art. 13 Rz. 95 ff.; *Schaumburg*, Internationales Steuerrecht, Köln 1993, 706 f.
117 So die Verweisung in § 12 Abs. 3 S. 2 UmwStG.
118 Hierzu *Schaumburg/Rödder*, § 22 UmwStG Rz. 9; *Wochinger/Dötsch*, DB 1994, Beilage 14, 1 ff. (32 f.); im Rahmen des bereits als Referentenentwurf vorliegenden Jahressteuergesetzes 1996 soll § 22 Abs. 1 UmwStG im Sinne einer Verweisung nur auf § 12 Abs. 3 S. 1 UmwStG geändert werden.

schaft mit einem über dem Buchwert, aber unter dem Teilwert liegenden Wert angesetzt (Zwischenwert), so werden im Falle des Übergangs des Vermögens im Wege der Gesamtrechtsnachfolge (Verschmelzung), die bisherige AfA und die Absetzung für Substanzverringerung auf der Grundlage aufgestockter Bemessungsgrundlagen fortgeführt (§ 22 Abs. 2 UmwStG). Soweit auch hier undifferenziert auf § 12 Abs. 3 UmwStG und damit auf die Möglichkeit der Berücksichtigung eines verbleibenden Verlustvortrages verwiesen wird, bleibt die Anwendung des § 12 Abs. 3 S. 2 UmwStG aus den gleichen Gründen versagt, wie im Rahmen des § 22 Abs. 1 UmwStG.

Wird das übernommene Vermögen bei der übernehmenden Kapitalgesellschaft mit dem Teilwert angesetzt, so gelten die vorstehenden Ausführungen entsprechend (§ 22 Abs. 3 UmwStG).

d) Steuerliche Auswirkungen bei den Gesellschaftern der einbringenden Personenhandelsgesellschaft

Wird das übergehende Betriebsvermögen von der übernehmenden Kapitalgesellschaft mit dem Buchwert angesetzt (Buchwertverknüpfung), so entsteht bei der übertragenden Personenhandelsgesellschaft kein Übertragungsgewinn (Einbringungsgewinn). Insoweit löst die Verschmelzung bei den Gesellschaftern keine unmittelbaren steuerlichen Folgen aus, es sei denn, es werden bare Zuzahlungen oder im Falle des Ausscheidens eine Barabfindung gewährt[119]. Bei einem Ansatz über dem Buchwert entsteht ein Veräußerungsgewinn, der bei den Gesellschaftern der übertragenden Personenhandelsgesellschaft, soweit sie natürliche Personen sind, als tarifbegünstigte Einkünfte aus Gewerbebetrieb zu qualifizieren ist (§ 20 Abs. 5 S. 1 UmwStG i.V.m. §§ 16, 34 EStG). Der Freibetrag gem. § 16 Abs. 4 EStG kommt indessen nur dann in Betracht, wenn das übernommene Vermögen zum Teilwert angesetzt wird (§ 20 Abs. 5 S. 2 UmwStG). Sind Kapitalgesellschaften an der übertragenden Personenhandelsgesellschaft beteiligt, so unterliegt der bei ihnen anzusetzende Veräußerungsgewinn ohne besondere Vergünstigung der Körperschaftsteuer.

Hat die übernehmende Kapitalgesellschaft das übernommene Betriebsvermögen gem. § 20 Abs. 2 S. 1 UmwStG zu einem unter dem Teilwert liegenden Wert angesetzt, so ergeben sich die Rechtsfolgen

---

119 Die Besteuerung erfolgt insoweit – abgesehen von der Sonderregelung des § 17 UmwStG – nach allgemeinen Grundsätzen; zur Berechnung des auf die baren Zuzahlungen entfallenden Gewinns *Widmann/Mayer,* Rz. 6318.

einer späteren Veräußerung derartiger einbringungsgeborener Anteile aus § 21 UmwStG, der durch das neue UmwStG keine wesentliche Änderung erfahren hat[120].

4. Verschmelzung von Personenhandelsgesellschaften auf Personenhandelsgesellschaften

a) Überblick

Die Verschmelzung von Personenhandelsgesellschaften auf Personenhandelsgesellschaften, die in den §§ 39 ff. UmwG eine eigenständige Regelung erfahren hat, wird von § 24 UmwStG erfaßt. Da für diese Vorschrift die strenge Anbindung an das Umwandlungsgesetz (§ 1 Abs. 1 und 2 UmwStG) nicht gilt, werden von der Reichweite des § 24 UmwStG nicht nur die durch Gesamtrechtsnachfolge geprägte Verschmelzung (§§ 39 ff. UmwG), sondern auch verschmelzungsähnliche Vorgänge[121] sowie normale Einbringungsvorgänge im Rahmen einer Einzelrechtsnachfolge erfaßt. Indessen liegt dem § 24 UmwStG konzeptionell lediglich die Einbringung qualifizierten Vermögens in eine Personengesellschaft zugrunde. Die hierauf beruhende Inkongruenz zwischen den handelsrechtlichen Verschmelzungsvorschriften (§§ 39 ff. UmwG) und der steuerlichen Einbringungsvorschrift des § 24 UmwStG führt zu erheblichen Anwendungsproblemen, die mit denen der §§ 20 bis 23 UmwStG vergleichbar sind.

b) Steuerliche Auswirkungen bei der übertragenden Personenhandelsgesellschaft

Die steuerlichen Wirkungen[122] der Verschmelzung bei der übertragenden Personenhandelsgesellschaft werden letztlich von dem der übernehmenden Personenhandelsgesellschaft für ihre Übernahmebilanz eingeräumten Bewertungswahlrecht geprägt: Gem. § 24 Abs. 2 UmwStG hat die übernehmende Personenhandelsgesellschaft die Möglichkeit, die Buchwerte des eingebrachten Betriebsvermögens bis zu den Teilwerten aufzustocken. Der Wert, mit dem das eingebrachte Betriebsvermögen in der Übernahmebilanz einschließlich der Ergän-

---

120 Zu Einzelheiten *Dötsch* in Dötsch/Eversberg/Jost/Witt, KStG, Anh. UmwStG Tz. 194 ff.
121 Hierzu *Dehmer*, § 24 UmwStG Anm. 2.
122 Eine steuerliche Rückbeziehung ist in § 24 UmwStG nicht vorgesehen.

zungsbilanzen für die Gesellschafter angesetzt wird, ist für den Einbringenden der Veräußerungspreis.

Nach der Konzeption des Umwandlungsgesetzes (§§ 39 ff. UmwG) ist es die übertragende Personenhandelsgesellschaft, die im Rahmen des abzuschließenden Verschmelzungsvertrages Vereinbarungen über die Übertragung ihres Vermögens als Ganzes trifft (§ 5 Abs. 1 Nr. 2 UmwG). Im Zuge der Verschmelzung wird aber nicht die übertragende Personenhandelsgesellschaft Gesellschafterin, Gesellschafter werden vielmehr deren Gesellschafter. Die Anwendung des § 24 UmwStG setzt demgegenüber voraus, daß der Einbringende, also derjenige, der das Vermögen überträgt, Mitunternehmer und damit Gesellschafter der übernehmenden Personenhandelsgesellschaft wird. Damit besteht eine Divergenz zwischen dem Umwandlungsgesetz einerseits und dem Umwandlungssteuergesetz andererseits. Sollen die handelsrechtlichen Verschmelzungsvorschriften insoweit nicht leerlaufen, ist im Wege der teleologischen Extension § 24 Abs. 1 UmwStG dahingehend anzuwenden, daß als Einbringende des in § 24 Abs. 1 UmwStG näher bezeichneten Vermögens die Gesellschafter der übertragenden Personenhandelsgesellschaft zu gelten haben[123].

Führt die übernehmende Personenhandelsgesellschaft die in der Übertragungsbilanz (Einbringungsbilanz) der übertragenden Personenhandelsgesellschaft angesetzten Buchwerte fort (Buchwertverknüpfung), so fällt kein Übertragungsgewinn (Einbringungsgewinn) an. Werden demgegenüber die Buchwerte aufgestockt, so entsteht ein bei der übertragenden Personenhandelsgesellschaft zu erfassender Gewinn, der allerdings nicht der Gewerbesteuer unterliegt[124].

c) Steuerliche Auswirkungen bei der übernehmenden Personenhandelsgesellschaft

Das in Übereinstimmung mit § 24 UmwG der aufnehmenden Personenhandelsgesellschaft eingeräumte Wahlrecht geht dahin, die Buchwerte des übergehenden Vermögens bis zu den Teilwerten aufzustocken (§ 24 Abs. 2 UmwStG). Die Aufstockung erfaßt indessen nicht originäre immaterielle Wirtschaftsgüter, insbesondere nicht den selbstgeschaffenen Firmenwert[125].

Das Wahlrecht setzt voraus, daß als Vermögen ein Betrieb, Teilbetrieb, ein Mitunternehmeranteil oder ein Bruchteil desselben oder

---

123 *Schaumburg/Rödder*, § 24 UmwStG Rz. 9; zum alten Recht *Dehmer*, § 24 UmwStG Anm. 11, § 20 UmwStG Anm. 36e.

124 Der Vermögensübergang als Ganzes ist stets die Einbringung eines Betriebes, die von der Gewerbesteuer nicht erfaßt wird; Abschn. 39 Abs. 3, 40 GewStR; zu Einzelheiten *Dehmer*, § 24 UmwStG Anm. 29c.

125 Unverändert zum alten Recht, hierzu *Dehmer*, § 24 UmwStG Anm. 23, 29, § 20 UmwStG Anm. 48c.

eine 100%ige Beteiligung an einer Kapitalgesellschaft übergeht[126]. Da nach den handelsrechtlichen Vorgaben im Zuge einer Verschmelzung das Vermögen der Personenhandelsgesellschaft als Ganzes übergeht, wird hierdurch stets die Voraussetzung des Übergangs eines Betriebes i.S.d. § 24 Abs. 1 UmwStG erfüllt sein.

Hinsichtlich der Rechtsfolgen des Vermögensübergangs verweist § 24 Abs. 4 UmwStG auf § 22 UmwStG mit der Folge, daß bei der Verschmelzung von Personenhandelsgesellschaften auf Personenhandelsgesellschaften hinsichtlich der Fortführung der AfA, Sonderabschreibungen usw. die gleichen Rechtsfolgen eintreten, wie bei der Verschmelzung von Personenhandelsgesellschaften auf Kapitalgesellschaften. Da die Verweisungskette über § 22 UmwStG auch zu § 12 Abs. 3 UmwStG führt, gilt auch hier: Der aufgrund der (Fehl-)verweisung auf § 12 Abs. 3 S. 2 UmwStG vorgesehene Übergang des verbliebenen Verlustabzugs i.S.d. § 10d Abs. 3 S. 2 UmwStG von der übertragenden Personenhandelsgesellschaft auf die übernehmende Personenhandelsgesellschaft muß versagt bleiben. Da sich dieser Verlustabzug nur auf Gesellschafterebene auswirkt, bleibt er den Gesellschaftern der übertragenden Personenhandelsgesellschaft auch nach der Verschmelzung unverändert erhalten[127].

d) Steuerliche Auswirkungen bei den Gesellschaftern der einbringenden Personenhandelsgesellschaft

Im Falle der Buchwertverknüpfung entsteht bei der übertragenden Personenhandelsgesellschaft ein Übertragungsgewinn (Einbringungsgewinn) mit der Folge, daß insoweit die Verschmelzung bei den Gesellschaftern keine unmittelbaren steuerlichen Folgen auslöst[128]. Wird dagegen das übernommene Betriebsvermögen zu einem über dem Buchwert liegenden Wert angesetzt, so gilt dieser als Veräußerungspreis (§ 24 Abs. 3 S. 1 UmwStG) und führt damit zu einem Veräußerungsgewinn, der auf Gesellschafterebene der übertragenden Personenhandelsgesellschaft als Einkünfte aus Gewerbebetrieb zu qualifizieren ist. Die Tarifbegünstigung gem. § 34 Abs. 1 EStG sowie der

---

126 Zu den insoweit unverändert gebliebenen Begriffen *Dehmer*, § 24 UmwStG Anm. 7–9.

127 Hierzu oben S. 358.

128 Werden bare Zahlungen oder im Falle des Ausscheidens Barabfindungen gewährt, erfolgt die Besteuerung – abgesehen von § 17 UmwStG – nach den üblichen Grundsätzen; zur Besteuerung des auf die baren Zuzahlungen entfallenden Gewinns *Widmann/Mayer*, Rz. 6318.

Freibetrag gem. § 16 Abs. 4 EStG kann von den Gesellschaftern, soweit sie natürliche Personen sind, hierfür allerdings nur dann in Anspruch genommen werden, wenn das eingebrachte Betriebsvermögen mit seinem Teilwert angesetzt wird (§ 24 Abs. 3 S. 2 UmwStG)[129]. Das setzt voraus, daß sämtliche stille Reserven, einschließlich selbstgeschaffener immaterieller Wirtschaftsgüter, vor allem des selbst geschaffenen Firmenwerts, aufgelöst werden[130]. Zu den Wirtschaftsgütern, deren sämtliche stille Reserven aufzulösen sind, gehören auch die dem Sonderbetriebsvermögen zugehörenden Wirtschaftsgüter des Einbringenden[131]. Sind Kapitalgesellschaften Gesellschafter der einbringenden Personenhandelsgesellschaft, so ergeben sich für diese keine körperschaftsteuerlichen Besonderheiten.

III. Auf- und Abspaltung

1. Auf- und Abspaltung von Kapitalgesellschaften auf Personenhandelsgesellschaften

a) Einführung

Die Auf- und Abspaltung von Kapitalgesellschaften auf Personenhandelsgesellschaften ist in § 16 UmwStG neu geregelt. Indessen beschränkt sich § 16 UmwStG im wesentlichen darauf, die §§ 3 bis 8, 10 UmwStG entsprechend anzuwenden. Steuerrechtlich wird damit die Auf- und Abspaltung als bloße Umkehrung der Verschmelzung verstanden. Dem entspricht auch die Regelung in § 18 Abs. 1 UmwStG, wonach die gewerbesteuerlichen Wirkungen der Auf- und Abspaltung denen der Verschmelzung gleichgestellt werden. Insoweit besteht ein Gleichklang mit § 125 UmwG, der ebenfalls auf die Verschmelzungsvorschriften verweist. Diese Parallelität artikuliert sich letztlich auch in § 1 Abs. 1 und 4 UmwStG, wonach nur für die Auf- und Abspaltung von Kapitalgesellschaften auf Personenhandelsgesellschaften eine un-

---

129 Soweit bei übertragender und übernehmender Personenhandelsgesellschaft Gesellschafteridentität gegeben ist, wird der Einbringungsgewinn steuerlich allerdings als laufender Gewinn behandelt (§ 24 Abs. 3 S. 3 UmwStG).

130 BFH v. 26. 2. 1980, BStBl. 1981 II 568; BFH v. 29. 7. 1981, BStBl. 1982 II 62; BFH v. 23. 6. 1981, BStBl. 1982 II 622; BFH v. 5. 4. 1984, BStBl. 1984 II 518; BFH v. 23. 5. 1985, BStBl. 1985 II 695; weitere Einzelheiten bei *Dehmer,* § 24 UmwStG Anm. 29.

131 Hierzu *Widmann/Mayer,* Rz. 7849.

mittelbare Anknüpfung an die handelsrechtlichen Umwandlungsvorschriften angeordnet wird.

§ 16 UmwStG verweist schließlich auch auf die für die Auf- und Abspaltung von Kapitalgesellschaften auf Kapitalgesellschaften geltende Norm des § 15 UmwStG, der die entsprechende Anwendung der Verschmelzungsvorschriften von dort näher bestimmten Voraussetzungen abhängig macht.

b) Voraussetzungen für die Anwendung der Verschmelzungsvorschriften

Die Anwendung der Verschmelzungsvorschriften setzt gem. § 15 Abs. 1 S. 1 UmwStG zunächst voraus, daß durch Aufspaltung oder Abspaltung auf die Personenhandelsgesellschaft ein Teilbetrieb übergeht.

Als Teilbetrieb gilt gem. § 15 Abs. 1 S. 3 UmwStG auch ein Mitunternehmeranteil oder die Beteiligung an einer Kapitalgesellschaft, die das gesamte Nennkapital der Gesellschaft umfaßt. Ein derart qualifiziertes Betriebsvermögen muß darüber hinaus im Falle der Abspaltung als Restvermögen bei der übertragenden Kapitalgesellschaft verbleiben[132]. Damit versagt das Umwandlungssteuergesetz dem Umwandlungsgesetz insofern die Gefolgschaft, als das Umwandlungsgesetz für Auf- und Abspaltungen kein besonders qualifiziertes Betriebsvermögen verlangt[133]. Werden daher etwa Einzelwirtschaftsgüter nach den Regeln des Umwandlungsgesetzes von einer Kapitalgesellschaft auf eine Personenhandelsgesellschaft abgespalten, so erfolgt steuerlich regelmäßig eine Gewinnrealisierung aufgrund verdeckter Gewinnausschüttung in der übertragenden Kapitalgesellschaft (§ 8 Abs. 3 S. 1 KStG) und einer Einlage in die übernehmende Personenhandelsgesellschaft (§ 4 Abs. 1 S. 5 EStG).

Die entsprechende Anwendung der Verschmelzungsvorschriften ermöglicht zwar der übertragenden Kapitalgesellschaft ein auf die Fortführung der Buchwerte in der Übertragungsbilanz gerichtetes Wahlrecht, dessen Ausübung steht aber gem. § 15 Abs. 3 UmwStG unter dreifachem Mißbrauchsvorbehalt.

Die Fortführung der Buchwerte und damit die Steuerneutralität der Auf- und Abspaltung ist ausgeschlossen, wenn als Spaltungsgegen-

---

132 Hierzu *Schaumburg/Rödder*, § 15 UmwStG Rz. 55.
133 Vgl. etwa § 126 Abs. 1 Nr. 9 UmwStG.

stand ein Mitunternehmeranteil oder eine 100%ige Beteiligung an einer Kapitalgesellschaft innerhalb von drei Jahren vor dem steuerlichen Übertragungsstichtag durch Übertragung von Wirtschaftsgütern, die kein Teilbetrieb sind, erworben oder aufgestockt wurden (§ 15 Abs. 3 S. 1 UmwStG). Die Reichweite dieser Mißbrauchsklausel ist indessen nur begrenzt: Der Zukauf von Mitunternehmeranteilen bzw. 100%igen Beteiligungen an Kapitalgesellschaften ist ebenso unschädlich wie der Erwerb von Wirtschaftsgütern mit dem Ziel, einen „echten" Teilbetrieb zu bilden[134]. Die von § 15 Abs. 3 S. 1 UmwStG verlangte dreijährige Mindestbesitzzeit gilt also für derartige Teilbetriebe nicht.

Durch die Auf- und Abspaltung darf ferner nicht die Veräußerung an außenstehende Personen vollzogen und es dürfen durch die Spaltung nicht die Voraussetzungen für eine solche Veräußerung geschaffen werden (§ 15 Abs. 3 S. 2 und 3 UmwStG)[135]. Von einer schädlichen Veräußerungsvorbereitung wird ausgegangen, wenn innerhalb von fünf Jahren nach dem steuerlichen Übertragungsstichtag Anteile an einer an der Auf- oder Abspaltung beteiligten Gesellschaft veräußert werden, die mehr als 20 v.H.[136] der vor Wirksamwerden der Spaltung an der Kapitalgesellschaft bestehenden Anteile ausmachen (§ 15 Abs. 3 S. 4 UmwStG). Diese Mißbrauchsklausel gilt indessen nicht für Schenkungen und für Kapitalerhöhungen, die nach allgemeinem Begriffsverständnis keine Veräußerungen sind. Schließlich gilt die Mißbrauchsklausel auch dann nicht, wenn die an der Auf- oder Abspaltung beteiligten Gesellschaften Wirtschaftsgüter veräußern[137].

Die dritte Mißbrauchsklausel betrifft die Trennung von Gesellschafterstämmen[138]: die Beteiligungen an der übertragenden Kapitalgesellschaft müssen mindestens fünf Jahre vor dem steuerlichen Übertragungsstichtag bestanden haben (§ 15 Abs. 3 S. 5 UmwStG). Diese Mindestbesitzzeit soll die mittelbare Veräußerung von Teilbetrieben

---

134 Hierzu *Herzig/Momen*, DB 1994, 2157 ff. (2160).
135 Beispiele hierzu in der Regierungsbegründung bei *Schaumburg/Rödder*, § 15 UmwStG Rz. 11 ff.
136 Nach Verkehrswerten bemessen; *Schaumburg/Rödder*, § 15 UmwStG Rz. 55; *Herzig/Momen*, DB 1994, 2157 ff. (2160); *Wochinger/Dötsch*, DB 1994, Beilage 14, 1 ff. (23).
137 Hierzu *Schaumburg/Rödder*, § 15 UmwStG Rz. 55.
138 Es handelt sich hierbei um eine nicht verhältniswahrende Spaltung (§ 128 UmwG); hierzu die Regierungsbegründung bei *Schaumburg/Rödder*, § 128 UmwG Rz. 2.

an einen kurz vor der Spaltung in die Gesellschaft eingetretenen Gesellschafter verhindern[139].

c) Rechtsfolgen

Finden die Verschmelzungsvorschriften Anwendung, so ergeben sich inbesondere nachstehende Rechtsfolgen (§ 16 S. 1 UmwStG):

Die übertragende Kapitalgesellschaft kann einen Übertragungsgewinn vermeiden, wenn sie in der Übertragungsbilanz die Buchwerte fortführt (§§ 16 Abs. 1, 3 UmwStG). Im Gegensatz zu der im Umwandlungsgesetz getroffenen Regelung (§§ 125, 24 UmwG) ist auch in den Fällen der Auf- und Abspaltung das steuerliche Bewertungswahlrecht nicht der übernehmenden Personenhandelsgesellschaft, sondern der übertragenden Kapitalgesellschaft zugewiesen mit der Folge, daß der Grundsatz der Maßgeblichkeit der Handelsbilanz für die Steuerbilanz (§ 5 Abs. 1 S. 1 EStG) insoweit suspendiert ist.

Das Bewertungswahlrecht der übertragenden Kapitalgesellschaft kann für verschiedene im Rahmen der Auf- oder Abspaltung übergehende Teilbetriebe nur einheitlich ausgeübt werden[140]. Die übernehmende bzw. die übernehmenden Personenhandelsgesellschaften haben die von der übertragenden Kapitalgesellschaft angesetzten Bilanzansätze fortzuführen (§ 4 Abs. 1 UmwStG).

Die übernehmende bzw. die übernehmenden Personenhandelsgesellschaften treten in die Rechtsfolge ein hinsichtlich der AfA, Sonderabschreibungen usw., und zwar unabhängig davon, wie die übertragende Kapitalgesellschaft das Bewertungswahlrecht in ihrer Übertragungsbilanz ausgeübt hat[141].

Ein Übernahmegewinn bzw. -verlust kann sich nach Maßgabe der §§ 16, 4 Abs. 4 bis 6 UmwStG ergeben. Für gewerbesteuerliche Zwecke ist ein Übernahmegewinn nicht zu erfassen (§ 18 Abs. 1 und 2 UmwStG). Für zu einem Privatvermögen gehörende Anteile nicht wesentlich beteiligter Anteilseigner ergeben sich die Rechtsfolgen aus § 7 UmwStG (§ 16 Satz 1 UmwStG). Der bei der (den) übernehmenden Personenhandelsgesellschaft(en) zu ermittelnde Übernahmegewinn erhöht sich und ein Übernahmeverlust verringert sich um die nach § 10 Abs. 1 UmwStG anzurechnende Körperschaftsteuer für den

---

139 *Schaumburg/Rödder,* § 15 UmwStG Rz. 57.
140 *Schaumburg/Rödder,* § 15 UmwStG Rz. 45; a.A. *Herzig/Momen,* DB 1994, 2157 ff. (2158); *Hörger,* FR 1994, 765 ff. (766).
141 § 4 Abs. 2 UmwStG.

Teil des verwendbaren Eigenkapitals, der nach § 38a Abs. 1 S. 3 KStG die Eigenkapitalteile der übertragenden Kapitalgesellschaft mindert[142]. Der im Falle des bei Abspaltung bei der übertragenden Kapitalgesellschaft verbleibende Verlustabzug mindert sich in dem Verhältnis, in dem Vermögen auf die übernehmende Personenhandelsgesellschaft übergeht (§ 16 S. 3 UmwStG).

Ein verbleibender Verlustabzug der übertragenden Kapitalgesellschaft geht auf die übernehmende(n) Personengesellschaft(en) nicht über (§§ 16 S. 1, 4 Abs. 2 S. 2 UmwStG).

Im Falle der Abspaltung vermindern sich bei der übertragenden Kapitalgesellschaft die Teilbeträge des verwendbaren Eigenkapitals in dem Verhältnis, in dem Vermögen auf eine Personenhandelsgesellschaft übergeht (§ 38a Abs. 1 S. 3 KStG)[143].

2. Auf- und Abspaltung von Kapitalgesellschaften auf Kapitalgesellschaften

a) Einführung

§ 15 UmwStG regelt die Auf- und Abspaltung von Kapitalgesellschaften auf Kapitalgesellschaften, wobei allerdings im wesentlichen auf die für die Verschmelzung von Kapitalgesellschaften auf Kapitalgesellschaften geltenden §§ 11 bis 13 UmwStG verwiesen wird. Mit dieser Verweisungstechnik folgt das Umwandlungssteuergesetz dem Umwandlungsgesetz, das in § 125 UmwG auf die für die Verschmelzung maßgeblichen §§ 46 ff. UmwG verweist. § 15 UmwStG bezieht sich nur auf Auf- und Abspaltungen nach Maßgabe des Umwandlungsgesetzes (§ 1 Abs. 4 UmwStG). Die Ausgliederung (§ 1 Abs. 1 S. 2 UmwStG) sowie spaltungsähnliche Vorgänge werden von § 15 UmwStG nicht erfaßt.

b) Voraussetzungen für die Anwendung der Verschmelzungsvorschriften

Im Hinblick darauf, daß die Voraussetzungen für die Anwendung der Verschmelzungsvorschriften auf die Auf- und Abspaltung von Kapital-

---

142 § 38a Abs. 1 S. 3 KStG lautet: Soweit das Vermögen auf eine Personengesellschaft übergeht, mindern sich die Eigenkapitalteile der übertragenden Kapitalgesellschaft in dem Verhältnis der übergehenden Teile zu dem vor der Spaltung bestehenden Vermögen.

143 Zu Einzelheiten *Wochinger/Dötsch*, DB 1994, Beilage 14, 1 ff. (25 ff.).

gesellschaften auf Kapitalgesellschaften denen entsprechen, die für die Auf- und Abspaltung von Kapitalgesellschaften auf Personenhandelsgesellschaften gelten, kann hier zwecks Vermeidung von Wiederholungen auf die Ausführungen zu III. 1.b), S. 366, verwiesen werden.

c) Rechtsfolgen

Aus der Verweisung auf die für die Verschmelzung von Kapitalgesellschaften auf Kapitalgesellschaften maßgeblichen §§ 11 bis 13 UmwStG ergibt sich:

Die übertragende Kapitalgesellschaft kann einen Übertragungsgewinn durch Übernahme der Buchwerte in der Übertragungsbilanz vermeiden, wenn und soweit die Versteuerung der stillen Reserven in den übertragenen Wirtschaftsgütern bei der oder den übernehmenden Kapitalgesellschaften gewährleistet ist und wenn und soweit außer Gesellschaftsrechten keine Gegenleistung gewährt wird (§§ 15 Abs. 1 S. 1, 11 Abs. 1 UmwStG)[144].

Das sich aus §§ 15 Abs. 1 S. 1, 11 Abs. 1 S. 2 UmwStG ergebende Bewertungswahlrecht der übertragenden Kapitalgesellschaft kann nur einheitlich ausgeübt werden[145].

Die übernehmende bzw. die übernehmenden Kapitalgesellschaften haben die von den übertragenden Kapitalgesellschaften angesetzten Bilanzansätze in der Übertragungsbilanz fortzuführen (§§ 15 Abs. 1 S. 1, 11 Abs. 2 UmwStG).

Die übernehmende bzw. die übernehmenden Kapitalgesellschaften treten für Zwecke der AfA, Sonderabschreibungen, Besitzzeiten usw. unabhängig von der Ausübung des Bewertungswahlrechts seitens der übertragenden Kapitalgesellschaft in die Stellung derselben ein mit der Folge, daß der Vermögensübergang keine Anschaffung i.S.d. steuerlichen Vorschriften ist (§§ 15 Abs. 1 S. 1, 12 Abs. 3 S. 3, Abs. 4 S. 1, 4 Abs. 2 S. 3 UmwStG)[146].

Ein Übernahmegewinn bzw. Übernahmeverlust bleibt außer Ansatz (§§ 15 Abs. 1 S. 1, 12 Abs. 2 S. 1 UmwStG). Das gilt allerdings nicht, soweit zwischenzeitlich Teilwertabschreibungen auf die Beteiligungs-

---

144 Zu den Vorteilen einer Gewinnrealisierung *Herzig/Momen*, DB 1994, 2157 ff. (2159).

145 *Schaumburg/Rödder*, § 15 UmwStG Rz. 45; a.A. *Herzig/Momen*, DB 1994, 2157 ff. (2158); *Hörger*, FR 1994, 765 ff. (766).

146 Zur Bedeutung des Eintritts in die Rechtsstellung der Ursprungsgesellschaft im einzelnen *Herzig/Momen*, DB 1994, 2157 ff.; 2210 ff. (2210 f.).

ansätze vorgenommen worden sind (§§ 15 Abs. 1 S. 1, 12 Abs. 2 S. 2 UmwStG). Die vorstehenden Regelungen gelten für die Gewerbesteuer entsprechend (§ 19 Abs. 1 UmwStG).

Die im Rahmen der Aufspaltung untergehenden Anteile an der übertragenden Kapitalgesellschaft gelten als zum Buchwert veräußert und die an ihre Stelle tretenden Anteile bei den übernehmenden Kapitalgesellschaften als mit diesem Wert angeschafft (§§ 15 Abs. 1 S. 1, 13 Abs. 1 S. 1 UmwStG)[147]. Für die Aufteilung der Anschaffungskosten auf die erhaltenen Anteile ist der für die Aufteilung des Verlustabzuges geltende Aufteilungsschlüssel (§ 15 Abs. 4 UmwStG) maßgeblich[148]. Soweit die untergehenden Anteile an der übertragenden Kapitalgesellschaft solche i.s.v. § 17 EStG waren, gelten die spaltungsgeborenen Anteile ebenfalls als Anteile i.s.d. § 17 EStG (§§ 15 Abs. 1 S. 1, 13 Abs. 2 S. 2 UmwStG). Die vorstehenden für die Aufspaltung geltenden Regelungen gelten auch für die Abspaltung, soweit im Zuge etwa erforderlicher Kapitalherabsetzungen[149] Anteile an der übertragenden Kapitalgesellschaft untergehen[150].

Unabhängig von der Wahlrechtsausübung geht ein Verlustvortrag der übertragenden Kapitalgesellschaft auf die übernehmende Kapitalgesellschaft über (§§ 15 Abs. 1 S. 1, 12 Abs. 3 S. 2 UmwStG).

Die bei der übertragenden Kapitalgesellschaft vorhandenen Teilbeträge des verwendbaren Eigenkapitals sind im Verhältnis der übergehenden Vermögensteile zu dem bei der übertragenden Kapitalgesellschaft vor dem Übergang bestehenden Vermögen der oder den übernehmenden Kapitalgesellschaften zuzuordnen (§ 38a KStG). Das hier maßgebliche Verhältnis der übergehenden Vermögensteile zu dem bei der übertragenden Kapitalgesellschaft vor der Spaltung bestehenden Vermögen ergibt sich in aller Regel aus den Angaben zum Umtauschverhältnis der Anteile im Spaltungs- und Übernahmevertrag oder im Spaltungsplan (§§ 26 Abs. 1 Nr. 3, 136 UmwG). Auf die gemeinen Werte ist daher nur dann abzustellen, wenn der Spaltungs- und Über-

---

147 Zu einzelnen Fallgruppen *Herzig/Momen*, DB 1994, 2157 ff. (2161).
148 *Schaumburg/Rödder*, § 15 UmwStG Rz. 48; *Herzig/Momen*, DB 1994, 2157 ff.; 2210 ff. (2210).
149 Vgl. z.B. § 139 UmwG.
150 *Schaumburg/Rödder*, § 15 UmwStG Rz. 50; a.A. *Wochinger/Dötsch*, DB 1994, Beilage 14, 1 ff. (30), die im Ergebnis davon ausgehen, daß die Verweisung in § 15 Abs. 1 S. 1 UmwStG auf § 13 Abs. 2 UmwStG nicht auch im Zuge einer Abspaltung erforderliche Kapitalherabsetzungen erfasse mit der Folge, daß ggf. auch eine Festsetzung der Pauschsteuer gem. § 5 KapErhStG in Betracht komme.

371

nahmevertrag oder der Spaltungsplan keine Angaben zum Umtauschverhältnis der Anteile enthält. Die Auswirkung der Spaltung auf die Gliederung des verwendbaren Eigenkapitals und des Sonderausweises i.S.d. § 47 Abs. 1 Nr. 2 KStG sind – wie bei der Verschmelzung[151] – in drei Schritten zu ermitteln (§§ 38a Abs. 2, 38 Abs. 1 S. 2 bis 4 KStG):

– Aufteilung der Teilbeträge des verwendbaren Eigenkapitals,
– Angleichung der Nennkapitalsphäre,
– Angleichung der Rücklagensphäre[152].

3. Auf- und Abspaltung von Personenhandelsgesellschaften auf Kapitalgesellschaften

a) Überblick

Der Auf- und Abspaltung von Personenhandelsgesellschaften auf Kapitalgesellschaften bleibt im Umwandlungssteuergesetz eine eigenständige Regelung versagt. Diese Art der Auf- und Abspaltung wird steuerlich als Einbringung i.S.d. §§ 20 bis 23 UmwStG verstanden. Damit löst sich das Umwandlungssteuergesetz von den Vorgaben des Umwandlungsgesetzes[153].

Die §§ 20 bis 23 UmwStG sind im wesentlichen unverändert geblieben mit der Folge, daß die handelsrechtlichen Umwandlungsvorschriften (§§ 123 ff. UmwG) einerseits und die entsprechenden steuerlichen Einbringungsvorschriften (§§ 20 bis 23 UmwStG) andererseits inkongruent sind. Dies führt zu erheblichen Anwendungsproblemen.

b) Steuerliche Auswirkungen bei der übertragenden Personenhandelsgesellschaft

Die steuerlichen Wirkungen der Auf- und Abspaltung bei der übertragenden Personenhandelsgesellschaft werden letztlich durch das der oder den übernehmenden Kapitalgesellschaft(en) gem. § 20 Abs. 2 S. 1 UmwStG eingeräumte Bewertungswahlrecht geprägt (§ 20 Abs. 4 UmwStG). Insoweit entspricht das Umwandlungssteuergesetz der in § 24 UmwG verankerten Regelung, wonach der übernehmende Rechtsträger das Bewertungswahlrecht ausübt.

---

151 Hierzu oben S. 352.
152 Einzelheiten hierzu bei *Schaumburg/Rödder*, § 15 UmwStG Rz. 72 ff.; *Wochinger/Dötsch*, DB 1994, Beilage 14, 1 ff. (25 ff.) jeweils mit Beispielen.
153 § 1 Abs. 4 UmwStG ist insoweit nicht abschließend.

Gem. § 20 Abs. 4 UmwStG gilt der von der oder den übernehmenden Kapitalgesellschaft(en) in der Übernahmebilanz für das übergehende Vermögen angesetzte Wert für den Einbringenden als Veräußerungspreis und zugleich als Anschaffungskosten der Gesellschaftsanteile. Einbringender ist gem. § 20 Abs. 1 UmwStG aber nur derjenige, der Vermögen überträgt und hierfür Gesellschaftsanteile erhält. Diese Konzeption – Einbringung gegen Gewährung von Gesellschaftsrechten – stimmt mit der handelsrechtlichen Konzeption der Auf- und Abspaltung nicht überein. Dies deshalb nicht, weil die Anteile nicht dem übertragenden Rechtsträger, sondern dessen Anteilsinhabern zu gewähren sind (§§ 123 Abs. 1 und 2, 131 Abs. 1 Nr. 3 UmwG). Da indessen nicht davon auszugehen ist, daß die Auf- und Abspaltung von Personenhandelsgesellschaften auf Kapitalgesellschaften im Umwandlungssteuergesetz ungeregelt bleiben sollte, ist im Wege der teleologischen Extension § 20 Abs. 1 UmwStG dahingehend anzuwenden, daß als Einbringende des in § 20 Abs. 1 UmwStG näher bezeichneten Vermögens die Gesellschafter der übertragenden Personenhandelsgesellschaft zu gelten haben[154].

Setzt die übernehmende Kapitalgesellschaft das übergehende Vermögen mit dem Buchwert an, so entsteht aufgrund der sich aus § 20 Abs. 4 S. 4 UmwStG ergebenden Buchwertverknüpfung bei der übertragenden Personenhandelsgesellschaft kein Übertragungsgewinn (Einbringungsgewinn). Wird dagegen von der übernehmenden Kapitalgesellschaft ein höherer Wert angesetzt, tritt eine Gewinnrealisierung ein, die auf den steuerlichen Übertragungsstichtag[155] zu berechnen ist.

c) Steuerliche Auswirkungen bei der oder den übernehmenden Kapitalgesellschaft(en)

In Übereinstimmung mit § 24 UmwG räumt § 20 Abs. 2 UmwStG der übernehmenden Kapitalgesellschaft ein Bewertungswahlrecht ein: In der Übernahmebilanz kann die übernehmende Kapitalgesellschaft den Buchwert, den höheren Teilwert oder einen Zwischenwert ansetzen. Soweit die übernehmende Kapitalgesellschaft die Buchwerte fortführt (Buchwertverknüpfung), entsteht bei der übertragenden Personenhandelsgesellschaft kein Übertragungsgewinn (Einbringungsgewinn)[156]. Das Wahlrecht wird nur dann eingeräumt, wenn ein Betrieb, Teilbetrieb, Mitunternehmeranteil[157] sowie Anteile an einer Kapitalgesell-

---

154 *Schaumburg/Rödder*, § 20 UmwStG Rz. 44; *dies.*, WiB 1995, 10 ff. (16 f.).
155 Rückbeziehung bis zu acht Monaten vor der Anmeldung der Auf- oder Abspaltung zur Eintragung in das Handelsregister (§ 20 Abs. 8 S. 2 UmwStG).
156 Hierzu vorstehend S. 372.
157 Auch ein Bruchteil desselben; hierzu *Widmann/Mayer*, Rz. 6828.

schaft übergehen, die unmittelbar die Mehrheit der Stimmrechte vermitteln (§ 20 Abs. 1 S. 2 UmwStG). Mit dem Erfordernis eines qualifizierten Vermögensübergangs weicht das Umwandlungssteuergesetz nicht nur von den handelsrechtlichen Vorgaben ab, wonach beliebige Gegenstände des Aktiv- und Passivvermögens Gegenstand einer Auf- oder Abspaltung sein können[158], sondern es besteht auch eine Divergenz zu § 15 Abs. 1 S. 3 UmwStG, wonach Kapitalanteile nur dann Gegenstand einer Auf- oder Abspaltung von Kapitalgesellschaften auf Kapitalgesellschaften oder von Kapitalgesellschaften auf Personenhandelsgesellschaften (§§ 16 Satz 1, 15 Abs. 1 S. 3 UmwStG) sein können, wenn sie das gesamte Nennkapital der Gesellschaft umfassen[159]. Wegen der weiteren Einzelheiten wird auf die obigen Ausführungen zur Verschmelzung von Personenhandelsgesellschaften auf Kapitalgesellschaften verwiesen[160].

d) Steuerliche Auswirkungen bei den Gesellschaftern der einbringenden Personenhandelsgesellschaft

Wird das übergehende Betriebsvermögen von der oder den übernehmenden Kapitalgesellschaft(en) mit dem Buchwert angesetzt (Buchwertverknüpfung), so entsteht bei der übertragenden Personenhandelsgesellschaft kein Übertragungsgewinn (Einbringungsgewinn) mit der Folge, daß insoweit die Auf- und Abspaltung bei den Gesellschaftern keine unmittelbaren steuerlichen Folgen auslöst. Soweit ein über dem Buchwert liegender Wert angesetzt wird, ergeben sich die vorstehend unter II. 3.d), S. 361, zur Verschmelzung von Personenhandelsgesellschaften auf Kapitalgesellschaften dargestellten Rechtsfolgen.

4. Auf- und Abspaltung von Personenhandelsgesellschaften auf Personenhandelsgesellschaften

a) Überblick

Für die Auf- und Abspaltung von Personenhandelsgesellschaften auf Personenhandelsgesellschaften sind im UmwStG keine eigenständigen Regelungen vorgesehen, so daß insoweit § 24 UmwStG eingreift. § 1 Abs. 4 UmwStG, der für die Auf- und Abspaltung (§ 123 Abs. 1

---

158 Vgl. § 126 Abs. 1 Nr. 9 UmwG.
159 Für diese Differenzierung ist kein einleuchtender Grund erkennbar; zur Kritik auch *Herzig/Momen*, DB 1994, 2157 ff.; 2210 ff. (2213).
160 Hierzu oben S. 358.

und 2 UmwG) lediglich die Anwendung des 5. bis 7. Teils vorsieht, ist daher nicht abschließend. Da dem § 24 UmwStG keine den §§ 123 ff. UmwG vergleichbare Konzeption zugrunde liegt, kommt es auch hier zu erheblichen Anwendungsproblemen, die mit denen der §§ 20 bis 23 UmwStG im Falle der Auf- und Abspaltung von Personenhandelsgesellschaften auf Kapitalgesellschaften vergleichbar sind.

b) Steuerliche Auswirkungen bei der übertragenden Personenhandelsgesellschaft

Die steuerlichen Wirkungen der Auf- und Abspaltung bei der übertragenden Personenhandelsgesellschaft hängen letztlich davon ab, mit welchem Wert das übergehende Vermögen bei der bzw. den übernehmenden Personenhandelsgesellschaft(en) angesetzt wird (§ 24 Abs. 3 UmwStG). Im Hinblick darauf entsteht bei der übertragenden Personenhandelsgesellschaft nur dann ein Übertragungsgewinn (Einbringungsgewinn), wenn ein über dem Buchwert liegender Wert angesetzt wird: Dieser Wert gilt gem. § 24 Abs. 3 S. 1 UmwStG als Veräußerungspreis für den Einbringenden.

§ 24 Abs. 1 UmwStG geht davon aus, daß Einbringende diejenigen sind, die das in § 24 Abs. 1 UmwStG näher bezeichnete qualifizierte Betriebsvermögen übertragen und hierfür Gesellschaftsrechte erhalten. Demgegenüber sind nach Maßgabe des Umwandlungsgesetzes[161] übertragender Rechtsträger und Empfänger der Gesellschaftsrechte unterschiedliche Personen. Da auch hier nicht davon ausgegangen werden kann, daß die Auf- und Abspaltung von Personenhandelsgesellschaften auf Personenhandelsgesellschaften ungeregelt bleiben sollte, ist im Wege der teleologischen Extension § 20 Abs. 1 UmwStG dahingehend anzuwenden, daß in Fällen der Auf- und Abspaltung die Gesellschafter der übertragenden Personenhandelsgesellschaft als Einbringende gelten[162].

Wegen weiterer Einzelheiten wird auf die Ausführungen zur Verschmelzung von Personenhandelsgesellschaften auf Personenhandelsgesellschaften verwiesen[163].

c) Steuerliche Auswirkungen bei der oder den übernehmenden Personenhandelsgesellschaft(en)

Das der oder den aufnehmenden Personenhandelsgesellschaft(en) eingeräumte Wahlrecht (§ 24 Abs. 2 UmwStG) setzt voraus, daß als Ver-

---

161 Vgl. § 123 Abs. 1 und 2 UmwG.
162 *Schaumburg/Rödder,* § 24 UmwStG Rz. 11.
163 Oben zu S. 362.

mögen ein Betrieb, Teilbetrieb, ein Mitunternehmeranteil oder ein Bruchteil desselben oder eine 100%ige Beteiligung an einer Kapitalgesellschaft übergeht (§ 24 Abs. 1 UmwStG). Damit weicht § 24 Abs. 1 UmwStG nicht nur von den handelsrechtlichen Umwandlungsvorschriften ab, wonach beliebige Gegenstände des Aktiv- und Passivvermögens Spaltungsgut sein können[164], sondern es besteht auch eine Divergenz zu § 20 Abs. 1 UmwStG, wonach Anteile an Kapitalgesellschaften auch dann Gegenstand einer Auf- und Abspaltung von Personenhandelsgesellschaften auf Kapitalgesellschaften sein können, wenn sie nicht das gesamte Nennkapital erfassen[165].

Im übrigen wird auf die entsprechenden Ausführungen zur Verschmelzung von Personenhandelsgesellschaften auf Personenhandelsgesellschaften verwiesen[166].

d) Steuerliche Auswirkungen bei den Gesellschaftern der einbringenden Personenhandelsgesellschaft

Zwecks Vermeidung von Wiederholungen wird hier auf die obigen Ausführungen zu II. 4.c), S. 363, verwiesen.

IV. Ausgliederung

1. Ausgliederung aus Kapitalgesellschaften auf Personenhandelsgesellschaften

Im Hinblick darauf, daß § 1 Abs. 1 S. 2 UmwStG die Ausgliederung aus dem Regelungsbereich des 2. bis 7. Teils des UmwStG herausnimmt, ist die Ausgliederung aus Kapitalgesellschaften auf Personenhandelsgesellschaften dem Regime des § 24 UmwStG unterstellt. Das bedeutet, daß im Falle der Buchwertverknüpfung ein Übertragungsgewinn (Einbringungsgewinn) bei der übertragenden Kapitalgesellschaft vermieden werden kann. Trotz des § 24 Abs. 4 UmwStG, der auf § 22 UmwStG und damit zugleich auch auf § 12 Abs. 3 UmwStG verweist, geht im Rahmen des Vermögensübergangs ein Verlustvortrag der

---

164 Vgl. § 126 Abs. 1 Nr. 9 UmwG.
165 Diese Differenzierung ist nicht gerechtfertigt; vgl. zur Kritik auch *Herzig/Momen,* DB 1994, 2157 ff.; 2210 ff. (2213).
166 Oben zu S. 363.

übertragenden Kapitalgesellschaft nicht auf die übernehmende Personenhandelsgesellschaft über[167].

Da im übrigen § 24 UmwStG keine Änderungen erfahren hat, gelten hier unverändert die zur Einbringung in Personenhandelsgesellschaften geltenden Grundsätze.

2. Ausgliederung aus Kapitalgesellschaften auf Kapitalgesellschaften

Auch hier enthält das UmwStG keine gesonderte Regelung[168]. Damit wird die Ausgliederung als Einbringung nach Maßgabe der §§ 20 bis 23 UmwStG qualifiziert. Da im Gegensatz zur Auf- und Abspaltung von Kapitalgesellschaften auf Kapitalgesellschaften (§ 15 UmwStG) der Ausgliederung aus Kapitalgesellschaften auf Kapitalgesellschaften gem. § 20 UmwStG steuerlich die Konzeption der Einbringung zugrunde liegt, ist auch hier der Übergang eines Verlustvortrages trotz der Verweisung des § 22 UmwStG auf § 12 Abs. 3 UmwStG ausgeschlossen[169]. Da im übrigen die Vorschriften über die Einbringung (§§ 20 bis 23 UmwStG) inhaltlich unverändert geblieben sind, gelten auch hier die allgemeinen Grundsätze.

3. Ausgliederung aus Personenhandelsgesellschaften auf Kapitalgesellschaften

Die Ausgliederung aus Personenhandelsgesellschaften auf Kapitalgesellschaften wird ebenfalls als Einbringung qualifiziert mit der Folge, daß die §§ 20 bis 23 UmwStG Anwendung finden. Insoweit werden Auf- und Abspaltung sowie Ausgliederung steuerlich gleich behandelt, so daß auch im Falle der Ausgliederung der Übergang eines Verlustvortrages ausgeschlossen ist.

Im übrigen gelten die allgemeinen Einbringungsgrundsätze.

4. Ausgliederung aus Personenhandelsgesellschaften auf Personenhandelsgesellschaften

Auch diese Ausgliederungsvariante wird als Einbringungsvorgang (§ 24 UmwStG) behandelt. Insoweit entsprechen die steuerlichen Wirkungen der Ausgliederung im Ergebnis denen der Auf- und Abspaltung.

---

167 Hierzu oben zu S. 357 und S. 362.
168 Vgl. § 1 Abs. 1 S. 2 UmwStG.
169 Vgl. zu dieser gesetzgeberischen Panne oben S. 358.

Im übrigen finden auch hier die inhaltlich unverändert gebliebenen Einbringungsgrundsätze Anwendung.

V. Formwechsel

1. Formwechsel von Kapitalgesellschaften in Personengesellschaften

Nach der dem UmwG zugrunde liegenden Konzeption ist mit einem Formwechsel kein Vermögensübergang verbunden[170]. Dieser Konzeption wird durch § 14 UmwStG insoweit eine Absage erteilt, als für Zwecke der Besteuerung ein Vermögensübergang unterstellt wird. Die Abweichung von dieser handelsrechtlich als identitätswahrende Umwandlung konzipierten Regelung[171] ist systembedingt: Während das von Kapitalgesellschaften erwirtschaftete Einkommen auf Gesellschaftsebene der Körperschaftsteuer und nach Ausschüttung auf Gesellschafterebene der Einkommensteuer[172] unterliegt, ist der von Personengesellschaften erzielte Gewinn oder Überschuß der Einnahmen über die Werbungskosten nur der Besteuerung auf Gesellschafterebene ausgesetzt. Ein Formwechsel führt daher insoweit stets zu einem steuerlichen Systemwechsel. Der durch § 14 UmwStG unterstellte Vermögensübergang führt daher dazu, daß der Formwechsel einer Kapitalgesellschaft in eine Personenhandelsgesellschaft steuerlich der Verschmelzung von Kapitalgesellschaften auf Personenhandelsgesellschaften gleichgestellt wird mit der Folge, daß die §§ 3 bis 8, 10 UmwStG entsprechend anzuwenden sind (§ 14 S. 1 UmwStG). Darüber hinaus gilt die Gleichstellung auch für gewerbesteuerliche Zwecke (§§ 1 Abs. 3, 18 UmwStG)[173].

Da der Formwechsel handelsrechtlich als identitätswahrende Umwandlung geregelt ist, wird handelsrechtlich folgerichtig auf die Aufstellung einer Umwandlungsbilanz verzichtet. Die steuerlichen Verschmelzungsvorschriften können indessen nur dann angewendet werden, wenn für steuerliche Zwecke eine Übertragungsbilanz durch die übertragende Kapitalgesellschaft und eine Eröffnungsbilanz durch die übernehmende Personengesellschaft erstellt wird. § 14 S. 2 UmwStG

---

170 Vgl. §§ 190 Abs. 1, 194, 202 UmwG.
171 Hierzu die Regierungsbegründung bei *Schaumburg/Rödder,* § 14 UmwStG Rz. 5.
172 Ggf. unter Anrechnung der Körperschaftsteuer.
173 Über § 1 Abs. 3 UmwStG findet auch § 17 UmwStG entsprechende Anwendung.

schreibt daher die Aufstellung der vorgenannten Bilanzen zum Umwandlungsstichtag vor (§ 14 S. 2 UmwStG).

Da § 14 UmwStG nicht für Zwecke der Grunderwerbsteuer und Umsatzsteuer gilt, ist daher insoweit entsprechend der handelsrechtlichen Konzeption davon auszugehen, daß im Rahmen des Formwechsels von einer Kapitalgesellschaft in eine Personengesellschaft ein Vermögensübergang nicht erfolgt. Insoweit liegt daher weder ein steuerbarer Umsatz (§ 1 Abs. 1 UmwStG) noch ein steuerbarer Erwerb (§ 1 GrEStG) vor[174].

Im übrigen wird auf die Ausführungen zur Verschmelzung von Kapitalgesellschaften auf Personenhandelsgesellschaften verwiesen[175].

2. Formwechsel von Kapitalgesellschaften in Kapitalgesellschaften

Da den Kapitalgesellschaften für Zwecke der Körperschaftsteuer und Gewerbesteuer identische Besteuerungskonzeptionen zugrunde liegen, gilt die Übertragungsfiktion des § 14 UmwStG nicht mit der Folge, daß steuerrechtlich an die handelsrechtliche Regelung angeknüpft wird, wonach der Formwechsel als identitätswahrende Umwandlung konzipiert ist. Der Formwechsel ist daher steuerlich irrelevant. Das bedeutet, daß ein Verlustabzug sowohl für körperschaftsteuerliche als auch für gewerbesteuerliche Zwecke unverändert fortbesteht[176]. Die unveränderte Identität führt auch dazu, daß der sich auf Gesellschafterebene vollziehende Austausch von Gesellschaftsanteilen zu keiner Realisation stiller Reserven führt[177].

3. Formwechsel von Personenhandelsgesellschaften in Kapitalgesellschaften

Wegen der unterschiedlichen Besteuerungskonzeptionen bei Personenhandelsgesellschaften einerseits und Kapitalgesellschaften andererseits wird auch hier, abweichend von dem im Umwandlungsgesetz als identitätswahrende Umwandlung geregelten Formwechsel, ein Vermögensübergang mit der Maßgabe fingiert, daß die für die Ver-

---

174 Zur Grunderwerbsteuer anderer Ansicht FinMin Baden-Württemberg, Erlaß vom 12. 12. 1994, DB 1994, 2592 f.; hierzu oben S. 333.
175 Oben S. 336.
176 BFH v. 19. 8. 1958, BStBl. 1958 III 468; *Widmann/Mayer*, Rz. 6505.
177 Hierzu *Hübl* in Herrmann/Heuer/Raupach, EStG, § 1 UmwStG Anm. 44; *Dehmer*, § 4 UmwStG Anm. 14c.

schmelzung von Personenhandelsgesellschaften auf Kapitalgesellschaften geltenden Vorschriften Anwendung finden (§ 25 S. 1 UmwStG). Das bedeutet, daß auch der Formwechsel insoweit als Einbringung qualifiziert wird. Im Hinblick darauf kommen die §§ 20 bis 23 UmwStG zur Anwendung. Zwecks Ermittlung eines Übertragungsgewinns bei der übertragenden Personenhandelsgesellschaft und eines Übernahmegewinns bei der übernehmenden Kapitalgesellschaft schreibt § 25 S. 2 UmwStG vor, daß auf den steuerlichen Übertragungsstichtag eine Steuerbilanz aufzustellen ist.

Die entsprechende Anwendung der §§ 20 bis 23 UmwStG führt dazu, daß auch hier ein Verlustvortrag trotz der Verweisung in § 22 Abs. 1 und 2 UmwStG auch auf § 12 Abs. 3 Satz 2 UmwStG ausgeschlossen ist[178]. Da schließlich der Formwechsel, entsprechend den handelsrechtlichen Vorgaben, in der Struktur einer Gesamtrechtsnachfolge näher steht als einer Einzelrechtsnachfolge, findet im Rahmen des Formwechsels § 22 Abs. 3 Hs. 2 UmwStG Anwendung.

Da von der Reichweite des § 25 UmwStG weder die Umsatzsteuer noch die Grunderwerbsteuer erfaßt werden, führt der Formwechsel insoweit zu keinen steuerbaren Umsätzen (§ 1 Abs. 1 UStG) oder steuerbaren Erwerbsvorgängen (§ 1 Abs. 1 GrEStG)[179].

Im übrigen treten die gleichen steuerlichen Wirkungen ein wie bei einer Verschmelzung von Kapitalgesellschaften auf Personenhandelsgesellschaften[180].

4. Formwechsel von Personengesellschaften in Personengesellschaften

Da den Personengesellschaften eine identische Besteuerungskonzeption zugrunde liegt, enthält das UmwStG keine den §§ 14, 25 UmwStG entsprechende Übertragungsfiktion.

Der Formwechsel von Personengesellschaften in Personengesellschaften ist daher im UmwStG ebenso wie im UmwG nicht geregelt. Einer derartigen Regelung bedurfte es auch nicht, weil etwa durch bloße Änderung des Gesellschaftsvertrages bewirkte Änderungen der Rechtsform steuerlich keine Folgen auslösen.

---

178 Zu dieser gesetzgeberischen Panne oben S. 358.
179 Anders demgegenüber FinMin Baden-Württemberg, Erlaß v. 12. 12. 1994, DB 1994, 2592 f.; hierzu oben S. 333.
180 Hierzu oben S. 357.

Stichwortverzeichnis

Bitte beachten Sie
die nachfolgenden Verlagsanzeigen

Schaumburg/Rödder

Umwandlungsgesetz/Umwandlungssteuergesetz

Strukturierte Textausgabe mit Materialien und
ergänzenden Hinweisen
Von RA und Fachanwalt für Steuerrecht Prof. Dr. *Harald
Schaumburg* und StB Dr. *Thomas Rödder.* 728 Seiten DIN A 5,
1995, gbd. 98,– DM. ISBN 3 504 37000 9

Schwedhelm

Die Unternehmensumwandlung

Umwandlung, Einbringung, Verschmelzung, Spaltung
Von RA Dr. *Rolf Schwedhelm.* Band 4 der Reihe „Rechtsschutz
und Gestaltung im Unternehmensrecht, Steuerrecht und
Steuerstrafrecht – Beratungsbücher für Berater", herausgegeben
von RA Dr. *Michael Streck.* 2. völlig überarbeitete Auflage 1995,
ca. 350 Seiten DIN A 5, flex. gbd. ca. 100,– DM. ISBN 3 504 62305 5.
Erscheint im 3. Quartal 1995.

Engelmeyer

Die Spaltung von Aktiengesellschaften nach dem neuen Umwandlungsrecht

Von RAin Dr. *Cäcilie Engelmeyer.* Heft 83 der Schriftenreihe
„Rechtsfragen der Handelsgesellschaften", ca. 550 Seiten DIN A 5,
1995, brosch. ca. 100,– DM. ISBN 3 504 64634 9. Erscheint im
Mai 1995.
Vor allem die Spaltung in ihren unterschiedlichen Formen der
Aufspaltung, Abspaltung und Ausgliederung ist eine Struktu-
rierungsmöglichkeit, die die deutschen Unternehmen durch das
neue Umwandlungsrecht nun endlich unter erleichterten
Bedingungen durchführen können. Diese Untersuchung befaßt sich
erstmals ausführlich mit der Thematik unter den neuen gesell-
schafts- und steuerrechtlichen Bedingungen.

Verlag Dr. Otto Schmidt · Köln

Rose/Glorius-Rose

Unternehmungsformen und -verbindungen

Rechtsformen, Beteiligungsformen, Konzerne, Kooperationen,
Umwandlungen (Formwechsel, Verschmelzungen und
Spaltungen) in betriebswirtschaftlicher, rechtlicher und
steuerlicher Sicht

Von StB Prof. Dr. Dr. h. c. *Gerd Rose* und RAin *Cornelia Glorius-
Rose*. 2. überarbeitete Auflage 1995, 224 Seiten Lexikonformat, gbd.
89,– DM. ISBN 3 504 30002 7

Dieses Buch gibt eine Gesamtschau der verschiedenen Ausgestal-
tungen unternehmerischer Organisations-, Rechts- und Handlungs-
formen. Die Autoren erläutern konkret und sachkundig die
Fachfragen, wie z.B. das Vorgehen bei der Rechtsformwahl, die
damit zusammenhängenden Steuerfragen, Besonderheiten bei
Familienunternehmen u.v.m. Die 2. Auflage des sowohl für
Betriebswirte als auch für Juristen gedachten Überblicks berücksichtigt alle Rechtsänderungen bis Ende 1994, insbesondere das
neue Umwandlungs- und Umwandlungssteuerrecht.

Hügel

Verschmelzung und Einbringung

Unternehmensübertragung auf verbandsrechtlicher
Grundlage im österreichischen und deutschen Gesellschafts-,
Bilanz und Ertragsteuerrecht der Kapitalgesellschaften

Von RA Univ. Doz. Dr. *Hanns F. Hügel*. Band 18 der Reihe
„Rechtsordnung und Steuerwesen", herausgegeben von Prof. Dr.
Brigitte Knobbe-Keuk. 754 Seiten, 1993, 178,– DM/178,– sFr.
Kooperation: Verlag Dr. Otto Schmidt KG, Köln, und Manz Verlag,
Wien. Alleinvertrieb in Österreich und in den tschechischen und
slowakischen Republiken durch Manz. ISBN 3 504 64217 3

Verlag Dr. Otto Schmidt · Köln